FILOSOFIA DO DIREITO

FILOSOFIA DO DIREITO

DEFINIÇÕES E FINS DO DIREITO
OS MEIOS DO DIREITO

MICHEL VILLEY

Prefácio | François Terré

Tradução | MÁRCIA VALÉRIA MARTINEZ DE AGUIAR
Revisão técnica | ARI SOLON

martins fontes
selo martins

*Esta obra foi publicada originalmente em francês com o título
PHILOSOPHIE DU DROIT por Éditions Dalloz.
© Éditions Dalloz, 2001.
© 2019 Martins Editora Livraria Ltda., São Paulo, para a presente edição.*

Publisher *Evandro Mendonça Martins Fontes*
Coordenação editorial *Vanessa Faleck*
Produção editorial *Carolina Cordeiro Lopes*
Revisão técnica *Ari Solon*
Revisão *Maria Luiza Favret*
Marise Simões Leal
Dinarte Zorzanelli da Silva
Renata Sangeon
Diagramação *Renato Carbone*

Dados Internacionais de Catalogação na Publicação (CIP)
Angelica Ilacqua CRB-8/7057

Villey, Michel, 1914-1988
    Filosofia do direito : definições e fins do direito: os meios do direito / Michel Villey ; reedição apresentada por François Terré ; revisão técnica de Ari Solon ; tradução de Márcia Valéria Martinez de Aguiar. – 3. ed. – São Paulo : Martins Fontes – selo Martins, 2019.
    488 p.

    ISBN: 978-85-8063-379-5
    Título original: Philosophie du droit

    1. Direito – Filosofia I. Título II. Terré, François III. Solon, Ari IV. Aguiar, Márcia Valéria Martinez de

19-1184   CDU-340.1

Índices para catálogo sistemático:
1. Direito – Filosofia   340.1

Todos os direitos desta edição reservados à
Martins Editora Livraria Ltda.
Av. Dr. Arnaldo, 2076
01255-000 São Paulo SP Brasil
Tel.: (11) 3116 0000
info@emartinsfontes.com.br
www.emartinsfontes.com.br

Sumário

TOMO 1
DEFINIÇÕES E FINS DO DIREITO

PROLEGÔMENOS. RAZÕES DE SER, NATUREZA E MÉTODOS DA FILOSOFIA DO DIREITO 3
    A expansão da filosofia do direito 3
    Situação da disciplina na França 4

Questão primeira. Por que estudar filosofia do direito? 7

    Artigo I. Falta de uma definição do direito 8
        Ignorância acerca do fim do direito 8
        Conflito das linguagens 9

    Artigo II. Metodologia incerta 11
        Desconhecimento das fontes 11
        Conflito dos métodos 12

    Artigo III. Recurso à filosofia 14
        Da incompletude de toda ciência 14
        Uma distinção de Kant 15

Questão segunda. O que entendemos por filosofia? 19

    Artigo I. Campo original da filosofia 21
        A filosofia, ciência universal 21

ARTIGO II. O CAMPO DA FILOSOFIA NO MUNDO MODERNO 25
    A agressão das ciências 25
    Persistência da filosofia 26
    Retomada da filosofia 28

ARTIGO III. DA FILOSOFIA DO DIREITO 30
    A filosofia aplicada ao direito 30
    A linguagem da filosofia do direito 31

Questão terceira. Quais serão nossos meios de estudo? 33
    A questão da escolha dos autores 33

ARTIGO I. AS AUTORIDADES 35
    Submissão aos poderes 35
    Submissão à atualidade 36

ARTIGO II. DA MODA EM FILOSOFIA 38
    1º) *Do historicismo em filosofia* 38
    Estaria a filosofia na história? 38
    2º) *Do progresso em filosofia* 40
    Progresso da filosofia? 40
    Regressão da filosofia? 41
    Da regressão da filosofia do direito 42

ARTIGO III. MÉTODO DIALÉTICO 44
    Uma filosofia ensinável 44
    Dúvida metódica 45
    Da dialética em filosofia 45

TRATADO DOS FINS DA ARTE JURÍDICA

PRIMEIRA SEÇÃO
DA JUSTIÇA COMO FINALIDADE DO DIREITO

INTRODUÇÃO. UMA DOUTRINA A SER REAVIVADA 51
    Justiça e direito 51
    Necessidade de um retorno às fontes 53

Capítulo I. Uma filosofia da justiça (*dikaiosunê*) 55

ARTIGO I. BREVES INDICAÇÕES SOBRE AS FONTES 55
   Aristóteles, filósofo do direito 55
   Objeto das Éticas 55
   O estudo da linguagem 56

ARTIGO II. DA JUSTIÇA GERAL 58
   Dois sentidos principais do termo "justiça".. 58
   1º) *Definição* 58
   Primeira categoria de exemplos 58
   2º) *Relação com o direito* 60
   Justiça geral e leis 60

ARTIGO III. A JUSTIÇA PARTICULAR 63
   1º) *Definição* 63
   Segundo grupo de exemplos 63
   2º) *Relação com o direito* 64
   A justiça, ofício dos juristas 64
   3º) *Definição da arte jurídica* 65
   Seu objetivo. A divisão 65
   A matéria: bens externos 66
   Campo de aplicação 67

Capítulo 2. O direito na justiça (*to dikaion*) 69

ARTIGO I. O CONCEITO DO DIREITO 70
   Um objeto no neutro 70
   Um justo meio-termo nas coisas 71
   Distinção entre o direito e a moral 72
   Uma proporção 73
   Objeto da justiça, mas da justiça particular .. 74

ARTIGO II. SETORES DO DIREITO 76
   A igualdade geométrica em matéria de distribuições 76
   A igualdade aritmética em matéria de "comutações" 78

ARTIGO III. O LUGAR DO DIREITO 81
  Amizade e direito 81
  Da imperfeição do direito da família 82
  Deve-se admitir a existência do direito internacional? 83

Capítulo 3. Notas sobre a sorte desta filosofia ... 87
  Sobre o direito romano 87
  Aristóteles e o direito romano 89
  Um depoimento de Cícero 90
  Uma filosofia da justiça entre os jurisconsultos romanos 91
  Uma ideia do direito 93
  Pluralidade das concepções romanas de justiça e de direito 94

SEGUNDA SEÇÃO
OUTROS CONCEITOS DA
FINALIDADE DO DIREITO

Capítulo 1. A boa conduta 99
  O direito anexado à moral 99

ARTIGO I. SOBRE A NOÇÃO JUDAICO-CRISTÃ DE JUSTIÇA 102
  O objeto da Torá 102
  A justiça bíblica 103

ARTIGO II. A JUSTIÇA BÍBLICA NA EUROPA 107
  1º) *Avatares da justiça* 107
    Triunfo da justiça bíblica 107
  2º) *Mefamorfoses do direito* 109
    Um momento da história da palavra "jus" .. 109
    O termo francês "direito" 109
  3º) *O direito como criado da moral* 110
    Desenvolvimento da lei natural 111
  4º) *Um clericalismo de leigos* 112

ARTIGO III. CRÍTICA DO CLERICALISMO 114
    Sobre a cultura de São Tomás 114
    A justiça do reino de Deus 116
    A justiça profana 118
    Da arte jurídica na Suma 119
    Definição do direito....................................... 120
    Seria um retrocesso? 122

Capítulo 2. O serviço dos homens 125

ARTIGO I. GÊNESE DO INDIVIDUALISMO 126
    1º) *O Cristianismo*... 126
        O indivíduo fora da cidade............................ 126
        Individualismo cristão?................................. 127
    2º) *O humanismo*... 128
        Novas leituras filosóficas 129
        O que a filosofia moderna emprestou do
        Renascimento? 130
    3º) *O nominalismo*... 131
        Esboço do nominalismo 131
        Duas palavras sobre a filosofia de Scot 132
        O nominalismo e as ciências........................ 133
        Pontos fortes e debilidades do nominalismo. 134

ARTIGO II. A SERVIÇO DO INDIVÍDUO 136
    1º) *As rupturas* 137
        Repúdio ao sistema de Aristóteles................ 137
        Declínio da tradição cristã............................ 138
    2º) *A construção de Hobbes* 139
        O projeto de Hobbes 139
        Do estado de natureza hobbesiano............... 139
        O contrato social hobbesiano e a finalidade
        do direito 140
    3º) *O "direito subjetivo"* 141
        Surgimento deste novo conceito 141
        Do direito do sujeito segundo Hobbes.......... 143
        O direito subjetivo, fim do direito................. 144

ARTIGO III. Os direitos do homem e o sistema
utilitarista... 146
1º) *Nascimento dos direitos do homem* 146
    Sobre a contribuição de Locke........................ 146
    Os direitos revolucionários do homem 148
    Novos direitos do homem. Doutrina de Wolff. 148
2º) *O utilitarismo jurídico* 149
    Bentham sobre o direito.................................. 149
    O direito penal segundo Bentham 151

ARTIGO IV. Crítica dos direitos do homem.......... 153
    Burke e os direitos do homem....................... 153
    A crítica de Marx 155
    Insuficiências do benthamismo..................... 155
    Pseudojustiça idealista.................................... 156
    Destino da justiça jurídica.............................. 157

Capítulo 3. O serviço à sociedade......................... 161
    Permanência do individualismo 161

ARTIGO I. A alta dos coletivismos........................ 163
    Uma mudança de método científico............. 163
    Rumo ao organicismo romântico 165
1º) *Os fins do direito segundo Hegel* 166
    Hegel contra as abstrações............................. 166
    O direito e seus fins em Hegel....................... 167
    Divergências de interpretação 169
2º) *Fins do direito em Marx*.. 170
    A classe acima do indivíduo.......................... 170
    O progresso da humanidade 171
3º) *Auguste Comte e a escola sociológica*................. 172
    Comte contra o individualismo..................... 172
    A escola sociológica francesa 173
    Socialismo.. 173
    Desenvolvimento.. 174
4º) *Crítica aos coletivismos* 174
    O coletivismo é injusto 175
    Sacrifício dos indivíduos................................ 175
    Equívocos do socialismo 176

ARTIGO II. A MORTE DOS FINS 178
   Filosofia contemporânea dos "valores" ou
   funções do direito... 178
   1º) *A exclusão das causas finais*................................ 180
      Das causas finais... 180
      O que a ciência moderna delas abstrai.......... 180
      Sacrifício dos fins objetivos............................. 181
   2º) *Lacunas do positivismo*..................................... 182
      O direito reduzido a uma ciência dos fatos.. 182
      O positivismo científico..................................... 183
   Três estrelas do positivismo................................ 184
      De Ihering a Heck.. 184
      Radbruch – Max Weber 185
      Kelsen.. 185
   Vista d'olhos sobre o movimento "realista" 187
      Uma definição de Holmes............................... 187
      Uma fórmula de Pound..................................... 188
      Criminologia e penalogia................................. 188
      Tecnocracia 190

CONCLUSÃO DO TOMO 1.................................. 191
   ARTIGO I. VALOR COMPARADO DESTAS FILOSOFIAS
   DO DIREITO 193
      O congresso de Madri....................................... 194
      Escolha de uma filosofia do direito 195
      Suum cuique tribuere...................................... 195
      Corolários 196
   ARTIGO II. OBJEÇÕES E RESPOSTAS............................ 198
   1º) *Arcaísmo?* 198
      Exigência atual da justiça................................ 199
      Prejuízos de uma linguagem 200
      Anacronismo.. 200
   2º) *Esterilidade?*.. 202
      Conflito dos métodos.. 203
      Que a escolha das fontes e de um método é
      função do fim que se busca............................. 203

Conflito das linguagens.................................... 206
Que não se deve procurar em outra parte a
chave da estrutura da linguagem do direito 206
Por que estudar filosofia do direito 209

Tomo 2
OS MEIOS DO DIREITO

PREFÁCIO.. 213

PREÂMBULO
UMA ORIENTAÇÃO ATRAVÉS DAS LITERATURAS

Objeto do livro 219

ARTIGO I. CATÁLOGOS DE TEXTOS 221
   As leis e suas consequências......................... 221
   Hierarquia das normas.................................. 222
   Exame crítico... 222
   Para além dos textos 224

ARTIGO II. TEORIAS SOBRE AS FONTES DO DIREITO ... 225
   Das teorias gerais do direito 225
   Leque de doutrinas 226
   Ecletismos.. 229
   Extrinseísmo.. 231
   Liberar-se das teorias 232

ARTIGO III. ECLOSÃO DAS LÓGICAS DO DIREITO....... 233
   Epistemologia do direito 233
   Busca de uma lógica específica do direito 234
   Um plano de estudos...................................... 235
   Contradições das lógicas do direito............. 235
   Para além das ciências 237

ARTIGO IV. FILOSOFIAS 238

Raízes esquecidas 238
O jugo da linguagem 239
Duas terapêuticas 240
Fundação do direito 241

TÍTULO PRIMEIRO
OS MEIOS LÓGICOS

Capítulo 1. Nota sobre a querela das lógicas do direito 245

ARTIGO I. UMA LÓGICA DA DEMONSTRAÇÃO 246
Lógica da ciência 246
Presunção de cientificidade 247

ARTIGO II. OUTRAS FORMAS DE DISCURSO 252
Lógica da invenção 252
O direito seria uma ciência? 253
Novas "lógicas jurídicas". Irracionalismo 255
Doutrina da Escola de Bruxelas 256
Resultantes 258

Capítulo 2. Um quadro da dialética 261

História de uma palavra 261

ARTIGO I. DUAS LÓGICAS EM ARISTÓTELES 263
Lógica da ciência 263
Segunda parte da lógica 264

ARTIGO II. DIALÉTICA E FILOSOFIA 267
Os diálogos dos filósofos 268
Realismo e dialética 268
Ambições modestas 269

ARTIGO III. ALGUMAS REGRAS DA ARTE 270
Um procedimento regulamentado 270
Seleção dos jogadores 271
Escolha das opiniões 271
Posição da causa 272

Da argumentação 273
Mescla de opiniões 274
"Conclusões" 275
Uma arte desaparecida 277

Capítulo 3. Primeiros elementos de uma lógica do direito 279

ARTIGO I. DIALÉTICA E DIREITO 280
1º) *Que a jurisprudência é trabalho teórico* 281
Do indicativo jurídico 281
Condição de existência do direito 282
Os jurisconsultos sucessores dos filósofos gregos 283
2º) *A jurisprudência não é científica* 284
Dificuldades de uma ciência do direito 284
Uma quase-dialética do direito 285

ARTIGO II. O EXEMPLO ROMANO 286
Ponere causam 287
Choque de opiniões 288
Conclusões 289

ARTIGO III. EXÍLIO E RETORNO DA DIALÉTICA 291
O divórcio 291
Redescoberta 292

TÍTULO SEGUNDO
AS FONTES NATURAIS

Capítulo 1. A alternativa das teorias contemporâneas 297

As duas fontes do discurso do direito 297

ARTIGO I. FONTES IDEAIS 299
A Palavra divina 300
A vontade do homem 302
A Razão. A lei natural 305

A Escola do direito natural.............................. 306
O renascimento do direito natural................ 310
Exame crítico.. 312

ARTIGO II. FONTES FACTUAIS.................................... 315
O positivismo científico................................... 315
Os pródromos... 317
A Escola histórica: primeiros avatares do positivismo jurídico... 322
Sociologismo... 325
Da norma à efetividade.................................... 328
Exame crítico.. 328
Resultantes... 332

Capítulo 2. Uma filosofia da natureza................... 335

Do problema do direito natural........................... 335
Sentido da palavra natureza................................ 336

ARTIGO I. SOBRE A EXTENSÃO DO CONCEITO CLÁSSICO DE NATUREZA.. 339
O homem na natureza..................................... 340
Os homens na natureza................................... 341

ARTIGO II. COMPREENSÃO DO CONCEITO CLÁSSICO DE NATUREZA 345
A mudança na natureza................................... 346
O *Telos* na natureza.. 348
O bem na natureza... 349

ARTIGO III. DA CONTINGÊNCIA DAS LEIS DA NATUREZA 352
A natureza rebelde à ciência........................... 353
A natureza aberta à dialética.......................... 355
Aplicações... 355

Capítulo 3. Do direito natural................................ 357

ARTIGO I. O DIREITO NATURAL DE ARISTÓTELES........ 358
Definição... 358
Dificuldades no conhecimento do direito natural... 359

Matéria para a dialética 361
Aplicações na política de Aristóteles 361

ARTIGO II. O EXEMPLO ROMANO 366
Fonte do direito em Roma 366
O direito nas causas 368
O direito na cidade 369

ARTIGO III. ECLIPSE E RETORNO 373
Naturrechtsfobia 373
Renascimento do direito natural 374

TÍTULO TERCEIRO
DAS LEIS POSITIVAS

Capítulo 1. Os prós e os contras da lei positiva ... 379

Do direito positivo 379

ARTIGO I. RELIGIÃO DA LEI 380
Raízes do legalismo 380
Esquema do positivismo legalista 382
Seleção das fontes positivas 383
Contradições entre os textos 385
Lacunas dos textos 387
A interpretação dos textos 389
A interpretação criadora 392
Autodestruição 394

ARTIGO II. ASSASSINATO DA LEI 395
Novos filósofos 395
Desvalorização da lei 396
Do direito livre 398
O direito instrumento 400
Resultados 403

Capítulo 2. A noção da lei 405

ARTIGO I. A GÊNESE DAS LEIS ESCRITAS 405
A ordem natural antes da fórmula 405

Lei na natureza 406
Leis escritas 407
Um produto da dialética 408
Diversificação das leis................................ 409

Artigo II. Limites da lei escrita 411
Um problema de semântica 411
A função política das leis............................ 412
As leis instrumento da moral 414
As regras do direito..................................... 416
E seus auxiliares... 419
O destino das regras do direito 422
Resultados 427

Capítulo 3. Primeiros elementos de uma arte jurídica 429

Artigo I. O poder dos textos 431
Necessidade dos textos............................... 431
Da autoridade dos textos 433
Das insuficiências dos textos 437
Inacabamento... 440

Artigo II. Por uma arte da interpretação 441
Exegese dos textos....................................... 444
Solução das antinomias 446
Dos textos ao direito 448
A *Epieikeia* 450
Um começo de conclusão........................... 451

POST-SCRIPTUM. DISCUSSÕES 453
Pro 453
Sed contra 455
Veredito... 456
Da utilidade deste compêndio 458

Índice remissivo.. 459

Prefácio

Os dois compêndios de Michel Villey foram os primeiros desta coleção consagrados à filosofia do direito. O primeiro intitulava-se *Definições e fins do direito* (4ª edição, 1986), e o segundo, *Os meios do direito* (2ª edição, 1984). Hoje é um feliz acontecimento vê-los – reunidos num mesmo volume – constituir o objeto de uma nova edição. Essas obras foram, inicialmente, um desafio. Expor de modo simples, num estilo límpido, as linhas de força de uma filosofia do direito indispensável à compreensão deste último, não era tarefa simples. Exigia grande cultura, sem que se sucumbisse, no entanto, à tentação de uma erudição fácil, ou mesmo pedante, para alcançar esse objetivo. Michel Villey superou-se. E as sucessivas vagas de estudantes que tiveram a felicidade de acompanhar seus cursos e de participar de seus seminários deles ainda conservam o benefício e a lembrança, tanto no exterior como na França.

Não devemos esquecer que, após um longo eclipse, a filosofia do direito estava renascendo na França, tanto no pensamento como no ensino. Durante muito tempo, contudo, laços estreitos haviam existido entre ambos. Pelo menos até o início do século XIX, os filósofos dedicavam-se frequentemente às coisas do direito, mostrando-se conhecedores desta matéria: Hobbes e Spinoza, Leibniz, Montesquieu e Rousseau, Bentham e Voltaire. Mas as coisas já começaram a degenerar quando Kant, no *Conflito das Faculdades* e também em outros textos, quis estabelecer uma divisão de tarefas, deixando aos juristas uma parte menor no pensamento do direito. Desde então desenvolveu-se a corrente do idealismo alemão, pela qual Michel Villey não nutria – é o mínimo que podemos dizer – grande simpatia.

Suas críticas eram também dirigidas aos juristas, que considerava responsáveis pelo distanciamento entre o direito e a filosofia. Reprovava-lhes a aversão pela filosofia do direito. Quanto a isso sempre nos vem ao espírito a seguinte explicação: o voluntarismo e o legalismo glorioso do século XIX, pelo menos na sua primeira metade, teriam propiciado o surgimento de um positivismo cômodo, cuja onipresença sentimos ainda hoje e que teria, sob todas as suas formas, mesmo as mais esotéricas, recalcado a reflexão fundamental. Explicação à primeira vista sedutora, sujeita, contudo, à crítica, na medida em que o positivismo jurídico, por mais preguiçoso e decepcionante que seja, deriva de uma certa ou de uma incerta filosofia do direito.

Michel Villey preferia imputar à onda cientificista, "hostil a toda metafísica", o recuo desta última na reflexão contemporânea. Insurgia-se contra "uma espécie de tecnicismo à americana" que levava os juristas franceses a rejeitar a atitude filosófica, considerando-a inútil, consciente ou inconscientemente. E é verdade que na "doutrina" – termo que ele contestava –, muitos autores interrogam-se até mesmo sobre a existência da filosofia do direito, contra o que nosso autor protestava de maneira veemente, às vezes polêmica, e sempre premonitória. Dessa sua perspectiva derivou uma série de características: hostilidade às divagações do raciocínio filosófico favorecidas e mesmo provocadas pelo kelsianismo e por todos seus avatares, crítica das filosofias sobre o direito provenientes de autores que desconheciam os procedimentos, a letra e o espírito desta disciplina, cuidado de não confundir, por mais indispensáveis que tanto um quanto outro sejam, a filosofia do direito e a história das ideias.

A leitura de sua filosofia do direito é a melhor maneira de nos apercebermos disso, melhor do que qualquer prefácio que pretendesse apresentá-la. A obra de Michel Villey é tão vasta, tão rica, tão original, que podemos observar o profundo significado da história para este historiador de Roma, da Idade Média, dos tempos modernos ou contemporâneos. Muito mais que para sua própria filosofia, a história é essencial para a filosofia do direito. Michel Villey mostrou-o com vigor, particularmente em suas *Lições de história da filosofia do direito*, na sua *Formação do pensamento jurídico moderno* e em muitos outros escritos, não apenas com o único intuito de discorrer sobre o desenrolar dos acontecimentos e dos pensamentos, mas com o desejo de revelar, de uma maneira comparável à de Léo Strauss, as constantes e as variáveis da filosofia do direito, para além das causalidades e dos anacronismos. Mais intelectual do que ninguém, universitário no verdadeiro sentido da palavra, Michel Villey contribuiu vigorosamente para um retorno à filosofia do direito que seus *Cadernos* póstumos ilustram e explicam; uma filosofia na qual se conciliam, na coerência última de seu pensamento, seu apego a Aristóteles e ao tomismo – não ao neotomismo! – e também a influência necessária e latente do augustinianismo.

"É chegado o tempo", escreve ele, "de sacudir o jugo das filosofias extrínsecas; de repensar o método do direito extraindo-o da experiência particular dos juristas" (nº 40). É chegado o tempo de voltar ao ensino da filosofia do direito. Foi para isso que Michel Villey escreveu, particularmente para seus estudantes, mas não apenas para eles, estes dois livros naturalmente reunidos. E concebeu-os e realizou-os sem se submeter de modo algum aos cânones das obras doutrinais, cujas divagações tão frequentemente denunciou. É, sobretudo, a transmissão de um saber, ou mais exatamente de um meio de saber, que o move. Mesmo que ele possa pensar que é essencialmente impossível se fazer compreender, não deixa de ser menos visceralmente apegado ao diálogo e à controvérsia. Não é por acaso que observamos, mesmo numa obra de nosso tempo, a consciência implícita dos benefícios da *disputatio* e o desejo de uma discussão constantemente suscitada e que se dirige sem cessar ao essencial. O pensamento de Villey, avesso a todo conformismo, é tanto mais filosófico quando não teme colocar em causa uma certa ordem estabelecida que afirma a prevalência indiscutível do progresso. Ninguém melhor do que Julien Freund expressou a grande contribuição de Michel Villey para a regeneração da filosofia do direito: "Ele a tirou da sombra na qual as múltiplas filosofias do direito a enfurnavam há dois séculos".

FRANÇOIS TERRÉ

TOMO 1
DEFINIÇÕES E FINS DO DIREITO

PROLEGÔNEMOS
Razões de ser, natureza e métodos da filosofia do direito

1. A expansão da filosofia do direito. Se, como seria desejável, os estudantes franceses de direito tivessem a oportunidade de estudar alguns semestres fora do país, nas grandes universidades europeias vizinhas, veriam que uma disciplina pouco conhecida na França, a "filosofia do direito", ocupa um espaço significativo nos programas.

Assim é na Espanha, na Itália, onde existe um concurso especial para selecionar professores para esta disciplina; e também nas universidades alemãs, austríacas, holandesas e muitas vezes na Inglaterra com o nome mais modesto de *jurisprudência*. Na época em que assistíamos aos congressos da associação mundial para a filosofia do direito, ficávamos surpresos com o grande número de participantes oriundos de todas as partes do planeta – da Suécia, dos Estados Unidos, da América Latina, do Japão e da Austrália, dos países do bloco soviético –, muitas vezes atônitos com a quantidade de livros, teses e manuais produzidos sob essa rubrica.

A especialidade científica chamada filosofia do direito é bastante antiga na Europa. Hegel já é o autor de uma obra intitulada "Princípios da filosofia do direito" – *Grundlinien der Philosophie des Rechts* (1821); não é absolutamente evidente que a referida obra faça juz ao seu título e trate do direito dos juristas. Porém, de vinte e cinco anos antes datam os "Princípios metafísicos da ciência do direito" – *Metaphysische Anfangsgründe der Rechtslehre* (1776) do ilustre Kant, livro que introduzia uma novidade no mundo acadêmico: Kant separava a filosofia jurídica da ciência do "direito natural" (com a qual o jusnaturalismo moderno a confundia) e da filosofia moral. Pouco depois, o inglês John Austin publicava suas *Lectures on Jurisprudence or the Philosophy of Positive Law*. Em seguida, eclodiram incontáveis "Teorias gerais do direito" ao longo da segunda metade do século XIX e as obras de Stammler, de Del Vecchio, do americano Pound, de Radbruch, de Kelsen etc. A literatura vai se acumulando. Nas faculdades de direito estrangeiras, há um incremento aparentemente considerável dos chamados cursos de filosofia do direito desde o final da última guerra.

Entretanto, estaríamos talvez dando uma falsa ideia desse fenômeno se deixássemos o leitor acreditar que as ações da filosofia do direito estão geralmente em alta. Não lhe faltam adversários em parte alguma. Vivemos hoje, ao que tudo indica, na era da técnica, e o tecnicismo é o inimigo mortal da filosofia. Nada garante que mesmo os cursos e as inúmeras obras que se intitulam "filosofia do direito" sejam obras de filosofia. Que dizer da "teoria geral marxista-leninista" ensinada na URSS? Também em outros países, na Inglaterra, nos países escandinavos ou na América, estudam-se sociologia, psicologia, lógica, "análise da linguagem" sob o rótulo de filosofia. As ciências humanas tendem hoje a abarcar tudo, mesmo a filosofia.

2. Situação da disciplina na França. Não depreciemos nosso país. No movimento contemporâneo da filosofia do direito, a França não desempenhou papel insignificante. Nossos grandes juristas filósofos do início do século – principalmente Gény, Hauriou, Duguit – são muitas vezes citados mundo afora. Na época em que esses autores estavam se formando, fora introduzido nas faculdades de direito francesas um curso de filosofia do direito que está ressurgindo hoje a título optativo.

Entretanto, nosso país é um dos que mais hostiliza a filosofia do direito. Os *filósofos* a negligenciam. Têm poucas leituras jurídicas. Se conhecem alguma coisa de direito é através de Kant, Fichte, Hegel e seus epígonos. Como de hábito desde Descartes, toda sua atenção volta-se para as experiências da vida (quer intelectual, quer moral) exclusivamente individual. Ou dedicam-se às *ciências* sociais hoje em voga: política, sociologia, história científica, marxismo, mas não pelo direito. Sem dúvida uma reação se está esboçando. Não foi inutilmente que o filósofo belga Ch. Perelman assinalou-lhes a existência do direito, assegurando que "o direito pode trazer grande contribuição para a filosofia" (*APD*, 1962, p. 35).

Quanto a nossos colegas juristas, a maioria deles não alimenta nenhuma simpatia pela disciplina aqui apresentada. O jurista francês é conhecido por ser especialmente avesso à filosofia do direito. Li muitas vezes que esse fenômeno se deve ao sucesso que o positivismo jurídico gozou entre nós: Napoleão teria adestrado os juristas à obediência. Estes temiam que a filosofia ressuscitasse os abusos do "direito natural" do Antigo Regime, comprometendo o poder das leis positivas; assim sendo, eles o teriam expulsado de nossos programas de ensino. Mas não creio nisso, pois o legalismo da Escola da exegese e a doutrina rousseauniana do *Contrato Social*, que antigamente o sustentava, perderam há muito sua força.

Digamos antes que o mundo jurídico francês, debilmente cultivado em filosofia, tenha resistido mal à onda *cientificista*, hostil a qualquer "metafísica", lançando-se numa espécie de *tecnicismo* à moda americana. Quer-se mostrar atividade, eficiência; servir aos "*negócios*". Reprova-se à filosofia sua *inutilidade*.

Em que, aliás, ela consistiria? Raros são aqueles que têm mesmo uma vaga ideia. E se acaba de ser reintroduzido, nos programas de nossas faculdades, um curso de filosofia do direito, para seguir o exemplo dos outros países, que contribuição poderá trazer? Um verniz de cultura geral útil nas conversas? Que se espera deste livro? Provavelmente um panorama do desenvolvimento das "ciências humanas", a psicologia, a sociologia, a antropologia, a nova lógica "deôntica"? Poderia haver um mal-entendido...

Portanto, a filosofia do direito terá inicialmente que ser justificada e, se possível, definida.

QUESTÃO PRIMEIRA
Por que estudar filosofia do direito?

Provavelmente nem todos serão sensíveis às observações que se seguem. A necessidade da filosofia não existe em todos.

Falta a nosso ensino algo de fundamental. Não sabemos muito bem o que nele buscamos nem em que se fundam nossos conhecimentos; para onde vamos e de onde partimos. Faltam os fins e os princípios. De que me serve conhecer os horários dos trens se não tenho a menor ideia do destino da viagem e da estação em que devo embarcar?

Artigo I
Falta de uma definição do direito

3. Ignorância acerca do fim do direito. Presumo que após "x" anos de estudo na Faculdade de Direito, você seja incapaz de dar uma definição do direito. Com isso quero dizer que, com o direito assemelhando-se à categoria das *artes* (existe um ofício jurídico, ou um grupo de ofícios jurídicos), você não saberia definir *para onde tende* a obra do jurista relativamente às outras artes, à política, à moral, à economia.

Faça o seguinte teste. Reúna um grupo de juristas. Pergunte-lhes: para que serve o direito? Não é absolutamente evidente que lhes estejamos fazendo uma pergunta ociosa: seria útil sabermos definir nosso campo de estudo. Quanto mais não seja para elaborarmos um programa escolar coerente. Você não obterá resposta. Se desejarem ter uma ideia do objeto específico do direito a partir das disciplinas que são obrigados a cursar, os estudantes terão bastante dificuldade para chegar a uma conclusão. É-lhes proposto um coquetel de cursos díspares: Instituições políticas – Relações internacionais – Problemas da informação – Sociologia e psicologia social – Instituições judiciárias – Contabilidade e gestão – Direito dos negócios etc., *além de* "optativas", que podem ser colhidas aqui e ali. Esse é o fruto de uma série de reformas, realizadas principalmente com base no poder de barganha de cada disciplina, cada professor defendendo sua especialidade. É duvidoso que nossos programas obedeçam a um plano global.

É verdade que não existe mais hoje, em princípio, uma *Faculdade de direito*, mas apenas *Universidades* com nomes complicados para o estudo de um aglomerado de ciências sociais. Talvez a ausência de reflexão sobre o objeto específico do direito leve o próprio termo direito a cair em desuso. Talvez não exista mais direito. O que não me parece um progresso.

4. Conflito das linguagens. Que nós todos nos encontremos na mais absoluta escuridão a respeito do objeto do direito (supondo-se que exista uma arte jurídica), esta lacuna traz consequências. O erro relativo ao fim é o pior, dizia Aristóteles. Vejamos um de seus efeitos.

Nesta obra abordaremos muitas vezes a questão da *linguagem*. Constataremos que o sentido das palavras mais frequentemente empregadas pelos juristas, e em primeiro lugar as mais gerais, é muito móvel e incerto. Tivemos inúmeras oportunidades de *testar* esse fato no Centro de filosofia do direito: em quase todas as sessões não podíamos deixar de constatar que termos tais como direito natural, positivo, positivismo, norma, justiça, evocam de fato na cabeça de cada participante as mais diversas noções. O sentido dessas palavras é ao mesmo tempo vago, difícil de definir, e um dos mais diversos conforme os locutores.

Se ao menos essa incerteza só atingisse noções tão teóricas! Mas ela afeta a linguagem técnica e as palavras mais necessárias à ciência do direito no sentido restrito, tais como: "obrigação" ou "contrato, propriedade, posse, interpretação" etc.[1]. É verdade que poderíamos encontrar

---

1. Cf. *Archives de philosophie du droit*, 1964, 1968, 1970, 1972, 1979 etc.

no Código Civil e em nossos manuais definições de alguns desses termos, mas não definições concordantes. Elas divergem, não apenas de um país a outro (as palavras propriedade e contrato revestem sentidos diferentes na Inglaterra, na União Soviética e na tradição francesa), mas também no mesmo país, de uma escola de pensamento a outra. Josserand ou Duguit não concebem a propriedade como Georges Ripert. Pode-se acaso duvidar que as fórmulas pelas quais o Código define, por exemplo, a propriedade (art. 544) ou o contrato (art. 1101) estejam hoje ultrapassadas?

Não há qualquer acordo sobre o sentido de termos tão fundamentais. O que é provavelmente inevitável: a *polissemia* é a regra de nossa linguagem comum, sendo a causa de muitas das obscuridades que teremos que discutir.

Mas o rigor de uma ciência (inclusive o de uma ciência do direito) consiste precisamente em escapar a essa flutuação da linguagem e assegurar a cada termo um significado constante e relativamente preciso. Apesar de não faltarem monografias sobre tal ou qual dessas grandes noções, nosso sistema linguístico continua, em seu conjunto, inexplorado. Seria preciso estudá-lo *globalmente*, porque uma linguagem constitui um todo estruturado; cada palavra só ganha sentido relativamente às outras e no interior de um todo ordenado, o que se verifica principalmente nas linguagens científicas cuja arquitetura é consciente e artificial, orientada por uma ideia clara do *objeto* da ciência considerada.

Veremos mais adiante que só será possível esclarecer a linguagem do direito, restituir-lhe a coerência, tirar da presente confusão os grandes instrumentos conceituais da ciência jurídica, apenas quando o *fim* do direito for conhecido.

Artigo II
Metodologia incerta

5. Desconhecimento das fontes. Se perguntarmos, em primeiro lugar, de que fontes depende nossa ciência do direito, quem saberá responder?

Desde o início do século XX os modos de abordar o direito estão em incessante mutação. Os cursos de direito ministrados na Faculdade foram inicialmente cursos de *"Códigos"*; ensinavam-se os códigos e as leis; os estudantes eram adestrados para "subsumir" ao texto das leis soluções particulares.

Depois, as decisões de *jurisprudência* foram consideradas fontes de direito; com base numa mistura de sentenças e leis, construíram-se grossos tratados de "dogmática jurídica".

Atualmente a *sociologia* entrou em cena. Mais uma vez tomarei alguns exemplos dos programas da Universidade de Paris II. Os cursos se intitulam: Direito penal e sociologia criminal – Direito constitucional e instituições políticas – Ciência política – Relações internacionais... Aprende-se a regular o direito com base nas instituições de fato, os hábitos, os costumes existentes...

Mas, qualquer que seja o procedimento seguido para a invenção do direito, sempre constataremos a mesma lacuna: o jurista furta-se a explicar *por que* esta autoridade soberana é reconhecida à lei. Ou, numa outra escola, *por que* seguir os precedentes da jurisprudência ou abrir as portas da ciência do direito para a vaga sociológica?

A este respeito o ensino cala-se quase completamente ou, se nossos manuais explicam-se nos capítulos preliminares (ou "Introduções gerais ao estudo do direito"), o fazem de uma maneira tão simplista que melhor seria permanecerem em silêncio. Assim como um operário trabalha com uma máquina sem se preocupar em saber como foi construída, ensinamos segundo as rotinas de um dos diferentes tipos existentes de positivismo jurídico, sem nos darmos ao trabalho de verificar quanto valem essas rotinas. Assim, nossos enormes tratados de "dogmática jurídica", nossos cursos magistrais, nossos sistemas, são colossos com pés de barro, belas construções que ninguém garante não estarem fundadas na areia...

Uma categoria de fontes autenticamente fundamentada para constituir uma *fonte* de direito está ainda por ser fundada. E não o será na Faculdade. E se o leitor não sentiu que existe em nossos estudos uma deficiência quanto a esse ponto, nós o perdoaremos, mas este compêndio não é feito para ele.

6. Conflito dos métodos. Paralelamente à multiplicidade das opiniões contraditórias relativas às fontes do direito encontra-se a diversidade dos *métodos*. Esta acarretou particularmente na Alemanha o famoso Conflito dos Métodos (*Methodenstreit*), em que se discutia o que significa "a interpretação", "a subsunção" dos fatos à lei, "a livre pesquisa científica", "a jurisprudência teleológica" etc. Os procedimentos que os juízes seguem para chegar à sentença são muito diferentes conforme o país, como mostram os comparatistas, ou de um setor do direito a outro.

Mesma variedade nos procedimentos de ensino: a exegese do Código Civil e o curso magistral dogmático tendem a ser atualmente substituídos, sob a influência americana, pelo método dos casos. As escolhas operam-se empiricamente.

Incerteza no campo da "lógica jurídica". Uma disciplina que vem ganhando espaço em certas faculdades de direito é a "lógica *deontológica*". Nela se ensinam as leis lógicas que ajudam a tirar conclusões das proposições deontológicas que constituiriam o direito. Estão voga também o computador e a informática, úteis para reunir os textos, combiná-los, adicioná-los, calcular o resultado global. Mas e se a sentença não for uma dedução da lei? Ou se o direito não for feito apenas de regras de conduta? E se houver outras fontes do direito além da massa combinada dos textos? Se o caminho mais adequado for uma certa técnica de consideração do caso? É ao acaso que se adotam esses novos métodos. Afirmo que a nossos estudos de direito faltam as fundações.

Artigo III
Recurso à filosofia

7. Da incompletude de toda ciência. No que precede não há, com relação à Faculdade, a menor intenção crítica. Nada mais natural que suas insuficiências.

Toda *ciência*, pelo menos as modernas (hoje não existem senão ciências particulares), constitui-se a *partir* de certos axiomas, princípios, noções fundamentais. Ela mesma não os "tematiza", o que significa que não os toma como objetos de estudo; é condicionada por eles, devendo-lhes a própria consistência, a coerência e o rigor; aceita-os como *dados* cuja constituição está a cargo de uma outra disciplina.

Isso vale para a ciência do direito ou, antes, para as diversas espécies de ciências jurídicas. Considerando que ao longo do século XIX tenham florescido imponentes tratados de dogmática jurídica, elaborados sobre o princípio da soberania da lei (e particularmente do Código Civil), é fácil reconhecer de onde procede esse postulado. Não foram certamente os juristas, habituados sob o Antigo Regime à "equidade dos Parlamentos" ou à arbitrariedade do rei, os inventores do dogma do positivismo legalista. As origens deste último encontram-se em Kant,

DEFINIÇÕES E FINS DO DIREITO 15

Rousseau, Locke ou Hobbes, no âmbito das chamadas doutrinas do "Contrato Social", que acabaram por prevalecer na cultura geral do século XVIII. Da mesma fonte procedem as noções individualistas de propriedade, de contrato, introduzidas na ciência jurídica da mesma época, portanto toda uma parte da *linguagem* técnica de nosso Código Civil.

E se agora a sociologia irrompe no direito, se no curso de direito constitucional vem se imiscuir o ensino das instituições políticas, no curso de código penal estudos de criminologia, de penalogia, de antropologia criminal, poderíamos seriamente pretender que os primeiros responsáveis por isso tenham sido os juristas? Não; isso se deve a Auguste Comte, a Durkheim, que foi o mestre de Duguit, e, em geral, aos *filósofos* de tendência sociologista. Eles conseguiram impor, por sua vez, sua maneira de ver. Daí os professores de direito tiraram novos caminhos e descaminhos.

Percorrendo toda a história do direito, seria fácil fornecer uma multiplicidade de exemplos de injeção nas ciências do direito de princípios vindos de fora delas. Não, evidentemente, que os juristas aceitem curvar-se servilmente a essas influências: eles porão à prova os axiomas e a linguagem que a cultura ambiente sugere e tende a impor; rejeitarão alguns deles, reformando-os empiricamente. Não realizam, porém, um estudo racional desses axiomas. Esse estudo será realizado alhures. A ciência do direito não é uma ciência inteiramente autônoma, inteiramente autárquica; ela *depende*, quanto a seus princípios, de uma outra disciplina que antigamente se chamava "arquitetônica". E é disso que precisamos convencer os juristas: toda ciência do direito está *suspensa* a um sistema geral de filosofia.

8. Uma distinção de Kant. Em seus "Princípios metafísicos da doutrina do direito", Kant propõe uma distinção que será posteriormente retomada por Hegel. Há duas espécies de perguntas a serem colocadas no que concerne ao direito. Primeiro a questão: *quid juris*? Qual é, em tal ou qual processo, ou tal espécie de processo, a solução *de direito*? Por outro lado, vem a questão: *quid jus*, o que é *o* direito em si mesmo?

Ora, segundo Kant, que se explica no "Conflito das Faculdades", a função da ciência *jurídica* é responder ao primeiro problema: qual é a solução *de* direito? (o que significa em seu sistema: qual é a solução de acordo com o texto das leis positivas), enquanto cabe à "Faculdade de Filosofia" o segundo problema: o que é o direito? Quer dizer, para Kant, o que significa primeiramente o termo "direito" e como defini-lo? E também o que é a justiça, a *ideia* do direito, a solução que deveria ser idealmente e em direção à qual deveria tender o legislador?

Em nosso modo de ver, Kant atribui uma parte demasiadamente grande aos filósofos. Por que os juristas não deveriam se preocupar pessoalmente com a justiça de suas soluções? Estamos muito longe de aceitar esse tipo de divisão traçada por Kant entre Faculdades de "direito" e de "filosofia"; mas podemos aproveitar a distinção que ele nos propõe, contanto que a interpretemos de um modo mais flexível do que permite seu positivismo. É verdade que o jurista absorve-se na busca de *soluções*. Para explicar "*o que é*" o direito, definir o objeto de sua ciência relativamente à moral, à política, à economia, às diversas ciências sociais, discutir seu método, as *fontes* do conhecimento do direito, ele não teria nem tempo nem competência. Trata-se de um homem demasiadamente ocupado em resolver casos e dar consultas para se prestar a esse tipo de especulações; e sem dúvida a técnica que lhe é própria e a estreiteza de seus horizontes dificilmente permitiriam que lidasse bem com esses problemas.

Entretanto, nenhuma resposta rigorosa seria possível à questão: o que é *de direito, quid juris*? se não dispuséssemos de alguma ideia do que é o direito, *quid jus*. Toda ciência do direito supõe uma certa concepção do direito, de seu objeto e de suas fontes; e cada ciência do direito só valerá na exata medida do valor de seus *princípios*. Também estes devem ser examinados de tempos em tempos. Se, portanto, sentindo as lacunas do ensino jurídico, sentimos a necessidade de preenchê-las, de não mais ignorar o objetivo e os fundamentos da ciência do direito, deveremos introduzir uma outra disciplina: a filosofia do direito. Por que justamente a *filosofia*?

QUESTÃO SEGUNDA
O que entendemos por filosofia?

    Antes de poder afirmar que a filosofia do direito está apta a cumprir este papel, deparamo-nos com uma questão difícil: pouco acordo existe sobre *o que é a filosofia*, o que o leitor constatará rapidamente se consultar sobre tão discutido problema os manuais de história da filosofia ou as crônicas filosóficas do jornal *Le Monde*. Parece que cada grande filósofo – Descartes, Kant, Marx, Heidegger, Gabriel Marcel – secreta sua própria concepção de filosofia.
    A filosofia parece ser de difícil definição, o que não ocorre com as ciências. De cada ciência (da física, da química, ou da própria ciência jurídica) conhecemos aproximadamente qual seu objeto específico. Porque as ciências têm, acima delas, uma disciplina que chamamos de "arquitetônica" (precisamente a filosofia – ou a "filosofia das ciências"), cuja tarefa é defini-las, resolver seus frequentes conflitos de competência. A filosofia, entretanto, nada tem acima de si, ela mesma se define; do que resulta que cada filosofia pode se considerar livre para forjar, segundo seu ponto de vista pessoal, uma nova ideia da filosofia.
    Não seria difícil citarmos cem definições disparatadas. Não faremos isso. Mas, como o gênero filosófico é uma invenção dos gregos, que o emprestaram à Euro-

pa, remontaremos às suas origens para conhecer-lhe a natureza, sem esquecer, contudo, que ocorreram mudanças em nosso regime intelectual e que o campo da filosofia não corresponde mais ao que era no tempo de Aristóteles.

Artigo I
Campo original da filosofia

Na concepção da Antiguidade, a filosofia aparece como um esforço de conhecimento cujo objeto parece ilimitado, uma espécie de *ciência universal*. Isso exige um comentário.

9. A filosofia, ciência universal. Que uma única disciplina pretenda, sozinha, abarcar todo o campo do conhecimento é para nós inimaginável, dada a presente organização de nossos estudos. Mas é manifestamente verdadeiro relativamente à filosofia dos gregos. Tales era ao mesmo tempo filósofo, físico, matemático, e Pitágoras não tinha menos cordas em seu arco. Quanto a Aristóteles, durante muito tempo considerado modelo do "Filósofo", sua obra trata de tudo: da moral, da política e das leis, da retórica, da lógica, da psicologia, da matemática, da cosmologia, da física e, enfim, da "metafísica". Também na Idade Média (se bem que nessa época a filosofia já sofresse a oposição da teologia), não menos universais se pretenderam o mestre de São Tomás, Alberto Magno, que muito se dedicou às ciências naturais – ou

Buridan, célebre sobretudo por seu asno (e sua análise da vontade), mas que não cultivava menos a física.

Sabemos que essa acepção muitíssimo ampla do termo "filosofia" ainda vigorava no século XVII e mesmo depois. A primeira grande obra do Descartes "filósofo" continha ótica, física, matemática, além do Discurso do Método.

Inclusão do Bem. O mais notável, contudo, é que nesse campo universal a filosofia antiga incluía o bem, o belo e o justo – o que não a impedia de ser uma espécie de ciência objetiva.

Nada com efeito mais estranho ao espírito dos filósofos gregos do que pretender construir, sob o nome de filosofia, um conhecimento *a priori*. Sequer imaginavam tirar seus conhecimentos de uma pretensa "Razão pura", subjetiva ao espírito do homem, da qual se extrairiam axiomas de moralidade ("o imperativo categórico") ou as formas racionais através das quais nosso espírito conceberia o mundo. Devemos aqui fazer uma esforço para esquecer Kant e a postura do idealismo moderno; quem sabe não acabaremos por preferir a atitude dos filósofos gregos. Com efeito, só existe *conhecimento* no sentido próprio da palavra *de* alguma coisa exterior à nossa consciência, à nossa "razão". E a filosofia antiga pretende ser autenticamente conhecimento – "teoria" (do verbo *theorein*, que significa ver) – olhar sobre o mundo *exterior*. Porém, naquele mundo que eles contemplavam – objeto exterior à consciência e para o qual esta *tende* –, os gregos fundadores da filosofia não duvidavam de que estivessem incluídos o que a cultura contemporânea chama de *"valores"*.

É nesse ponto que o modo de ver dos filósofos da Antiguidade contrasta mais com nossos hábitos. Fomos formados no espírito das ciências modernas. Ora, as ciências modernas fazem justamente abstração das qualidades que estão nas coisas; despojam o mundo de seu valor, restringem-se a olhar os "fatos", ou as relações entre os fatos, e, além de tudo, não qualquer fato, mas somente a espécie de fatos abordada por cada especialidade científica.

O geólogo só considera, numa paisagem, a composição material, as camadas de que se constitui; não vê sua beleza. No corpo humano que disseca, o anatomista contará os ossos e os músculos; o biólogo considerará as operações químicas que se efetuam em cada tecido. Num discurso, o linguista considerará somente os fonemas, os morfemas, a sintaxe ou as relações do discurso com os sentimentos do locutor, com suas emoções, sua idade, condição psicológica ou sociológica, suas intenções, o objetivo que almeja...

Quando, ao contrário, um Aristóteles estuda as constelações ou os órgãos dos animais, encanta-se com sua disposição, procura reconhecer sua *beleza*, relaciona-os com uma "causa final". Discerne nessa ordem a mão de uma natureza artista, e a observação da natureza leva-o à existência de Deus. – Se estuda o discurso humano, os argumentos dos sofistas ou dos dialéticos, a arenga dos oradores, neles discerne o *verdadeiro* e o *falso*. – Caracterologista, observando as diferentes espécies de homens, seu estudo visa definir o que é a *prudência*, a *temperança*, a *força*, a *sabedoria* e os vícios correspondentes.

Último exemplo: quando um Platão na República considera as instituições, seu único objetivo é conseguir apreender o *justo* e o *injusto*. Pode-se adivinhar como esse tipo de ciência dirá respeito ao direito.

Busca da sabedoria. Assim, entenderemos melhor o caráter *universal* da antiga filosofia e que a palavra filosofia tenha significado na origem a busca da sabedoria. A sabedoria (*sophia-sapientia*) é ao mesmo tempo *ciência*, conhecimento da realidade e, como resultado dessa ciência, capacidade de bem se conduzir, moral tirada de um conhecimento. A *aposta* do filósofo grego (que hoje poderia ser tachada de intelectualismo) parece ser que da visão mais integral que possa ter da natureza ou do cosmos, o sábio extrairá seu modo de viver. Ao menos a função da filosofia será fornecer para a conduta uma *orientação* geral. Não pode ser útil nas circunstâncias contingentes da ação cotidiana.

Os estoicos reconheciam-lhe comumente três partes: primeiro a *"dialética"*, que serve de barreira contra o erro, como os muros de um jardim o protegem dos ladrões. Em seguida a *física*, estudo da natureza, semelhante às árvores ali plantadas. Finalmente a *moral*, produto da física; a moral corresponde aos *frutos* que dão as árvores, em vista dos quais todo o jardim foi plantado. Também essa imagem dá uma ideia da amplitude do antigo conceito de filosofia.

Artigo II
O campo da filosofia no mundo moderno

Mas uma noção tão abrangente certamente não poderia mais vigorar hoje.

10. A agressão das ciências. Pois a partir do início do século XVII nasceram, autônomas, e logo depois separadas da filosofia, mas ameaçando tomar seu lugar, as *ciências* no sentido moderno do termo. Conhecemos seu triunfo e como proliferaram: matemáticas, astronomia – química e física (que, contrariamente à física da Antiguidade, no sentido moderno, se limita ao estudo da matéria inerte) etc. E, como o modelo da ciência moderna, devia conquistar novos terrenos e constituir a biologia (as "ciências naturais"), depois as "ciências humanas" e "sociais": psicologia, economia, história científica – todos os ramos da sociologia, a linguística etc. Sem falar das ciências "normativas", como a lógica e a estética. Ainda vivemos sob o efeito dessa expansão das ciências.

Recuo da filosofia. Desde então as ciências *avançaram* sobre o campo da filosofia. Desde o início dos tempos modernos, vemos a filosofia se retrair como uma pele de onagro. Fora-lhe reservado, num primeiro momento, o que concernia ao "espírito", à "alma" humana, porque não estariam sujeitos ao determinismo. O Dever-ser, a moral ficariam a cargo dos filósofos, e a ciência se ocuparia dos fatos tais como são. A filosofia conservava a Lógica, a Moral e a Política. Para tratá-las, o idealismo forjará um método próprio, apriorístico, que se gabará de nada dever à experiência, "metafísica" no sentido moderno: essa foi a fonte de uma noção nova de filosofia, pela qual muitos filósofos ainda se orientam.

Depois disso, porém, com a expansão das ciências humanas, a filosofia não cessou de perder terreno. A psicologia, a lógica são hoje ciências. Também a política tende a tornar-se ciência, e não faltam indícios de que certa sociologia esteja em vias de tornar-se moral. As ciências estão a ponto de abarcar tudo.

Aquilo de que não se pode falar, dizia Wittgenstein, deve-se calar. Que resta ao filósofo? Para os cientistas, não lhe caberia mais do que a *"epistemologia"*, teoria das ciências construída, além do mais, a partir das próprias ciências: anexo, apêndice das ciências. Atualmente na França, nas cadeiras de filosofia (nas que ainda conservam esse nome), faz-se história das doutrinas, da sociologia (a filosofia seria uma tomada de consciência da ideologia de cada época), da psicologia, da psicanálise, da linguística. Ou da *praxis* revolucionária. Falsas aparências de filosofia, traição à filosofia, abandono da filosofia. Ficaríamos tentados a subscrever a definição proposta (em substância) por Châtelet: "Filosofia: gênero literário nascido na Grécia cerca de V a.C. – morto na Europa com Hegel (1831)".

11. Persistência da filosofia. Mas as ciências nos moldes modernos, mesmo que fosse possível adicioná-las e operar sua síntese, não bastam. A essência da ciência de tipo moderno consiste, com efeito, em ser especializada, restrita a um domínio particular. E o sucesso da ciência deve-se a essa restrição consciente de seu campo de estudo. É, por exemplo, pulverizando-se em inúmeras especialidades que a medicina progride: existem especialistas dos ossos, do sangue, dos tecidos, do psiquismo. Mas a vítima, como todos sabem, desse processo de dispersão é muitas vezes o próprio doente, pelo qual o especialista não se interessa e o qual conhece cada vez menos. Mesmo se reuníssemos o estado-maior dos especialistas, estaríamos longe de obter uma totalidade. Junte todos esses objetos das especialidades médicas, espalhados sobre a mesa de dissecção. Você não obterá o ser vivo que, mais que a soma dessas partes, é a combinação dinâmica desses elementos.

Nenhum cientista conhece o homem, nem o cosmos, nem coisa alguma em sua concretude. Só apreende aspectos unilaterais das coisas, só manipula abstrações. Daí o enorme perigo do cientificismo, e o fiasco de nossos Prêmios Nobel quando insistimos que falem do todo. Quando um Jacques Monod, que passou a vida pesquisando os processos mecânicos da genética, se põe a falar da existência de Deus, sua competência é de outra ordem; substancialmente de ordem técnica. Não! A Verdade não é o fim de nossas pretensas "ciências", a não ser que elas venham a se transformar, que voltem a ser filosofia. Como Hegel tão bem percebeu, a verdade consiste no conhecimento do *todo*; e a falsidade é a apreensão unilateral, própria precisamente do cientista moderno, que se põe como uma apreensão do todo. Hegel é um verdadeiro filósofo pela nostalgia desse conhecimento universal que o atravessa.

Ora, cada um de nós pode encontrar em si a necessidade de filosofia. Todos nós somos chamados a ser filósofos. Sei que é mais comum nos trancarmos na parcela que nos coube cultivar, vivermos com o espírito obnubilado pela nossa profissão ou especialidade, este osso que nos dão para roer a fim de nos distrair. Mas imaginemos um espírito mais livre. Algumas vezes toma-o a angústia de desconhecer tudo do resto do mundo, e do sentido de sua própria vida; de estar nas trevas quanto ao essencial. O presente regime dos estudos deixou de satisfazê-lo; está em busca de outra coisa.

12. Retomada da filosofia. Não pretendo definir a filosofia. Existem para ela outros caminhos pelos quais já se enveredou. Há a via do idealismo e do subjetivismo modernos, totalmente concentrada no *sujeito* e nas relações deste com os *objetos* de conhecimento, que reduz o ser ao pensamento. Mas, em oposição a essa corrente, e sempre atual, ressurge a cada momento uma filosofia *realista*[1] voltada para o ser, cuja realidade postula e do qual procura ter uma visão de *conjunto*. Como saber tudo é pedir muito, tentaremos ao menos conhecer a maneira como estão *ordenados* os objetos fragmentários das ciências, denunciando seus limites. Sublinharemos a necessidade, para além das ciências, de uma tentativa de conhecimento da *estrutura* geral do mundo, da *organização* do todo. E, a julgar pela ânsia que não cessou de estimular os autênticos filósofos, de Platão a Hegel, e bem para além de Hegel, esse esforço de visão global continua sendo uma vocação da filosofia.

Seu objeto permanecerá o mesmo da época em que os gregos o inventaram, exceto por ter-se adelgaçado, purificado com o concurso das ciências. O filósofo permanece voltado para o *universal*. É assim que a filosofia se opõe às ciências *particulares*, inclusive às ciências do direito.

Do caráter insólito da filosofia. – Um parênteses: é exatamente por isso que a filosofia é pouco cultivada. Acabamos de defini-la como um esforço de *conhecimento*. Desde sua origem, entre os Antigos, o contrário da filosofia era o *negocium*, a ação, a prática. Poderíamos retomar a

---

1. Dita *pré-crítica*, porque respeita os limites comuns do espírito humano, pois o olho, não podendo normalmente olhar para si mesmo, volta-se para um mundo de seres exteriores. Outros procuraram ultrapassar essas fronteiras, mas temo que nessa aventura o direito não tenha ido além de seu horizonte.

frase de Marx: o papel da filosofia não é transformar o mundo, mas tentar compreendê-lo.

Nosso mundo prefere a *praxis*, e diríamos mesmo que é preciso ir até países subnutridos – à Índia, ao Tibete – para encontrar pessoas que não estejam preocupadas em ganhar dinheiro ou comida. A vida especulativa nos parece condenada, antinatural, *primum vivere, deinde philosophari*, principalmente hoje, no mundo dos intelectuais.

Hoje a filosofia constitui a maior lacuna. Nossos intelectuais se contentam com informações *particulares*, úteis às necessidades da vida prática, informações fornecidas pelas ciências. As ciências modernas são as auxiliares da técnica, enquanto a filosofia é essencialemnte *inútil*. A não ser pelo fato de nos orientar para o bem, o verdadeiro e o justo.

É natural que a ciência do direito seja bastante difundida, e a filosofia, rara. O que não impede que seja necessária.

Artigo III
Da filosofia do direito

Se, pois, acabamos de nos arriscar fazendo insistentes reflexões sobre a palavra filosofia, pedimos ao leitor que não se ponha a julgá-las apressadamente, sem relacioná-las com nosso propósito.

13. A filosofia aplicada ao direito. Uma filosofia que se dedica a discernir as estruturas gerais do mundo está em condições de fornecer ao direito sua definição.

Disciplina *"arquitetônica"*, ela desempenha o papel de *pastora* da multiplicidade das ciências; apta a definir o lugar de cada uma delas, a resolver seus conflitos de fronteiras; a distinguir suas respectivas fontes de conhecimento; a determinar-lhes os limites.

A filosofia exerce essa função tanto em relação à ciência do direito como em relação às outras ciências. Cabe-lhe determinar o domínio do direito *relativamente* à moral, à política e à economia; definir o direito (*quid jus*), o *fim* da atividade jurídica. Deve também discernir as *fontes* específicas do direito, e a especificidade do método da ciência jurídica com relação a outras fontes e métodos.

Filosofia e teoria geral do direito. Ela constitui, pois, um trabalho inabitual. É, repetimos, muito raro que os juristas se arrisquem a sair de sua especialidade para enfrentar a filosofia. Desconfiam dela; toleram apenas as chamadas "*teorias gerais do direito*", que se pretendem *afilosóficas*, quase "científicas": seu único objeto seria a "análise" e a ordenação das ideias aceitas no mundo atual. Esposam deliberadamente os preconceitos corporativos e evitam colocá-los em questão.

Nós, ao contrário, fizemos questão de conservar, em nossa obra, o título *filosofia* do direito, para sublinhar que esta disciplina não é um olhar narcíseo da arte jurídica sobre ela mesma; um palrear de velho jurista discorrendo sobre seu passado; e que ela não é apenas *induzida* da experiência do direito, mas é *filosofia*. Entendendo por isso que ela busca esta visão total, ou ao menos da estrutura do todo, afirmamos ser da alçada da filosofia. Como o jurista poderia diferenciar o direito da moral ou os métodos da ciência do direito dos da sociologia se nada soubesse a respeito da moral e dos métodos das ciências sociais? Se dispusesse apenas de uma experiência limitada à sua profissão, como poderia julgá-la ou julgar conceitos e métodos admitidos por rotina, ousar um julgamento crítico?

14. A linguagem da filosofia do direito. Uma outra definição possível da filosofia lhe atribui como principal objeto o estudo da *linguagem*. É conhecido o sucesso dessa fórmula em certos países: Inglaterra, América, Escandinávia. Aceitaremos essa definição a título acessório, recusando, porém, *reduzir* a filosofia (o que constituiu o erro da maior parte desses neopositivismos) a uma "análise da linguagem" de tipo descritivo, estritamente *científico*. A filosofia (como esforço de apreensão *integral*) deve ser crítica, se permitir juízos de valor.

Mas é verdade que as linguagens das quais nos servimos e das quais somos prisioneiros (sistemas dos conceitos e dos termos mais gerais) constituem por si mesmas esboços de conhecimento universal; de *estruturação do mundo*; esforço de divisão do mundo em seus principais elementos. Tal vocabulário distinguirá a "alma" do "corpo", o que não faz o hebreu antigo. Tal sintaxe opõe fortemente o ser e o dever ser, o que *é*, de fato, e aquilo que *devemos* fazer, enquanto em outras línguas essa distinção se acha menos marcada; nosso léxico nos compromete filosoficamente. Já se disse que cada linguagem contém em si uma filosofia, espontânea porém inconsciente. De modo que pretender abordar problemas filosóficos, como muitos fazem, na linguagem de seu próprio grupo social, sem ousar colocá-la em questão, não é de fato filosofar. É girar em falso. A filosofia deve apoiar-se no estudo da linguagem, na comparação das linguagens.

Somos cativos; estamos enredados nas malhas de uma linguagem que nos impõe a visão de mundo de nosso meio, uma certa filosofia, cujos efeitos são desastrosos. Mas, através de um esforço crítico, conseguiremos nos libertar dessa servidão.

Esta nova forma de apresentar o objeto da filosofia do direito engloba de fato a precedente.

QUESTÃO TERCEIRA
Quais serão nossos meios de estudo?

A resposta parece evidente, mas nos lançará de novo na incerteza. Já que autores eminentes consagraram seu tempo e, não raro, seu gênio ao estudo da filosofia, iremos consultar seus livros. Seria totalmente insano, quando se dispõe de tais riquezas, pôr-se a construir uma filosofia pessoal. Aqui começa nossa dificuldade.

15. A questão da escolha dos autores. Como já assinalamos, para a filosofia do direito a literatura é superabundante, inesgotável, desanimadora. Não na França; mas, em países como a Espanha, tem-se a impressão de que cada professor publica seu próprio manual (a clientela estudantil é suficientemente numerosa para convencer os editores enquanto o professor permanecer em exercício).

Além disso, é preciso desconfiar de alguns desses manuais de juristas, cuja competência parece incerta, já que a filosofia do direito é filosofia. Melhor seria recorrer aos grandes filósofos. Articulando a estrutura geral do mundo, todos eles falam em maior ou menor medida do direito.

Mais uma vez, porém, sentimo-nos soterrados sob a enorme quantidade de doutrinas. Se este compêndio pretendesse abordar a história da filosofia do direito, nós as passaríamos em revista. Não é o caso. Nosso programa não consiste em dizer *o que pensavam* Hobbes, Kant, Hegel, Marx. Existem bons manuais de história da filosofia do direito, aos quais remetemos o leitor. Nosso problema é bem diferente. Não são as opiniões de tal ou qual personagem, mas a melhor resposta que nos interessa. A filosofia não é neutra, seu objetivo é escolher em favor da verdade. Impõe-se o problema da *escolha dos autores*.

Artigo I
As autoridades

16. Submissão aos poderes. Em certos países, a escolha procede do governo. Assim, a teoria do direito e do Estado marxista-leninista no ensino dos países do bloco soviético, encontramo-la em todos os manuais, como fonte de inspiração primária e obrigatória, o que é muito cômodo e confere uma certa ordem ao ensino.

Com exceção de um certo número de novas universidades, essa opressão em matéria de filosofia não ocorre em princípio na França. Se se quisesse impor, no mundo ocidental – o que, aliás, teria que ser feito por outros meios – uma teoria oficial dos princípios do direito, esta só poderia ser a ortodoxia do corpo de elite dos juristas, da qual os marxistas diriam que representa uma potência ideológica a serviço da classe burguesa.

Mas tal conformismo é avesso ao espírito da filosofia, que é exigência de liberdade, frêmito crítico e, desde Platão, resistência ao poder da *opinião*. Não deveria existir autoridade oficial nesse domínio. Assim, sentimos que é um *desafio* escrever um compêndio de filosofia. Aos compêndios cabe expor (como diz a coleção "Que sais-

-Je?"*) a "situação atual do conhecimento"; uma doutrina comum. Os compêndios de direito copiam-se mutuamente quanto ao essencial, apoiam-se numa doutrina aceita. Quem procura filosofar não dispõe desse apoio corporativo. A única concordância reside no modo de trabalhar.

17. Submissão à atualidade. É uma outra imposição. O que tem que ser lido? Os autores do século XX. O estudante francês de hoje é formado na servidão à literatura recente e mantido cuidadosamente afastado daquilo que poderia introduzir nesse concerto uma nota discordante.

Aos melhores é aconselhado esforçar-se para seguir o movimento. A maioria dos livros sobre a filosofia do direito se propõe a ajustar os princípios da ciência do direito às modas filosóficas do tempo, beneficiar os juristas com os últimos *avanços* da filosofia geral. Pode-se fazer isso de modo flexível, mas em linhas gerais é assim que nossa disciplina opera suas escolhas desde o século XIX.

Intermitências universitárias. Grosso modo, vimos suceder na teoria geral do direito, segundo a curva da opinião média do mundo filosófico, primeiro sistemas kantianos ou positivistas; no início do século XX, sistemas neokantianos (Stammler, Del Vecchio, em parte Radbruch e Kelsen). Houve em seguida uma eclosão de hegelianismo e ondas de existencialismo, de fenomenologia e, hoje, de estruturalismo. Existem principalmente coquetéis feitos da mistura eclética desses diversos sistemas. Atualmente, excetuando-se a corrente marxista (bastante importante), a preocupação dos autores é principalmente acompanhar as correntes de pensamento dos países de ponta, como Estados Unidos, Inglaterra ou Escandinávia.

---

* Coleção de livros editada pela P.U.F. (Presses Universitaires de France), que expõe em pequenos livros o essencial de cada tema proposto. (N. T.)

DEFINIÇÕES E FINS DO DIREITO

Em alta, "a análise da linguagem", a psicanálise, a lógica formal. A antropologia cultural, o computador e sua linguagem são bastante prestigiados.

Há vantagens evidentes nesse modo de conceber um manual de filosofia. Ele encontra (o que conta muito) o assentimento dos editores porque satisfaz também a demanda dos leitores. Pois os leitores aspiram, acima de tudo, a serem informados dos movimentos do pensamento contemporâneo, a fim de ajustar-se ao diapasão, incorporar-se ao pelotão de frente, participar com brilho de "encontros" ou "simpósios" (gêneros muito praticados nas Ciências Políticas). Além disso, dedicar-se à exploração dos desenvolvimentos mais recentes do pensamento filosófico é a única chance que se tem de oferecer uma doutrina *nova*, o que justifica a edição de um novo manual.

Assinalemos, entretanto, que não é fácil seguir esse caminho. Seguir a corrente está cada vez mais se tornando uma empresa aleatória, pois a atualidade é inapreensível, dado que se move em velocidade acelerada. Assistimos o sucesso do neokantismo, vimos o sociologismo no poder, depois a moda de Sartre que não durou.

"E rosa ela viveu o que vivem as rosas
O espaço de uma manhã..."

...Por mais que o filósofo do direito se precipite na exploração das últimas revistas, se esfalfe e corra com todas as forças, sempre perderá o trem; além disso, como o movimento do trem é muitas vezes circular, e a edição, lenta, seu manual pode sair no momento mais inoportuno.

Mas tais são as normas do trabalho universitário. Não tenho a pretensão de arrancar, com o primeiro golpe, as raízes dos preconceitos nos quais se fundam.

Artigo II
Da moda em filosofia

1º) Do historicismo em filosofia

Vaga de atualidade. Uma das razões de nossa obsessão de atualidade é o preconceito *historicista* no qual estamos mergulhados e que surgiu com os admiráveis avanços da ciência histórica (e geográfica). Finalmente teríamos tomado consciência de que todas as coisas são históricas e deveriam ser vistas historicamente. Também a filosofia deve ser inserida em sua evolução: cada época secreta seus problemas, sua *problemática*, sua linguagem. A filosofia se define como a consciência de cada *tempo*. Não deveríamos, portanto, dedicar mais do que uma curiosidade distraída às doutrinas da Antiguidade (do período escravagista) ou dos primórdios do capitalismo. Nossa verdadeira filosofia não pode ser senão a de hoje. Tal é a principal lição do marxismo.

18. Estaria a filosofia na história? Não poderíamos negá-lo: nossos conhecimentos em matéria de filosofia têm uma origem histórica, e para captá-los é preciso servir-se da história, remontar às fontes. Mas é integralmente falso que *tudo* muda no decorrer da história: esse dogma, tipicamente cientificista, provém do abuso de uma ciência histórica que só vê, na história, as mudanças, porque nela só procura e dela só extrai as mudanças. A ilusão cientificista é que nada existe de permanente.

Que o historicismo contemporâneo constitua um enorme erro é perceptível para a filosofia; pois cabe à filosofia determinar o domínio particular de cada ciência. A ciência histórica está sujeita ao controle da filosofia. Ao contrário, colocar as coisas de ponta-cabeça é querer submeter a filosofia à história, transformá-la num objeto da ciência histórica.

Nada prova que os verdadeiros *problemas* da filosofia tenham mudado com a história. Isso pode ser verdade no que se refere aos "problemas" *de ação* que respondem a situações contingentes e particulares. Mas os problemas filosóficos (que são problemas no mais autêntico sentido da palavra) são de essência especulativa. E justamente aquilo sobre o que a filosofia especula é aquilo que encontramos de mais *estável* na realidade: o universal – a estrutura permanente das coisas. O marxismo de que estamos imbuídos comete o erro capital de confundir a filosofia com uma técnica *de ação*.

Se tivéssemos que resolver uma questão prática, ligada às condições de nosso tempo, por exemplo uma questão de direito, não nos fiaríamos em velhas obras. Meu Código Civil de trinta anos atrás seria provavelmente inútil. Quando se trata de filosofia, a experiência mostra o inverso: um filósofo nutre-se mais lendo Platão do que a crônica filosófica do jornal *Le Monde*; quando Platão fala do Ser, do Uno, da existência de Deus ou da justiça, uma parcela ínfima de suas proposições nos causa estranhamento ou nos parece inútil – e todas as grandes filosofias (simplesmente traduzidas, interpretadas nos idiomas de cada época) e suas grandes querelas atravessaram tal e qual a história, sendo no essencial *contemporâneas*, nossas contemporâneas.

2º) Do progresso em filosofia

Mas, mesmo que houvéssemos entendido que a filosofia não é *jornalismo*, pelo qual as faculdades de direito têm uma crescente inclinação, não estaríamos livres do preconceito cronolátrico. Testemunhas do desenvolvimento das técnicas, nossos contemporâneos não podem deixar de ser progressistas. Não nos poderíamos furtar aqui a um triplo esclarecimento.

19. Progresso da filosofia? Aparentemente não existe nenhum autêntico filósofo que ainda acredite que haja progresso *em filosofia*. Naturalmente cada sistema pensa a si mesmo como um progresso com relação a seus concorrentes: Descartes se vê como um progresso ante a escolástica, Leibniz, ante Descartes, Kant, ante Leibniz, Hegel, ante Kant, finalmente Kierkegaard, ante Hegel; esses pontos de vista opostos, porém, anulam-se.

Paul Ricœur destaca a esse respeito uma diferença radical entre filosofia e ciências. As ciências, escreve, se *capitalizam*: uma vez adquiridos seus resultados, solidamente estabelecidos em princípios convencionais, resultados *seguros* (contanto que os princípios não sejam errôneos), elas os conservam e continuam avançando. Há um *progresso* das matemáticas ou da física nuclear. As verdades filosóficas, as que alguns filósofos de gênio conseguiram apreender, não têm essa chance. São precárias. E, longe de serem conservadas, caem facilmente no *esquecimento*. Não poderíamos dizer que se reproduzem e se "capitalizam". E não poderia ser diferente, a menos que efetivamente conseguíssemos (como tentou Husserl) fazer da filosofia uma "ciência rigorosa".

Se nos dispuséssemos a tratar da matemática, da história científica, da lógica, deixaríamos de lado os antigos manuais, costume não partilhado pelos filósofos, Husserl inclusive. E Heidegger não enrubesce por alimentar-se de Aristóteles, Platão, Parmênides, Heráclito. E parece mesmo ter mostrado que a filosofia, produto grego, não avançou desde os gregos.

Quanto aos meios que ainda se atêm ao dogma primário do progresso, eles nos provam principalmente que há um progresso, e considerável, na ignorância do passado da filosofia.

20. Regressão da filosofia? Teríamos mais argumentos em favor da hipótese contrária, a de uma *regressão da filosofia*. – Nem a constituição social nem o regime dos estudos a partir do início da época moderna e ainda mais no século XX oferecem um terreno favorável para uma boa cultura da filosofia. O *Otium* (estatuto das classes ociosas) deixa de ser um valor no mundo; apenas o *trabalho* é honrado, a *especulação* é desconsiderada. O triunfo das *Ciências* e a divisão do trabalho levaram a *especializar*, quer dizer, a enfurnar cada um numa experiência cada vez mais estreita, desaparecendo o olhar sobre o universal.

Consequência: a filosofia se pôs a *degenerar*, copiando as ciências; *sistemas* construídos com base numa experiência fragmentária, sem um olhar de conjunto sobre o mundo. Nada é mais pueril do que imaginar que o progresso da filosofia acompanha o desenvolvimento das ciências. À erupção das técnicas e das ciências modernas corresponde a derrocada da filosofia; à febre de agir corresponde a desaceleração do pensamento. Assim nossas ciências e técnicas ficam à deriva, sem amarras, sem que saibamos controlar seus princípios e sua direção.

Persistência das contradições. Se o leitor não aceitar esse veredito, pronunciado, contudo, por grandes pensadores de nosso tempo, pelo menos constatará este fato: que sobre nenhum dos pontos fundamentais da filosofia (a existência de Deus, a natureza, a análise da vontade, os fundamentos da moral etc.) o mundo atual chegou a um *consensus*. As mesmas controvérsias que agitavam os filósofos gregos ressurgem e não se mostram absolutamente resolvidas. A ciência histórica nos ilude com sua mania de construir evoluções. Alguém poderia afirmar categoricamente que a elite dos intelectuais tenha definitivamente concluído acerca da inexistência de Deus? Isso poderia comprovar-se em alguns setores, mas não no mundo dos filósofos, a menos que se exclua Gilson, Maritain, Gabriel Marcel, Ricœur e muitos outros. Não há nada, mesmo a própria noção de filosofia, que não seja hoje objeto do mais completo desacordo.

21. Da regressão da filosofia do direito. E precisamente a mais doente das filosofias parece ser a *filosofia* do direito. Foi principalmente nesse campo que o mundo moderno deixou de oferecer as condições indispensáveis. Enquanto os filósofos antigos, assim como os da Idade Média, tinham da vida judiciária uma visão quase cotidiana, já que para eles o direito fazia parte da cultura geral, essa circunstância favorável desapareceu a partir do século XVII.

Os filósofos da Europa moderna e contemporânea só têm contato com as atividades científicas, morais, políticas. Não que se tenham calado a respeito do direito. Toda tentativa de estruturação geral do mundo é obrigada a conceder-lhe um lugar, e encontramos doutrinas do direito em Spinoza, Locke, Kant, Hegel e Auguste Comte... Mas eles as abordam sem terem tido a menor oportunidade de observá-las. Não há em Descartes, Pascal, Kant, Hegel, Comte, Nietzsche, Kierkegaard, Freud, assim como num Sartre ou num Heidegger, ou na Sorbonne de hoje, nenhuma experiência do direito.

A torre de Babel. Resultado? Em matéria de filosofia jurídica, na Doutrina contemporânea, no final das contas ninguém *concorda* a respeito de nada. A velha discussão entre Sócrates e o sofista Cálicles – se haveria uma justiça que não fosse simplesmente convencional – está tão pouco resolvida hoje quanto no século V antes de nossa era, e tão discutida quanto. Parece que nos falta *uma* filosofia jurídica, porque temos pelo menos uma dezena delas... Ensina-se na Escandinávia uma concepção de direito completamente diferente da ensinada, em geral, no Chile. Não conheço maior torre de Babel do que os congressos da Associação Mundial de Filosofia do Direito: neles se afrontam jusnaturalistas, positivistas, kelsianos, sociologistas e lógicos de todas as espécies...

Frequentemente a estreiteza de sua informação, o acaso de suas leituras faz com que o jurista se obnubile num só sistema; se lhe aconteceu frequentar no colégio os cursos de um professor kantiano, se leu Kelsen, se caiu de amores pelo existencialismo, se filiou-se a uma das igrejas do marxismo, a partir daí constrói seu sistema. Se lançasse um olhar de conjunto ao pensamento contemporâneo, perceberia que este não passa de um feixe de contradições.

Artigo III
Método dialético

22. Uma filosofia ensinável. Essas observações são de natureza a engendrar o ceticismo com relação à filosofia do direito, e teremos com isso fortalecido o campo de seus adversários. Engano deles: a pluralidade *das* filosofias bem poderia ser o resultado da presente enfermidade desta disciplina, e do sistematismo moderno, que incita cada um a produzir sistemas unilaterais sob o nome de filosofias.

Eis nossa opinião: não apenas a filosofia, como nos parece dizer Heidegger, é uma invenção dos gregos, como os gregos a teriam conduzido a seu apogeu. Nós, europeus, permanecemos seus alunos. – Postularei que "tudo já foi dito" em filosofia, mesmo em filosofia do direito. Quanto a mim, não me porei a reinventar a roda. Não pretendo correr ao encalço de novidades nem me obrigar a fabricar uma doutrina original.

Como se verá, existe *uma* filosofia do direito, perfeitamente fundada, que nos dá sólidas definições dos fins e das fontes do direito; esclarece seu método, sua linguagem, que pode e deve ser *ensinada*.

DEFINIÇÕES E FINS DO DIREITO 45

23. Dúvida metódica. Mas, supondo que adotemos essa hipótese, mesmo assim não avançamos muito, por não estarmos minimamente informados sobre o conteúdo dessa filosofia. Ela desapareceu. Mais precisamente, nossas escolas conservaram suas fórmulas que foram pouco a pouco esvaziadas de sentido. Estas não conseguem chegar até nós a não ser como banalidades insípidas, e não provocam, hoje, nada além de repulsa. É muito mais difícil reavivar antigos textos, restituir-lhes o sabor, torná-los novamente aceitáveis ao paladar de nossos contemporâneos, do que inventar sistemas novos.

Se, para além do enxame de ideologias sucessivas que estudam os historiadores, existe uma filosofia jurídica, ela ainda está para ser reinventada. É forçoso partir do atual estado de ignorância. É nosso destino vivermos esquartejados entre uma multiplicidade de doutrinas. Teremos que escolher. Todas as observações anteriores tinham como propósito prevenir contra uma escolha demasiadamente precipitada. Nenhum critério deve ser postulado de antemão. O conformismo, que pode justificar-se na dogmática jurídica, ou impor-se em certos regimes políticos, repugna a filosofia. E, ao contrário das ciências exatas, a filosofia não é permeável a essa solução de facilidade que consiste na caça às doutrinas recentes – doutrinas, aliás, contraditórias.

Gostaria que fosse exatamente este nosso ponto de partida: esse caos que constitue nosso pensamento contemporâneo. A filosofia – é esta sua peculiaridade – só pode ser construída a partir das *contradições*.

24. Da dialética em filosofia. Pelo menos até o surgimento do sistematismo moderno (que transfere para a filosofia um método geométrico), tradicionalmente o método da filosofia era o diálogo, *a dialética*, no sentido primeiro, *etimológico*, do termo: arte da discussão bem organizada. Falaremos muito, neste compêndio, do método *dialético*, porque a dialética parece representar um papel fundamental na arte jurídica.

Mas ela foi, em primeiro lugar, o método *filosófico* por excelência: nas escolas gregas e, na Idade Média, na *escolástica* não degenerada. Sólidas razões nos levam a pensar que ele ainda o é, e que os modernos fracassaram ao tentar fazer da filosofia uma ciência rigorosa.

Se a filosofia busca uma intuição *universal*, só pode consegui-la confrontando as *visões* unilaterais que temos primeiramente das coisas. Uma filosofia se edifica com base em controvérsias. E essas controvérsias são sempre mais ou menos as mesmas, como são, talvez, redutíveis a algumas espécies principais as posições antagônicas.

Esta obra não quer ser, desde logo, escrava de nenhum sistema. Será como o resumo de um *colóquio*, em que, com base nos princípios da ciência do direito, se confrontarão pontos de vista diversos.

O autor mesmo não intervirá; não era seu papel expor perspectivas pessoais, apenas organizar a ordem do dia. Será criticado por haver riscado de sua lista de convidados muitos nomes célebres e recorrido a alguns outros ignorados pela moda. Estenderemos a discussão através dos séculos, de onde derivará algumas carências e desequilíbrios com relação às expectativas e soluções que poderão surpreender. Mas não pretendemos que a filosofia do direito sirva apenas para confirmar a opinião hoje aceita, o que significaria não servir para nada.

TRATADO DOS FINS DA ARTE JURÍDICA

Suum cuique tribuere.

    Mesmo que seja apenas com a finalidade de conceber um programa coerente de estudos, e porque a ideia do direito rege a organização da ciência jurídica, gostaríamos de distinguir o direito das outras disciplinas, tais como a moral, a política, a economia, a sociologia; e discernir o objeto que lhe é próprio, supondo-se que ao menos exista um ofício jurídico distinto. A filosofia, dispondo de uma visão panorâmica, está habilitada a traçar os limites entre as diferentes artes, segundo a espécie de *finalidade* a que cada uma delas se propõe. O modelo é aqui Platão, que define a Política comparando-a com outras artes, tais como o cuidado com os rebanhos, a cardagem da lã, a pesca com linha. O direito se define por seu fim.
    Não é evidente que o problema da definição do direito tenha sempre sido posto nesses termos. Estamos mais habituados a vê-lo escamoteado. Contudo, é justamente a essa questão que respondem todas as filosofias do direito, e não será para nós nenhuma surpresa que essas respostas sejam muito contraditórias. Enumeremos as principais: a justa divisão, a boa conduta dos indivíduos – sua utilidade, prazer, segurança, bem-estar –, o poderio de uma nação, o progresso da humanidade, o funcionamento regular do organismo social...
    Seguirei um plano mais simples.

PRIMEIRA SEÇÃO
Da justiça como finalidade do direito

INTRODUÇÃO
Uma doutrina a ser reavivada

25. Justiça e direito. Começarei pela tese que se imagina erroneamente ser a mais bem conhecida: nada mais banal do que atribuir como fim ao ofício do direito a *justiça*. Essa definição é tradicional.
Nossa própria linguagem atesta-a. Associamos as palavras "justiça" e "direito". Dizemos que o juiz "pratica a justiça" e que o exercício do direito cabe à "secretaria da justiça", ao "ministério da justiça". Sem dúvida, segundo a teoria da divisão dos poderes ensinada recentemente pelos publicistas, as "leis" são obra dos deputados; entretanto, os textos destinados a regulamentar a vida judiciária são preparados nos gabinetes do Ministério da Justiça.
Essa linguagem provém da Antiguidade, do direito romano, e mais remotamente da Grécia. Já nas primeiras linhas do *Digesto* é sublinhada a conexão das palavras *jus* e *justitia (est autem a justitia appellatum jus* – D.I.I.1 pr.). Elas derivam efetivamente da mesma raiz. No grego, isso é ainda mais nítido: nele utiliza-se o termo *To Dikaion*, que, em nossas traduções francesas, é por vezes interpretado como "direito", outras vezes como "o justo", porque essas duas noções se reduzem a uma só no pensamento grego.
Crise da justiça. Mas, que o direito vise à justiça, que seja a aplicação da justiça, essa fórmula não tem hoje ne-

nhum sentido. É uma dessas frases que repetimos por hábito de linguagem, e que, por terem sido demasiadamente utilizadas, embotaram-se, perderam a substância.

O que quer dizer *para nós* que o direito busca a justiça? Nada de preciso, que se possa explicitar. Segundo a Doutrina (extremamente representativa) conhecida como neopositivismo, absolutamente nada: o termo "justiça" não remete a nenhum dado verificável, sendo, portanto, uma "palavra vazia", que se deve proscrever, pois a justiça escapa das redes da ciência moderna. Com o desenvolvimento do movimento científico moderno, muitos autores, como Hume ou Marx, denunciaram esse conceito obscuro, ideológico, ilusório. Um Kelsen está sendo muito consequente quando, de modo radical, exclui o *justo* da noção de direito.

A justiça do idealismo. É verdade que os positivistas ainda não conseguiram eliminar a palavra de nosso vocabulário. De fato, ela permanece bastante frequente, mas muito mais nos discursos dos homens políticos, na grande imprensa, nos sermões dos padres progressistas, do que nos tratados de direito civil.

Nossa ideia atual de justiça infletiu-se sob a influência do *idealismo*, que foi buscar (*supra*, § 10) a filosofia na razão pura subjetiva. A Justiça tornou-se um sonho do espírito humano, sonho de *igualdade* absoluta: a "justiça social" significaria, no limite, que o senhor Dassault deixasse de ser mais rico que seus operários. Mas a Justiça é também *sonho* de liberdade, de "respeito por cada ser humano", de exaltação dos "direitos do homem", e de que cessem as interdições, as legislações repressivas. Esses dois sonhos são incompatíveis.

Ora, se a Justiça assim entendida alimenta as plataformas revolucionárias, a tarefa quotidiana do *juiz* nada tem a ver com a busca desses ideais irrealizáveis. Entre a Justiça do idealismo e, por outro lado, a aplicação da justiça (com "j" minúsculo), há uma cisão, um abismo entre Justiça e Direito; e se insistimos que o direito está a serviço da justiça, há o risco de equívocos. Essa fórmula esvaziou-se de sua substância original.

26. Necessidade de um retorno às fontes. Assim, precisamos remontar às suas origens. Precisamos voltar aos *gregos*. Sabemos que o tema da *Justiça* é central no pensamento grego, que ocupa a mitologia, o teatro, a retórica gregos, e também a filosofia. Pode-se estudá-la em Píndaro, Heráclito, Platão (na *República*, que traz o subtítulo: *do Justo* – no *Górgias*, no *Criton*, no *Alcibíades* etc.). Mas não estou escrevendo um manual de história das doutrinas. Nenhum filósofo do direito pode negligenciar, a esse respeito, a Doutrina do direito de *Aristóteles*.

Por que Aristóteles. Vemo-nos aqui obrigados a chamar a atenção para um autor que o grande público acredita estar fora de questão, descartado, o que significa pedir um esforço a que o jurista não está habituado, mas que é indispensável, devido à enorme influência de Aristóteles no pensamento europeu e já anteriormente no pensamento romano, como iremos constatar, o que significa no *direito*. Posteriormente, houve o domínio da filosofia de Aristóteles nas escolas da Idade Média a partir do século XIII, particularmente na doutrina de São Tomás de Aquino.

Na Idade Média, Aristóteles foi considerado "O Filósofo". Talvez merecesse esse título, por ter vindo no final e coroado os esforços do pensamento clássico grego; também em razão do caráter enciclopédico de sua obra e ainda porque sua doutrina é impessoal, anônima. Já na Europa moderna, os idealistas construirão cada qual seu próprio sistema particular; a filosofia de Aristóteles, descrição, visão do real, tornou-se como que um bem comum.

A educação europeia permaneceu fundamentalmente aristotélica até os séculos XVII e XVIII. Molière, La Fontaine, Boileau buscaram no aristotelismo sua moral, sua poética, e La Bruyère, o modelo dos *Caractères*[1]. O fenômeno é mais marcante na Alemanha universitária. Hegel e Marx ainda serão dois admiradores de Aristóteles. Aristóteles não é apenas Aristóteles, mas uma das chaves de nossa cultura, em metafísica, moral, política, lógica.

Não é, pois, de se admirar que tenhamos acabado por nos cansar de ouvir seu nome, que suas fórmulas sobre a família, a temperança, a "justa medida", se tenham desgastado: foram tão marteladas nas escolas europeias! O mesmo aconteceu com sua doutrina do direito. É o momento de reapropriá-la.

---

1. Teofrasto, de quem La Bruyère empresta o gênero dos *Caractères*, era aluno de Aristóteles e o sucedeu como chefe da escola do Liceu.

CAPÍTULO 1
Uma filosofia da justiça (dikaiosunê)

Artigo I
Breves indicações sobre as fontes

27. Aristóteles, filósofo do direito. Os juristas não têm o direito de ignorar esta filosofia, porque Aristóteles foi o fundador da filosofia do *direito*, se tomarmos essa palavra no sentido estrito. Ele interessou-se por tudo, observou tudo, mesmo o direito, quer dizer, as atividades do mundo judiciário. Um caso raríssimo entre os filósofos.

É verdade que muitas de suas obras sobre o direito se perderam, mas temos sua *Retórica* (que inclui um sólido estudo sobre o papel do advogado), sua *Política*, modelo de estudo do direito natural (*infra*, tomo II) e suas *Éticas*, as mais célebres sendo aquelas a *Nicômaco*; no livro V dessas *Éticas*, há uma dezena de páginas que representaram na história da ciência do direito um papel verdadeiramente fundamental, e cuja leitura, portanto, impõe-se. Na Faculdade de Manchester elas ainda figuram no programa de estudos do primeiro ano.

28. Objeto das Éticas. Entretanto, uma primeira observação deve ser feita sobre essa obra. A moral de Aristóteles não tem como principal objeto o *direito*, as leis ou a vida judiciária. Apesar de sua importância para a filosofia do direito, ela só o aborda incidentalmente. Poderíamos dizer o mesmo da exposição sobre o direito de São Tomás em sua *Suma Teológica*.

Livro de *moral*. Não que nele encontremos um catálogo de imperativos de boa conduta. Mas ele se dedica a *descrever* comportamentos, costumes (*Ethika*); caracteres, ou maneiras habituais de agir; o caráter do homem prudente, do homem temperante, do bom amigo ou do homem justo, ou, dito de outro modo, as *virtudes* e os vícios que lhes correspondem, por exemplo, a virtude da *justiça* e de seu contrário, a *injustiça*.

A *Ética e a Definição do direito*. Não devemos lamentar que tal tenha sido sua perspectiva. Aristóteles preocupou-se em classificar as diferentes espécies de *fins* para os quais tendem essas diversas espécies de atividades, que são as *virtudes*. Tal gênero de vida ou de virtude (como a ciência) visa à verdade; tal outro, ao domínio de si mesmo; e tal outro, à "boa divisão dos bens exteriores no interior de um grupo". Voltando seu olhar para esses tipos de comportamentos, Aristóteles vai nos dar exatamente aquilo que buscamos: uma definição da finalidade da atividade jurídica, porta da Doutrina do direito.

29. O estudo da linguagem. Segunda observação, sobre seu *método*. Tantos preconceitos correm soltos a esse respeito que ficamos espantados com sua curiosa modernidade. Iremos ver neste capítulo Aristóteles utilizar um instrumento de pesquisa hoje em voga, que faz a glória da Escola de Oxford, uma *análise da linguagem* "comum" do povo.

É que, como havíamos dito, a *linguagem* é quase um filósofo. Cada linguagem opera por si mesma e espontaneamente uma articulação do mundo em seus principais elementos, uma estruturação do mundo, e este recorte pode ser excelente: como na língua grega (que difere muito profundamente de outras línguas, como o hebreu). O filósofo que procura apreender a estrutura do mundo como um todo começa por observar a linguagem natural de seus concidadãos, analisar o sentido dos termos uns com relação aos outros.

No livro V das *Éticas*, que trata da justiça e do direito, constataremos que Aristóteles centrava seu estudo numa série de termos gregos, entre eles a palavra *dikaiosunê* (que traduzimos por virtude de justiça) e outras da mesma família: *dikaios* (o homem justo), *adikein* (agir contra o direito), *dikastès* (o juiz), *to dikaion* (o direito) etc. Esforçava-se para explicar os sentidos que tinham essas palavras em seu uso mais natural entre os gregos.

Poderíamos fazer o mesmo trabalho em latim com a palavra *justitia* e os termos aparentados (*justus-injuria-justum-jus*: o latim clássico modelou-se amplamente sobre o grego) – em francês com a palavra "justiça", já que ela deriva do latim. Entretanto, se efetuássemos essa pesquisa em nossa linguagem contemporânea, chegaríamos a outros resultados, pois a palavra "justiça" em francês assume novas ressonâncias. Para Aristóteles ela não remete a uma utopia, a um estado de coisas ideal, mas a algo de real, uma virtude, uma atividade, uma ou *muitas* espécies, como agora se verá, de comportamentos habituais.

Artigo II
Da justiça geral

30. Dois sentidos principais do termo "justiça". Quanto ao termo "justiça" entendido como virtude moral (*Dikaiosunê*), já em sua primeira linha nosso texto traz a observação essencial: a de que essa palavra pode revestir várias acepções. Não existem termos gerais que não possam, dizia Aristóteles, ser entendidos de "múltiplas maneiras".
Dois sentidos principais. Abordaremos uma distinção que durante muito tempo regerá a história do pensamento dos juristas europeus, enquanto a ideia de direito permaneceu solidária da ideia de justiça. Nós a exprimiremos nos dois termos, carentes de elegância, utilizados comumente pelos filósofos ligados a essa tradição. Importa distinguir – o que é para nós o resultado maior da análise de Aristóteles – entre a chamada justiça "geral" e uma outra virtude que concerne mais diretamente aos juristas, a chamada justiça "particular".

1º) Definição

31. Primeira categoria de exemplos. Vejamos, em primeiro lugar, o sentido mais frequente presente nos textos

DEFINIÇÕES E FINS DO DIREITO

gregos. Suponhamos que encontremos a seguinte frase: Aristides era *"um homem justo" (dikaios)*. Conhecemos a história de Aristides, que foi exilado, condenado ao *ostracismo*, por ter o defeito de ser eminente, característica que a democracia não pode suportar. Dele dizer que é "um homem justo" é exprimir em geral sua superioridade moral.

Numa acepção bastante próxima, diferente, dado que as morais não se equivalem, o grego bíblico dirá de Noé que era um justo *(dikaios)*; assim, foi poupado por ocasião do dilúvio. Não se contam dez justos em Sodoma; Abraão é *justo*, o Messias, "o Justo" sofredor.

Noção da justiça geral. Mas voltemos ao grego clássico. Segundo a análise de Aristóteles, *justiça* exprime em geral a moralidade, a conformidade da conduta de um indivíduo com a lei *moral*. – Assim, Aristóteles chama essa justiça de "justiça legal". Em outras palavras, se a lei moral comanda todas as virtudes, a justiça é a "soma de todas elas", ou a "virtude universal". Ser um "homem justo" significa ser ao mesmo tempo piedoso, corajoso, prudente, temperante, modesto etc., o que era Aristides, razão pela qual o povo ateniense tomou-se de antipatia por ele.

Entretanto, "a justiça geral" não se confunde exatamente com a plena moralidade. Numa língua bem feita, não existem perfeitos sinônimos. E o que evoca a palavra "justiça", tão trabalhada pelos pensadores gregos, como Píndaro, Heráclito, Platão, os Trágicos, é particularmente uma ideia de ordem, de harmonia ou de boa *relação* com os outros na Cidade (na qual cada um ocupará seu lugar e exercerá seu papel, como na cidade idealmente justa da *República* de Platão) ou mesmo uma relação harmoniosa com o cosmos.

Segundo a análise de Aristóteles, se dissermos ser Aristóteles "um homem justo", é verdade que isso significa que ele é bom, corajoso, honesto..., que reúne todas as virtudes; mas consideram-se essas virtudes do ponto de vista da vantagem que dela tiram *os outros* e o corpo social: a coragem e a temperança ou a prudência de Aristides beneficiavam toda a cidade, constituiam-no com relação a ela numa *relação* justa. Toda justiça é *social*.

2º) Relação com o direito

32. Justiça geral e leis. Parece que a justiça assim entendida ultrapassa largamente os limites do *direito*, já que engloba toda a moral, ou que pouco falta para isso. Procurávamos, através do conceito de justiça, uma definição das fronteiras da atividade jurídica. É evidente que até aqui não alcançamos nosso objetivo.

E, contudo, acaso poderíamos dizer que a justiça universal não concerne absolutamente o direito? Seria esquecer a importância evidentemente fundamental que a observância da lei moral representa para toda ordem social. Hoje em dia, quando essa ordem moral parece estar desmoronando, quando os preceitos do Decálogo (do qual encontramos um equivalente na moral grega) estão sendo contestados mesmo no catecismo, tomamos consciência dessa importância. A vida em comum seria insustentável num lugar em que se roubasse, em que ninguém ousasse deixar o carro estacionado, nem a pá e a picareta no local de trabalho, em que não se pudesse confiar em nenhuma promessa. Nenhum grupo de homens poderia sobreviver a longo prazo sem adesão a uma moral.

E existem comunidades que não têm outro princípio de coexistência além das leis comuns de moralidade, o que antigamente valia para a vida internacional: tudo o que se pode exigir das nações entre si é que respeitem certas virtudes, a humanidade, uma disposição para a paz, a fidelidade às promessas feitas...

Todo regime tem suas leis morais. Para Montesquieu, a monarquia repousa sobre a honra; não pode haver democracia sem cidadãos que se tenham formado na virtude da tolerância. Como haviam reconhecido os gregos, as leis morais são as colunas (Heráclito dizia as "muralhas") da Cidade. E parece ser uma necessidade que muitas dessas leis morais se tornem *públicas*, oficiais, deitadas por escrito, determinadas, aceitas de comum acordo; algumas acompanhadas de *sanções*.

Direito e Leis. Neste ponto, liberemo-nos de nossos modos modernos de falar. No sistema de Aristóteles, as *leis* que formam a ossatura da justiça geral – quer sejam escritas ou não, naturais ou positivas – *não são o direito (to dikaion)*.

É verdade que se reportam ao direito, ao menos quando a lei moral vem acompanhada de sanções temporais: já que a função do direito penal é a distribuição das penas, ela interfere no direito penal. O *direito internacional*, por sua vez, consistiu durante muito tempo numa tentativa de aplicar aos oriundos de cidades distintas uma lei moral universal. Diferente, porém, é o direito civil, que constitui para os romanos e na Doutrina de Aristóteles o modelo consumado do direito.

Riscos de confusão. Historicamente, uma grande tentação futura da doutrina jurídica será confundir direito e moral – direito e *justiça geral*. A linguagem grega parece autorizar essa confusão, pois associa os termos "justiça" e "direito" – *dikaiosunê – dikaion*. O juiz (*dikastês*), que pronuncia a justiça, pode ser o juiz divino que sanciona após nossa morte a moralidade de nossa *conduta*, como Osíris para os egípcios; ou o "juiz" judeu que guia o povo. Tomemos uma obra de *legislação*, tal como Platão nos fornece o modelo nas *Leis*: as *Leis* de Platão têm como objetivo regulamentar a moral pública, tornar a conduta dos cidadãos justa no sentido geral do termo. Poderíamos talvez ser tentados a chamá-la de uma obra de *direito*? Devemos entender por *direito* um sistema de *regras de conduta*?

Aristóteles recusou-se a fazê-lo. Não devemos identificar o direito com a observância dessas leis morais[1] feitas para reger *condutas*. As pesquisas de Aristóteles levam-no a distinguir cada vez mais entre essas duas esferas. E se sua Ética tratasse unicamente da justiça no sentido geral, ele não seria chamado de fundador da filosofia do direito. Sua contribuição original não reside nisso, mas em ter tirado da obscuridade a ideia de justiça "particular".

---

1. Os múltiplos sentidos da palavra *lei* serão estudados na segunda parte desta obra, parágrafos 227 e ss.

Artigo III
A justiça particular

1º) Definição

33. Segundo grupo de exemplos. Retomemos a *Ética*. Aristóteles passa a analisar outras frases, em que a palavra *justiça* é empregada num sentido estrito. Dizemos de um homem que é "justo" mais particularmente para significar que tem o costume de *não pegar "mais do que lhe cabe"* dos bens "exteriores" disputados num grupo social nem menos do que lhe cabe do passivo, dos encargos. Numa partilha sucessorial, ser justo é não se apropriar dos mais belos móveis da sucessão; para o merceeiro, devolver o troco exato, para um banqueiro, pagar suas dívidas.

Sabemos o que é, na Inglaterra, um *gentleman*: *A man who puts in the common lot a little more than he takes*. Não se pede tanto ao homem justo: pegar exatamente o que lhe cabe, nada mais, nada menos.

Definição. A virtude assim circunscrita é, pois, uma *parte* (*meros*) da moralidade total, e da "justiça geral". Seus contornos são bem mais nítidos. Trata-se de uma virtude que deixa de se confundir com a "soma de todas as virtudes". A justiça "particular" *se opõe* às três outras virtudes cardeais – a força, a prudência e a temperança – ou às outras (generosidade, grandeza de alma, misericórdia, amizade...) que a *Ética* descreve e classifica.

A justiça "particular" é uma virtude puramente social, quintessência da justiça. Após o livro V, quase toda a exposição de Aristóteles se refere à justiça nesse sentido preciso, específico.

2º) Relação com o direito

Ainda não chegamos no *direito*; ele se apresentará em breve, como exigência da justiça particular; cairemos no *direito* examinando, para falar como os fenomenólogos modernos, a *essência* dessa espécie de justiça. Tratar da justiça no sentido "particular" do termo, porém, já significa abordar a arte jurídica.

Qual é, de fato, o objetivo dessa justiça, a *finalidade* visada por esse comportamento? Lembremos que os gêneros de atividades se diferenciam por seu fim. A que visa o homem justo? A não tomar nem mais nem menos do que lhe cabe; a que "cada um tenha a sua parte"(*ta autôn ekein*); a que se realize numa comunidade social, *a justa divisão dos bens e dos encargos*, tendo sido essa divisão reconhecida e determinada previamente. É por isso, escreve Aristóteles, que "se recorre ao juiz" (*Dikastés*).

34. A justiça, ofício dos juristas. Pois semelhante tarefa não pode ser, em última instância, ofício de particulares. Por exemplo: uma criança é injusta se faz os pais crerem que tirou uma boa nota falsificando seu boletim; pois, até o presente momento, cabe ao mestre-escola dar as notas, *atribuir* a cada um a nota merecida. A criança nada mais faz do que aceitar a nota. Se sou injusto tomando mais do que me cabe da herança, é porque assim o

Código Civil determinou. A não ser que se caia no anarquismo e na incoerência, realizar uma divisão no interior de um grupo social só pode ser feito por um orgão público, pelo legislador ou pelo juiz[1].

Não é sem uma profunda razão que a língua grega chama o juiz de *dikastès*, e o latim, de *judex* – termos aparentados à justiça (*dikaiosunê* – *justitia*). A justiça particular parece, pois, ser da alçada dos juízes, dos juristas. Como sublinhou São Tomás em seus comentários, o particular –"o homem justo" – não passa de um *executor* do direito. Consequentemente, analisar a justiça particular significava definir a arte do direito.

3º) Definição da arte jurídica

Ei-nos capazes de distinguir –melhor do que é capaz o século XX – sua *finalidade* específica com relação a outras artes.

Talvez sejam truísmos, verdades evidentes. Mas elas são de tal forma desconhecidas que é melhor explicitá-las.

35. Seu objeto. A divisão. 1º) O direito não busca a *verdade*: este objetivo pertenceria à filosofia, a não ser que consideremos o direito uma ciência. Kelsen ludibria-nos quando quer fazer do jurista um cientista puro.

O direito não busca a *utilidade*, o bem-estar dos homens, sua segurança, seu enriquecimento, seu progresso, seu crescimento; pelo menos esse não é seu objetivo próximo, direto, imediato. Distinguiremos a arte do direito da política e da economia.

O direito é medida da *divisão dos bens*. Segundo uma fórmula repetida pela maioria dos filósofos e juristas em

---

1. Kojève escreve, em seu *Esboço de uma fenomenologia do direito* (1982): é preciso a intervenção de um "terceiro desinteressado". Poderia ter se referido ao texto de Aristóteles, que diz a mesma coisa.

Roma (muito próxima da que acabamos de citar da *Ética* de Aristóteles), o papel do direito é atribuir a cada um o que é seu. *Suum cuique tribuere* (de *tribuere*: repartir). Simples comentário: é difícil entender como essa definição pode ser contestada. Limita-se a *descrever* o ofício do juiz. Que faz o juiz? Tem diante de si, no início da audiência, litigantes que disputam sobre a atribuição de bens, créditos ou dívidas: um pedaço de terreno, uma pensão, a guarda de tal ou qual criança, o estatuto de pai de tal criança, tal função pública. Ele os despede tendo *pronunciado* a parte de cada um, atribuído a cada um sua coisa. O *legislador*, que guia o juiz e, portanto, contribui com suas leis para a obra do direito, não faz algo diferente. Aristóteles não fez senão *descrever* a intenção real dos juristas.

Kelsen, entre outros, criticou a fórmula greco-romana (*suum cuique tribuere*), acusando-a de ser tautológica e perfeitamente inútil por não esclarecer sobre o que cabe a cada um, o que significa enganar-se sobre seu sentido. Ela visa somente ajudar-nos a não confundir a função da arte jurídica com a função do cientista ou do técnico: uma confusão na qual Kelsen, por seu lado, caiu.

36. A matéria: bens externos. 2º) Precisemos: o direito visa à divisão de *coisas exteriores* (*res exteriores*, dirá o comentário de São Tomás de Aquino). Há muitas espécies de bens que não se prestam à divisão, os chamados bens espirituais, que são seguramente os principais: pode-se ter mais prazer em escrever um livro do que em receber os direitos autorais. Como a verdade ou o amor...

Cada qual recebe sua parte e todos o têm por inteiro.

...Assim, o amor não se divide. Nem o amor de Deus, nem a liberdade, nem o "respeito pelo ser humano". Não são matérias sobre as quais se possa exercer a virtude de justiça nem o direito propriamente dito, mas virtudes distintas ou artes distintas. No dizer de Gabriel Marcel, o direito não diz respeito ao mundo do "ser", referindo-se ao mundo do "ter", das *coisas* que dividimos[2]. Falo segundo a filosofia de Aristóteles; no mundo moderno, o contrário disso é ensinado.

37. Campo de aplicação. 3º) Finalmente, podemos observar que a arte jurídica pressupõe e se exerce num grupo social. Não existe direito, *dikaion*, senão no interior de um grupo social, de certos grupos em que se opera uma divisão. Não existe um direito de Robinson isolado na sua ilha. Mas, falando do *dikaion*, acabamos por cair no assunto do próximo capítulo.

---

2. E, portanto, como insistiremos no capítulo seguinte, das coisas *mensuráveis*. Uma das funções do juiz em Roma era cifrar, estimar o valor das coisas (o *quanti ea res erit* das fórmulas de *condemnatio*). É a propósito da justiça que Aristóteles aborda a questão da *moeda*, instrumento de medida.

CAPÍTULO 2
O direito na justiça (to dikaion)

Já seria contribuir para a filosofia do direito definir a noção da justiça "particular" e, consequentemente, as fronteiras da arte jurídica. O termo *direito* em francês, como o latim *jus*, podem designar *a arte* do direito.

Mas o "direito", no sentido maior do termo, não designa a profissão ou a atividade dos juristas, mostra-se como uma *coisa* que o jurista busca, estuda, em torno da qual parece gravitar o ofício do jurista. A contribuição mais original da doutrina do direito de Aristóteles é precisamente a análise de um outro termo usual na língua grega, parente do termo "justiça" e, contudo, distinto desta: *to dikaion* – cuja melhor tradução em língua francesa é "*o direito*", e que os romanos da época clássica traduziam por *jus*. No livro V da *Ética*, o direito (*to dikaion*), mais do que a justiça (*dikaiosunê*), constitui o tema principal.

Queremos aqui prevenir o leitor de que ficará desconcertado, porque grande parte das definições de direito dadas nos manuais (e que me parecem, como já disse, muito inadequadas) difere da aristotélica, e porque o grego e o latim saíram de moda. No final das contas, ele encontrará, contudo, uma ideia do *direito* que vagava em seu subconsciente.

Artigo I
O conceito do direito

Prossigamos, pois, conservando Aristóteles como guia, nossa análise da língua grega. O sentido preciso do *dikaion*, seu valor relativamente às outras palavras da mesma família, nos será simplesmente indicado pela gramática.

38. Um objeto no neutro. A palavra *dikaion* é um *neutro*, e um neutro substantivado (*To Dikaion*) – como o substantivo latino *jus*. Foneticamente, para nós, o neutro não se distingue do masculino e, além disso, não mais o utilizamos, o que constitui uma enorme diferença de gênio entre essas três línguas. O grego nos ajuda a perceber uma distinção fundamental: entre o fato de ser um homem ou uma mulher justa (*dikaios*), de possuir a virtude da justiça; e o fato de realizar a *coisa* justa (*to dikaion*).

Pago bastante regularmente meu imposto de renda; em outras palavras, não tomo *menos* do que a parte que me cabe quanto às contribuições às finanças públicas; realizo, pois, a este respeito o estado de coisa justa (*to dikaion*).

Mas talvez eu declare minha renda tão exatamente porque o secretário geral da Faculdade a comunica ao fiscal do imposto de renda: não há como trapacear. E supondo que eu me abstenha de pagar na data prescrita, e não estando bem relacionado na secretaria das finanças, não poderei escapar do oficial de justiça. Se tivesse como, eu fraudaria... Assim sendo, você não concluirá que eu seja um *dikaios*, que tenha a virtude da justiça (*dikaiosunê*).

O *dikaios* seria a justiça em mim, subjetiva; o *dikaion* é a justiça fora de mim, no real, objetiva: assim entendeu-se durante muito tempo o termo direito.

39. Um justo meio-termo nas coisas. Mas como tal distinção, embora límpida, deixou de nos ser familiar, vamos retomá-la sob uma forma um pouco diferente.

Uma outra coisa que Aristóteles diz sobre o *to dikaion* é que ele é um meio-termo (*meson*). Esta, como todos sabem, é uma fórmula característica da moral de Aristóteles. Para Aristóteles, todas as virtudes e todos os valores constituem "justos meios-termos". Por exemplo, a *verdade*. Suponhamos que você queira descrever a inteligência de seu professor. Se você disser: é um imbecil, correrá o risco de pecar pela falta; se, ao contrário, você o qualificar de gênio, igualando-o a Einstein ou a Blaise Pascal, pecará pelo excesso. *Veritas stat in medio*. Também para a temperança: um homem temperante não é um bêbado, mas também não é um especialista em greves de fome; é capaz de esvaziar uma garrafa. A moral de Aristóteles é uma moral do "justo meio-termo". Seria errôneo classificá-la como uma moral da mediocridade: o justo meio-termo é de fato aquilo que exige maior esforço. É mais fácil parar totalmente de fumar do que permanecer na justa medida. O justo meio-termo não é o pântano, mas o topo da montanha, o mais difícil de ser atingido, entre dois declives de facilidade.

Voltemos ao direito. O justo meio-termo que é também o direito (*to dikaion*) possui, segundo a análise de Aristóteles (o comentário de São Tomás sublinha particularmente este ponto) uma singularidade notável: ele não se encontra no sujeito, está "nas coisas", no real externo (*medium in re* diz São Tomás), o que entenderemos sem dificuldade. Se considero uma virtude como a temperança, é num *sujeito* que esta reside; se o justo meio-termo é subjetivo, sou eu mesmo que sou convidado a não ser nem bêbado nem abstinente, mas um meio-termo entre esses dois excessos. O que também aconteceria com relação à *virtude* da justiça particular: se sou justo, é porque *eu* não *sou* nem demasiado ávido ao tomar o que me cabe nem demasiado frouxo ao reclamar meus direitos.

Ao contrário, o direito (*to dikaion*) é objeto: por exemplo, minha parte do imposto de renda, que devo pagar ou que já paguei, não é nem excessiva nem insuficiente. Se, portanto, o direito é um "meio-termo", é um meio-termo objetivo, "nas coisas", *in re*.

40. Distinção entre o direito e a moral. Essas minúcias gramaticais parecem supérfluas? Mostraremos aqui sumariamente que elas não serão inócuas no que respeita à natureza da ciência do direito. Acabamos de lançar os fundamentos da única distinção sustentável entre o direito e a moral.

Na nossa atual maneira de pensar, quando no início dos manuais vemos o direito definido como um "conjunto de regras de conduta", direito e moral estão confundidos, ao passo que a análise de Aristóteles oferece um critério de discernimento. Existe uma arte que se preocupa com a virtude subjetiva do indivíduo, ou a prescrever-lhe condutas, inclusive as condutas justas, as do homem justo (*dikaios*); podemos chamá-la de *moral*. Mas da moral se destaca uma outra disciplina, cuja finalidade é dizer o que é justo, o que pertence a cada um. Ciência não da *dikaiosunê*, do *dikaios*, da conduta justa, mas do *dikaion*.

Quer dizer, do direito. Sua função não é vigiar a virtude do indivíduo, nem mesmo de regular sua conduta.

DEFINIÇÕES E FINS DO DIREITO 73

Não importa ao jurista que subjetivamente eu seja honesto e cheio de boas intenções para com as finanças públicas, apenas que meu imposto seja pago; nem mesmo, previamente – o que é a função da ciência do direito – que seja descoberta e *definida* a parte de imposto que me cabe. Outro exemplo: o direito penal não tem como função *proibir*, como certas pessoas pretendem, o homicídio, o roubo ou o aborto; esses interditos pertencem à moral; um júri ou o Código Penal *distribuem* as penas, a cada um a pena que lhe cabe.

A ideia do direito é filha da ideia de justiça, mas a partir de agora ocupará um aposento próprio. Com Aristóteles, o direito conquistou sua autonomia.

41. Uma proporção. Aristóteles aprofunda minuciosamente a análise do *Dikaion*. Enumera-lhe os diversos atributos. O direito é *relação*, fenômeno social; repito mais uma vez que não existe direito de Robinson em sua ilha. O *Dikaion* não é o "direito subjetivo" do indivíduo, pensado em função de um sujeito único, engendrado num sistema inteiramente diferente de pensamento pelo individualismo moderno. "A justiça", escreve Aristóteles, "é o bem do outro", o que significa que o direito não é simplesmente atributo de minha pessoa, não é exclusivamente "meu". Dessa observação tiraremos consequências muito importantes na segunda parte deste livro, quando estudarmos as *fontes* do conhecimento do direito.

Precisemos a definição. O *Dikaion* é uma *proporção* (a que se mostrará boa) entre coisas divididas entre pessoas; um "proporcional" (termo neutro), um *"analogon"*. Pode-se dizer também que o direito consiste numa igualdade, num igual (*ison*). Essa palavra pode ser mal compreendida, porque a matemática moderna é muito diferente da matemática da Grécia. A matemática grega não tinha a aridez da nossa; era também uma busca, uma contemplação dessa *beleza* que reside na ordem cósmica. O *ison* não é simplesmente a equivalência de duas quantidades, mas a *harmonia*, o *valor* do *justo*, parente próximo do valor do *belo*. O *Ison* é um "justo meio-termo" entre "um excesso e uma falta". De modo algum a igualdade simples ou "aritmética" do moderno igualitarismo.

42. Objeto da justiça, mas da justiça particular.

Uma boa proporção na divisão dos bens entre os membros de um grupo, tal é, pois, a essência do direito, mesmo que essa definição possa atualmente causar espanto. Mas quando pensamos o direito no interior da justiça, como a língua grega nos convida a fazer, o direito como *dikaion*, somos necessariamente conduzidos à justiça, pelo menos à justiça "particular".

O leitor deve estar sem dúvida pensando que nos enganamos ao afirmar, no capítulo anterior, que o direito pertencia ao âmbito específico da justiça "particular" (o primeiro mérito de Aristóteles foi conceber essa noção), o que é um assunto controverso. Veremos em breve outros autores conceber o direito do ponto de vista da justiça *geral*, o que significará a ruína da distinção entre direito e moral; pois a *Dikaisonè*, considerada "genericamente", como um todo, tem por objeto a execução da lei moral em sua totalidade.

Quanto ao substantivo *Dikaion*, devo concordar que teve na língua grega acepções diversas. Significou por vezes esta ordem total do cosmos, ou da cidade, que a justiça geral busca, como em Platão, na sua *República*, e por vezes mesmo em Aristóteles. Mas no final de sua pesquisa, no livro V das *Éticas*, este último definiu-a precisamente como a boa proporção dos bens exteriores divididos entre habitantes da mesma cidade. O *Dikaion* só é concebido em seu sentido rigoroso no interior da justiça *particular*.

Neste ponto, pausa para reflexão: atingimos o coração, a parte sutil desta filosofia do direito. Você, leitor, pode justamente considerar que este capítulo é duro e que exige um esforço de abstração ao qual não estamos habituados. Um pouco de paciência; não falaremos apenas de Aristóteles. Gostaria de dizer, entretanto, que não considero esta análise *ultrapassada*. É verdade que uma outra doutrina impera hoje: o discurso do direito seria constituído de proposições "prescritivas", "imperativas", "deontológicas", como se o jurista se referisse imediatamente à *ação* dos indivíduos, cumprisse a função de um diretor de conduta dos que estão sujeitos à justiça. Do que duvido muito: uma sentença judiciária, um artigo de nosso Código Civil têm por função *indicar* a parte de cada um: tal coisa, tal dívida está para X relativamente a Y. Medida de justas relações sociais.

Artigo II
Setores do direito

Continuemos a leitura do texto. Ele classificará, agora, várias *espécies* do gênero direito. Nossas traduções francesas camuflam esta classificação falando aqui de "justiça". Quer esteja tratando da questão das fontes "do direito político"(direito natural, direito positivo – esta doutrina será comentada na segunda parte de nosso livro), quer da esfera de extensão do direito (direito da família, direito civil, internacional, *infra*, § 46 e ss.), o termo empregado por Aristóteles é comumente a palavra neutra: *to dikaion*. Iremos abordar aqui o que é tradicionalmente chamado de teoria das duas "justiças", a "distributiva" e a "comutativa", duas traduções errôneas.

O objetivo da justiça não é distribuir, e menos ainda realizar trocas: são os comerciantes que realizam trocas. O juiz verifica sua retidão. O texto de Aristóteles fala muito menos das *justiças* "distributiva" ou "comutativa" do que de dois tipos de direitos: *dikaia*, de duas "igualdades".

43. A igualdade geométrica em matéria de distribuições. Acabamos de assinalar que o termo *igual* é enganador; não devemos entendê-lo no sentido de uma igualdade *absoluta*, principalmente quanto às *distribuições*: uma distribuição dos encargos públicos das terras, das riquezas, existe no interior de cada cidade. No momento da fundação das colônias gregas, os poderes públicos distribuem terras aos colonos. A cidade romana ou o imperador distribuem lotes aos soldados; magistraturas; impostos. Dei acima outros exemplos extraídos do direito privado, em que essa operação cabe ao juiz (*dikastês*): ele divide uma sucessão entre herdeiros, a guarda das crianças entre pai e mãe divorciados, tal dívida entre associados.

Ora, no caso das distribuições – *en tais dianomais*, escreve Aristóteles – não é a igualdade simples, "aritmética" que é visada. Por exemplo, numa colônia serão atribuídas mais terras ao chefe de uma família mais numerosa, ou que tem na colônia uma posição importante. Em lugar algum os impostos são iguais, mas proporcionais às fortunas, aos modos de vida ou à consideração gozada por tal "categoria socioprofissional". E quando são cargos públicos que se trata de distribuir, é evidente que serão desigualmente divididos, em função da competência ou do prestígio de cada um. Uns serão ministros, outros, simples secretários de Estado. Todos os franceses não podem ser o presidente da República.

A solução do direito se inscreve na forma de uma equação que manifesta a igualdade, não dos bens distribuídos, mas de duas *relações* estabelecidas entre pessoas e funções.

$$\frac{\text{François Mitterand}}{\text{presidente da República}} = \frac{\text{Laurent Fabius}}{\text{ofício de primeiro ministro}}$$

Que se diria de uma harmonia que não estivesse carregada de acordes *desiguais*? Precisamos dos metais e das cordas, das dominantes e das tônicas, das semínimas e das colcheias, dos *forte*, dos *pianissimi*.

44. A igualdade aritmética em matéria de "comutações". Muitas vezes, entretanto, o papel do juiz será simplificado. Assim será em princípio quando o juiz lidar com "comutações" (*en tois sunallagmasin*).

Suponhamos a divisão efetuada entre nossos patrimônios: uma proporção (mais ou menos justa) já instituída entre a massa de meus bens e a massa dos seus. Mas serão efetuadas trocas (*sunallagmata*), seja por contrato voluntário (vendi meu carro para você e já o entreguei), seja por delito (você roubou meu carro). Operou-se uma transferência de uma massa à outra. Então, o papel da justiça é restabelecer o equilíbrio, "corrigir" o desequilíbrio, devo receber um valor igual ao valor de meu carro, o *preço* de meu carro, que pode ser estabelecido por contrato, ou pelo preço de mercado, ou que o juiz terá como função estimar.

Aqui as notas são iguais, como por ocasião de uma sinfonia. A solução de direito se exprimirá numa fórmula de igualdade *aritmética*.

$$\text{Meu carro} = 20.000 \text{ francos}$$

porque não teremos que considerar as pessoas, elaborar "acepções" das pessoas. Pouco importa que eu seja um político imbecil ou hábil, afortunado ou pobre, pai de família ou solteiro; em todos os casos é a mesma soma que deverei receber. O direito é uma igualdade de valor entre duas prestações. Não que medi-la seja sempre fácil: o texto de Aristóteles lança-se neste momento em desenvolvimentos, célebres entre os economistas, sobre o *valor* e a *moeda*, que é o instrumento da medida do valor das coisas.

Desgraçadamente, o tratamento destes assuntos revela-se de fato mais complexo do que supúnhamos. Como devo proceder para medir o salário devido ao trabalho de um sapateiro? A hora de trabalho do sapateiro não equivale à de um engenheiro. Novamente somos obrigados a considerar as pessoas. Uma injúria feita ao presidente da República vale mais, exigirá, para ser reparada, uma indenização superior àquela que seria devida a um mendigo. A proporção geométrica se introduzirá novamente no processo.

E como devemos considerar a *qualidade* das pessoas ou dos bens ou cargos em causa, o direito como um todo não poderá reduzir-se a uma fórmula matemática. Se bem que o direito *seja* uma harmonia, e seja analisado em termos da busca destas duas formas de *igualdades*, o pensamento de Aristótels nunca reduziu a linguagem do direito à matemática nem ao discurso musical.

Interesse dessas definições. A partir de Bodin, os modernos acreditaram poder extrair desses textos soluções de direito. Da "justiça distributiva" deduziram uma doutrina aristocrática: os poderes públicos deveriam ser distribuídos proporcionalmente aos *méritos*, reservados aos grandes e aos nobres. Aristóteles nunca disse isso; deixa em aberto o problema da escolha do *critério* de distribuição.

A justiça "comutativa" também serviu de base a enormes contrassensos. Dela extraiu-se o princípio da igualdade dos contratantes, o sistema do liberalismo, que, tratando pobres e ricos de maneira equitativa, na verdade esmaga os primeiros. Abuso manifesto. Ainda não é do conteúdo concreto das soluções de direito que trata o presente capítulo. Não ainda da resposta, apenas da natureza dos *problemas* colocados aos juristas. O texto de Aristóteles visa somente reconhecer os objetos da atividade jurídica e quais serão seus ramos principais.

Que aprendemos até agora? A partir do momento em que diferenciamos, articulamos os setores da ciência do direito, já temos em mãos o esboço dos futuros *planos* dos tratados de direito, do chamado sistema de direito ocidental. O importante é distinguir os diversos tipos de *operações* (como diz São Tomás) sobre as quais o direito se exerce: ele atua nas *distribuições* de cargos e funções públicas, divisões de propriedades, de salários, de impostos, nas partilhas de sucessão e, por outro lado, nas *trocas* (delitos e contratos-*sunallagmata*).

Teorias gerais dos *"bens"*, dos "contratos", dos "delitos" privados, a linguagem própria do direito já começa a desenhar-se. E, para cada um desses setores, eis que descobrimos certas fórmulas-padrão, que por certo não bastarão para determinar a solução de um litígio particular, mas poderão servir de modelos: nas distribuições, o discurso jurídico tende a exprimir uma proporção, e, nas trocas, uma equivalência.

Conhecemos bem a fórmula do *enriquecimento ilícito* (é injusto enriquecer sem razão às expensas de outrem, é preciso corrigir esse desequilíbrio) e também esses outros princípios que é de direito *restituir* o valor de um empréstimo (por exemplo o empréstimo de dinheiro, em latim *mutuum* – sendo que é apenas a soma emprestada que aquele que emprestou deve reembolsar, teoricamente sem juros, porque "o dinheiro não dá cria"), que todo dano justificado deverá ser compensado[1].

Algo de bastante análogo ao que redescobrirá no século XX o fenomenólogo Reinach: um arsenal de moções e proposições gerais, que Reinach afirma serem *"a priori"*. Para Aristóteles, porém, não existe ciência do direito *a priori*. Foi observando a estrutura das atividades judiciárias que ele pôde definir o plano e as rubricas de uma ciência do direito.

---

1. Vejo aqui a chave da *ordem das matérias* dos tratados de direito civil romano: que se deva primeiro abordar as distinções entre as "pessoas" ou as "coisas" (*res*) decorre da definição da justiça distributiva. Das comutações deriva o direito dos delitos e contratos. E a explicação do *sentido destas palavras*: o *"delito"* não é "a infração" de uma lei moral (objeto da justiça "legal"), mas o atentado injurioso contra os bens ou a pessoa de um particular, que exige uma pena como compensação. O "contrato" não se define pelo encontro das "vontades" dos dois contratantes, cujas promessas uma lei moral obrigaria a manter; é uma operação de troca, "sinalagmática", em que se deve salvaguardar principalmente a equivalência das prestações. O texto das *Éticas* de Aristóteles já comportava a lista ordenada das espécies de *contratos* e *delitos*, pouca coisa diferente da que encontramos nas Institutas e da qual a linguagem dos juristas conserva até hoje as marcas.

Artigo III
O lugar do direito

Trata-se de medir a esfera em que se exerce a ciência do direito.

Já observamos (§ 37) que toda atribuição pressupõe um grupo, mas evidentemente não qualquer grupo. Os sociólogos contemporâneos (particularmente Tönnies) ensinaram-nos a distinguir a *Gesellschaft* ou sociedade, na qual existe um direito, e a *Gemeinschaft* ou comunidade que, no dizer de Tönnies, excluiria o direito; essa distinção está em substância prefigurada na teoria do direito de Aristóteles.

45. Amizade e direito. Uma das análises de Aristóteles que mais interessam para a filosofia do direito é a que ele consagra à palavra *amizade* (*philia*: livros VIII e IX), e a essa *coisa* que é a amizade. Modelo de estudo sociológico. Nossos sociólogos estão redescobrindo esse campo de pesquisa abandonado pela ciência moderna individualista.

Aristóteles distingue várias espécies de *amizades*. Toda cidade, toda relação de negócios envolve uma dose de amizade. Não diremos, portanto, que a amizade seja o contrário do direito; para que o direito exista, é preciso uma certa espécie de amizade.

Diferente, porém, seria o caso da *amizade perfeita*, no sentido pleno da palavra "amizade", já que "entre amigos tudo é comum". Os verdadeiros amigos não têm simplesmente em *comum* os cigarros e o dinheiro miúdo.

Na má linguagem dos sermões atualmente vigentes, os pregadores pressionam suas ovelhas a "dividirem" com o Terceiro Mundo, num repente de fraternidade. Mas suponho que seus discursos visam principalmente nos convidar, pelo menos num primeiro momento, a recolocar num lote *comum* os bens até agora divididos entre o Terceiro Mundo e os países ricos; *suprimir* a divisão existente, ou pelo menos substitui-la por outra menos desigual. Mas entre irmãos que viveriam juntos não haveria divisão. Nem direito, portanto.

Nada mais duvidoso que o adágio tantas vezes repetido: *Ubi societas ibi jus*, a menos que se entenda *societas* num sentido relativamente estrito. Há formas de vida em comum que normalmente não comportam divisão jurídica dos bens: grupos particulares de amigos, "comunidades" mais ou menos vastas... Um monastério franciscano teoricamente não precisaria do direito e, também, a Igreja cristã. A Igreja cristã tem *canones*, regras de *conduta* comuns, coisa que não se deveria confundir com o *direito* em seu sentido próprio.

46. Da imperfeição do direito da família. Tal é, sobretudo, o caso da *família*. No interior da família, não existe separação entre os bens dos diferentes membros, nem mesmo uma verdadeira separação (*"alteridade"*) entre seus membros. Sem dúvida são operadas divisões dentro de uma família: o pai de família divide o pão, a mãe, a sopa entre as crianças ou os criados. Porém, essas divisões são instantâneas, esporádicas, sem efeito duradouro.

A bolsa é comum. Se o filho destrói o automóvel da família, os pais pagarão o conserto. Os membros da família não são suficientemente "outros" para que se constitua entre eles um direito; o filho "é alguma coisa do pai", escrevia Aristóteles, que estudou profundamente a natureza do grupo familiar. Posteriormente Hegel, inspirando-se nele, dirá que a família inscreve-se no âmbito do *amor*, e não da justiça.

Não existe, na vida da família, a necessidade de uma definição rigorosa da parte que cabe a cada um, fórmulas de igualdade estrita ou proporcional, de *Dikaion* no sentido pleno do termo.

Tal era ao menos o ponto de vista dominante na Antiguidade. Ao contrário dos direitos modernos, o direito romano não se ocupou das relações *intrafamiliares*; preocupa-se com as relações entre os chefes de família. A *Econômica* (arte de governar a família) se diferenciava do *direito*. Entre as duas artes, existem certamente interferências; a justiça particular, como acabamos de ver, deve exercer-se apesar de tudo no interior da família, já que nela se praticam distribuições (mas sem rigor e sem regra fixa). Aristóteles admite a existência de quase "direitos" na família, no que toca às relações entre esposos, pais e filhos, senhores e criados, mas direitos imperfeitos.

47. Deve-se admitir a existência do direito internacional? E a sociedade internacional? Existe também entre Estados uma certa comunidade, como outrora a comunidade de todas as cidades helênicas ou do mundo mediterrâneo. Não poderíamos dizer que neste caso o amor impera tanto quanto numa família – tal como ela deveria ser. Mas este é ainda menos o terreno da "justiça" particular.

A arte de "atribuir a cada um a parte que lhe cabe" não se aplica às relações internacionais. No conflito entre Israel e seus vizinhos, teríamos bastante dificuldade em afirmar a *quem pertence*, de acordo com a justiça, tais pedaços disputados da Palestina. A comunidade entre nações é demasiado vaga, inorgânica, para que a pergunta receba uma resposta. Não há lugar aqui para o jogo da justiça em sentido estrito. Qual a única coisa que se pode exigir de Israel e de seus inimigos? Que respeitem certas *leis* comuns que são regras de *moralidade* (justiça "geral"). Devem obedecer às seguintes prescrições: não torturar, não bombardear civis ou fazer reféns, mostrar um certo espírito de paz, um mínimo de humanidade – e, na medida do possível, se as coisas não mudaram muito, observar as tréguas, os tratados, manter as promessas. Aplicação de uma certa *moral* comum que, entretanto, pode ser rompida a qualquer momento com base na avaliação da relação das forças oponentes. Observando as atividades do senhor Kissinger, ficamos com a impressão de que este gênero de problema pertence mais ao âmbito da diplomacia do que ao do direito.

A Grécia antiga não tinha nem *direito* nem *justiça* internacional, apenas uma *moral* internacional. É verdade que a língua grega dá, neste ponto, azo à confusão, porque podemos entender a justiça no sentido de justiça "geral", observância de leis morais mais ou menos dotadas de sanções. Mas, na esfera das relações internacionais, não encontraremos essa divisão definida dos bens e dos encargos que é no sentido próprio o *dikaion*. Mais uma ideia que será retomada por Hegel.

O único direito perfeito é o direito civil. – Ainda subsiste, por certo, uma flutuação na língua grega que se deve à ambiguidade imanente do termo *dikaiosuné*, ao qual a palavra *dikaion* é aparentada. A equivocidade do termo *Justiça* é uma brecha através da qual poderão se introduzir outras definições do direito.

Mas o pensamento de Aristóteles não é menos firme. O direito só pode se exercer numa *cidade* organizada. Não pode existir sem um juiz – e sem constituição pública. Retomemos o texto de Aristóteles; ele só atribui a qualidade de direito no sentido *pleno* e perfeito da palavra ao "*dikaion politikon*": direito na cidade, direito "civil", que visa às relações entre cidadãos chefes de família.

DEFINIÇÕES E FINS DO DIREITO

Somente eles são suficientemente "outros" e, contudo, suficientemente "amigos" para que se defina entre eles a proporção na divisão dos bens exteriores.

Vemos que essa doutrina é bastante completa filosoficamente. Nela estão definidos o conceito de direito, a estrutura da ciência jurídica e sua esfera de aplicação. No início deste livro, constatamos nossa incapacidade comum de conceber *o que é* o direito, o significado desta palavra, e que não deveríamos nos contentar com tal ignorância. Mas eis que descobrimos, no coração das *Éticas a Nicômaco*, uma primeira resposta, e das mais importantes.

CAPÍTULO 3
Notas sobre a sorte desta filosofia

Não convenceremos imediatamente o leitor de que esta filosofia do direito ainda reúne adeptos, que de todas é a mais *clássica*; de resto, que foi retomada em tantas épocas diferentes que não está necessariamente ligada ao malfadado nome do velho Aristóteles.

Mas pelo menos queremos reafirmar seu sucesso entre os juristas. Tal assunto não se inclui naturalmente em nosso programa; pertence mais diretamente aos livros de história da filosofia do direito, que podem ser facilmente encontrados e aos quais remetemos. Algumas palavras apenas sobre sua influência na invenção, pelos romanos, da ciência jurídica.

48. Sobre o direito romano. Nestes últimos anos, a pedido dos mais influentes de nossos colegas, foi sacrificado, em favor de cursos mais úteis, o ensino do direito romano. Contudo, como todos deveriam saber, o direito da Europa é um empréstimo do *Corpus juris civilis*. É no direito romano que descobrimos o segredo de sua diferença com relação aos outros "grandes sistemas" (como o direito chinês, o hindu, o direito judaico, o direito canônico originário da Igreja cristã), a chave de sua estrutura, seus *princípios*.

Nossa ciência do direito procede de Roma; é uma *invenção* dos romanos, como a filosofia é uma invenção dos gregos. Eliminar o direito romano é ter vergonha da própria mãe.

Se ele foi abandonado é porque, exatamente como a filosofia, exigia dos estudantes uma certa cultura. Também morreu por ter adotado, sob a influência do cientificismo que grassa desde o século XIX, o *"método"* dito *"histórico"*, correlativo ao desenvolvimento da história positivista.

1º) Quando a ciência histórica, aspirando modelar-se à imagem das ciências físicas, quis tornar-se *neutra*, indiferente, cega aos "valores", os romanistas puseram-se a tratar *indiferentemente* todos os "períodos" do direito romano, do direito arcaico, da pré-história; ou do período do Baixo Império, da administração romana no Egito no século IV etc. Coisas extremamente interessantes, ninguém negará...

Mas, *para um jurista* historiador do direito, o que mereceria a máxima atenção seria o direito romano em seu apogeu, em seu florescimento máximo, na grande época denominada *clássica*. O mérito do Baixo Império, principalmente dos compiladores do *Digesto*, é ter *conservado* para nós esta obra dos juristas clássicos, mesmo que aproximada e com alterações.

2º) Os poucos romanistas que ainda restam dedicam-se primordialmente à pesquisa das *soluções* do direito romano (o que Kant chamava de *quid juris*). Ora, a maioria dessas *soluções* não tem mais nenhuma utilidade. Que se precisasse, para alienar uma *res mancipi*, de uma balança e cinco testemunhas, ou que os senhores romanos recebessem tal parte dos bens de seus escravos libertos, não tem mais o menor interesse para nossos contemporâneos.

Permanece atual o que concerne, para falar como Kant, ao *quid jus* (*supra*, § 14). A contribuição mais durável de Roma, por volta da época ciceroniana, é ter, pela primeira vez na história, transformado o direito numa ciência autônoma, com seu método próprio e seus conceitos, os quais, redescobertos na Europa, constituíram uma das bases de nossa civilização. As soluções de detalhe, ligadas às contingências da história social, estão ultrapassadas.

Seus princípios. Durante muito tempo existiu na Europa um vivo interesse pelos princípios do direito romano. As definições gerais do título I do *Digesto* (*De justitia et jure*) constituiam antigamente o bê-á-bá do ensino do direito. Não apenas os glosadores, os escolásticos, os romanistas da Renascença, mas também Leibniz, Wolff, Kant e Hegel as comentaram.

Infelizmente, esses filósofos as interpretaram de maneira progressivamente falsa. O idealismo substituiu a ciência jurídica romana por uma outra ciência, uma outra linguagem, apresentadas como as únicas racionais e impostas de uma vez por todas pela razão pura. Os romanistas caíram na armadilha. Expõem-nos as *soluções* romanas *transpondo*-as para as categorias modernas de propriedade, de contrato, de direito, de lei, de justiça etc.; perdem o essencial e o mais útil.

É verdade que redescobrir a linguagem jurídica romana, e o método e a estrutura do pensamento romano, nunca foi fácil; isso exige uma cultura e leituras filosóficas (coisa atualmente proibida no Departamento de História do Direito). Redescobrir a filosofia da jurisprudência clássica não é tarefa simples. As obras dos juristas romanos desapareceram quase totalmente. Só temos acesso a elas através de intermediários, principalmente o *Digesto* de Justiniano, que delas conserva apenas uma parte mínima. Reconstituir o direito clássico é uma empresa difícil e hipotética.

49. Aristóteles e o direito romano. A doutrina do direito de Aristóteles parece ter presidido à gênese da ciência jurídica romana, o que foi por vezes contestado: desde o século XVI corre a lenda de que os juristas romanos, em matéria de filosofia, teriam sofrido, sobretudo, a influência do *estoicismo*. Coisa totalmente inverossímel, porque os estoicos, tendo vivido após Alexandre e a derrocada do regime da cidade grega, não se interessavam absolutamente pelo direito, cultivando, sobretudo, a *moral*. Sem dúvida o *médio estoicismo* (que data da época ciceroniana) influenciou os jurisconsultos, mas isso porque, eclético, veiculava tanto a *retórica* romana quanto os ensinamentos de Aristóteles.

A única filosofia do *direito* que a Antiguidade grega produziu (se tomarmos a palavra "direito" em seu sentido estrito) foi a de Aristóteles. Esta era bem conhecida em Roma e serviu, naturalmente, para conformar o direito romano. Roma era então uma cidade e uma República, como Atenas o fora. E, como Atenas, Roma dispunha de instituições judiciárias especializadas. A missão do juiz consistia em dizer o que pertencia a cada um: basta pensar nos termos da fórmula de reivindicação. A tarefa do juiz era assim definida: verificar se tal ou tal bem, tal ou tal escravo, ou tal campo *pertence* a tal pleiteante – *Si paret rem de qua agitur Auli Agerii esse.*

Mas em Roma existia, além disso, uma corporação de *jurisconsultos* que tinha como função guiar o juiz e os processos, enunciando as regras do direito. Roma, graças ao trabalho de seus jurisconsultos, criou a ciência do direito.

50. Um depoimento de Cícero. Que a invenção dessa ciência se deve essencialmente à inspiração de Aristóteles, poderá ser comprovado numa passagem de Cícero (*De oratore*, I-188 e ss.) que trata da educação dos juristas.

Neste tratado sobre a arte oratória, Cícero desejava, para simplificar os estudos dos advogados, que o direito fosse reduzido a uma ciência (*reducere jus in artem*, quer dizer, a um corpo de conhecimentos sistematicamente ordenados), como havia sido feito na Grécia com outras artes, a matemática, a astronomia e a música, o que só pode ser feito com a ajuda, diz ele, da filosofia. Em primeiro lugar, porque a filosofia dispõe de uma lógica, uma arte de ordenar as noções; mas também porque ela determina o *fim* (*finis*), a noção primeira sobre a qual poderá se constituir, por divisões metódicas, a linguagem do direito civil. Cícero, que era eclético (e que também conhecia todas as grandes filosofias gregas – escreveu, por exemplo, seus *Tópicos* para o uso dos jurisconsultos inspirando-se nos *Tópicos* aristotélicos), nos dá do *fim* do direito uma definição certamente tomada da Doutrina de Aristóteles: *Sit ergo in jure civili finis hic: legitimae atque usitatae in rebus causisque civium aequabilitatis conservatio*. Tratando-se de constituir a nova ciência do "direito civil" (do direito da cidade), deve-se ter como *fim* a observância da justa proporção (*aequabilitas*), extraída das leis ou dos costumes; o ofício do direito será manter tanto quanto possível essa proporção nos negócios (*res*) e nos processos dos cidadãos. E coube a Cícero propor a elaboração de uma linguagem através da subdivisão dos termos principais dessa definição. De fato, parece que o *plano* das *institutas romanas* de direito explora a mesma distinção entre três elementos: as pessoas (*cives*), as coisas (*res*) e finalmente as ações (*causae*). Esse ponto será comentado mais adiante.

51. Uma filosofia da justiça entre os jurisconsultos romanos. Lancemos agora um breve olhar sobre a teoria geral da jurisprudência romana, da qual alguns fragmentos nos foram transmitidos pelo *Digesto* (livro I, título I: *De Justitia et jure*). Seu papel foi tão marcante no pensamento europeu que a filosofia do direito não pode se permitir ignorá-los. Procedemos à escolha de alguns textos.

O jurista romano pensava o direito como se exercendo a serviço da *justiça*. Como se afirma já nas primeiras linhas do *Digesto*: *jus a justitia – jus est ars boni et aequi – Justitia cujus merito quis nos sacerdotes appellet* (a justiça, da qual merecidamente nos chamam sacerdotes). Essas análises gramaticais tinham passado a ser do domínio comum dos juristas.

Mas o que estes entendiam por *justiça*? Acaso essa ideia extremamente vazia, na verdade inútil, que a Justiça constitui para a maioria de nossos contemporâneos? Certamente não, se bem que haja certa flutuação nos primeiros textos do *Digesto*. A justiça parece ser aí entendida primeiro no sentido de *"justiça geral"*. O jurista teria como missão "discernir o lícito do ilícito", incitar os homens a serem "bons". Em tal fórmula percebe-se certa infiltração do moralismo estoico.

A posição dos clássicos não é menos firme. Quando procuram dar forma à definição da justiça – primeiro no *Digesto*, fragmento 10, e depois em várias outras ocasiões, ela é a virtude, a atividade que tem por objetivo medir a parte de cada um: *suum jus cuique tribuendi*.

O texto seguinte, que enumera os preceitos do direito, mais complexo, comporta três termos: *"honeste vivere, alterum non laedere; suum cuique tribuere"*. Mas, como mostra Feux Senn, e para aqueles que conhecem a técnica romana da definição, apenas o último termo, que indica a diferença específica, é que deve ser retido, o que Leibniz e muitos filósofos modernos desconsiderarão em seus comentários. Essa justiça à qual serve o jurista atribui-se como ofício específico a *tributio*, repartição de bens e de encargos.

O primeiro mérito da ciência jurídica romana – escreve o romanista Schulz em seu livro sobre "os princípios do direito romano" – é ter sabido *isolar* seu objeto de estudo: "Isolierung". O jurista romano sabe o que está buscando, possui uma noção consciente do objeto, dos limites de sua disciplina. Não se desvia para a política, a economia ou a ciência da administração, nem para a moral. E seu objeto não era a justiça inteira – *dikaiosunê* – (não se ocupava da virtude nem de regrar a conduta do indivíduo) –, mas apenas o *jus*, termo usado para traduzir o grego *dikaion*.

52. Uma ideia do direito. Encontraremos assim no título I do *Digesto* (fragmento 11, de Paulo) uma definição dos sentidos da palavra *jus*.
Iremos nos restringir ao essencial. A alusão feita às diferenças entre os regimes das democracias e os das oligarquias revela mais uma vez os indícios de uma influência ainda mais direta de Aristóteles. Deixamos de lado esses detalhes.

1º) O direito é definido como uma coisa: *ID quod... aequum EST*, diz o início do texto, assim como o *To Dikaion* na *Ética* (São Tomás dirá: *res justa – ide quod justum est*). O direito não é um "conjunto de regras".
Digesto, De regulis juris 50.17.1: não se deve deduzir o direito da regra; é do direito, que *existe*, que será extraída a regra: *Jus non a regula sumatur sed a jure, quod est, regula fiat*. O *jus*, ou, como dizem frequentemente os romanos, os *jura*, não são "normas" que teriam sua sede no pensamento ou no discurso dos homens, mas *coisas*: casamento, filiação (D.1.1.1) ou instituições sociais; a distinção dos reinos – os limites dos campos, o comércio (D.1.1.5), as proporções descobertas no interior de cada caso (*jus in causa positum est* – D.9.2.52.2).

2º) O que é essa realidade chamada direito? *Id quod... AEQUUM est* (início da definição de Paulo). Já o texto de Cícero (*De Oratore*) dizia que a arte do direito é servir à *aequabilitas*, a busca do que se pode conseguir de *igualdade* relativamente aos bens e aos litígios dos cidadãos – *in rebus causisque civium aequabilitas*. Reconhecemos aqui o *ison* de Aristóteles: o igual ou, mais precisamente, o *proporcional*.

Na verdade, a palavra *aequum*, frequente nos juristas romanos (*jus est ars boni et aequi* D.I.I.1), recebe acepções diversas; pode evocar alguma coisa de superior à justiça, o aprimoramento da sentença para além da simples aplicação das leis positivas escritas – a excelência da moralidade. Na fundação da ciência jurídica romana clássica, ela parece ter traduzido inicialmente a ideia aristotélica de *igualdade proporcional*, constitutiva do *Dikaion*.

Objeto da jurisprudência. Essas definições não são inúteis. Toda a estrutura da ciência do *jus civile* depende dessas noções primordiais. O direito em Roma não será um sistema de normas ensinadas autoritariamente, mas o estudo de realidades. A *jurisprudência*, diz Ulpiano (D.1.1.10), é a ciência do justo ou do injusto na realidade social, extraída de um conhecimento das *coisas* (*notitia rerum*). O manual de Gaio explora estas três espécies de realidades sociológicas do mundo romano: as pessoas, os bens e as ações, a fim de nelas reconhecer o direito, os diversos estatutos das pessoas e as condições dos bens, em suas relações recíprocas, e as ações judiciárias através das quais se *atribuem*, em caso de litígio, os bens e os encargos às pessoas.

A arte romana da *jurisdictio* não consistia em prescrever, no modo imperativo, a observância de regras de conduta. A ciência do direito clássico romano se atribui como missão dizer, no modo indicativo, "o que pertence a *x* ou *y*; relações justas que ele descobre no interior do organismo social". Vejo aqui a chave da Doutrina clássica do *"direito natural"* (*infra*, L. II).

53. Pluralidade das concepções romanas de justiça e de direito. Esses poucos fragmentos não bastam para dar uma ideia completa da filosofia do direito do *Corpus juris civilis*. O *Corpus juris civilis*, obra extremamente comum nas velhas bibliotecas, é um conjunto heteróclito.

Mesmo as famosas definições do título I do *Digesto* anteriormente analisadas e que nossos ancestrais sabiam de cor, textos, aliás, tardios, posteriores à grande época criadora, são ambíguos: quando Ulpiano afirma que a justiça é o fim da arte jurídica, podemos observar que ele oscilava (pelo menos no primeiro texto citado) entre a justiça geral e a justiça particular. Celso definia a arte do direito como a busca do *aequum*, mas também do bem (*jus est ars boni et aequi*) etc. Por ser produto de uma longa história, o *Corpus juris civilis* não é um bloco monolítico, mas constitui-se de uma multiplicidade de camadas heterogêneas, nascido no interior de uma *cidade* ainda autônoma: os fundadores da ciência jurídica romana quiseram limitar inicialmente seu campo de estudo ao direito civil, *jus civile*. Assim, no texto de Cícero acima citado, *Sit ergo in jure civili finis hic*, era apenas a ciência do direito civil que deveria ser constituída. Os grandes juristas dessa época são chamados de fundadores do *jus civile*. E essa expressão, que, aliás, foi tomando outros sentidos ao longo da história, parece então corresponder exatamente ao que se chamava na teoria de Aristóteles de *dikaion politikon*: direito existente, numa cidade, entre cidadãos chefes de família, o único *dikaion* no sentido pleno da palavra.

Mas, como efeito das grandes conquistas e da formação do império, o direito romano transforma-se de direito "civil" em imperial e, principalmente, legislativo.

Nessas condições, o mérito dos imperadores romanos (e em última instância de Justiniano) foi conservar a qualquer preço a grande criação científica da antiga cidade romana, a ciência do *direito civil*. Outra coisa deve ainda ser lembrada: nesse agregado de cidades que foi o Império Romano, sucessor dos impérios helênicos, um direito no sentido estrito, a aplicação da "justiça particular", é impraticável; é difícil dar uma definição precisa do papel de cada um. Aqui entra em jogo a moral comum; tenta-se pelo menos obrigar os homens a respeitar a lei moral, a viver "honestamente", a "não lesar o próximo", a manter suas promessas (*fides*). O direito da cidade é substituído pela lei moral universal, a lei moral estoica, e mesmo, a partir do século IV, *judaico-cristã*.

Não encontramos, pois, no *Corpus juris civilis* vestígios de uma única espécie de direito, mas também de uma outra espécie, destinada a grande fortuna. Devemos chamá-lo também de *direito*? Talvez, porque também aqui trata-se de justiça; mas de "justiça legal". Assim como em nossos dias não existe consenso a respeito do sentido da palavra "direito", já em Roma se oscilava entre diversas definições. Na herança recebida de Roma, a Europa não encontrou apenas uma filosofia da finalidade do direito.

SEGUNDA SEÇÃO
Outros conceitos da finalidade do direito

Chegou o momento da confrontação. Apresentamos em primeiro lugar a filosofia do direito romano-aristotélica, passo necessário para suprir as lacunas de nosso ensino. Longe de estar caduca, é essa filosofia que permanece, no fundo, a mais capaz de dizer o que *é* na Europa o direito, a finalidade específica a que se propõe relativamente à moral, à política, à economia, às disciplinas das ciências humanas.

Mas ela não está mais na moda; hoje não se ensinam mais as *Éticas a Nicômaco* nem o título I do *Digesto*. Essa doutrina foi *encoberta* por outras ondas de filosofia geral, que defendem outras definições da finalidade do direito. Dado que convivemos com elas, não poderíamos nos dispensar de conhecê-las e discuti-las.

Como são filosoficamente vulneráveis, seremos mais breves e nos contentaremos em distinguir e resumir as principais.

CAPÍTULO 1
A boa conduta

54. O direito anexado à moral. Essa é uma primeira heresia. O leitor logo perceberá que ela conta muitos adeptos. É mesmo provável que a maioria de nossos contemporâneos *confunda o direito com a moral*.
Aprendemos que o direito consiste num conjunto de *regras de conduta*. A "proposição jurídica" teria como função enunciar quais *atos* são permitidos ou proibidos, a quais outros somos "obrigados". A antiga ciência das *relações* de direito foi eclipsada por uma ciência dos *comportamentos*, que provêm da *moral*.
A maioria de nossos leitores não concordará com isso, pois, formados sob a influência da filosofia de Kant – como todos nós –, atribuem ao termo *moral* um sentido mais restrito. Esse filósofo instituiu uma separação entre duas espécies de regras: as internas, que se originariam na nossa consciência subjetiva; "autônomas", desprovidas de sanção; e as exteriores e "heterônomas", ditadas, promulgadas, sancionadas por uma autoridade pública. Reservava às primeiras o nome de morais, enquanto o direito seria constituído por regras coativas.
Entretanto, o uso autoriza conceder à moral um domínio mais vasto: a direção em geral da conduta dos indivíduos. Mesmo acompanhada de sanção, uma regra de *conduta* não deixa de pertencer à moral.
Um fato histórico capital é que os professores da chamada escola do direito natural moderno, segundo o

uso inaugurado pelos canonistas e seguido nas faculdades de teologia, ensinavam a doutrina do direito no interior da moral. Pufendorf escreve um tratado dos deveres – *De officiis*. Wolff e Kant prosseguem esse caminho. E não tenho certeza de que ainda hoje estejamos longe dele.

Fontes filosóficas. Primeira pergunta: historicamente, de onde procede essa confusão? Quero dizer, para permanecer na linha de nossa proposta habitual: de qual filosofia se origina?

Seria uma herança da Antiguidade greco-romana? Já na Grécia a palavra "justiça" (*dikaiosunê-justitia*) carregava um equívoco. Se podia revestir o sentido de justiça "particular" (Aristóteles constrói sua noção específica do *dikaion* com base na justiça particular), acontecia-lhe também de ser tomada no sentido de justiça "*geral*": nesse caso, torna-se moralidade, observância das leis morais. Já na Antiguidade a palavra "direito" (*to dikaion, jus*) era ocasionalmente incluída na órbita dessa justiça, sinônimo de moralidade. Aristóteles nos parece, na maioria das vezes, ter evitado essa confusão; ele distingue o direito e a lei. O que não era o caso dos *estoicos*, especialistas que eram da conduta individual. O estoicismo, cuja procedência era quase totalmente oriental, parente próximo do pensamento judaico, produzira uma moral de caráter *universal*, ditada pela Razão, pelo *Logos*, pois os estoicos são *cosmopolitas*, tendiam a absorver o direito nessa legislação moral.

Mas, como a influência estoica era então equilibrada pela filosofia de Aristóteles, os criadores do direito romano constituíram de fato a ciência do *jus civile* com base numa noção estrita do direito, bem distinto da moral. O estoicismo só prevaleceu na doutrina jurídica com o humanismo da Renascença e o florescimento, a partir do século XVI, de um neoestoicismo *cristão*.

Origens cristãs. Mergulharemos agora numa literatura completamente diferente, tão antiga quanto a de Aristóteles: A Gênese, o Êxodo, o Deuteronômio, os Evangelhos, os Comentários dos Santos Doutores; textos, como sabemos, pouco filosóficos. Tampouco como de juristas, a Bíblia não é obra de *filósofos*: ela se diz a Palavra de Deus, ou de seus profetas e sacerdotes. Mas nela encontraremos ao menos uma *linguagem* que estruturará o mundo, sobre a qual filosofaram muitos *teólogos*.

Por que não posso deixar de fazer ouvir também as vozes destes últimos? Nosso ensino laico silencia sobre um mundo de textos sem os quais não compreendemos nem nossa moral, nem nossas artes, nem, por exemplo, nosso sentido da história. A chamada cultura ocidental nasceu primordialmente nos monastérios nos quais, conforme o programa estabelecido por Santo Agostinho em *De Doctrina christiana*, o essencial era meditar sobre a Bíblia e sobre os Santos Doutores; as "Artes" (gramática, retórica, matemática etc.) não passavam de instrumentos. A Universidade medieval dava precedência à Bíblia. Mas ainda no século XVII não existe nenhum grande filósofo, escritor, artista ou cientista que dela não se tenha nutrido. Sem contar que ainda hoje a Bíblia continua um *best-seller*. Exceto em nossas Universidades, na Faculdade de Direito, inclusive. Nelas mal se fala do direito judaico e do direito canônico cristão. A ignorância de certos estudantes a esse respeito é prodigiosa. Ora, não apenas grande parte de nossas instituições (a sagração dos reis, a proibição da usura, o regime do casamento) foi emprestada das fontes bíblicas, como nossa atual *ideia do direito* é antes uma herança do pensamento judaico-cristão do que do direito romano.

Recebemos do cristianismo uma segunda filosofia da finalidade do direito.

Artigo I
Sobre a noção judaico-cristã de justiça

55. O objeto da Torá. Existe um direito bíblico? Sem dúvida já existiam no seio do povo judeu juízes, tribunais, sucessões, roubos e danos, contratos de empréstimo de dinheiro, de venda, e já algumas regras gerais para regular esses negócios. Falta um conceito distinto, de *direito*.

Existe esta *Torá* que abarca os cinco livros do Pentateuco, e os comentários da Torá, e sua aplicação. Que quer dizer essa palavra? Não me cabe expô-la em toda a sua riqueza, mas como foi entendida no mundo dos juristas. Consistindo numa série de narrativas (as narrativas da Criação, da Aliança de Deus com Noé, Abraão, a saída do Egito, o monte Sinai), a Torá pareceu-lhes conter um conjunto de *instruções* morais. Nas versões gregas da Bíblia, o termo *Torá* foi traduzido por *Nomos*, em latim, por *Lex*. Uma legislação moral, um sistema de regras de *conduta*: pois a vida do judeu é uma caminhada rumo à Terra prometida à qual sua Lei o *conduz*.

"Escuta, Israel, as leis e os preceitos, aprende-os, cuida de pô-los em prática. Amarás teu Deus de todo o coração – Não produzirás imagens dele – Honrarás pai e mãe – Não roubarás – Não cometerás adultério... – Não comerás carne sangrada – Guiarás o cego em seu caminho – Deixarás os pobres colher em teu campo..."

Essas leis morais são acompanhadas pelo anúncio de sanções na maioria das vezes difusas: "Honrarás pai e mãe a fim de que teus dias se prolonguem"; por maldições e bênçãos, promessas de perdição ou de salvação. Às vezes as sanções são precisas: "Apedrejarás a mulher adúltera". Se a Torá assemelha-se a um direito, é sobretudo ao direito penal – mas um direito penal diferente do nosso. Os delitos são ali *pecados*, ofensas a Deus, rupturas da Aliança – mesmo o homicídio ou o dano causado ao próximo, porque fazer uma injúria a seu próximo significa ofender um filho de Deus (por exemplo, Gn 9, 5; *Números* 5, 6) –, e as penas são expiações ou purificações do povo.

Efetivamente, sem dúvida, a Lei vai regular a partilha de certas sucessões, a parte que deve caber aos sacerdotes nos sacrifícios, a pena que merece tal crime. Mas sendo Deus o legislador, não se pode esperar d'Ele preocupações com ganhos. Deus não parece nem um pouco preocupado com a divisão dos bens "exteriores". Vê mais longe, pensa em seu projeto da criação, no cumprimento da Aliança, na salvação final de seu povo. É um pai angustiado pensando na volta dos filhos, um esposo que aspira reconquistar o amor da esposa. O fim principal da lei divina – escreve São Tomás em seu comentário da lei bíblica – é estabelecer a amizade entre homens e Deus, *"amicitiam constituere hominum ad Deum"*, e, também, consequentemente, dos homens entre si, *"amicitiam hominum ad invicem"*. Nosso leitor, homem do século XXI, preferiria ouvir falar de Sartre ou Kelsen.

56. A justiça bíblica. Um bom meio para se discernir a finalidade do direito judaico é a análise da palavra *justiça* na literatura bíblica. Não no texto hebraico, ao qual a Europa mal teve acesso, mas nas suas traduções para o grego e o latim, na famosa versão da Septuaginta ou na latina da Vulgata. Nelas são empregados os termos *dikaiosunê = justitia – dikaios = justus – dikaioun = justificare – dikastês = judex*. Eles serviram para traduzir o hebraico *tsedaka* (frequentemente associado a *Mischpath* – não iremos retraçar a história dessas palavras em hebraico nem sua possível pré-história na Babilônia).

"Noé era *justo aos olhos do Senhor*" (Gn 6, 9) – "Eis que o *injusto* terá a alma inflada enquanto o *justo* viverá por sua fé" (Hb 2, 4) etc. É evidente que estamos longe da justiça "particular". Noé ou o crente Habacuque não são louvados por não tomarem "mais do que lhes cabe" dos bens materiais. Do mesmo modo o *juiz* do povo judeu (*dikastês*) – Josué, Samuel – não é aquele que atribui a cada um sua parte, mas o que conduz o povo de maneira reta. Deus, quando *julga*, leva a cabo essa obra de salvação. Aliás, a justiça de Deus (Deus é muitas vezes qualificado de justo) não consiste em retribuir a cada um segundo seus méritos; em todas as intervenções de Deus fazendo a história de seu povo, ela consiste, antes, em *sua misericórdia*.

Deveríamos entender o termo bíblico no outro sentido que Aristóteles atribui à palavra "justiça", o de "justiça geral", que equivale à soma de todas as virtudes"? Jó seria justo por ser ao mesmo tempo temperante, corajoso, prudente, tal como Aristides? O hebraico não tem a precisão que caracteriza a língua grega. Os judeus não parecem ter se preocupado em distinguir dialeticamente as diferentes virtudes. Falta à justiça bíblica esse caráter distintivo da justiça grega, que caracteriza-se por ser uma virtude exclusivamente *social*.

No contexto bíblico, a justiça evoca a santidade, a adesão a Deus; a conduta deve conformar-se à sua *Lei*, mas, como vimos, essa lei que não se assemelha ao Código Civil; é uma lei que prega o amor. Ser "um homem justo", para um judeu, inclui também a caridade, guiar um homem cego em seu caminho, socorrer as viúvas, os órfãos.

Sendo misericórdia, a justiça dirige seu olhar preferencialmente para os *pobres* ou os desencaminhados, os pecadores, a ovelha desgarrada.

Que espécie de *fim* busca o homem justo segundo as Escrituras? Iremos destacar uma dupla diferença relativamente ao fim da justiça aristotélico-romana.

1º) Parece que esse fim se distingue dificilmente do plano de conjunto do Senhor com relação à história de seu povo eleito. Objetivo longínquo, indefinível. Enquanto a justiça de Aristóteles, ofício do juiz, realiza-se no presente de cada processo, o objetivo da justiça bíblica esfuma-se no futuro...

2º) Objetivo que parece ter progressivamente se espiritualizado. No final das contas, a justiça bíblica reside no interior do homem, que ela supõe piedoso e caridoso, penetrado de amor. Para falar mais uma vez como Gabriel Marcel, ela diz respeito ao que cada um *é*, e não àquilo que cada um *tem*.

E como não é a busca desta *coisa* a boa proporção na divisão temporal dos bens exteriores, essa justiça não se diz no *neutro*. Enquanto os termos *dikaios* e *dikaiosunê* são recorrentes nas versões gregas da Bíblia, o substantivo neutro *to dikaion* é raríssimo (TWNT (*Kittel*), artigo "Justiça" – 1969). Falta o *direito*.

Justiça no Novo Testamento. De qualquer modo, assim é na "Nova Lei" do Evangelho, que para os cristãos é a versão da "Antiga Lei" do Velho Testamento. Esta a resume, como todos sabem, nestas duas leis que se reduzem a uma: "Amarás a Deus com todo teu coração e com toda tua alma – e teu próximo como a ti mesmo"; lei universal, como já o era a lei de Moisés, que tinha vocação para se aplicar ao longo de toda a Diáspora (pode-se dizer o mesmo do Corão), e não uma lei escrita para regular um corpo político particular.

A palavra "justiça" reaparece nos Evangelhos: "Se vossa justiça não ultrapassa a dos escribas e dos fariseus"... (Mt 5, 20); "Não vim chamar os justos, mas os pecadores"(Lc 5, 32) – "Os justos são aqueles que praticaram obras de misericórdia" (Mt 25, 37) – "A fé *justifica*" (São Paulo). Nenhuma menção à divisão dos bens materiais, que Jesus abordava por preterição: "Não vos preocupeis com vossas vidas, com o que comereis, nem com vossos corpos, com o que vestireis" (Mt 6, 25), com essa espécie de bens "que a ferrugem corrói e que os ladrões roubam" (Mt VI.19). E, em matéria de bens materiais, o operário de última hora recebe tanto quanto aqueles que trabalharam o dia inteiro; as dívidas são perdoadas, e "dá-se àquele que tem, retira-se daquele que não tem". "Buscai acima de tudo o reino de Deus e sua Justiça; o resto vos será dado por acréscimo". Aqui, a justiça não é nem distributiva nem comutativa, mas consiste em visitar os prisioneiros, dar àqueles que têm fome e sede, e não apenas àqueles que têm fome e sede de alimentos terrestres.

Não existe direito no Evangelho. – "Quem me estabeleceu, diz Jesus, para realizar vossas partilhas?" (Lc 12, 14).

E, contudo, ainda é um fato marcante para o direito que os Setenta tenham decidido traduzir o hebraico *Tsedaka* (ou termos análogos) pela palavra grega *dikaiosunê* e São Jerônimo, por *justitia*, fato marcante na história do direito.

Artigo II
A justiça bíblica na Europa

1º) Avatares da Justiça

57. Triunfo da justiça bíblica. Deixemos os detalhes de lado[1]. A elite da Europa culta falou até o século XVI o *latim bíblico*. Seguindo o exemplo da literatura patrística, a grande maioria dos monges, depois os clérigos, que enchem as escolas ouviram a palavra *justiça* no sentido que esta tinha nas Sagradas Escrituras.

Assim, na "Cidade de Deus", Santo Agostinho quer demonstrar a *injustiça* do direito romano. Ele se propõe a argumentar a partir da fórmula romana, a justiça consiste em dar "a cada um o que lhe cabe". Mas como esse direito poderia ser justo se não considera que é preciso dar a Deus o amor que lhe é devido? Esse raciocínio é sofístico; da noção de justiça particular se encontravam precisamente excluídos os deveres de piedade para com Deus. Para Santo Agostinho, não existe justiça sem "adesão a Deus" (*Etiam nobis fit justitia cum ei cohaerendo juste vivimus*). E a justiça é sinônimo de misericórdia (*In Ps* 39, 19).

---

1. Cf. *Critique de la pensée juridique moderne*, p. 26 e ss.

Jonas D'Orléans (século IX): "A justiça do rei... é ser o defensor dos estrangeiros, das viúvas e dos órfãos... é viver em Deus – sustentar a fé católica – observar as horas de oração". – Definição da justiça nas *Sentenças de Pedro*.

Lombard (século XII): "*Justitia in subveniendo miseris*". A obra essencial da justiça é prover às misérias dos pobres. Este livro de Pierre Lombard permaneceu até o século XVI como o principal manual de teologia; e a Faculdade de teologia reinava sobre a Universidade.

Resultantes. – Considerações anacrônicas? O cristianismo não mudou tanto desde então, e, mais do que se tem consciência, difundiu-se em meios que se creem livres do Evangelho.

Ainda hoje nossa "Justiça" se distingue mal da caridade. Ela consiste em tomar por princípio o partido dos pobres, do Terceiro Mundo, dos criminosos reincidentes, das classes trabalhadoras (supondo-se que os trabalhadores sindicalizados sejam efetivamente os mais pobres). Nossa justiça continua sendo uma tensão em direção a um além, a um *outro* mundo: mundo de futura liberdade, igualdade, fraternidade, prosperidade universais.

Tanto os revolucionários franceses de 1789 quanto os socialistas, os marxistas, o grande público contemporâneo, entendem sob o nome de "justiça" o sonho de uma sociedade idílica rumo à qual o homem deveria caminhar. Objetar-nos-ão que esse paraíso é humano, dessacralizado, ligado à Razão pura desde que se trocou a religião cristã pelo culto à Razão. Evidentemente, mas sua origem é indubitável. Através de Kant, de Jean-Jacques Rousseau, do romantismo, da literatura utópica, ele procede do cristianismo. Verdade cristã enlouquecida, dizia Chesterton. A justiça de sonho que secreta nosso idealismo é historicamente um vestígio e uma contrafação da antiga mensagem evangélica do Reino dos Céus.

2º) Metamorfoses do direito

58. Um momento da história da palavra *"jus"*. Outro fenômeno merece ser assinalado, pois ainda afeta nossa linguagem: a palavra *"jus"* foi atraída para a órbita de *justitia*.

Nessas mesmas escolas medievais, como ainda subsistiam alguns vestígios da cultura greco-romana, uma espécie de fusão operou-se entre as ideias judaico-cristãs e a terminologia romana. O termo romano *"jus"* continua sendo usado; mas significa o conjunto das regras, sobretudo religiosas, que o fato de ser *justo* implica agora observar.

Tomemos por exemplo o Decreto de Graciano, obra de direito do século XII. Trata-se então de direito canônico. Observa-se, no início do Decreto, uma série de definições tomadas do direito romano por intermédio do bispo Isidoro de Séville, um compilador espanhol do começo da Idade Média. O Decreto apresentava-se como um livro de *direito (jus)*; mas as noções do *Dikaion* ou de justiça particular (*Suum cuique tribuere*) estão totalmente ausentes. O Decreto não trata do direito no mesmo sentido do *Digesto*. É uma coleção de leis morais: as principais derivam das Sagradas Escrituras, dos Concílios e das Decretais.

Discute-se (porque o método do autor é muito dialético) se é pecado fazer a guerra, abandonar a noiva, violar um juramento, praticar tal ou tal rito litúrgico, se é preciso *restituir* um objeto roubado. O que está em causa é nossa salvação, a justiça bíblica sendo caminho e guia para um Paraíso; discute-se também o tema da predestinação...

O *jus*, não sendo uma coisa (*dikaion*) inerente ao corpo político, torna-se a ação, a conduta justa ou a norma da conduta justa, a regra de conduta, as *leis*.

59. O termo francês "direito". Examinemos mais um indício dessa transformação de linguagem: a substituição progressiva, a partir do século XIII, na língua vulgar, da palavra *"jus"* pelo termo francês *"droit"**. Nas outras línguas europeias, *diritto, derecho, Recht* etc.

A palavra "direito" evoca não um objeto, a boa proporção, num grupo, dos bens ou das penas distribuídas, mas a *retidão* de *conduta*, o fato, para um indivíduo, de seguir *direitamente* uma regra, sem dela se afastar, o que seria o *"torto"* (o *torto* substitui a *injúria*). Ou a própria linha reta, lei moral. O jurista emigra para a Moral. Pelo menos é o que indica a etimologia.

Consequências. O "direito" da Igreja ou direito canônico constitui um "conjunto de regras", cuja "jurisdicidade", porém, sempre se torna objeto de discussão. Quanto ao famoso "direito natural" da Igreja Católica de hoje, todo ano saem da pena dos teólogos livros sobre a "permanência do direito natural". Não espanta que tais livros não interessem aos juristas, porque neles não se encontra em geral uma só palavra sobre o direito em seu sentido próprio.

Seria contra o "direito natural" as mulheres usarem pílula. Essa questão concerne à moral, à conduta reta, à temperança. Esses assuntos não são tratados no *Digesto* ou no Código Civil.

Daí se originaram alguns mal-entendidos entre o clero e os juristas. Mas também nos juristas pode-se ler que o direito penal *proibiria* o aborto ou o homicídio (o que na nossa opinião é feito pelo *Decálogo*; e seríamos mais prudentes dizendo que o Direito penal visa à distribuição das penas).

3º) O direito como criado da moral

Que nossa presente ideia do direito seja um anexo da moral cristã, a maioria de nossos contemporâneos acei-

---

* Em português, *direito*. (N. T.)

ta dificilmente. Nossa cultura acredita-se profana. Talvez se tenha da moral cristã uma imagem muito estreita. Devemos lembrar uma vez mais que a lei moral cristã jamais se reduziu ao texto das Sagradas Escrituras. Desde Santo Agostinho, e ao longo da Idade Média em toda a teologia, reservou-se um lugar no interior dessa moral para as leis *temporais humanas*, supostamente derivadas da lei divina, e que aplicariam esta última adaptando-a às circunstâncias, e também para a *"lei natural"*.

60. Desenvolvimento da lei natural. Há, com efeito, pelo menos a partir de São Paulo, uma tradição estabelecida na teologia cristã: que a regra moral tem como fonte não apenas os preceitos revelados por Deus a Moisés, *escritos* no *Antigo Testamento* ou resumidos no *Evangelho*, mas também esta lei que Deus, segundo ele, teria gravado no coração de cada um (Rom 11, 15), inscrito na natureza *do homem*, outra expressão de origem grega. São Paulo era natural de Tarso, sede do estoicismo. Foi essa ideia que frutificou na teologia cristã e invadiu o *direito*.

Muito importante, nesse sentido, foi a obra da Segunda *Escolástica*, principalmente a espanhola: Vitoria – De Soto – Suarez – Lessius – Bellarmin etc., teólogos dotados durante muito tempo de formidável autoridade. Pretendiam ser os regentes do direito. Esses clérigos não duvidavam que o direito fosse um ramo da *moral* (eram também "casuístas"). Mas foram eles, professores de moral cristã, que se basearam primordialmente na *lei moral natural*, e não na Torá. A Escolástica espanhola coincide com a Renascença, o florescimento, no início dos tempos modernos, do neoestoicismo cristão.

O que chamamos de *Escola moderna do Direito natural* deriva da Segunda Escolástica. Mesmo as Faculdades protestantes da Europa central (ainda que isso não se conformasse totalmente às ideias de Lutero) absorveram suas lições. Lembremos que a preponderância da teologia perdurou ainda muito tempo depois da reforma protestante: Grócio e Pufendorf foram também teólogos, e, em menor proporção, também Hobbes e Locke. Kant, Fichte, Hegel se nutriram de teologia. Os grandes teóricos da escola moderna do direito natural citam constantemente a Bíblia; na França, Domat, um jansenista, ainda baseia todo seu sistema na moral das Sagradas Escrituras. Das pesquisas de Max Weber podemos reter esta verdade: que o regime do capitalismo liberal mergulha suas raízes históricas nas Escrituras (*Não roubarás – Não mentirás*), tanto quanto mais tarde seu oponente, o socialismo contemporâneo.

Isso não impede que em função mesmo de sua teologia os juristas da época moderna tenham extraído sua doutrina dos deveres principalmente de fontes profanas, como Grócio (*De jure belli ac pacis*, 1625), cuja obra traz a marca de uma inspiração *cristã-humanista*. Tratava-se então de instituir um direito internacional, do qual uma Europa que permanecera cristã, mas que se dilacerara desde a revolta protestante entre várias confissões cristãs, sentia necessidade. Grócio fundou esse novo direito internacional, como afirma expressamente nas primeiras linhas de seu *Tratado*, nos três axiomas da *moralidade*: (Não tomarás o bem de outrem – Manterás tuas promessas – repararás os danos causados por tua culpa). Ainda que Grócio não enrubesça por citar o Evangelho, esses três princípios foram tomados da moral ciceroniana, moral estoica importada dos furgões da teologia escolástica.

4º) Um clericalismo de leigos

Depois o movimento se precipita, e a lei moral ditada por Javé sobre o 5 de maio será substituída em Rousseau pela voz da "consciência" e em Kant pelo "imperativo" da "Razão prática". Moral exclusivamente humana. Desaparecem os deveres para com Deus, como mostra particularmente a evolução do direito penal no final do século XVIII. Essa quase religião do homem ocupou o lugar da teologia.

Mas a famosa moral kantiana, profana, adaptada à Europa secularizada, tira sua substância do Evangelho: *"Não farás a outrem aquilo que não queres que te façam"*. Péguy demonstrou-o: a Razão subjetiva moderna, transformada em princípio da moral "laica" dos mestres-escolas, é fruto da moral cristã-estoica.

Até a moral utilitarista – como alguns historiadores demonstraram – procede de uma teologia, originalmente franciscana, através do bispo Richard Cumberland. Mas, qualquer que seja seu conteúdo, o que a Europa moderna denominou *Moral* tomou a forma de *leis*, de preceitos ou interdições. E o *Direito*? Também ele revestirá a forma de leis escritas; ou mais particularmente desta parte das leis humanas positivas que sob a ameaça de uma *pena* sanciona os deveres morais julgados mais indispensáveis. Um anexo da moral...

Essa é a herança do antigo imperialismo clerical. De nossa cultura sacra vieram *a absorção do direito na lei*, durante muito tempo concebida a partir do modelo da Torá divina, diretora das ações humanas – e o hábito de definir o direito como um "conjunto de regras de conduta".

Atacaremos o mal pela raiz: é a introdução pelos clérigos da *lei* moral no direito que é preciso criticar.

Artigo III
Crítica do clericalismo

Inspirar-nos-emos, para esta crítica, na obra de São Tomás, autor pouco em voga. Ainda que Roma recomende sua doutrina, não parece que o clero tenha nele sua leitura favorita. Para o grande público universitário, São Tomás permanece o símbolo do "obscurantismo medieval", do clericalismo e do dogmatismo, de um modo de pensar superado pela ciência moderna. Basta lê-lo para que se mude de ideia, mas, como se sabe, nossas atividades científicas não nos permitem esse ócio.

Os juristas só teriam a ganhar libertando-se desse preconceito. Veremos mais adiante que a doutrina de São Tomás sobre as fontes do direito desempenhou na história do direito da Europa um papel difícil de superestimar. Para nós, ainda que *teológica*, a leitura da Suma Teológica não nos é menos indispensável. Quer tenhamos ou não consciência disso, vivemos num mundo moldado pelo cristianismo. Nós, juristas, não podemos nos furtar ao grande debate, inelutável, e diante do qual São Tomás não recuou, com a ideia de justiça bíblica.

61. Sobre a cultura de São Tomás. São Tomás começou instrumentalizando-se com uma quantidade colossal de leituras, de uma espantosa diversidade – cultura admirável "para sua época", corrigirá provavelmente o leitor. Se compararmos a bagagem de nossos progressistas de hoje e a de São Tomás, a formação de São Tomás apresentará menos lacunas.

Formação *dupla*. Primeiro *bíblica*, religiosa, pois tratava-se antes de tudo de um religioso, que meditara longamente, comentara a Bíblia, Santo Agostinho, os padres gregos. Mas também *profana*: a Universidade medieval era exatamente o contrário de um instituto de "obscurantismo"; passara a dedicar-se ao estudo da filosofia, e São Tomás, que participa ativamente desse renascimento, estava familiarizado com grande parte dos filósofos gregos e latinos. Assimilou principalmente o conjunto da obra de Aristóteles, encontrada em traduções latinas feitas apressadamente a partir dos textos gregos – ou através dos comentários dos autores árabes. Interessa-se pelo movimento de renascimento do direito romano.

E uma das características pessoais de sua teologia será reconhecer o valor da filosofia pagã. Não cultiva as "artes" profanas somente a título *instrumental* (*supra*, § 54); mas trata a cultura dos pagãos como sendo em si mesma carregada de *verdades*. Desse ponto de vista São Tomás é muito *católico*, universal, aberto a todos, pois para ele todo conhecimento, judaico, cristão ou greco-romano, procede de Deus por dois canais que devem ser distinguidos.

Por um lado, Deus se mostrou pela via da Revelação, particularmente através das Sagradas Escrituras, aos judeus e mais tarde à Igreja Católica: essa revelação, histórica, só podia ser particular; nem todos os homens podiam ser agraciados com ela, só alguns dentre eles, que têm, por isso mesmo, a missão de transmiti-la.

Mas Deus é o pai de todos; não se coadunaria com sua natureza deixar o resto da humanidade numa total obscuridade. No que concerne à conduta da vida temporal, ciências, filosofia, Deus deu a todos os homens a mesma aptidão para o conhecimento. Os cristãos, os clérigos da Igreja, não dispõem de nenhuma superioridade nessas matérias; não têm o direito de desprezar a sabedoria pagã. Não conheço nenhuma outra teologia tão livre de "clericalismo" quanto essa.

Quanto ao nosso problema, que diz respeito à noção de direito, essa teologia permitirá *conciliar* a justiça do Evangelho, sem nada retirar de seu vigor, e a justiça do direito romano; distinguindo-as, colocando cada uma delas no devido lugar, libertando a linguagem das confusões nas quais sempre se poderia cair quando se ignora a obra de São Tomás[1].

62. A justiça do reino de Deus. Comecemos pelas fontes bíblicas. Uma coisa absolutamente certa é que São Tomás não deixa de lado nem jamais tenta camuflar a Justiça do Evangelho, quer dizer, este *fim* da vida cristã, a reunião mística com Deus, o amor ao próximo, as chamadas virtudes "teologais" – fé, esperança, caridade –, que constituem o homem *justo* no sentido bíblico.

O que se ensina de uma ponta à outra da Suma é o Evangelho, sem que este nunca se torne insípido. Não faltam nem o desprezo pelas riquezas nem a pobreza, a castidade, a obediência. Podemos observar entre parênteses que São Tomás não apenas pregou essas virtudes como praticou-as pessoalmente, o que, para um filósofo, é sinal de autenticidade.

A Justiça do Evangelho está constantemente presente, mesmo nos assuntos jurídicos. Tomemos como exemplo sua doutrina da *propriedade* (IIa IIae qu. 66, art. 2). São Tomás, nas pegadas de Aristóteles, faz o elogio da propriedade. Apesar do que aparentemente afirma Platão em sua República, e contrariamente a todas as utopias comunistas, é preciso que as coisas sejam repartidas en-

---

[1]. Referências nos *Archives de philosophie du droit*, 1973, p. 27 e ss.; 1972, p. 427 e ss.

tre particulares, que cada qual tenha a sua, sendo livre para dela dispor, senhor da gestão de seus bens.

Contudo, o direito do proprietário não implica de modo algum que ele os administre egoisticamente. Ao contrário; o "uso" permanece comum. Quem impede que o proprietário use de sua coisa em favor de seu próximo, que seja interiormente desapegado de suas riquezas terrestres, que seja possuidor, diz São Paulo, e viva como se não possuísse.

Isso significa que não existe contradição entre o direito romano, que institui um regime de propriedades, e a Justiça evangélica. Não se encontra no Novo Testamento uma só palavra contra o direito romano, e, no direito romano, uma só palavra sobre o modo como o proprietário deve *usar* de sua coisa (que lhe seja permitido usá-la egoisticamente).

O gênio próprio a São Tomás consiste em superar e integrar, numa visão total do mundo (um pouco como será mais tarde o projeto de Hegel, mas não poderíamos afirmar que o sistema de Hegel seja tão lúcido), as sabedorias cristã e pagã; estas não são incompatíveis, já que ambas, a Revelação e a mais alta filosofia que a cultura pagã alcançou, provêm da mesma fonte divina.

Nada impede que coexistam, contanto que sejam *distinguidas* suas esferas de exercício. Ao contrário do que se diz hoje num certo círculo clerical, a Justiça do Reino dos céus *não é* a justiça social temporal. Veremos mais adiante que São Tomás, em seu Tratado da Lei Divina, tem o cuidado de demonstrar que a "Lei" do Evangelho não é jurídica; que não inclui preceitos de ordem jurídica (*judicialia*); que essa lei atua em uma outra esfera. Quanto à Antiga Lei, esta já não está mais em vigor no cristianismo.

A teologia de São Tomás libertou os juristas da Europa cristã da submissão às fontes bíblicas, destruindo o clericalismo jurídico (*infra*, § 181).

63. A justiça profana. Por enquanto, importa-nos que São Tomás tenha acolhido generosamente em sua síntese – sem, entretanto, retirar nada da Justiça da Bíblia – a justiça profana que os filósofos gregos haviam descoberto, sobretudo Aristóteles.

Em primeiro lugar, a *"justiça geral"*. Não nos concentraremos nela por não ser a justiça no sentido específico, mas, vista sob certo ângulo, a súmula da moralidade. A moral, no sentido estrito da palavra, assim como a matemática, a física, as ciências naturais, provém da razão profana; contudo, a Bíblia lhes aporá uma *confirmação*. As quatro grandes virtudes designadas na Suma como virtudes *morais* (distintas das "teologais"), as virtudes cardeais – a prudência, a coragem e a temperança, a justiça particular – são exatamente as mesmas que encontrávamos na filosofia grega, e das quais a *Ética a Nicômaco* oferece a análise mais completa. É nela que também os cristãos devem buscar instrução, porque a moral é comum aos fiéis e aos infiéis, e seu conhecimento é, em princípio, acessível a todos. Mais uma coisa bem pouco clerical.

A justiça particular. De fato, tanto na Suma de São Tomás como na *Ética a Nicômaco*, o tratado da justiça refere-se principalmente à "justiça *particular*" (IIa IIae qu. 58 e ss.), esta atividade que tem como fim a boa divisão dos bens "exteriores".

Dificuldade: Acaso um cristão lida com essa espécie de assunto? O Evangelho não pregava o desprezo pelas riquezas temporais? Jesus não se recusou a intervir na partilha de uma sucessão entre dois irmãos? Mas ele não disse que essa partilha não deveria ser feita, e bem feita; deixa a outros o cuidado de realizá-la. O Evangelho não trata do direito, o que não significa que o negue. Concluamos apenas que as questões de justiça temporal não são da alçada do Evangelho.

Assunto de juristas. Acrescentemos, além disso, como já sublinhava Aristóteles, que a justiça particular fica para além da competência dos *particulares*. Enquanto a justiça cristã é assunto de todos e se impõe a todos, seria errado professar que todos devem ocupar-se da justiça social: não cabe ao beneficiário de uma partilha definir sua própria parte. Tal tarefa só pode caber a órgãos especializados, ao legislador ou ao juiz, geralmente à corporação dos juristas.

Assim desaparece toda contradição entre a justiça do Evangelho e a profissão jurídica: os juristas dividem os bens, não para si mesmos, mas para os outros. O mesmo magistrado que atribui milhões ao senhor Rothschild pessoalmente pode não receber senão uma remuneração miserável, aliar à justiça terrestre a Justiça do reino dos céus, o desapego às riquezas. Admitimos que um magistrado pode ser um santo. Quanto ao simples particular, *justo* no sentido específico do termo (aquele que não "toma mais do que lhe cabe"), ele só o é como *executante* das leis ou das sentenças dos juízes (IIa IIae qu. 60, art. 1).

64. Da arte jurídica na Suma. São Tomás decidiu, pois, reintroduzir num mundo tornado cristão todo o ensinamento de Aristóteles sobre a justiça particular. Sua exposição não apresenta nada de realmente novo com relação à *Ética* de Aristóteles. O comentário é apenas mais inteligente que os praticados hoje, e mais completo.

A *"matéria"* da arte jurídica são "coisas exteriores", mensuráveis, que podem ser divididas (*res exteriores*), os bens mais insignificantes na escala dos valores cristãos e os mais perigosos, segundo o Evangelho, o que não o impede de admitir que devam ser justamente repartidos.

O direito atua em duas *"operações"*: as divisões com as quais se ocupa a chamada justiça "distributiva" e as trocas que cabem à "justiça comutativa", que na prática se misturam. A divisão das propriedades e o comércio constituem duas necessidades da vida temporal.

Finalmente, essa justiça só poderá se exercer plenamente num agrupamento *político*, imperfeitamente na família ou na vida internacional. Sem dúvida há alguma incerteza quanto a esses pontos, e São Tomás não excluiu a ideia de um direito universal, porque devia considerar a tradição estoica e o *jus gentium* dos romanos. Mas, quando trata da *guerra*, não é sob a rubrica do direito ou da justiça particular, mas em outro ponto da Suma, sob a rubrica da *caridade* e das faltas contra a caridade (IIa IIae qu. 40). A humanidade, o espírito de paz, a misericórdia devem ser distinguidos da justiça, e a política, da arte jurídica.

65. Definição do direito. Poderíamos achar que São Tomás negligenciaria esse ponto, dado que suas preocupações pessoais não se voltavam para as coisas jurídicas. A segunda parte da Suma tinha por objeto a *moral*, a ciência da boa ou da má conduta, as *virtudes* ou vícios que lhes correspondem. Mas, assim como a análise da justiça na *Ética a Nicômaco* leva Aristóteles a reconhecer a noção de direito (*to dikaion*), a mesma aventura ocorre na Suma.

É, pois, no Tratado da Justiça (IIa IIae qu. 57) que encontramos um estudo sobre a palavra *"jus"*, e não no "Tratado das Leis": o erro da maioria dos neotomistas é ir buscar a Doutrina do *direito* de São Tomás nessa parte da Suma, denominada *Tratado das Leis* (Ia IIae qu. 95 e ss.). As *"leis"* são as "regras das ações humanas", elas governam a conduta humana, o *conjunto* da moralidade.

Sem dúvida, a linguagem da Suma é flutuante. Como está cheia de citações dos Santos Padres, de Isidoro de Sevilha, de Graciano, nela encontraremos vários textos em que *jus* é sinônimo de *lex*, segundo a tradição em vigor no agostinianismo. Mas São Tomás toma em geral o cuidado de indicar que essa maneira de entender o direito não é rigorosa. É fora do *Tratado das Leis*, na rubrica *de Jure*, que ele coloca e trata da *questão* do sentido da palavra *jus*.

Mais uma vez, ele nada mais faz que retomar a lição de Aristóteles, a originalidade constituindo a menor das preocupações de São Tomás. Assim, a palavra *"jus"* não designa um sistema de *leis* (se bem que certas leis possam constituir uma *fonte* de direito – *aliqualis ratio juris*, qu. 57, art. I). O *jus* "objeto da justiça" é uma "coisa", uma realidade, realidade justa (*"res justa"*), essa realidade inerente ao corpo político que é, nele, a justa relação dos bens e das coisas repartidas entre cidadãos.

Uma igualdade (*quamdam aequalitatem importat*); mas, evidentemente, como em Aristóteles e no direito romano, igualdade *proporcional*. A igualdade aritmética, a ideia de uma "sociedade sem classes" e sem distinção de fortunas, seria tão deplorável quanto é utópica, no que concerne à posse das *coisas exteriores*. A grandeza da Cidade terrestre reside na sua diversidade; ela não existe sem *diferenças* de funções, de estatutos, de condições, nobres ou inferiores, de riqueza e de pobreza. O *jus* é uma *proportio*. Deixemos para investigar mais adiante como se calcula essa proporção.

Corolários. Desta finalidade distintiva atribuída à arte do jurista decorre a extensão de seu campo de investigações e a forma de seu discurso. O jurista não tem como função ser um diretor de consciência, não lhe cabe dirigir pessoalmente as ações humanas nem tornar os homens *virtuosos* (mesmo que fosse da *virtude* da justiça) – esse seria o papel da *lei*. Ele não é um distribuidor ou o executante de regras de *conduta*; não fala no imperativo. O juiz tem como função *dizer* o direito (o que *cabe* a cada um) no indicativo. A arte jurídica procede em primeiro lugar do conhecimento (*ars qua cognoscitur quid sit justum* qu. 57, art. 1). Do mesmo modo o julgamento – *judicium* –, produto da faculdade *cognitiva*, apreende uma coisa *"vis cognoscitiva quae apprehendit rem aliquam secundum quod in se est"* (qu. 60, art. I).

Trabalho profano. Estamos longe da Torá e de sua aplicação pelos padres e clérigos da igreja medieval, da confusão de origem bíblica entre o direito e a lei *moral*. A ciência do direito reconquista sua autonomia. Está ressuscitada, no que tem de permanente e sempre atual, a jurisprudência romana clássica.

66. Seria um retrocesso? Certos filósofos da história pretendem que esta doutrina signifique um retrocesso, e de fato ela é uma *volta* às definições de Aristóteles, e aos princípios do direito romano.

Mas – além de não existir nenhuma razão para se datar a justiça sacra como um fenômeno posterior ao conceito de direito de Aristóteles e como "um progresso" com relação a ele, pois essas grandes ideias não têm data – há na síntese tomista uma amplitude que não podiam alcançar Aristóteles e os jurisconsultos romanos. Ela situa o direito num quadro muito mais completo das finalidades e das atividades humanas.

Progressismo cristão. Em termos de *retrocesso*, é, antes, a literatura eclesiástica contemporânea que nos forneceria exemplos. A cultura dos clérigos atual é muito inferior à dos clérigos da Idade Média. De qualquer modo, não devemos esperar uma capacidade de superação do clericalismo semelhante à de São Tomás.

Certos indícios sugerem que no clero francês de hoje as distinções descobertas por São Tomás estão sendo esquecidas, e a justiça evangélica é comumente confundida com a "Justiça social". Devido a uma retomada da semi-incultura da Alta Idade Média, a contribuição da filosofia grega é mais uma vez sacrificada. A Igreja cristã não é a única responsável.

Não me parece que a caridade, o advento do reino dos céus sejam beneficiados, quando o papel das religiosas é matraquear sobre as "estruturas" em vez de visitar os doentes.

Quanto à justiça jurídica, é fácil constatar o que ela perde com essa operação, porque o tratamento das questões ligadas à justiça social temporal requer uma competência especializada e de natureza profana.

Diferentes são as vias, as óticas da justiça e da caridade. O olhar da caridade é dirigido para a pessoa, em particular para o *pobre*; ela sabe reconhecer as verdadeiras misérias, que são todas individuais, enquanto do juiz se exige que se abstenha de fazer "acepção das pessoas". A própria Bíblia recomendava aos juízes de Israel "não favorecer o pobre" (Ex 23, 3 Lv 19, 15), nem, evidentemente, o rico. Renunciar aos procedimentos do direito sob pretexto de caridade é um método que redunda sempre no benefício dos mais fortes. Não se deve optar às cegas e de modo generoso, sem conhecer o conjunto do processo, em favor de qualquer movimento grevista. Isso significa, em nome da Justiça segundo o Evangelho, mas sem dúvida mais por fraqueza ou demagogia, *destruir* a justiça social. Essa mistura de Evangelho e de direito redunda na corrupção de um e de outro.

É verdade que, concretamente, as duas Justiças devem interligar-se algumas vezes. Existe no direito canônico uma literatura sobre o tema da "equidade cristã", que convida o juiz a se distanciar, não apenas da lei, mas do *direito*, por motivos de misericórdia: assim são "agraciados" culpados ou libertados prisioneiros, ou dívidas são perdoadas, como o eram a cada sete anos sob o regime da Torá. O direito não é tudo; pode muitas vezes ser sacrificado aos fins superiores da moral cristã, mas com conhecimento de causa.

Resultados. Concluiremos que a justiça de origem bíblica tem pouca relação com o direito. É, no direito, uma peça agregada. Foi misturada à arte jurídica nos cursos dos teólogos, por confusão, devido a uma homonímia. Eles erraram ao atribuir à arte jurídica uma finalidade que lhe era alheia, portanto, uma falsa definição. Essa é a principal razão do divórcio, ainda hoje constatado, entre o *que é* o direito e a maneira como é pensado e ensinado na faculdade.

Seremos acusados de rejeitar a moral do Evangelho? E a *mística* que, esforçando-se para reconquistar a unidade de todas as coisas em Deus, fascinada, não tem mais olhos para os sórdidos negócios de divisão do mundo temporal? E o amor pelos *pobres*? De modo algum. Considero mais importante a fraternidade do que a justiça; é necessária a esperança em um outro mundo, fundamento da mais alta moral; estimo capital o respeito pelos preceitos do Decálogo e pela lei natural moral. – Mas devemos distingui-los do *direito*.

CAPÍTULO 2
O serviço dos homens

O mínimo que poderíamos dizer de nossa sociedade é que ela vive na obsessão da santidade, da virtude ou do Paraíso (a não ser que o Paraíso cristão tenha sido substituído pelo paraíso dos comunistas ou pela República ideal a que aspira Kant). Nossos contemporâneos pedem ao direito que subvencione os prazeres dos homens. Se perguntarmos para que serve o direito, três quartos dos interrogados dariam essa resposta.

Sua própria moral induz a essa resposta, porque em matéria de moral existem as mais variadas espécies: ao lado daquelas que convidam a buscar a fusão com Deus, o amor, a virtude, existem as morais do *prazer*. E dos deveres para com os outros, e para *"consigo mesmo"*.

A coisa agora é certa: ser jurista não é exercer "o sacerdócio da justiça" (como dizia Ulpiano) nem seguir o Evangelho, mas servir ao *bem-estar* dos homens. Com isso todos concordam, desde que em filosofia geral (os princípios de todas as artes sempre dependem de uma visão geral do mundo) prevaleceu uma certa concepção do *homem* como ser isolado e encerrado em si mesmo: *o individualismo*. Para entendermos essa terceira noção da finalidade do direito, teremos que relembrar a gênese do sistema individualista. Mais uma viagem ao passado à qual não posso me furtar, pois nela serão reveladas as chaves de uma profusão de conceitos ainda em uso.

Artigo I
Gênese do individualismo

Comentaremos três fatores que poderiam estar na origem desta nova visão de mundo.

1º) O cristianismo

Em primeiro lugar, o próprio cristianismo. Reconhece-se, em geral, que a chamada filosofia "moderna" enquanto oposta à antiga é um produto do cristianismo. Hegel, virtuose da história da filosofia, associava ao surgimento do Evangelho e da Igreja cristã o advento do *subjetivismo*.

67. O indivíduo fora da cidade. Como havíamos observado no capítulo anterior, enquanto a Doutrina de Aristóteles parte da observação da *cidade*, não considerando o indivíduo senão no interior da cidade (o homem é "animal político"), o povo judeu é uma nação, reunião de indivíduos, e não uma cidade. Foram dispersados na Diáspora, como serão os cristãos através do mundo.

DEFINIÇÕES E FINS DO DIREITO

Os pagãos puderam denunciar no cristianismo judaico-cristão uma forma de dissolução da comunidade civil. Com o Evangelho, um parte essencial do indivíduo escapa do controle da cidade. Como Santo Agostinho mostrou na *Cidade de Deus*, cada cristão está ligado ao Império apenas de modo precário, incerto, porque sente que pertence muito mais à cidade supraterrestre e atemporal, inorgânica, uma cidade somente imagética.

Encontraremos novamente esse tema em São Tomás, de um modo mais moderado. Durante toda sua vida espiritual, o cristão deixa de ser *parte* do organismo político; ele é um *todo*, um valor em si. Ele mesmo é um *fim* superior aos fins temporais da política, e sua pessoa transcende o Estado. Daqui provêm os germes das *liberdades* que serão opostas ao Estado nos futuros "direitos do homem". Os cristãos se veem liberados até mesmo da antiga ordem familiar: assim os *servos* escaparão ao poder de seus senhores em certos casos: descanso do domingo, casamento...

Mais uma vez a Doutrina de São Tomás é uma síntese do Evangelho e da filosofia profana: no temporal, para São Tomás, o cidadão permanece *parte* do corpo político (desse modo a função da arte jurídica é atribuir a cada um sua *parte*). Mas normalmente as obras dos autores cristãos não têm a amplitude de vista que caracterizava a Suma. Negligenciam a cidade terrestre, não buscam senão o espiritual. E é sem dúvida porque se move somente nessas alturas que a literatura cristã fascinou tantos filósofos mesmo na Europa contemporânea: porque despreza as abstrações aristotélicas ligadas às baixezas da vida social temporal.

68. Individualismo cristão? O *Deus* da Bíblia (que Pascal, no século XII, opõe ao "Deus dos filósofos") não é uma abstração deduzida da observação do *cosmos*, um arquiteto, um relojoeiro, um princípio de ordem no universo; mas "Deus de Abraão, de Isaac e de Jacó", que tem suas vontades, suas cóleras, seus arrependimentos individuais. Talvez fosse esse o caso de Zeus na antiga mitologia, sendo muito menos o caso do Deus de Aristóteles.

A vida cristã é de relação "intersubjetiva": relação de cada fiel a Cristo, que é uma pessoa ("Verti para *ti* tal gota de *meu* sangue", diz ainda Pascal), e de deveres para com "o próximo". Observamos acima que, ao contrário da justiça, a caridade não tem olhos senão para o indivíduo, como um enamorado vê a noiva, por ela mesma, individualmente.

Exemplo característico da literatura cristã, as *Confissões* de Santo Agostinho são um diálogo pessoal de Santo Agostinho com Deus. Rousseau retoma esse título e, com ele, não teremos senão um monólogo.

Poderão me responder que o universo do cristianismo não é assim tão simples; que o pensamento cristão não ignora nem o Corpo místico nem a salvação coletiva do povo de Deus. Entretanto, os *monges* abandonam a cidade, evadem-se para a solidão, retiram-se em si mesmos (*monoi*), expulsando de seus espíritos os afazeres sociais; e os místicos dos séculos XIV e XV são também intelectualmente solitários, apartados das relações sociais. Não deve causar espanto se no interior de uma literatura primordialmente monástica e sempre altamente espiritual tenha germinado o *nominalismo*, porta da filosofia moderna.

2º) O humanismo

Um segundo fator é o movimento humanista da Renascença. Se é verdade que nossa cultura depende da teologia, não esqueçamos que ocorreu uma ruptura, no século XVI, no mundo *laico*, principalmente burguês de modo geral desligado da Universidade e dedicado primordialmente a assuntos *profanos*, a não ser quando eram lidos simultaneamente a Bíblia e os padres. Mas esses laicos quase sempre deixam a teologia ao clero. O belo equilíbrio que São Tomás instaurara entre os estudos teológicos e a filosofia pagã perdeu-se.

69. Novas leituras filosóficas. Não diremos que a cultura humanista do século XVI já fosse semelhante à nossa: menos orgulhosa, continuava a inspirar-se fortemente na Antiguidade. Mas, relativamente aos renascimentos dos séculos XVI e XIII, o Renascimento do século XVI caracteriza-se pela escolha que fez de seus autores. Embora Aristóteles ainda não tenha sido esquecido, seu *reinado* esmorece: demasiado filósofo para o gosto burguês e comprometido pelas glosas que dele fizera a escolástica.

Em contrapartida, haverá no século XVI um vivo interesse por Platão, o que acarretará graves consequências para a filosofia (sua doutrina sendo uma das fontes do idealismo moderno) e mesmo para as ciências (Koyré). E para o direito: se o direito moderno tomou a forma de um sistema ideal de normas, alijado da experiência concreta, o renascimento platônico não é totalmente isento de responsabilidade.

A novidade foi, sobretudo, a redescoberta das chamadas doutrinas *helenísticas*, surgidas mais tardiamente na Antiguidade, transmitidas por intermédio dos autores latinos: Cícero – Sêneca – Horácio – Lucrécio etc., que são as leituras favoritas no século XVI. Basta ler o catálogo da biblioteca de Montaigne. Lembremos que as seitas helenísticas são subsequentes ao declínio do regime da cidade grega, nos grandes impérios constituídos pelos sucessores de Alexandre, e que seus autores, não podendo mais tratar de política, passaram a interessar-se pela conduta da vida pessoal do sábio. Como se pretendiam mais *práticas* que especulativas, essas filosofias foram, sobretudo, doutrinas morais, e centradas no *indivíduo*.

Sabemos da enorme influência que exerceu o *estoicismo*, mais exatamente o neoestoicismo cristão, num setor da teoria jurídica moderna, "a Escola do direito natural", que terá em Grócio seu fundador (*supra*, § 60).

Não menos manifesto foi o sucesso do *epicurismo*. Também aqui podemos falar de um *epicurismo cristão*. Exemplos: Montaigne, Gassendi. Uma moral que se põe como fim o prazer do indivíduo. Que cada um busque, antes de tudo, sua própria felicidade. Nada impede que se estenda aos semelhantes a felicidade que se começou a perseguir egoisticamente.

70. O que a filosofia moderna emprestou do Renascimento? Recapitulemos: a) O *humanismo*. O humanismo se interessa pelos homens. Inicia-se a época da exaltação do homem, que vai substituir Deus. Como escreveu Michel Foucault (na verdade para um outro momento da história moderna), a literatura dessa época vai focalizar-se no sujeito humano. b) O *individualismo*. Todos os seres humanos são autônomos. A "natureza do homem", que se tornará um tema privilegiado, será a natureza do homem isolado, mais ou menos "sociável", mas não mais "naturalmente político", o que convinha às condições da vida burguesa: o burguês moderno, ao contrário do homem medieval, deixa de estar preso a liames (as comunidades senhoriais). Crê depender menos dos outros. Pode aspirar a viver por si mesmo.

Três testemunhos, para terminar: Montaigne, no final do século XVI, imbuído da leitura dos céticos, estoicos e epicuristas, eixo de seus *Ensaios* sobre seu *eu*. Em seguida Descartes, um fundador da filosofia moderna, constrói seu sistema com base na seguinte intuição: Eu penso, logo *eu* sou". Em vez de demonstrar a existência de Deus pela ordem dos cosmos, Pascal a induz da análise da natureza humana. Nossa literatura francesa do século XVII, mais que social, é "psicológica" (oferecendo assim mais encantos que o *Corpus juris civilis*).

Mas antes disso o individualismo já havia encontrado sua expressão em filosofia, no *nominalismo*.

3º) O nominalismo

Última observação histórica, a mais necessária. Desta vez a coisa é patente, pois não temos nenhuma chance de nos situarmos nos meandros do pensamento jurídico contemporâneo ignorando este capítulo da história da filosofia.

O *nominalismo*, filosofia, aliás, muito antiga – já tinha adeptos na Antiguidade e florescera nos séculos XI e XII –, conheceu o apogeu a partir do século XIV; seu desenvolvimento mais pleno está ligado ao nome de Guilherme de Occam, um teólogo franciscano, fundador da *"via moderna"*, um modo "moderno" de pensar, que prevalecerá sobre o método tradicional, *"via antiqua"*.

71. Esboço do nominalismo. Em que consiste o novo modo "moderno" de filosofar? Todo mundo já ouviu falar da "Querela dos Universais". Esta controvérsia nasceu da análise da linguagem. Seja por exemplo esta frase:

"Sócrates é cidadão de Atenas".

Nesta frase podemos distinguir (deixando de lado a cópula *é*) duas espécies de termos, um "singular" (*Sócrates*), o outro "universal" (*cidadão de Atenas*) – a expressão se aplica a *todos* os cidadãos). Pode-se perguntar a que título essas palavras *significam* a realidade, a que espécie de realidade uns e outros remetem.

Para os *"realistas"* (não consideraremos as doutrinas intermediárias – de fato existiram, para o problema assim definido, respostas muito variadas), a cada um desses termos corresponde em princípio uma realidade. À palavra *Sócrates*, evidentemente: Sócrates existe, é real. O indivíduo, diz Aristóteles, é precisamente aquilo de que se deve afirmar primordialmente a existência distinta, uma "substância primeira".

Mas devemos dizer igualmente que as palavras *"Atenas"* ou *"cidadão"* remetem a alguma coisa de real, de distinto na realidade, àquilo que ele chama de "substâncias segundas". O mundo não é feito apenas de uma multiplicidade de coisas singulares; ele é ordenado, comportando realidades genéricas (tais como "*cidadão*") ou corpos (Atenas). Ele é *realmente* estruturado; são essas estruturas que são refletidas, de modo evidentemente imperfeito – nossos conhecimentos sendo sempre aproximativos – pelos termos chamados *universais*.

Outra é a resposta dos "*nominalistas*". Sem dúvida porque íntimos de uma literatura judaico-cristã em que só entram em jogo pessoas, os nominalistas só reconhecem existência real a seres singulares: Sócrates, Pedro ou Paulo. Quanto aos termos universais ("cidadão de Atenas), não se poderia dizer que lhes corresponda um objeto real, que tenham a função de designar imediatamente uma *coisa*. São *instrumentos* linguísticos que nos servem para "*conotar*" (o que significa notar ao mesmo tempo – simultaneamente, num só relance) uma pluralidade de objetos que tenham entre si alguma semelhança. Assim, pelo termo "cidadão de Atenas" designo ao mesmo tempo Sócrates, Alcibíades, Platão etc. É uma economia de linguagem.

Disso decorre que os "universais" não têm uma existência para além da *mental* e instrumental, e nós os forjamos livremente. Não lhes pedimos que sejam *verdadeiros* (quer dizer, adequados ao real), mas que nos ajudem a raciocinar, que possibilitem operações sobre os fenômenos singulares, que sejam simplesmente "*operatórios*", como dizem os estudiosos atuais.

72. Duas palavras sobre a filosofia de Scot. Que a "via moderna" de Occam se tenha progressivamente imposto no mundo universitário é um fenômeno capital. Entretanto, devemos também levar em conta que, na escolástica expirante, a influência da escola occamiana foi duravelmente contrabalançada pelo *scotismo*.

Duns Scot, outro teólogo do início do século XIV, nada mais era do que um Guilherme de Occam individualista; também seu universo é um universo de pessoas – primeiro as três pessoas divinas; depois, submetidas a Deus, as pessoas humanas.

Mas, além disso, Deus, por um ato de sua vontade livre, teria criado *formas* impessoais – tais como a humanidade, a natureza humana –, tendo feito que os indivíduos participassem delas. Essas formas também constituiriam realidades. E é por isso que, na querela dos "universais", Duns Scot é classificado como "realista".

A ideia da *natureza humana*, este postulado de que existe em todos os homens uma natureza comum, parece dificilmente conciliável com o nominalismo radical. É um legado que conservamos da Antiguidade grega e cristã. Não cremos que o nominalismo tenha conseguido extirpá-la. Vamos reencontrá-la na base das construções da futura Escola do Direito Natural.

73. O nominalismo e as ciências. Não devemos, entretanto, subestimar a importância cardeal do nominalismo. Entre os autores dos sistemas jurídicos modernos, os mais criativos, entre os quais Hobbes, Hume, Bentham, serão fervorosos nominalistas.

Mas, antes de retornar ao direito, observemos que há uma ligação manifesta entre o advento do nominalismo e um dos acontecimentos maiores da história da Europa moderna: a eclosão da *ciência*, no sentido moderno do termo.

As ciências modernas, como se sabe, começaram a florescer no início do século XVII com Galileu, Pascal ou Huyghens etc. Diferentemente da ciência clássica aristotélica, que pretendia, antes de tudo, apreender *qualidades* universais (o quente – o frio – o úmido – o seco – o melancólico – o bilioso – o bom – o político – o justo), a ciência moderna constitui-se com base na experiência de fatos *singulares*. Começa pela dissecção, pela *análise*, de seu objeto; por exemplo, a química se esforça num primeiro momento para reduzir o corpo a átomos. Esta ciência era *atomística*.

Para dar conta dos fatos observados, pede-se em seguida ao cientista que construa *teorias* (ou leis gerais). Momento da *síntese*. Mas essas "teorias" científicas não têm mais a ambição de dizer a estrutura *real* do mundo; não pretendem ser nada mais do que um meio de *cálculo* sobre fatos isolados. Toda liberdade deve ser deixada ao sábio para mudar de "teoria", para substituir o sistema de Ptolomeu pelo de Copérnico e de Galileu, que dão melhor conta "das aparências".

É curioso que, na linguagem dos cientistas modernos, a palavra *teoria* tenha perdido seu antigo sentido de *visão*, representação do universo; designa ao contrário um produto *mental*. O estatuto dessas teorias consiste em se apartar da experiência, formando um edifício distinto (como será, no positivismo, o "sistema das normas jurídicas"). As "teorias" possuem uma estrutura específica, que não mais procurará se calcar sobre a do real: serão construídas segundo as formas de uma lógica puramente humana. Assim eles utilizarão as matemáticas, que deixam então de ser a ciência dos espaços e dos números para tornarem-se uma espécie de lógica ou de linguagem humana (Pierre Boutroux).

Antes da invenção das ciências "quantitativas" e matemáticas, que datam apenas de Galileu (o renascimento do platonismo nessa época contribuiu para isso), o triunfo do nominalismo foi acompanhado pela eclosão da lógica formal.

74. Pontos fortes e debilidades do nominalismo. Se insistimos na ligação do nominalismo e das ciências, é porque nesse campo entendemos imediatamente sua *utilidade*. Essa ligação permitiu a construção das chamadas ciências "exatas", exemplares pela certeza de seus raciocínios. O universo dos nominalistas – reduzido a entidades simples – se presta aos raciocínios e aos cálculos rigorosos, enquanto sobre "o Homem", sobre a "Natureza", o "Calor" ou o "Bom" dos realistas só se podiam elaborar discursos frouxos.

Ninguém ignora o quanto a técnica ganhou com isso. Mas não nossa compreensão acerca da estrutura real do mundo: as ciências da época moderna deixaram de ser especulativas. Registram sucessões de fatos de que resultará previsões e fabricações de máquinas "úteis" para o bem-estar dos homens: objetivo da ciência, para o espírito burguês.

Entretanto, é no campo da ciência que se manifesta hoje a debilidade do nominalismo. Parece que *nossa* ciência não é mais atomista, que nossos cientistas renunciaram à hipótese nominalista com base na qual trabalharam durante tanto tempo: mesmo o átomo dos físicos deixa de ser uma coisa indivisível para tornar-se um mundo organizado. Os filósofos, recusando-se a centrar seus estudos em entidades singulares, como o homem, a alma humana, esforçam-se novamente para apreender *estruturas*.

E de fato decisão alguma jamais foi tão arbitrária quanto a de não considerar *real* no mundo senão indivíduos, o que não impede que o nominalismo tenha impregnado a cultura moderna. Enganou-se o leitor se pensou que os parágrafos anteriores não se relacionavam à filosofia do direito.

Artigo II
A serviço do indivíduo

À primeira vista poderíamos acreditar que uma filosofia individualista se contentaria em *ignorar* o direito. Quanto às doutrinas helenísticas, estoica ou epicurista, durante muito tempo não foram tratadas como filosofias do *direito*; eram exploradas em seu terreno próprio, a moral, para dirigir a conduta pessoal do sábio; Roma não extraiu delas os princípios do *jus civile*.
A discordância não era pequena entre a primeira grande eclosão do nominalismo, no mundo religioso franciscano, e a arte dos juristas. Os nominalistas se interessavam pelos *indivíduos*: o "próximo", Deus para o místico.
Os filósofos dos tempos modernos, obcecados pelo próprio *Eu*, mergulhados no âmago da *subjetividade*, acaso não irão se calar acerca do direito? Ora, é o contrário que se verifica, e podemos entender por quê. Toda filosofia é tentacular, tendendo a produzir uma visão global do mundo (que alguns chamam de *Weltanschaaung*). A filosofia individualista moderna tinha que dar uma definição do direito que não somente destruísse, mas substituísse o antigo conceito clássico de direito.

1º) As rupturas

75. Repúdio ao sistema de Aristóteles. Um ponto evidente é, em primeiro lugar, que um filósofo moderno, formado na escola nominalista, repudiará a Doutrina do direito de Aristóteles. Sob o regime nominalista, mesmo as *questões* de Aristóteles perderam o sentido: por que procurar definir o *que é* o direito, sua finalidade, se *o direito* – termo universal – nada mais exprime de real, sendo, ao contrário, um instrumento linguístico que se pode mudar à vontade, do qual se pode modificar livremente o sentido? O nominalismo não conhece mais "definições de coisas"; toda definição é convencional (o que continua ensinando nosso "neopositivismo)".

Mesma coisa para o termo "justiça"... A justiça não existe. Ela nada mais é que um termo forjado para "conotar", para dar conta, com um único símbolo, de uma pluralidade de fatos. Voltemo-nos primordialmente para o estudo das realidades; e se encontrarmos uma outra palavra que seja mais "operacional", que constitua uma melhor ferramenta para refletirmos sobre os fenômenos jurídicos (a palavra "utilidade"), nós lhe daremos precedência. Mesmo o método utilizado por Aristóteles em sua *Ética*, que parte do estudo da linguagem a fim de conhecer melhor as coisas, tornou-se caduco.

Desaparecimento da justiça. Aristóteles coloca que a arte jurídica visa estabelecer a justa proporção entre bens e encargos divididos numa *cidade*. A cidade não tem mais existência, não passa de uma palavra que conota Sócrates, Alcibíades, Críton, Fédon etc.: indivíduos. E à harmonia, às *relações* de justiça, o nominalismo nega toda realidade natural. Estas se veem, pois, reduzidas ao estatuto de seres de razão, de produtos da invenção humana.

Segundo o *Digesto* I, I, 1, o jurista seria o "sacerdote da *justiça*", um "*sacerdos justitiae*"? Fórmula eloquente, mas vazia. O jurista seria o sacerdote de um fantasma: como se fosse dar aos professores um fantasma a ser cultivado, atribui-lhes como finalidade o serviço da *verdade*. Ao contrário, nosso governo os paga para prestar serviço aos estudantes, proporcionando-lhes *empregos*. Só servimos às realidades.

Não devemos nos espantar com a incompreensão progressiva dos teóricos dos séculos XVI, XVII e XVIII no que se refere às grandes noções que a ciência do direito na Europa emprestava da tradição clássica: noções de justiça "particular", ou "distributiva", ou "comutativa". Elas serão distorcidas, interpretadas em sentido inverso, incompreendidas. Ainda o são na faculdade.

76. Declínio da tradição cristã. O nominalismo não se encontrava numa tão completa oposição à concepção do direito oriunda dos estudos bíblicos, pois esta última já era individualista, centrada não na ordem interna da cidade, mas na conduta dos indivíduos. Sua tradição perdurará, secularizada, engrossada pela contribuição da moral dos estoicos. A doutrina jurídica moderna persiste em conceber o direito como um conjunto de regras de *conduta* impostas aos indivíduos.

Mas devemos observar, aqui, que nem o individualismo cristão nem o estoico eram *absolutos*. Quando a moral cristã se dirige ao indivíduo é para ditar-lhe seus *deveres* e propor-lhe um fim supraindividual: essa espécie de fusão com Deus que é o termo final da vida cristã, com o "corpo místico", com os outros.

Se é justo pensarmos que os primeiros nominalistas ou os scotistas tinham o senso desse sacrifício de si mesmo que a moral evangélica exige do indivíduo, o mesmo não pode ser dito dos filósofos envolvidos pelo espírito científico moderno. Falta-lhes essa dimensão mística. Quando se puserem a definir para que serve o direito, concluirão que sua finalidade deve ser o benefício pessoal do único ser realmente existente, cada indivíduo, que doravante, ontologicamente, nada mais liga aos outros.

2º) A construção de Hobbes

77. O projeto de Hobbes. Um filósofo tirou todas as consequências do nominalismo para o direito. Pode ser chamado de fundador da filosofia do direito individualista moderno, se bem que os princípios de seu sistema já se encontrem em Guilherme de Occam e Duns Scot no século XIV. Trata-se do grande filósofo inglês de meados do século XVII, autor, entre outros livros, do *Leviatã* (1651).

Hobbes é bastante representativo da nova linhagem de intelectuais, laica e burguesa, que destruiu a ditadura da Escolástica. É ao mesmo tempo um humanista, um adepto da ciência moderna – conheceu bem Galileu, correspondeu-se com Descartes, um nominalista.

Se sua obra reveste para nós uma importância particular, é porque dedicou-se sobretudo à *Política*. Sua ambição foi substituir a *Política* de Aristóteles, que voltara a ocupar um lugar de honra nas escolas desde São Tomás, por uma nova *Política*, conforme ao espírito da ciência moderna. Assim, nunca se deixa de ensinar aos estudantes de direito público a Doutrina de Hobbes, fundador do mito do *Contrato social* e da ideia moderna de Estado.

Haveria também boas razões para ensiná-la aos juristas de direito privado, pois a noção de política no início do século XVII ainda era mais abrangente do que a de hoje: incluía o direito, ou pelo menos os princípios do direito. E o que sobreviveu de Hobbes foi a ossatura de seu sistema, uma filosofia do direito. Lembremos seus traços fundamentais.

78. Do estado de natureza hobbesiano. A primeira vista julgaríamos que a nova doutrina se inscreve na tradição moralista judaico-cristã. Hobbes é um cristão; protestante, de uma teologia bastante livre. No início de suas obras, aborda-se a *lei natural* moral que impõe que o indivíduo em primeiro lugar se conserve, prospere, se complete, mas também que viva em paz e em caridade com seus semelhantes: Hobbes explora as morais cristã, estoica e epicurista. Entretanto, o direito e a política vão se constituir, sobre essa base, como ciências autônomas.

É que Hobbes está acima de tudo imbuído da filosofia *nominalista*; adotou o método científico moderno, *"resolutivo compositivo"*, cujo primeiro ato é a "análise", a busca de elementos singulares: na Física, os átomos; na Política, os indivíduos.

Daí a imagem hobbesiana de *"estado de natureza"*, ponto de partida da construção da *política* propriamente dita. O cientista deve imaginar, num momento inicial, indivíduos separados, coexistindo sem que ainda os reja nenhuma lei comum. Este tema do estado de natureza resulta necessariamente do modo de pensar individualista: o homem deixou de ser "naturalmente político" e no máximo poderíamos dizer, retomando Grócio e a tradição estoica, que ele é *"sociável"*, quer dizer, inclinado por natureza a *fabricar* uma associação política. Mas o cientista o considera originariamente isolado, ou seja, pelo menos desprovido de qualquer espécie de laço jurídico com seus semelhantes.

Tal é o regime do "estado de natureza" no qual, de resto, *não se pode viver*, já que, no "estado de natureza", sendo cada um de nós totalmente livre, não conhecendo senão sua própria lei e tendo "direito a tudo", estouram conflitos. O "estado de natureza" é ume estado de guerra perpétuo, de medo, de miséria, em que o homem está incessantemente exposto às violências do vizinho; ele vive no temor. É, contudo, o estado, como prova a história e o exemplo das guerras civis vividas por Hobbes, no qual sempre estamos a ponto de recair, porque é nosso estado *natural*.

79. O contrato social hobbesiano e a finalidade do direito. Mas o que é, afinal, a política? Um produto do homem e, acima de tudo, de acordo com as teorias científicas dos nominalistas, uma *invenção* do espírito humano. Uma invenção do homem racional para escapar das misérias do estado de natureza. Através do *contrato social*, os homens instituem acima deles uma superpotência, encarregada de criar a ordem social. Esta será a origem do direito, que não existia por natureza.

Assim, a doutrina do direito de Aristóteles e dos juristas romanos clássicos viu-se *repudiada*. Seguiu-se uma reviravolta na teoria das fontes do direito. Enquanto, em Roma, eram sobretudo o juiz e os jurisconsultos que buscavam soluções de direito, estas procederão, de agora em diante, do legislador: "positivismo jurídico".

Inversão não menos total do conceito do *direito*. O direito não será mais a solução justa (*dikaion – id quod justum est*), mas o conjunto das *leis*. Quais leis? Não mais a Torá nem a lei natural moral, mas as leis *postas* pelo Estado para instituir a ordem social. Mudança de método e de linguagem na ciência do direito.

Agora o que está em questão é a finalidade do direito. A resposta é simples: aqueles que, por contrato, quiseram a maquinaria do direito pretendiam, com esse artifício, fugir do estado de natureza. Tinham em vista o próprio interesse. O direito é *para* o indivíduo. Esta solução se impunha no nominalismo; só é *real* o indivíduo.

3º) O "direito subjetivo"

80. Surgimento desse novo conceito. Uma nova significação impõe-se à palavra *direito*. Detenhamo-nos neste fenômeno semântico, pouco notado pelos juristas e mesmo pelos historiadores do direito, que não veem nenhuma graça em se cansar pensando em problemas filosóficos.

O próprio termo "direito subjetivo" data apenas do século XIX. Mas a noção de direito concebido como o atributo de um sujeito (*subjectum juris*) e que só existiria para *benefício* desse sujeito remonta pelo menos ao século XIV. Ela já está presente em Guilherme de Occam, fundador da "nova via". Notamos em seguida seu desenvolvimento na escolástica da Baixa Idade Média e do Renascimento espanhol e, finalmente, sobretudo a partir do século XVII, nas teorias dos juristas. Ela comanda o sistema de Hobbes. É o signo do triunfo do sistema individualista.

Sua definição. Que devemos entender precisamente por direito subjetivo? Existe uma grande diferença entre a ideia de direito subjetivo e o *jus* do direito romano clássico. O *jus* está definido no *Digesto* como aquilo que é justo (*id quod justum est*); aplicado ao indivíduo, a palavra designa a parte que deveria ser-lhe atribuída (*jus suum cuique tribuendum*) *com relação aos outros*, neste trabalho de repartição (*tributio*) entre vários que é a arte do jurista. Esta parte pode também comportar encargos: receber o direito de cidade (*jus civitatis*) é aceitar também sua sombra, o que implica, com relação à coletividade, na obrigação de fazer o serviço militar. Não é apenas uma bênção ser ministro, reitor de uma Universidade, proprietário de uma empresa, de um imóvel ou mesmo de um carro. Para me exprimir ao modo dos sociólogos contemporâneos, o direito constituía uma função social, uma *relação* com os outros.

Totalmente ao contrário dos modernos individualistas. Robinson sozinho, na sua ilha, é sujeito de direito; o homem do "estado de natureza" de Hobbes já tem seu direito subjetivo. O direito só está ligado ao *sujeito* do direito. Não é mais um *ter*, mas uma qualidade inerente ao indivíduo.

Mas, então, ele acaso significaria (o que historicamente o termo *jus* designou sob o regime do pensamento bíblico) a *conduta* reta do sujeito, ou a "norma" da conduta reta? Sim, em certas definições da escolástica espanhola. Mas leiamos as de Guilherme de Occam, depois as de

Hobbes: o *jus* não evoca mais o dever que a lei moral nos impõe, mas o contrário, uma *permissão* que a lei moral nos deixa – uma *licentia* – ou uma liberdade – *libertas*. A ciência abstrata dos modernos isola no direito o *benefício* que ele constituirá para o indivíduo.

81. Do direito do sujeito segundo Hobbes. Hobbes define o direito subjetivo do estado de natureza (*the right of nature* – *jus naturale* – Lev 1, 14) como a *liberdade* da qual dispõe o homem de fazer tudo, no estado de natureza, para a própria conservação; e esta liberdade é ilimitada. Com efeito, como não existe ainda nenhuma espécie de ordem social, tudo é *permitido* a todos os homens no estado de natureza; eles têm direito a tudo (*jus omnium in omnia*).

Mas seria um magro benefício ter a permissão de fazer tudo se, vivendo no estado de natureza, situação de insegurança e de guerra permanente, não pudéssemos aproveitá-la. Assim, entramos no estado civil. Então, nosso *direito* ganhará uma dimensão suplementar. O que pediremos ao Estado, criado pelo contrato social, será, além de limitar, tornar efetivos, garantir os direitos subjetivos, fundando-os na força pública.

Eis, pois, uma definição válida para o estado presente: o direito subjetivo de agora em diante será mais que permissão concedida pela lei moral, será uma *"faculdade"* tornada efetiva pela força real do Estado; *poder* no sentido pleno da palavra, não apenas no sentido de *dürfen*, mas de *können, mögen**; potência física.

Notemos aqui que para Spinoza o direito subjetivo *natural* é a *força* da qual o indivíduo dispõe por natureza

Destino ulterior. Haverá, durante o pandectismo alemão no século XIX, uma enxurrada de literatura a res-

---

* O verbo "dürfen" exprime a ideia de permissão, ao passo que "können" e "mögen" exprimem a ideia de capacidade, potência. (N. T.)

peito da noção de direito subjetivo. Este será definido como *"Willensmacht"*, poder de ação livre, potência da vontade do sujeito; ou como benefício do sujeito, a "proteção jurídica de seu interesse". Sobre essa base operou mesmo uma separação nova entre direito e *moral*: a moral ditaria acima de tudo ao indivíduo seus *deveres*, o direito lhe conferiria *poderes* para agir, distinção que se foi progressivamente afirmando na Escola do Direito natural, culminando nas obras de Kant e de Fichte. Talvez fosse melhor dizer que o direito assim entendido forma uma parte da moral, mas de uma moral utilitarista e apoiada pela polícia do Estado burguês.

82. O direito subjetivo, fim do direito. O direito subjetivo está no âmago do pensamento jurídico da época moderna, o que não é evidente à primeira vista. Na linguagem bastante caótica que nos legaram os modernos, o direito não é unicamente "subjetivo". Existe também o "direito objetivo" formado pelo conjunto das *leis*. Desse modo parece se perpetuar o normalismo bíblico, para o qual direito e leis eram sinônimos.

Mas atentemos para o fato de a palavra *lei* ter mudado de sentido ao emigrar de um sistema de pensamento a outro. Entre o aparato das leis morais do antigo sistema clerical e as leis do Estado moderno há uma diferença de natureza. Suas *funções* são diferentes. A lei bíblica tinha por função conduzir os homens à salvação. Não existia nada acima dela. Era como um embaixador de um outro mundo transcendente. Pois esta lei, quer se trate, de resto, de um preceito natural imutável ou de uma "lei humana" adaptada às circunstâncias temporais, escrita ou não, dotada ou não de sanções temporais, era pretensamente derivada da lei divina.

Ao contrário, no sistema de Hobbes, a lei estatal limita-se a um papel puramente *instrumental*. O próprio Estado e todas as leis que ele está destinado a produzir não foram feitos senão para servir às intenções dos contratantes. Acima das leis há o objetivo em vista do qual as leis foram feitas. O "direito objetivo" é auxiliar. O direito subjetivo é o objetivo final.

Exemplo: definição de Kant. – Acabamos de comentar uma noção que continua atual e viva. Ela nos foi transmitida pela filosofia de Kant, no final da época "moderna". – *Primeiros princípios metafísicos da Doutrina do Direito 1776.* – Escolhi esta obra devido à eminência de seu autor. "O direito é o conjunto das condições" que possibilitam a coexistência das "liberdades" individuais. Seu único objetivo é a liberdade, deduzida imediatamente por Kant dos primeiros princípios inerentes à Razão individual[1].

Assim o direito está ligado ao reino do *Ideal*. Será o contrário do *fato*; daí o culto que a ele dedicarão estes filósofos idealistas, pois não existe para eles melhor título de nobreza do que escapar ao mundo real. Ainda que ele esteja muito distanciado da experiência judiciária, somos obrigados a dar um lugar, de agora em diante, a este conceito novo. Ele se impõe: nos filósofos, a partir de Kant e Fichte, e no discurso político, a palavra "direito" será, sobretudo, usada no sentido de direito *inato*, produto de uma filosofia da Razão pura.

Definição corrente do direito: um sistema de direitos subjetivos associados com seus instrumentos, quer dizer, com as leis que os garantem, contanto que estas não lhes imponham limitações. Mas, para compreender a natureza dos direitos subjetivos, devemos remontar às suas origens: os direitos naturais dos indivíduos.

---

1. E diante desta exaltação da liberdade individual, tudo cederá, até a *"moral"*. Entre o direito e a "moral", tais como definidos por Kant, não havia divisão equitativa. Que resta hoje da "lei moral"? Vemo-la abandonada à "consciência" sentimental de cada indivíduo. Como em matéria de aborto nos ensinou o professor Milliez, a moral é "coisa que varia segundo as confissões religiosas e as convicções pessoais": cada um fabrica a sua a gosto. Assim entendida, a moral não passa de um apêndice do *direito subjetivo*.

Artigo III
Os direitos do homem e o sistema utilitarista

Destino do sistema de Hobbes. – A teoria do direito de Hobbes provoca uma revolução. Enquanto seu programa político, favorável ao absolutismo, quase só encontrou adversários no círculo dos "filósofos" modernos, o *esquema central* do sistema, a derrocada de Aristóteles, a negação da "natureza política" do homem, a artificialidade do direito, sua redução ao texto da lei – e também a libertação relativamente à tradição clerical – deveriam conhecer tal fortuna cujo peso ainda hoje sentimos.

Os filósofos individualistas modernos (e não apenas Kant) refletiram essencialmente em torno desses temas e propuseram variantes à análise do regime do estado de natureza e, portanto, da função cumprida pelo contrato social e pelo direito.

1º) Nascimento dos direitos do homem

83. Sobre a contribuição de Locke. Podemos formar do estado de natureza (pois tudo é permitido nesse gênero de construções hipotéticas) uma imagem menos pessimista. Trinta anos depois de Hobbes, Locke, outro grande filósofo inglês (*Dois tratados sobre o governo** – 1690), nos apresenta um quadro bem menos sombrio desse estado. Para Locke, antes do contrato social e da criação do Estado, já existiria um começo de ordem social: *direitos* distintos, pré-constituídos já no estado de natureza. Coloquemos agora a palavra no plural.

Os direitos naturais dos indivíduos. Fruto do casamento do sistema de Hobbes e da Escola do direito natural, Locke mescla ao sistema de Hobbes um argumento emprestado de Grócio, que dedicara-se a deduzir da lei *natural* a existência de direitos subjetivos naturais ao indivíduo. Acaso Deus não impôs a cada homem, por meio da lei natural (oportunamente confirmada nas Sagradas Escrituras), o dever de se conservar, de crescer e de se multiplicar? Donde se deduz que o homem recebeu os *meios* de crescer e de prosperar, quer dizer, os direitos indispensáveis ao exercício desses deveres.

Direito à liberdade de consciência, necessário em vista da salvação que o homem tem o dever de buscar, mas também, no temporal, direito aos meios de subsistência.

A propriedade. O principal esforço dos autores do liberalismo foi justificar a origem *natural* da *propriedade*. Segundo Locke, eu poderia alegar em favor de meu direito subjetivo um título de direito natural (título "originário"), quando minha propriedade procede de meu próprio *trabalho* ou de um de meus ancestrais (tese lockiana do valor-trabalho, e mais tarde Marx voltará contra as pretensões dos capitalistas). Outro fundamento *natural* da propriedade: o direito do primeiro ocupante. Argumento da *ocupação*, desenvolvido principalmente na Escola do direito natural, e que esta falsamente pretendeu ter extraído do *Digesto*.

---

* Trad. bras., São Paulo, Martins Fontes – selo Martins, 1998.

E *o estado policial*? Por que, nesse caso, o contrato social e o Estado? Não mais para *constituir* direitos (estes preexistiam no estado de natureza), mas para que esses direitos sejam garantidos pela força pública, pelo estado-policial.

Sua razão de ser é conservar os direitos naturais dos indivíduos. Enquanto em Hobbes os contratantes, a fim de escapar aos sofrimentos do Estado de natureza, renunciam a seu direito natural, com Locke os proprietários exigirão do Estado proteção para suas propriedades "naturais".

Como nos séculos XVII e XVIII ainda estava em voga citar textos romanos, nada mais significativo do que as deformações infligidas à famosa fórmula de Ulpiano que define a arte jurídica; não se diz mais que ela tenha a função de dividir e atribuir a cada um seu direito (*jus suum cuique tribuere*), mas de *devolver*-lhe seu direito, *jus suum cuique reddere*, porque o direito do indivíduo estaria determinado de antemão, já no pretenso estado de natureza.

84. Os direitos revolucionários do homem. Deixemos de lado os detalhes. Uma noção que todos sabemos ter conhecido enorme sucesso, e que interessa primordialmente às nossas pesquisas sobre o fim do direito, é a dos "Direitos do homem", proclamados pela Revolução Francesa. Os "direitos do homem" são precisamente os direitos subjetivos naturais, inclusive a propriedade, que é transformada no texto revolucionário num direito "sagrado", "inviolável"; consequências da propriedade, o direito de usar e de usufruir da coisa e de dela dispor por contrato; e outras liberdades. "O *objetivo* de toda associação política", diz a Declaração dos Direitos de 1789 (art. 2), "é a conservação dos direitos naturais e imprescritíveis do indivíduo."

85. Novos direitos do homem. Doutrina de Wolff. A lista dos direitos do homem de 1789 ainda era relativamente modesta se comparada àquelas que nos são oferecidas pelas recentes constituições ou Declarações Internacionais. Somos agora contemplados com uma panóplia de direitos "substanciais": "direito ao trabalho", "direito de greve", ao lazer – à intimidade – à cultura – à saúde... Outorgados a todos, esses direitos deveriam redundar nas "liberações" da mulher – dos homossexuais – dos deficientes físicos e mentais – e dos prisioneiros.

Esses novos direitos do homem poderiam ser remetidos (tanto nosso século permanece visceralmente jusnaturalista), entre outras, à filosofia de Christian Wolff – 1679-1754 –, discípulo de Leibniz e autor de um grosso tratado de Direito natural, muito estimado na Alemanha algum tempo antes de Kant. Wolff trabalhava, no que se refere à ideia de *"natureza do homem"*, com o homem considerado individualmente, tratado como átomo, à moda dos nominalistas, alegando que o indivíduo é destinado por natureza à "perfeição" de seu ser; portanto, à perfeita liberdade, à riqueza e à felicidade. A natureza deve tê-lo necessariamente dotado dos direitos correspondentes a este dever.

Queríamos aqui assinalá-los, pois não temos a impressão de que textos tais como as Declarações dos Direitos das Nações Unidas nos tenham de fato proporcionado saúde perfeita, lazeres e boa cultura; julgamos que expressam, sobretudo, aspirações; mais do que o direito, os *fins* do direito.

2º) O utilitarismo jurídico

86. Bentham sobre o direito. Mas o autor mais influente (se bem que não tenha reputação de ser um filósofo de primeira grandeza) é, sem dúvida, Jeremy Bentham (1748-1832), principal mestre da escola *utilitarista* (cf. a esse respeito a tese de Mohamed El Shakankiri).

Bentham é curiosamente atual. Representa uma nova linhagem do espírito científico moderno, desafiadora frente às nobres construções da ciência política do século XVII.

Teve a audácia de repudiar as teorias do "estado de natureza" e dos "direitos naturais do homem", que chamava de *fictícias* e que são realmente muito pouco verificáveis. Talvez ainda acreditemos nelas em nosso inconsciente. São certamente míticas.

O fim: o prazer. Mas Bentham é *nominalista*, e nominalista ferrenho; afirma, com a dureza do ferro, o dogma que o universo é constituído exclusivamente de indivíduos; o único fim de nossas atividades seria servir aos indivíduos.

Que deve ser-lhes proporcionado? Os meios de agir moralmente, como queria Kant? A "perfeição", o aprimoramento de sua "natureza", como pensava Wolff? A beatitude eterna? Bentham limita-se a crer na *ciência* restrita a nosso mundo terreno. O cientista moderno se liberta das superstições forjadas pela idade teológica ou pela estéril "metafísica".

Julga ter descoberto a lei científica segundo a qual toda ação do homem seria movida pela busca do *prazer* e pelo evitamento das *penas*. De fato, nada mais contestável. Quando um homem ama, por mais prazer que possa tirar disso, seria de uma psicologia bastante sumária atribuir seu comportamento unicamente à busca racional e egoísta do "prazer". Se escrevemos este manual, e se os estudantes o leem, não cremos que seja por prazer nem para evitar uma pena.

O meio: a legislação. Bentham imagina além de tudo que seria possível construir uma *ciência* dos prazeres e das penas. Ciência quantitativa: ela *mede* graus de prazer, estabelecendo por exemplo que há mais prazer em manter durante muito tempo uma coisa, com aquela tranquilidade que nos proporciona a situação de proprietário, do que no gozo efêmero. Ciência também das *causas* do prazer.

Tal será, pois, a função do direito. O direito é a *legislação*. Nunca se viu, na história, um "contrato social", mas existem *legisladores*. Bentham concebe uma ciência nova da legislação, considerada um meio de "maximização do prazer" e de redução da quantidade de pena, em número e em intensidade. Fabricadas conscientemente com esse objetivo, as leis (e a função do jurista será unicamente aplicar – positivismo jurídico) terão a vantagem de ser *úteis*.

87. O direito penal segundo Bentham. Na época de Bentham, e em parte devido à sua influência, ou a de outros sectários do utilitarismo, o direito penal será reformado.

Refundida a lista dos *delitos*; o delito, matéria da lei penal, vai se identificar com o comportamento nocivo, gerador da *pena*. Devem desaparecer do catálogo as ofensas a Deus (sacrilégio – blasfêmia – heresia) ou à pretensa moral: os delitos sexuais – a pederastia (ela não provoca sofrimento a ninguém) – o suicídio. Não se trata de correr em auxílio de uma velha lei moral, à qual falta fundamento científico. Em compensação, permanecem o roubo, o homicídio, os diversos danos.

Quanto à *pena*, que é o instrumento da lei, percebemos sua função: desencorajar os que tiverem a ideia de cometer atos danosos para obter um prazer qualquer, ameaçando-os com uma pena superior ao prazer que puderem encontrar em tais atos; ou, se a ameaça for insuficiente, isolá-los.

Melhor técnica: a *prisão*. Não há nenhuma razão para acrescentar-lhe um suplemento de suplícios inúteis, rodas, cavaletes, golilhas. O objetivo é obter no total a cifra ótima: aumento do prazer de uns, compensado pela menor quantidade possível de sofrimento para os delinquentes, o que devia ser objeto de um cálculo preciso.

O que não entendo muito bem nessa teoria científica é por que eu, a quem ensinam não estar atrelado senão à busca de meu próprio prazer, me cansaria gratuitamente legislando contra o roubo, quando encontraria prazer em roubar. É estranho que Bentham, contra seus princípios, estivesse imbuído de humanitarismo; como também o estavam, ao seu lado, a maioria desses hedonistas.

Bentham trabalhou em benefício de outrem. Sacrificou toda sua vida para erigir penosamente essa filosofia. De resto, ela é tão clara quanto desejaria um cartesiano: o direito não persegue mais a miragem de uma "justiça" metafísica nem o cumprimento de uma moral não menos desprovida de fundamento científico. É posto a serviço dos homens. Finalmente um programa realista. Para que serviria o Estado, dizia Giscard d'Estaing, se não procurasse promover a "felicidade de cada francês", as volúpias de todos, o *welfare* dos americanos?

Artigo IV
Crítica dos direitos do homem

88. Burke e os direitos do homem. Em um ponto, creio que Bentham tem razão; concordo com a crítica aos "direitos do homem" revolucionários, crítica que foi retomada, de diversas maneiras, por muitos outros. Notadamente Burke, pelo lado dos conservadores – (*Reflexões sobre a Revolução francesa*, 1790) –, e mais tarde Karl Marx (em particular na *Questão judaica*) denunciaram a vã fraseologia da famosa "*Declaração*" de 1789.

Quanto a esse ponto, tomemos cuidado. O melhor a fazer é só avançarmos muito prudentemente. A maioria de nossos contemporâneos está mergulhada até a alma na religião dos direitos do homem. Poderosas associações, prestigiosas instituições internacionais, o clero das igrejas cristãs, um vasto concurso de boas intenções consagram-se ao culto dos direitos do homem. Que nos seja, porém, permitido assinalar desde já que esses pretensos direitos, qualquer que seja a maneira de definir-lhes o conteúdo, se mostram irrealizáveis.

O modelo revolucionário. – Vejamos o que observava Burke a respeito dos direitos da Revolução Francesa. Exatamente na mesma época em que a Constituinte proclamava tão liberalmente o direito do homem a não ser condenado senão após um processo na justa e devida forma, e o caráter inviolável e sagrado da propriedade, desfilavam, espetadas em lanças, sob as janelas da Constituinte, as cabeças dos aristocratas, massacrados sem nenhuma forma de processo; e a Assembleia procedia à espoliação dos emigrados. Os direitos do homem jamais são para todos.

A mesma observação pode ser feita a respeito dos direitos substanciais, os chamados direitos "sociais, econômicos e culturais". Pode-se admirar universalmente e o quanto se queira as Declarações das Nações Unidas: para o jurista, porém, elas não deixam de colocar problemas. O direito dos povos de dispor livremente deles mesmos pode servir para defender a causa dos palestinos e, para outros, a dos israelitas, mas não ao mesmo tempo a causa de uns e outros.

Todos esses direitos são *contraditórios*. Suponhamos que se leve a sério o direito de todos à saúde, e que se ponha à disposição de todos os cardíacos, através da Seguridade Social, um transplante de coração; seria preciso cortar os direitos de cada um ao mínimo vital, passando pela greve e pela cultura, e a começar pela liberdade.

Não conseguimos mais conciliar esses direitos que nossa época secreta em todos os sentidos: direitos ao pudor e à liberdade sexual, direitos à vida e à interrupção da gravidez, direito ao casamento e ao divórcio, direito à informação escrita e televisionada assim como ao silêncio, direito "à cidade", às moradias populares e à qualidade de vida... Os americanos nos superam na produção intensiva e quotidiana de direitos do homem. Essa superabundância serve principalmente para alimentar uma torrente de *reivindicações* impossíveis de serem atendidas e que, quando confrontadas com o real, deixam as pessoas decepcionadas e amargas.

Uma linguagem especiosa. Imensamente ambiciosos, mas indefinidos, os direitos do homem têm um caráter *ilusório*. Deles pode-se dizer que constituem "promessas insustentáveis", "falsas crenças", como nossa moeda, com o advento da inflação. Deformação de romanista? Quando nos é atribuído um direito, esperamos de nossa parte que esse direito seja realmente *devido* e possa ser *reivindicado* com alguma chance de sucesso. Não é o caso dos "direitos do homem". Diante da inflação dos direitos do homem, é espantoso que tão poucos juristas, em vez de aplaudi-la, protestem contra essa linguagem.

89. A crítica de Marx. Conhecemos, por outro lado, os ataques lançados por Marx contra o pseudouniversalismo dos direitos do homem da Revolução burguesa. Estes foram constituídos de liberdades "formais": formalmente iguais para todos, mas de fato reservadas aos ricos. Proclamar o caráter sagrado da propriedade e o direito de estabelecer contratos livremente foi um meio de precipitar a maioria na pobreza e na dependência dos capitalistas.

A literatura do Ocidente moderno está cheia de discursos em prol da igualdade, mas que serviram para substituir uma classe à outra de privilegiados. Sob a aparência de proporcionar a *todos* satisfações infinitas, o sistema gira em benefício de *alguns*. É difícil conceder algum direito subjetivo a uns se não for em detrimento dos outros.

Locke tinha ao menos o mérito de confessar que seu contrato social só beneficiava os proprietários; Hobbes, de não dourar a pílula e não nos deixar na ignorância da arbitrariedade do Estado e de suas leis. Quanto aos direitos do homem universais, produto do cérebro dos idealistas e explorado pelos políticos, eles comportam uma parcela de *impostura*.

90. Insuficiências do benthamismo. Infelizmente essas objeções valem também contra Bentham. Não se pode implementar a riqueza de *um* simultaneamente à do *outro*, modelar o direito, como o fizeram os construtores do direito moderno, em torno da ideia do indivíduo, da natureza do homem individual, e se dar ao luxo de prometer o benefício de todos.

Nada mais falacioso, no total, que a fórmula de Bentham que define o fim do direito: maximização do prazer – maximizar a *soma dos prazeres*, diminuir a *quantidade de penas*. Pode ser que esse fosse o objeto da *economia política*. Adam Smith, que foi quase contemporâneo de Bentham, tinha como objetivo o aumento da "riqueza das nações", pouco lhe importando a maneira como essas riquezas seriam repartidas.

Mas outro é o propósito dos juristas. Estes não se considerarão satisfeitos se um ladrão tirar seu prazer extorquindo uma velha aposentada, ou se o senhor Dassault se apropriar de todas as terras da Ilha de França e se puser a gozar de todas as volúpias de Sardanapalo com o dinheiro dos contribuintes. Entretanto, a massa dos prazeres não diminuiria.

Bentham se corrige. Escreve definitivamente: "maximizar" a soma dos prazeres para o maior número possível – ou mesmo *"maximizar" os prazeres de todos*. Isso significa, porém, cair novamente na utopia dos direitos do homem revolucionários que, pretensamente universais, o são apenas aparentemente. O que falta a todas essas teorias é não apenas a preocupação com a realidade, mas também com a *justiça*.

91. Pseudojustiça idealista. Para substituí-la, o sistema individualista fabricou uma contrafação de justiça, que mergulha suas raízes em parte na antiga justiça messiânica do Reino dos Céus, mas, no mundo moderno, trata-se de um produto da razão humana. E, como focaliza-se na repartição dos bens temporais, estaríamos enganados se a confundíssemos com a justiça espiritual do Evangelho. É a *Justiça-Igualdade*.

O individualismo só pode concluir pela *igualdade*: pois, se não há senão seres individuais – e todos os homens possuem uma "natureza" comum –, segue-se que todos são chamados, para usar a linguagem de Wolff, a uma "perfeição" idêntica. No ideal, todos deveriam ter os mesmos direitos, precisamente os direitos do "homem": mesmos direitos de todos à saúde, à informação e à cultura. É muito racional, mas pouco praticável.

O século XX, tendo sido formado no idealismo, sacrifica comumente ao mito da *Igualdade*. A igualdade é o ideal dos homens *políticos* em busca de "reforma social" e de "novas sociedades". Muito suspeito! Os *fisiocratas* observavam que o progresso social para a maioria repousa numa divisão de tarefas e, portanto, numa vasta desigualdade na divisão dos bens. Nada garante que a uniformidade escandinava leve ao desenvolvimento da cultura, da filosofia e das artes. Isso não impedirá, porém, que, com a colaboração de Tocqueville e de outros, o tema da uniformização, da igualização dos homens, triunfe nos programas dos políticos.

Mas esse sonho de igualdade não pode absolutamente ser – se se trata de uma igualdade absoluta e "aritmética" – o objetivo da arte do *direito*: o juiz trabalha no mundo tal como é.

92. Destino da justiça jurídica. Afetando perseguir um nobre ideal – de resto inacessível –, acobertando-se com essas nuvens ideológicas, o individualismo *escamoteia* a única justiça realizável: esforço, não para instituir uma igualdade utópica, mas a *proporção* adequada ao nosso estado social real. Justiça que se dava como fim não a infinita satisfação de modo igualitário dos desejos de todos, mas, como os homens são desiguais, uma divisão desigual. Justiça que sem dúvida beneficiava o indivíduo, assegurando-lhe a parte que lhe cabia de modo relativamente fixo. De seu ponto de vista, Locke, Kant, Fichte e Hegel, com seu "Direito abstrato", não se enganam fazendo do direito um instrumento de segurança para o indivíduo e o bastião de nossas liberdades pessoais. Seu erro é confundir um *efeito* apenas secundário e parcial da atividade judiciária (o que resulta para uma das partes no processo) com seu objeto primeiro e total. A justiça é a retidão das relações *entre* indivíduos, a harmonia de um *grupo*.

O nominalismo ignora esse fato, pois exclui a existência de realidades que sejam supraindividuais. Os nominalistas mais estritos, como Hume, que inspirou Bentham, repudiaram abertamente a ideia de justiça. Fingiram explicar sua origem a partir dos egoísmos individuais. Segundo Hume, com a palavra "justiça", eu conotaria um certo número de comportamentos, que o hábito me ensinou serem úteis, e que tento assim persuadir os outros a realizar. A justiça fica então *reduzida* ao interesse individual. Não passaria de um vocábulo *ideológico*, que mascararia a busca de cada um por seus interesses pessoais ou, para Marx, pelos interesses de classe.

Toda filosofia que deriva do nominalismo não pode conhecer a justiça no sentido autêntico da palavra. Através dela, os juristas foram de fato reduzidos ao papel de servidores dos direitos subjetivos de uma oligarquia, representada pelos textos do poder vigente: os "lacaios do capitalismo" ou de tal ou qual "classe dominante". Ou dos *lobbies*, ou dos poderosos do sindicalismo, ou dos oportunistas do Partido.

Que aberração esta de pretender medir um direito, que é *relação* entre várias pessoas, a partir de um sujeito único. O sistema individualista esquece a justiça. O esforço em direção à justa divisão é *escamoteado* ou remetido às calendas gregas.

Resultados. O pensamento jurídico moderno mostrou-se impotente para engendrar uma filosofia consistente da finalidade do direito. Mais vale, *como* jurista, renunciar à busca destes objetivos: a "maximização" benthamiana dos "prazeres de todos" ou a miragem dos "direitos do homem" e dos "direitos subjetivos" forjados pelo individualismo moderno.

Pode ser que o leitor taxe esta opinião de reacionária e até que a considere louca. O sucesso dos "direitos do homem" explica-se na situação histórica em que nos encontramos. Frente à hipertrofia do Estado, há grande necessidade de advogados para a defesa do indivíduo. É verdade que os direitos do homem constituem um arsenal de *argumentos* utilizáveis contra o Estado e, aliás, mais ou menos em qualquer causa. Mas nem o juiz, nem o jurista que prepara as sentenças dos juízes são *advogados* centrados no interesse de uma única parte, e que ignoram o interesse das outras.

Não temos a mais ínfima vontade de negar a "dignidade do homem". Longe disso. Estou pronto a "respeitar a pessoa humana", convencido da igualdade fundamental de todos os seres humanos (que muitos menosprezam) – mas relativamente a certos bens, que não são divisíveis, não sendo da alçada do direito.

Reconhecemos à filosofia moderna o mérito de ter definido de modo excelente as finalidades das *outras* artes. São vocações maravilhosas, as de prover à miséria das viúvas e dos órfãos, de servir à segurança, à prosperidade material, ou à saúde ou cultura do indivíduo: objetivos talvez do advogado (entendido à antiga moda romântica), da polícia, da economia política, da medicina ou dos professores. Mas não são os fins do direito.

CAPÍTULO 3
O serviço à sociedade

Serei mais breve. As doutrinas atualmente em voga nas esferas universitárias não requerem explicação: todo mundo as conhece.

93. Permanência do individualismo. Ao que tudo indica, ainda estamos muito mergulhados no sistema individualista.

Muitos filósofos conservaram o hábito de fazer introspecções. Partindo de seu próprio eu, passam em seguida aos encontros entre os sujeitos, ao "intersubjetivo". Assim, os *existencialistas*, imitando Kierkegaard e Nietzsche, erigem sua filosofia sobre a "existência" do indivíduo, depois em seu encontro com os outros, quer esses contatos com os outros sejam hostis – relações de guerra, de "senhorio", de dominação ("O inferno são os outros") – ou de comunhão.

E nos poucos momentos em que essa escola se volta para a filosofia do direito, é para insistir sobre os "direitos do homem" e pregar a liberação, a abolição da sociedade repressiva, da família e do Estado. A maioria dos movimentos que impregnam hoje a *intelligentsia*, os "manifestos humanistas", recende a um misto de Bentham e de Kant.

Mas outras correntes surgiram. Uma pesquisa de opinião pública oferece duas respostas: a primeira, o direito serve o *grupo*, a nação, a classe social, ou o progresso da sociedade. E a segunda, majoritária: sem opinião, recusou responder[1].

---

1. Total de respostas superior a 100%. Os entrevistados tinham o direito de dar ao mesmo tempo várias respostas contraditórias; não perderam a oportunidade.

Artigo I
A alta dos coletivismos

O indivíduo é menos acarinhado no pensamento contemporâneo do que na filosofia do direito do século XVIII. Uma reação muito natural surgiu contra o anarquismo.
Talvez o leitor não tenha plena consciência de que tal movimento pressupõe, ao menos em parte, a exclusão do *nominalismo*. O pensamento precisou romper com o dogma nominalista de que só poderiam existir – ser os beneficiários de nossas atividades – indivíduos. Dogma, como já dissemos, muito mal fundamentado: na verdade, não existe no mundo um só homem completamente separado dos outros, tal como o imagina o sistema do "estado de natureza" hobbesiano. A ideia do "homem" considerado uma ilha, apartado de toda a comunidade na qual trabalhavam os autores da época moderna, é um mito sem realidade. O nominalismo não rege mais nossa visão da natureza, nem mesmo da natureza física. Uma mudança ocorreu na maneira de desenhá-la – revolução *filosófica*.

94. Uma mudança de método científico. Visto que a cultura de nosso tempo parece dominada pelas ciências, para explicar essa mudança da finalidade do direito, examinaremos as transformações que parecem afetar primordialmente as ciências.

Os cientistas do século XVII haviam trabalhado primordialmente com a hipótese de o universo ser constituído por uma multiplicidade de átomos e por acontecimentos que afetariam essas coisas singulares; desse modo, procuravam num primeiro momento apreender essas realidades pelo método da *análise*, método que foi frutuoso. Permitiu calcular e quantificar matematicamente sucessões de fenômenos e elaborar leis científicas úteis para a construção de máquinas.

Ao longo do tempo, suas virtudes foram se esgotando. O próprio átomo dos físicos não é mais hoje um átomo no sentido originário do termo, uma coisa indivisível. A Física elabora novos "modelos".

Provavelmente, esses novos esquemas científicos impuseram-se pela primeira vez quando a ciência, ultrapassando seu campo inicial, o estudo da matéria inanimada, se pôs a estudar os seres vivos. As ciências naturais ou biológicas começam a desenvolver-se a partir do século XVIII. Ora, parece difícil em ciências naturais ignorar esse todo, o *organismo* do ser vivo, cujos ossos, músculos, células não passam de peças subordinadas; e ignorar também as espécies e as sociedades animais. Os geneticistas de hoje realizam a maior parte de suas experiências não considerando um animal em particular, mas grupos que eles denominam "populações"; não podem, pelo menos, ignorar o casal...

A mesma ótica se impôs nas ciências do homem. A história, a partir do século XVIII, em vez de se interessar primordialmente por um homem em particular (*Vida dos homens ilustres*, de Plutarco), visará ao destino dos povos (*Sobre a decadência dos romanos – O Século de Luís XIV*); ela põe em cena o *Volksgeist*, o espírito de cada nação ou de cada época. A psicologia se torna coletiva; ela se recusará a isolar a "natureza do homem" de seu ambiente social, profissional ou familiar. Ninguém ignora que o surgimento da *Sociologia* significa a mesma mudança de objeto.

A ninguém espantará que essas novas formas tenham afetado o modo de pensar o direito.

95. Rumo ao organicismo romântico. Seria preciso ir tão longe? Para explicar uma mudança de ideologia política, seria necessário invocar uma mudança de filosofia? O individualismo *engendra* o estatismo. *Já* o sistema político de Hobbes, após tanto acentuar a liberdade do estado de natureza, desembocava no absolutismo e na exaltação do soberano; e, em Rousseau, o individualismo exacerbado desembocará no esmagamento do indivíduo sob a "vontade geral". As conclusões práticas de Kant não afirmam menos a onipotência das leis positivas do Estado, sobretudo as de Fichte. A Revolução liberal leva ao Terror, depois ao Império.

Contudo, é na época da Restauração e do Romantismo que se manifesta uma reviravolta *filosófica*. Romantismo principalmente alemão que, indo precisamente no contra fluxo da política moderna, prega a volta a uma pretensa Idade Média. Uma falsa Idade Média. A verdadeira Idade Média não ignorava as liberdades. No *organicismo* romântico, o indivíduo é, ao contrário, reincorporado no círculo da Família, da Corporação, da Nação, da Igreja Católica. São os *corpos* que são exaltados, como em Bonald ou Joseph de Maistre. A comunidade política deixou de ser a construção voluntária dos indivíduos, transformando-se em dado científico primeiro, a primeira das realidades. O nominalismo é deposto.

Dessa época datam as correntes de pensamento desde então muito ativas e que ainda conservam um lugar na panóplia das doutrinas contemporâneas: nacionalismo – corporativismo – esforços de restauração da Família.

Mas procuremos as testemunhas desta conversão do pensamento, que da ciência invadiu o direito, nos filósofos da mais alta linhagem.

1º) Os fins do direito segundo Hegel

96. Hegel contra as abstrações. Nada nos ajudará mais a compreender esta passagem do individualismo a seu contrário do que a filosofia de Hegel. A obra de Hegel intitulada *Princípios da filosofia do direito* (*Grundlinien der Philosophie des Rechts*) data de 1821, de algum tempo antes, portanto, de Bonald e Joseph de Maistre; é um livro de uma densidade de pensamento e de uma riqueza de informação extraordinárias. Na realidade, e apesar de seu título, não foi feito para juristas. Hegel não se dignava a ler os juristas e não partilhava seus problemas. Mas repitamos ainda uma vez que nenhum sistema filosófico pode deixar de reservar um lugar para o direito. A filosofia do direito de Hegel nos interessa em função de seu esforço para substituir as visões atomísticas e abstratas do mundo, engendradas pelo nominalismo, por uma apreensão concreta e global.

Hegel, dizem, caracteriza-se por sua obsessão de apreender o todo; *das Ganze* – o que seria um traço específico da filosofia alemã (Émile Boutroux). Mas também um signo da influência da filosofia grega clássica, relativamente bem conservada na Universidade alemã, e que se reavivou no início do século XIX. Hegel era um nostálgico da cidade grega, grande admirador de Aristóteles. Talvez (esta interpretação foi algumas vezes proposta) tenha buscado recuperar a visão total proposta pela filosofia de Aristóteles.

Vimos que o provável erro dos nominalistas era afirmar arbitrariamente que, no real, na natureza, existiriam unicamente indivíduos. Para o realismo de Aristóteles, ao contrário, a *cidade* existe: o filósofo considera os homens inseridos no tecido social, indissociáveis deste todo, subordinados a este todo. O homem é um animal político. É esta verdade que Hegel se esforçará para reconquistar, no que não obtve grande sucesso. Enquanto Aristóteles, realista, reconhecia desde sempre a existência da comu-

DEFINIÇÕES E FINS DO DIREITO

nidade política, temos a impressão de que Hegel se desembaraçou mal da herança do nominalismo. Parece-nos que ele ainda pratica em sua *Filosofia do Direito* o método dos cientistas modernos, de análise seguida de síntese. Como Hobbes, ele começa apresentando inicialmente os homens como isolados uns dos outros. É apenas a seguir que, a partir dessa espécie de estado de natureza, ele *reconstrói* a comunidade política através de argumentações "dialéticas".

Consequentemente, suas conclusões terão um viés sistemático que as de Aristóteles não tinham. No final, ele imporá o primado do Estado sobre o indivíduo, erigindo-o em dogma absoluto, enquanto Aristóteles, observando a cidade, objeto natural, e suas relações com os indivíduos, não pretendia esgotar-lhes exaustivamente o mistério.

97. O direito e seus fins em Hegel. O que é o *direito* para Hegel? Questão difícil. É uma engrenagem de seu sistema. Como todas as noções hegelianas, o direito não cessará de mudar ao longo de todo seu livro. A argumentação é *dialética*, no sentido novo que reveste esse termo; o pensamento não para de se transformar, de se contradizer, por superações sucessivas de um ponto de vista a um outro contrário (*Aufhebungen*), esposando o movimento do Ser, que é *espírito* vivo, dinâmico. Assim, a palavra "direito" irá revestir sentidos diferentes conforme nos encontrarmos em tal ou qual fase da progressão dialética.

Assim, na primeira parte da *Philosophie des Rechts*, o direito é inicialmente (o que Hegel denomina "direito abstrato") *direito subjetivo*, expressão, manifestação da liberdade individual, direito à propriedade privada que é o bastião da liberdade (já nesta primeira fase, porém, ele muda de forma como Proteu e se realiza contradizendo-se). Dir-se-ia que o fim do direito é o serviço ao indivíduo.

Na segunda, o direito se transformou. Poderíamos agora defini-lo como a reivindicação à "moralidade subjetiva". A consciência do indivíduo protesta contra sua própria limitação, não aceita mais ficar confinada ao serviço de seu próprio interesse. Começa a se preocupar com os outros, com seus *deveres* para com os outros. O direito vai se transportar então na *Lei* moral, tal como, em suma, apresentava-se na tradição cristã; mais precisamente, ele se identifica com a lei moral kantiana. O fim do direito seria a virtude. E já podemos perceber que nessa etapa o indivíduo tende a superar a si próprio e a se unir com os outros.

As instituições coletivas. Mas em que consistirá o direito no último momento – na *síntese*? A verdadeira definição do direito se revela unicamente na terceira e última parte da obra. Agora o direito reveste a forma não mais de poderes ou deveres do indivíduo, mas de instituições coletivas: Família-Sociedade-Estado. Através de um último salto dialético, o indivíduo (no qual o Espírito residia primeiramente) sacrificou-se, fundindo-se na comunidade social, na qual as aspirações difusas dos indivíduos à liberdade e à moral encontram seu termo. Os *direitos* tornam-se efetivos, têm uma existência real, já que são agora garantidos pelo grupo social. Confundem-se com os *deveres* dos indivíduos, cada qual propondo para sua liberdade somente os fins a que se propõe também a comunidade.

O fim do direito. Ele deixou de ser o benefício ou a virtude do indivíduo. O "direito do Estado" irá prevalecer sobre todos os direitos subjetivos dos particulares. O Estado detém o direito supremo contra os direitos dos particulares (*das höchste Recht gegen die Eizelnen*, § 258). O indivíduo é imolado à coisa pública porque se identifica com ela (como era o caso, segundo Hegel, na cidade grega). É belo assistir ao espetáculo de particulares dando a vida pela pátria. O livro culmina em páginas que exaltam o Estado, fazendo com que tudo se ajoelhe perante este Deus.

E mesmo, no final do sistema, veremos o Estado sacrificado ao valor último, o da "história universal". Guerras se declararão entre Estados, e Estados serão riscados do mapa do mundo em prol da vitória do Espírito, que é o princípio e o fim da história. Tal é a finalidade do direito. É verdade que o direito de Hegel tem decididamente pouca relação com o ofício judiciário. Os juristas não enxergam tão longe.

Estamos longe de Hobbes, Locke e Kant. O Estado não é mais produto do contrato social, mas resulta de uma *superação* do indivíduo por ele mesmo. O individualismo se superou. O Estado, instrumento a serviço dos indivíduos, tornou-se, como a cidade grega, uma realidade autônoma, "em si e para si", diz Hegel, a derradeira, a mais alta das realidades (o que explicita que Hegel não compartilhava do "realismo moderado" de Aristóteles e de São Tomás, para os quais os indivíduos constituíam a "substância primeira").

98. Divergências de interpretação. Os mais recentes comentadores desta Política (especialmente Eric Weil) sublinharam que o Estado de Hegel não era um Estado opressivo. As duas primeiras fases dialéticas desempenharam seu papel no sistema, que era exaltar as liberdades individuais; o Estado *integra*-as mais do que as destrói. O Estado de Hegel é todo poderoso, mas, como a Deus, os cidadãos aderem totalmente a ele.

Estado liberal, concedo. Mas devemos então cuidar para que esse produto da dialética hegeliana, na sua riqueza especulativa e na sua pretensão de unir os contrários, não seja interpretado de través. O que o público reteve dele foi a reação que implica contra a anarquia revolucionária e o primado dos direitos subjetivos. Exaltando o Estado, a família, as corporações, a filosofia de Hegel inspirou até o fascismo e o nacional-socialismo, ainda que as intenções do autor não fossem tão negras.

2º) Fins do direito em Marx

Sua alma, sua palma. Sem dúvida, por ser de menor qualidade filosófica e, consequentemente, mais acessível, Marx acabou por eclipsar Hegel. Observação: ainda menos do que Hegel foi Marx filósofo do direito. Antigo estudante de direito, o próprio Marx nos diz que muito cedo e resolutamente abandonou o direito, cativado pelo prestígio da filosofia, da sociologia dinâmica, da explicação da sociedade e de suas mudanças históricas a partir da economia.

Seu sistema, entretanto, não podia se furtar a explicar a função do direito. E não deixou de fazê-lo. Ninguém negará que o marxismo ocupa um lugar considerável na teoria jurídica.

99. A classe acima do indivíduo. Aqui, abordaremos Marx como uma testemunha do refluxo do individualismo. Ao analisar o direito moderno e a função que exerce este direito em nossa sociedade burguesa, Marx não mais o encara como um criado do indivíduo, mas como um instrumento a serviço coletivamente de uma *classe*, classe burguesa ou capitalista, uma das entidades coletivas que compõem a sociedade; tal classe se caracteriza por seu papel na produção. Classe *dominante*. O direito é um meio através do qual, justificando-se com vãs ideologias, a burguesia realiza sua *dominação* e controla o funcionamento da economia de acordo com seus interesses de classe.

Marx se satisfaz com essa visão da finalidade do direito. E se prevê a substituição dessa classe dominante por uma outra, o advento próximo da ditadura do proletariado, essa revolução política não mudará a natureza do direito: em vez de ser um instrumento da classe burguesa, será um instrumento do proletariado, na sua luta contra a reação. O direito submete-se à política.

A "análise" marxista difundiu-se mesmo fora dos países do bloco socialista. E assim nos vemos persuadidos de que nosso direito funciona em prol de uma classe, o que não deixa de ser verdade, se se tratar do direito do sistema liberal individualista: Locke confessava que o contrato social era estabelecido em benefício dos proprietários. Assim, muitos magistrados, herdando de seus predecessores a má consciência, se mostram prontos a operar a reviravolta dialética: tomar *a priori* o partido do proletariado ao qual pertencem, por exemplo, as ladras das lojas de departamento ou os especialistas em roubos de residências de campo da burguesia. Esses distintos representantes das classes exploradas deverão beneficiar-se do *sursis*; justiça de classe. Para certo número de jovens magistrados, a parcialidade se tornará a principal virtude do juiz.

100. O progresso da humanidade. Mas sem dúvida isso é caluniar Marx. O proletariado não seria uma classe comum, ele representa o triunfo da *humanidade*. O marxismo contém um vestígio da esperança num paraíso futuro de perfeita fraternidade, reconciliação geral dos homens agora libertos de toda diferença social. Messianismo judaico-cristão, com um fundo de idealismo e de sonho igualitário. Principalmente no jovem Marx, formado pela filosofia alemã, e no marxismo popular. Segundo a "Crítica ao programa de Gotha" (1875), na qual Marx desenvolve especialmente seus pontos de vista sobre o direito, na sociedade comunista, que será de abundância, o direito futuro distribuirá "a cada um segundo sua necessidade", o que não é pouco. Entretanto, tendo então cessado de ser um instrumento de dominação de uma classe sobre outra, talvez não seja mais conveniente designá-lo pelo termo "direito". O direito *perecerá*.

Em longo prazo, como toda prática revolucionária, à qual devem se integrar, para Marx, todas as atividades, o direito serve ao progresso da *Humanidade*. Não mais aos homens, considerados à maneira nominalista (ou mesmo aristotélica) como substâncias separadas, unidas apenas por uma "natureza" genérica comum, mas a uma futura Humanidade, em que não haveria mais interesses realmente separados nem propriedades distintas. É por isso que no final da história, uma vez realizada a Revolução, desapareceria a necessidade do "direito" no sentido tradicional da palavra. O ídolo coletivo é a Humanidade no seu desenvolvimento histórico, como em Hegel e Auguste Comte.

3º) Auguste Comte e a escola sociológica

101. Comte contra o individualismo. Mas, pesadas todas as considerações, o filósofo mais representativo desta reviravolta no pensamento é Augusto Comte (*Curso de filosofia positiva*, 1839-1842; *Sistema de política positiva*, 1851-1854). Não que ele se tenha interessado pelo direito dos juristas. A literatura dos legistas era por ele qualificada de "metafísica". Também ele não tinha senão aversão pelo termo "direito", porque então o direito significava o direito subjetivo. Ora, para Comte, o indivíduo não pode reivindicar nenhum *direito*; não tem senão deveres.

Deveres para com a Humanidade, o "Grande-Ser", realidade primeira, ser em devir ao longo da história, como em Hegel e Marx. A *Humanidade* transcende o tempo no qual possa transcorrer a vida de um indivíduo; compõe-se "mais de mortos do que de vivos"; envolve o futuro. E é a ela que se deve servir. A invenção decisiva da *"sociologia"* significa que, substituindo as abstrações metafísicas do subjetivismo, centrado no *eu* de cada um, uma ciência tornada objetiva percebe a prioridade do todo social sobre suas partes. Na segunda parte de sua carreira, que não é a menos cativante – a da instituição do culto ao Grande-Ser, do catecismo positivista –, Auguste Comte funda sobre esse postulado sua Política positiva.

DEFINIÇÕES E FINS DO DIREITO 173

102. A escola sociológica francesa. Se, além disso, destacamos aqui a doutrina de Comte, é porque seu nome simboliza em geral a eclosão do *sociologismo*. Todos sabem que ela afetou o direito; na França, na linha de Comte, Durkheim, lançando a sociologia jurídica, via no direito a expressão de uma "vontade coletiva" que deve dominar e reprimir as vontades individuais.

Duguit, colega de Durkheim em Bordeaux, ataca o "direito subjetivo", fazendo do direito uma "função social". Quase tão penetrada de anti-individualismo e da mesma época – o início do século XX –, é a obra de Maurice Hauriou: ele descreve *"instituições"*, o casamento, a família ou as empresas, como a serviço de fins coletivos, como na Itália Santi Romano etc.

103. Socialismo. O sociologismo exerceu, sobretudo, uma influência difusa sobre o conjunto da opinião pública, à qual o jurista não pôde escapar. Expansão da ideologia *socialista*.

Sem dúvida, o termo "socialismo" (como todas as palavras que fazem parte do vocabulário dos políticos) é tudo, menos claro. Deixaremos ao senhor Miterrand o cuidado de explicitá-lo. A considerar a etimologia, e o mais antigo uso da palavra (P. Leroux, os são-simonianos), ela implica que se faça prevalecer sobre o interesse do indivíduo o interesse do Grupo. Não mais da Família, da Igreja, da Corporação, do Estado; mas da "Sociedade" inteira, da qual o Estado se torna o instrumento. O socialismo aparentemente deve ser o contrário do individualismo.

Se não fosse o equívoco que pesa sobre essa palavra, pode-se conceber a "sociedade" segundo a tradição liberal, ou conforme à linguagem jurídica tradicional, como um produto do contrato dos indivíduos... e nela injetar o ideal igualitário. Acrescentemos: organização racional, pelas leis, de uma Sociedade modelada a partir dos sonhos do idealismo.

104. Desenvolvimento. Como esta sociedade racional não passa de um projeto, como o Grande Ser da Humanidade revela um caráter dinâmico – ele se efetivará no futuro –, o socialismo é ainda o partido do *Progresso*. Sonhamos com *"Desenvolvimento"*: desenvolvimento *econômico* e *"social"*, quer dizer, progresso rumo a um mundo mais igualitário. *"Nova Sociedade"*: seguiremos as pegadas da Escandinávia. O socialismo assim entendido (ele se presta a todas as interpretações) extrapolaria em muito o partido socialista. Designaria o ideal político mais difundido.

Inúmeros colóquios são realizados sobre o *Desenvolvimento* e o direito. Visitei em Caracas uma nova universidade, nascida das riquezas petrolíferas, que tem como programa o estudo do direito para a promoção do *Desarollo*. Se você pedir apoio financeiro ao CNRS*, não esqueça de especificar que você aborda o direito como um instrumento de desenvolvimento ou de revolução: você será ouvido pelos sociólogos. São eles que governam. A rainha dos estudos não é mais a teologia.

4º) Crítica aos coletivismos

Assim, tudo conspira para nos confundir. Que relação têm esses políticos estadistas, revolucionários, ou do "desenvolvimento" com o ofício judiciário? Nem Hegel, nem Comte, nem Marx foram filósofos do direito, no sentido dos juízes ou dos juristas. Escreveram filosofias políticas. E se devemos aceitar que invadiram as faculdades de direito (o que é infelizmente o caso), serão passíveis das mesmas críticas que dirigimos ao individualismo.

---

* Centre National de Recherche Scientifique. (N. T.)

105. O coletivismo é injusto. Também ele será criticado por sua *injustiça*. No capítulo anterior, censurávamos o sistema individualista por ter falseado o ideal do direito ao abandonar o ponto de vista que devia ser o do juiz (cujo dever é ser imparcial) para adotar o do *advogado*, que se limita a ver os interesses de uma única causa particular: a do indivíduo que defende. Sob a aparência de aplicar leis gerais e iguais para todos (mas iguais apenas na forma e aparentemente), o sistema de Locke ou o Código Civil beneficiavam apenas alguns, os proprietários.

Sem dúvida há a esse respeito poucas diferenças entre a ideologia burguesa de 1789 e as ideias organicistas, coletivistas ou socialistas que a sucederam, a não ser pelo fato de uma casta de privilegiados ter sido substituída por outra.

Eis que agora subordina-se o direito ao interesse do Todo. Mas não sendo o todo social tão *real* como o são os indivíduos, é de se temer que essa operação camufle o serviço a uma oligarquia: aos nobres ou altos funcionários nos quais se suporão incarnados os interesses do Estado, à classe militar que defende a honra da nação, aos membros do partido que pretende representar o povo ou aos tecnocratas da economia... cujas políticas servem à cabeça em detrimento dos membros.

106. Sacrifício dos indivíduos. E mesmo que se servisse o todo, não seria menor *injustiça* sacrificar-lhe o indivíduo. Insisto mais uma vez que a justiça é uma arbitragem; visa a *relações*, não apenas entre indivíduos, mas entre o indivíduo e o grupo. Seu papel não é decidir em favor do grupo contra os indivíduos ou vice-versa.

O leitor nos desculpará por irmos buscar a origem do mal no coração da ontologia. Creio que, aqui, um diagnóstico pode ser avançado: as doutrinas coletivistas ainda não se libertaram totalmente de um resto de *nomina-*

lismo[1]. Continuamos a ser nominalistas. O erro do nominalismo, que nega a existência das *relações*, havia sido não reconhecer como *reais* senão os indivíduos, donde derivou o engano de que o direito só poderia se exercer em benefício de seres singulares, indivíduos, pessoas físicas, em vez de visar à *divisão* entre essas pessoas.

O mesmo erro se perpetua no coletivismo. Apenas substitui-se o serviço às pessoas físicas pelo serviço às *"pessoas morais"*, configuradas nos moldes das pessoas físicas: a nação, a corporação, o proletariado, a humanidade – mas a justiça nada ganhou com isso. Que a parcialidade do direito se exerça em proveito do público, enquanto na época liberal beneficiava o privado, não constitui menor *injustiça*. Passar do anarquismo liberal ao fascismo ou ao comunismo é, do ponto de vista da justiça, sair de Caríbdis e cair em Cila.

107. Equívocos do socialismo. Será que esta crítica estende-se também às chamadas doutrinas *"socialistas"*? Não se deveria distinguir entre as mentiras e a injustiça do organicismo perseguidor do indivíduo, e o programa socialista que jura buscar a liberdade e a felicidade de *todos*? Os socialistas identificam o interesse da sociedade com o de todos os indivíduos. Já nos foi mostrado o espetáculo de regimes socialistas relativamente igualitários em que os indivíduos não parecem absolutamente maltratados. São acarinhados com os direitos do homem e "benefícios", garantias do mínimo vital, de emprego ou de pensões de velhice etc.

Mas só somos assim protegidos *na qualidade* de oriundos de um grupo, *como* assalariados, agricultores, poupadores ou chefes de empresa, produtores ou consumi-

---

[1]. Ou, de modo mais geral, do *substancialismo* moderno. Scot e Occam só inscrevem *substâncias* em seus catálogos de realidades. As *relações* entre substâncias (assim como as relações de justiça) vão ser doravante tratadas como seres "de razão", invenção livre do espírito humano.

dores pertencentes a tal "categoria" socioprofissional, engrenagens da coletividade; *"particulares"*, quer dizer, parte de uma espécie. Os cuidados do direito dirigem-se muito menos ao *individual*, àquilo que cada pessoa de cada um tem de próprio, de original, à singularidade de cada um, outrora protegida.

Nosso socialismo assemelha-se mais a um formigueiro – ao *Melhor dos Mundos* de Huxley (aliás, muito pouco igualitário), no qual cada indivíduo não passa de uma engrenagem da máquina comum. E evidentemente a máquina se empenha para que ele fique contente com seu destino, encharca-o de drogas, *feriados* e turismo em grupos, televisões, e da ilusão de liberdade e igualdade. Não se importa em torná-lo livre, singular, nem realmente "feliz"; do mesmo modo que, segundo Aristóteles, o cidadão da República ideal platônica não era "feliz".

Impossível considerar o grupo como eixo sem sacrificar a liberdade da pessoa individual, cujo esteio era outrora a *propriedade*. Tomo essa palavra no sentido próprio, repudiando esse monstro linguístico ao qual deu à luz o século XIX, uma "propriedade" por assim dizer "comum" ou "pública".

Resultados. Temos imenso respeito pelas obras de Hegel, de Comte, e mesmo pelas de Marx e de Joseph de Maistre... Não nos passa pela ideia desprezar os servidores da *Pátria* que são os militares – nem os do *Estado*, e mesmo os tecnocratas –, os economistas que trabalham com o *desenvolvimento* – os sindicalistas. Mas fazer dos juristas seus auxiliares é ir longe demais. É um passo que não se deve dar, pois demonstra uma perigosa ausência de reflexão sobre o *direito*.

Artigo II
A morte dos fins

108. Filosofia contemporânea dos "valores" ou funções do direito. Não se poderia dizer que não existe literatura contemporânea acerca dos fins do direito. Há abundante literatura sobre tudo. Nos meios neokantianos (como em Radbruch, cujas conclusões são exploradas na França por Roubier) ou entre os fenomenólogos, cultiva-se profusamente o problema dos "valores" do direito. Os sociólogos tratam das *"funções"* que cumpre o direito no organismo social.

Mas podemos passar rapidamente sobre esse ponto: o que mais frequentemente encontramos nas obras contemporâneas é um ecletismo, um *coquetel* dos diferentes fins atribuídos à arte jurídica pelas sucessivas doutrinas dos tempos modernos.

Pluralismo dos fins. Ensinaram-nos na Faculdade que o direito tem *três* fins: *primeir*o, a "segurança", o prazer ou a liberdade do indivíduo; herança da escola individualista.

Segundo, o interesse do grupo: a ordem, a paz social, o movimento, o "Progresso", o desenvolvimento, o sucesso de uma obra comum (Radbruch – *o Institucionalismo*);

assim pagamos nosso tributo ao coletivismo que nos legou o século XIX.

E *em terceiro lugar*, a *"justiça"* não é esquecida: a justiça do idealismo, o ideal igualitário, que evidentemente não pode ser o único polo da arte do direito, porque uma igualdade perfeita seria a ruína do direito subjetivo do indivíduo, da ordem pública ou dos empreendimentos comunitários.

Observações críticas. O que chama a atenção nestes novos quadros das finalidades da arte jurídica é, em primeiro lugar, que nos é proposta uma superabundância de fins, infelizmente contraditórios. O jurista sente-se dilacerado entre estas diferentes direções, como um cavalo puxado à direita e à esquerda; ninguém se arrisca a fazer uma escolha.

Em segundo lugar, que nenhum desses fins é específico da arte do direito. Há muitas outras artes, além do direito, que servem ao prazer do indivíduo, à segurança de nossos cofres fortes, à ordem social e ao progresso. Ninguém se arrisca a definir o direito pelo seu objeto. Ele é definido como uma *técnica* que a tudo serve. O jurista é um técnico, perito em textos legislativos e mecanismos processuais, pronto a se pôr a serviço de qualquer causa: *útil* para a causa de um particular, de um empreendimento econômico, do ministério da Agricultura ou das Relações Exteriores, de um movimento sindical, da política de direita ou de esquerda.

São fins *extrínsecos* que se atribuem ao direito, emprestados de outras disciplinas: a moral, a economia, a política. Signo da falência do direito: cegueira, carência de inteligência, recusa em tratar o problema dos fins. – Atingido o término da viagem, é ao *nada* que chegamos, de tal modo que, em meio ao coro das teorias gerais do direito, nossas contemporâneas, é chegado o momento de reconhecer que nosso compêndio lança uma nota discordante.

1º) A exclusão das causas finais

109. Das causas finais. Com efeito, o fato de este livro ter tentado definir o direito pelos seus *fins* deve ter indignado mais de um leitor. Quem ainda se preocupa com os fins? Isso era válido para Aristóteles. Aristóteles, cuja ciência visava observar *integralmente* a realidade, que em cada objeto, além da *matéria* pela qual este objeto é constituído (a causa "material"), de sua *forma* (a "causa formal"), daquilo que o faz ser (a "causa eficiente"), não se furtava também a buscar a *causa final*, aquilo para que o objeto tende: a causa final é uma de suas partes constituintes, porque os seres são dinâmicos, e não poderíamos compreendê-los se não soubéssemos a que tendem. A semente tende para a planta, e não terei apreendido o que é a semente se ignorar o que ela tende a ser. A arte musical tende para uma certa espécie de belo, e a arte jurídica, para o justo. A busca dos fins constituía um dos capítulos primordiais da ciência da Antiguidade. Houve um tempo em que os estudiosos discutiam se o fim supremo era o dinheiro, as honras, a virtude ou Deus, ou se nossos fins seriam múltiplos.

110. O que a ciência moderna delas abstrai. O movimento científico moderno caracterizou-se, entre outras coisas, por sacrificar as causas finais, o que explica muito bem, por exemplo, *Francis Bacon* no início do século XVII. Não que ele já negasse as causas finais. – Entretanto, a ciência deve ser *útil*: ora, as causas finais são, diz ele – coisa pouca amável com relação às jovens que se obstinam a preservar a virgindade –, "virgens estéreis": conhecê-las não leva a nada. Portanto, elas não o interessam. A ciência deixa de ser contemplativa. Reduz-se à busca das causas *eficientes*, sucessões regulares de causas e efeitos cujas leis ela estabelecerá: o que tornará possível construir máquinas, prever o futuro. Primado da *praxis* (ainda não revolucionária).

Eis o advento capital, através do qual se explica toda esta história: os fins, escapando ao domínio das ciências, serão deixados aos *filósofos*. No dualismo cartesiano (que coloca de um lado a matéria, do outro, o espírito), os fins só pertencem ao mundo do espírito. Passam a ser *subjetivos*.

111. Sacrifício dos fins objetivos. Os fins serão substituídos, para nós, por *ideais* forjados pelo espírito; *projetos* que a imaginação secreta; *divagações* de cada um. Assim, só sobreviverão, num primeiro momento, as noções de fins subjetivos e *individuais*. O ato sexual tem por finalidade o prazer ao qual cada parceiro se propõe. Quem poderia hoje entender a antiga doutrina escolástica para a qual ele serviria objetivamente para a perpetuação da espécie?

O projeto de assegurar a continuidade – senão da espécie, pois quem se importa com ela? – ao menos da família, ou de uma nação, é um dos que nos poderíamos propor enquanto membros da comunidade social, sujeito coletivo. Continuamos capazes de conceber finalidades *intersubjetivas, multissubjetivas*. Mas não aqueles fins autênticos, únicos a merecerem este nome porque *reais*, extramentais, únicos capazes de constituir valores autenticamente *objetivos*, que os antigos filósofos haviam reconhecido observando causas finais no seio da realidade, fins irredutíveis a uma ideia simples, ao interesse particular de um indivíduo ou de um grupo, mas *relacionais*: o *belo*, na música, relação entre múltiplos sons, na arquitetura, harmoniosa organização dos cheios e dos vazios; o *verdadeiro*, concordância das palavras e das coisas. Ou o *justo*, fim do direito, *proporção* equitativa entre pessoas e coisas. Assim, pelo menos, o define a filosofia realista.

Ciência cega aos fins. Os fins foram riscados do programa das ciências. Quando surgiram as ciências humanas, estas tiveram, sem dúvida, que considerar as intenções, os *objetivos* dos homens, mas não como fins: enquanto *fatos*, fenômenos psicológicos, exercendo o papel de causas *eficientes*, porque os projetos, os desejos dos particulares serão um fator *explicativo* da gênese das instituições.

Mais tarde ressurgirá em sociologia o estudo das *"funções"* que cumprem no organismo social tal ou qual de seus elementos. Não se poderia jurar que o movimento científico contemporâneo não tenda a reintegrar a consideração dos fins: isso poderia se impor em biologia e certamente no direito. Mas opõem-se a isso o princípio da "neutralidade" do cientista, sua vontade de se ater aos *fatos*, e todos esses hábitos que a ciência contraiu nos tempos modernos. Em nenhum outro lugar, porém, o desprezo deliberado pelas causas finais foi tão funesto como na ciência do direito.

2º) Lacunas do positivismo

112. O direito reduzido a uma ciência dos fatos. Voltemos aos filósofos jurídicos dos séculos XVII, XVIII e XIX: observaremos que normalmente pretendiam explicar menos o fim do direito que sua *gênese*. Assim, o sistema de Hobbes explica a *gênese* do Estado a partir de suas causas eficientes, as vontades de conservação dos indivíduos; Hegel parte do autodesenvolvimento da Ideia e do processo da história mundial. Este é particularmente o caso de Marx, progressivamente convertido ao culto à ciência. Marx explicava a *formação* da sociedade burguesa moderna, depois os primórdios da Revolução, como efeito da luta das classes, de uma luta pela vida entre forças coletivas rivais (como no sistema de Darwin); lentamente foi-se despreocupando com o que *deveria* ser, com o *fim*. No marxismo, todos se conduzem de acordo com as lições da sociologia, vota-se, faz-se greve, julga-se segundo aquilo que a classe *determina*. Os *fins* não fazem parte do objeto da ciência.

113. O positivismo científico. Inaugura-se neste momento, triunfante junto aos juristas, a época do positivismo. Refiro-me aqui ao positivismo científico. Desconfiemos dessa palavra, prenhe de equívocos: o *"positivismo jurídico"* não passava inicialmente de uma doutrina acerca das *fontes* do direito (toda solução deve decorrer da lei *posta* pelo príncipe), do que trataremos no nosso segundo tomo.

Mas todos sabem que Auguste Comte dotou a palavra *positivismo* de um sentido novo, mais geral e filosófico; que este novo *positivismo científico* se define pelo propósito de aplicar a todas as questões, mesmo às humanas, às morais, às sociais, os métodos científicos modernos; por se ater ao estudo dos *fatos*. O positivismo científico introduzido no direito levou, num primeiro momento, a restringir o direito aos textos: *"O direito é o conjunto das leis existentes"*. Mais tarde, livramo-nos do preconceito do legalismo, que nada justificava cientificamente. A ciência do direito estendeu-se a outras espécies de "fatos jurídicos" (jurisprudenciais, de costumes etc.), mas recusa-se a considerar os *fins* do ofício judiciário.

Três estrelas do positivismo

114. 1º) De Ihering a Heck. Consideremos, por exemplo, Ihering, personagem dos mais influentes, cuja Doutrina foi, aliás, extremamente instável; situa-se no apogeu do positivismo científico.

Poderia parecer que Ihering tenha dedicado bastante atenção ao que chamamos de *teleologia* jurídica; um livro de Ihering intitula-se *A finalidade no direito* (*Der Zweck im Recht*, 1877-1883); a finalidade "no" direito. Não se trata do fim do direito, trata-se das finalidades a que se propõem os indivíduos ou os grupos, antes do surgimento do direito. Cada particular lança-se na busca de seu interesse, de seu apetite de subsistência e de dominação sobre os outros. Desse conflito resulta o direito. Essas finalidades "criam o direito", constituem sua causa *eficiente*. O direito é o produto de um combate entre essas forças contraditórias (*Der Kampf ums Recht*). Também aqui, como no caso de Marx, Darwin forneceu o modelo.

Do mesmo modo, na linha de Ihering, em Philippe Heck, promotor da chamada Jurisprudência dos Interesses (*Interessen jurisprudenz*, 1914), o direito será a "*resultante*" de uma luta de interesses rivais entre os particulares. O positivismo científico que, por princípio, se atém aos *fatos*, já acabados, verificáveis, ignora a justiça.

115. 2º) Radbruch – Max Weber. Um professor muito admirado foi Gustav Radbruch, que lecionava em Heidelberg no período entreguerras (*Rechtsphilosophie**, 4ª edição, 1932). Também ele mudou muito, e acabou se convertendo ao direito natural, após a Segunda Guerra Mundial. Mas consideremos sua obra anterior.

Dedicou-se bastante aos "valores do direito", como bom neokantiano; salvo engano, é a essa obra que devemos a filosofia "pluralista" dos valores do direito que comentamos anteriormente. Seduzido pelo direito comparado, Radbruch explica o conteúdo dos diferentes sistemas de direito segundo o "valor" ao qual cada um deles se atém, seja o interesse do indivíduo, a busca de igualdade ou a tentativa comum de construir alguma coisa.

Dentre essas finalidades contraditórias, ele não tem a pretensão de dizer qual deveria ser a opção do jurista. Princípio de Max Weber, do qual Radbruch sofreu influência: a ciência pode e deve observar as diversas ideologias às quais os grupos de homens se sujeitam, as ideias que fazem dos fins; mas, quanto a julgar, discernir onde se situa o *bem*, isso é tarefa da metafísica ou, antes, uma opção pessoal. E o cientista lava as mãos.

116. 3º) Kelsen. *Last but not least*, Kelsen (*Reine Rechtslehre*, 1934-1960). Sem dúvida, o filósofo do direito mais considerável dos últimos anos. Todo jurista sabe que ele fundou um novo tipo de ciência do direito. Seduzido pelo cientificismo dominante, procurou reduzir o direito ao estado de *ciência* positiva.

Para Kelsen, o jurista deve lidar com as normas existentes "efetivas", quaisquer que sejam; podem ser indiferentemente as normas do direito hitleriano, ou do regime

---

* Trad. bras. *Filosofia do direito*, São Paulo, Martins Fontes – selo Martins, 2003.

stalinista, ou da República de Weimar. O jurista é neutro; pouco importa que esses textos visem à dominação da raça germânica sobre o mundo, à eliminação dos burgueses, à expansão das liberdades. A justiça não os julga. Ele os registra. O cientista não cultiva outro "valor", escreve Jacques Monod, além do de promover o progresso das ciências positivas, que não consideram o bem e o mal.

Discernir o justo é a menor das preocupações do jurista. O que é a Justiça?, dizia (mais ou menos) Pôncio Pilatos. Deveríamos concordar com ele, pelo menos do ponto de vista do cientista que teríamos que ser. Decidir quanto aos valores resulta de uma opção irracional, subjetiva, de cada ser humano. O cientista não tem nada a dizer a esse respeito, devendo aceitá-los tal como foram *postos* por alguém. O Dever-ser não é da alçada da ciência. É um dogma que Kant dita (Kelsen formou-se no idealismo kantiano); o dogma geral do positivismo.

Jamais levou-se tão longe a indiferença pelos fins do direito. A concepção de Kelsen mutila o direito pela ablação da causa final. Pretende fazer de nossos professores cientistas neutros, cérebros sem alma, seres irresponsáveis, prodigando seus serviços *a qualquer um*. O kelsenismo obteve grande sucesso.

Vista d'olhos sobre o movimento "realista" nos Estados Unidos. Sempre disposta a seguir as modas de nosso tempo – não insistiremos mais no fato de essas modas não o merecerem – não é mais Kelsen que é a coqueluche da filosofia do direito. Ela olha com olhos cúpidos para os países de ponta: os Estados Unidos "desenvolvidos" economicamente, e a Escandinávia que passa (no espírito dos ocidentais) como a mais "desenvolvida" na destruição da "metafísica".

Nesses países florescem as ciências positivas: o estudo científico da linguagem, a lógica moderna e a informática, a psicologia coletiva, o cálculo dos valores, múltiplas sociologias. Os Estados Unidos produziram pelo menos duas escolas notáveis de filosofia jurídica: a chamada jurisprudência sociológica e o "realismo jurídico".

Vista d'olhos sobre o movimento "realista"

117. Uma definição de Holmes. Não citaremos senão duas fórmulas deste movimento, as mais célebres. A primeira foi imaginada pelo juiz Holmes (1841-1935); o movimento "realista" inspirou-se nela. É uma definição do direito. *"The prophecies of what the courts will do in fact and nothing more pretentious are what I mean by law"*. Entendo por direito a previsão das decisões dos tribunais tais como serão de fato: não é necessário atribuir-lhe um objeto mais pretensioso.

Este programa é amplo: para prever as sentenças dos juízes, não basta conhecer as leis e os precedentes da jurisprudência. É preciso estudar a psicologia, o meio social do qual provém cada juiz, tudo o que rege seu comportamento. Os realistas americanos e os escandinavos liberaram-se do legalismo – reconheçamos seu mérito.

Pode-se notar que o direito assim entendido é muito útil para os advogados. Parece que o advogado não é mais, como na hagiografia cristã, o defensor da viúva e do órfão. Dizer que seu papel seria defender sua parte no processo, com vistas à justiça, seria ainda muito "pretensioso". Os *lawyers* são os "conselheiros jurídicos" dos homens de negócio. Eles os previnem do que lhes pode eventualmente acontecer em tal ou tal especulação. A *previsão* das futuras decisões dos juízes lhes é útil.

Mas, se a Doutrina jurídica se conformar ao programa de Holmes, duvidamos que preste serviço ao *juiz*, a menos que o juiz americano aceite ser *determinado* e não faça nenhum esforço para pronunciar sentenças justas. Esse pequeno detalhe, o fim do direito, é tratado por preterição.

118. Uma fórmula de Pound. Ainda mais significativa é a fórmula do decano Pound (1870-1964). É dele a frase que o jurista é um "engenheiro da sociedade"; o direito, *social engineering*. Fórmula bem ao gosto dos poderes públicos.

Que faz o engenheiro? Sua função não é refletir sobre se é oportuno optar pelo avião ou pela diligência. Ele sabe como funciona o Concorde, desenvolve seu motor e se consagra a aumentar-lhe o rendimento. É um especialista dos *meios*.

Social engineering. O jurista é um engenheiro. O ministério acaba de inventar para os juristas um diploma de "doutor-engenheiro". Nossos mais eminentes publicistas analisam os diversos regimes (parlamentar – presidencial – com dois ou múltiplos partidos políticos...) ou sistemas eleitorais; notam as deficiências de cada um deles, e, se têm o espírito de invenção, produzem novos modelos, calculam seus efeitos, utilizam um método experimental, assim como o construtor de um porto trabalha com modelos reduzidos. Outros operarão nos regimes de fiscalização, nos projetos de urbanismo, nos sistemas de comércio internacional.

119. Criminologia e penalogia. Metamorfoses do direito penal: ele não é mais concebido, como na Idade Média, para obrigar, de modo rigoroso, à observância das leis morais. A idade positivista faz o luto da moral. O direito criminal não tem mais "crimes", trabalha com os

"desvios", com os comportamentos "anormais". O jurista é um cientista neutro.
A finalidade não consiste em distribuir a cada um a pena que lhe cabe, que lhe seria merecida pelo seu crime. O direito penal não tem mais *penas*, é uma "política criminal" ou uma "terapêutica social".
De posse de suas pesquisas em sociologia, psicologia, psicanálise, antropologia criminal, ciência penitenciária, ciente das causas e dos efeitos das perturbações sociais e, consequentemente, dos meios de enfrentá-las, pede-se ao jurista que conserte a máquina no ponto em que ela engripa.
Uma geração de juristas. De modo que as Faculdades de direito parecem cada menos vez merecer a acusação, que lhes era dirigida pelas esferas governamentais, de serem inúteis. E nesse sentido elas estão em "progresso". Parabenizam-nas, por se inserirem no tecido social, por alinhar-se com as grandes escolas de administração, de comércio e de gestão; e por organizar "fileiras" de formação profissionais, já estando subentendido que elas não poderiam estar a serviço da *verdade*. Devem produzir excelentes colaboradores para os ministérios e para as empresas.
Úteis para quê? É mais difícil dizer. Não para a justiça, que não entra na ótica do engenheiro. Também não, de fato, para os "direitos do homem", nem para a utopia igualitarista. Esboçarei agora o perfil de uma geração de juristas ou de jovens tecnocratas recém-saídos da Escola de Ciências Políticas. O que parece caracterizá-los é o fato de terem sido formados acima de qualquer ideologia. *Conhecem* decerto as diferentes ideologias que prevalecem entre o público, os mitos oriundos do Evangelho, de Kant, de Proudhon ou de Marcuse, fator com o qual deve contar o manipulador das massas. Eles as dominam de toda a altura da Ciência, não acreditam nelas. – Ou, para pintar desses personagens um quadro menos superficial, eles acabaram por se *sujeitar* tão absolutamente

à sociedade que todo seu propósito consiste em contribuir para seu funcionamento e em aceitar seu andamento, em dobrar-se a ela, adaptar-se, acompanhar seu movimento. Seu cérebro é vazio de *fins*. Como não foram expostos a nenhuma comparação histórica (a história não faz parte do programa), e como, além disso, o *Melhor dos Mundos* reserva aos tecnocratas um lugar confortável, esse regime lhes parece excelente, e o positivismo científico é capaz de satisfazê-los.

120. Tecnocracia. Sem dúvida, não só essa espécie existe. Há ainda, ao que tudo indica, na Faculdade, um resto de "departamento de história", que pôde gerar, logo após a última guerra, o livro de Jacques Ellul sobre a técnica. Capaz de confrontar o presente com outras épocas, Jacques Ellul caracteriza-o pelo primado da *Técnica*, corolário da dominação que se arrogam as *ciências*, que são ciências apenas dos *meios*.

Nossas sumidades intelectuais são mestres na ciência dos meios, da eficácia, mas acerca de todo o resto, acerca dos *fins*, e, a força de não olhar para eles, passaram a sofrer de cegueira. Essa cegueira é contagiosa. Ellul compara nossa sociedade a uma potente locomotiva; movimentando-se para a frente, bem alimentada, servida por especialistas qualificados, cada vez mais "fiável" e monstruosa. Mas para onde está nos levando é coisa com que ninguém se preocupa.

Não se poderia melhor definir o jurista contemporâneo; é um técnico que se presta a todos os serviços. O trabalho de elaborar memoriais a partir dos textos e dos "fatos sociais" ocupa totalmente os estudantes. A questão dos fins é eliminada.

Duvidamos que atraia o interesse de um número significativo de leitores. Como a filosofia do direito, obstina-se em colocar essa questão, e nisso reside uma das causas de seu descrédito.

Conclusão do tomo 1

Artigo I
Valor comparado destas filosofias do direito

Síntese do colóquio. O positivismo científico seria o regime de nossa "era", diz Auguste Comte. Mas a visão de Comte é enganadora, e a verdade é que *todas* as filosofias jurídicas passadas em revista neste livro pertencem ao nosso tempo.
Que a maioria delas tenha raízes históricas longínquas não as impede de permanecer vivas. Tratamos aqui de São Tomás de Aquino. Era necessário. Quando levo um estrangeiro para visitar Paris, a Paris de hoje, considero insuficiente fazê-lo admirar o Centro Beaubourg; levo-o também para visitar Notre-Dame e a Sainte-Chapelle, o que nos remete à Ilha Saint-Louis.
Todas essas definições do direito e das finalidades do direito (acreditamos poder reduzi-las a quatro ou cinco tipos principais) – ou da ausência de finalidade – não deixaram de coexistir entrechocando-se. Essa verdade não se mostra àqueles que se obnubilam nas camadas mais oficiais e superficiais da opinião. Nos *mass-media*, na imprensa, na televisão, no CNRS, em certas universidades, o positivismo científico e seu irmão siamês, o tecnicismo,

decididamente venceram. A meu ver, outra é a situação no mundo dos filósofos.

121. O congresso de Madri. O último congresso da Associação Mundial de Filosofia do Direito aconteceu em Madri em setembro de 1973. O tema era: *as funções do direito*. É verdade que já esse título (que parece rebaixar o direito à qualidade de funcionário) traía a predominância do ponto de vista sociologista. E evidentemente os sociólogos estavam representados. Nesse congresso sustentou-se que o direito é a regra do jogo que a maquinaria da sociedade se atribui para bem funcionar: *"autorregulação social"*. Falou-se muito do *plano*, que se teria tornado uma das formas principais do direito; do desenvolvimento, *desarollo*: a América do Sul deleita-se com esse tema.

O senhor Julien Freund perguntou-se se o direito tinha por *função* assegurar a paz, ser "irenógeno": com efeito, o direito apazigua os conflitos, substituindo a luta armada por um debate regrado, pacífico, delimitando na paz a parte devida a cada um. Entretanto, no final de seu "relatório", ele conclui no sentido contrário: o direito se mostra por vezes *"polemógeno"*. Do fato de o direito proclamar que tal homem, tal povo tem direitos, nascem violências, greves ou guerras para o cumprimento desses direitos. O direito não pode ser definido por um serviço particular que prestaria ao grupo, embora esta seja uma de suas *funções* que os sociólogos mais estimam. Freund é um sociólogo que não se deixa enredar no sociologismo.

O individualismo teve seus advogados. O professor Ruis Gimenez – um dos dirigentes mundiais da democracia cristã – fez uma arenga em favor de um misto de liberalismo e de socialismo igualitário.

Mas o mais curioso nesses congressos é que neles encontramos partidários do velho direito natural clássico. O próprio Radbruch a ele se converteu no final de sua carreira. Cotta nos explica que o fim do direito não consiste nem no serviço ao indivíduo nem ao corpo social, à paz social, ao desenvolvimento ou ao progresso (o que chamamos de fins *extrínsecos*); o fim do direito é *específico*. Um único nome lhe assenta *justiça*, que estamos prontos a entender como Aristóteles.

Em suma, não há, hoje, nenhum acordo entre os filósofos, mas pluralidade de doutrinas rivais, como sempre houve.

122. Escolha de uma filosofia do direito. Feitas as devidas reverências ao princípio de "neutralidade", este vácuo de pensamento em que se comprazem os positivistas, não devemos mais ser *neutros*. De nosso ponto de vista de jurista, cremos que essas filosofias não são *iguais* entre si.

Algumas (a maioria) têm, como pais, filósofos interessados na religião, na moral, na sociologia. Apenas uma, a que provinha da *Ética* de Aristóteles e que continua viva, foi constituída a partir da observação das realidades jurídicas. Pois apenas uma filosofia integralmente *realista*, voltada para o mundo exterior mas considerando-o em sua plenitude, é capaz de abarcar com o olhar as *relações* que formam o direito, sem fazer abstração da justiça, que o jurista não pode deixar de lado. Ela percebe o fenômeno do direito, explora seus contornos, analisa suas propriedades.

123. *Suum cuique tribuere*. Prejudica-a o fato de ser simples. Ela decorre desta muito simples e evidente observação – que um juiz no mundo em que vivemos não é Josué nem Samuel, um guia para o Paraíso, nem aquele que dita em nome de Javé as regras da *conduta* humana; nem um moralista estoico; nem o intendente dos *prazeres* dos particulares; nem mesmo o advogado da "pessoa humana"; nem o servidor dos poderes públicos, um economista, um político ou um sociólogo.

Mas um juiz é aquele que pronuncia julgamentos: tendo perante si pleiteantes que disputam um bem, ou uma dignidade, um cargo público, a reparação de um dano – ele tem por função definir a parte que cabe a cada um, *atribuir a cada um sua coisa*. Os legisladores e *juristas* são os auxiliares do juiz.

Ele visam ao justo, que significa a melhor *divisão*; todos os esforços para *reduzir* esse fim relacional a fins simples, particulares, são tantos outros fracassos. Estão ocupados com a busca da melhor *proporção* entre pessoas e coisas num grupo social.

Sem *igualdade*. Como é bastante evidente que toda civilização repousa na desigualdade – uma forte divisão das tarefas e dos modos de vida –, desembaracemo-nos da miragem idealista da igualdade. Contentemo-nos com uma *proporção*.

A *filosofia tem limites que evitará ultrapassar*.

Que proporção?, perguntarão. Não há resposta. O idealismo pretende conhecer, sem o recurso à experiência, o conteúdo da justiça, e imagina que seja a "igualdade". Não somos tão ambiciosos. Ignora-se que medida de desigualdade e, eventualmente, de igualdade (uma proporção pode ser igual) deve ser admitida na divisão entre patrões e trabalhadores, crianças e adultos, homens e mulheres. Isso depende, em cada tempo e lugar, de circunstâncias que os juristas deverão conhecer. Pois *cabe ao jurista* pronunciar as soluções de direito, e não ao filósofo.

A filosofia só apreende uma parte do Ser, o universal, uma certa estrutura permanente. Não concebe toda a justiça, porque a justiça não constitui um ser acabado que nos seria inteiramente dado, mas um esforço, uma tensão (uma *Aufgabe*).

Descobriremos mais tarde, na falta de soluções completas, pelo menos um *método* de acesso à solução de direito. Ainda não chegamos lá. Nosso propósito era discernir o *fim* do direito, do qual resulta sua *definição*.

124. Corolários. Assim, uma vez reconhecido que o direito é a arte da divisão, acrescentaremos: que ele não

DEFINIÇÕES E FINS DO DIREITO

trata de todas as espécies de *coisas*, mas apenas das coisas "exteriores" divisíveis (só se refere ao mundo do "ter", e não ao desenvolvimento do "ser", nem às mais nobres aspirações, nem às liberdades da "pessoa humana"); que o direito se exerce em certas *operações*, as distribuições, as trocas; que não poderíamos deduzi-lo de uma ideia abstrata da natureza do "homem" nem unicamente da vontade de um Estado pretensamente "soberano" etc. etc. Para mais detalhes, remontar ao que foi dito na primeira seção.

Pois a história moderna e contemporânea é a história das sucessivas andanças da ideia do direito pelos mais diversos campos – da moral, da política ou da economia –, longe de sua pátria originária. É preciso conduzi-la de volta à casa. Não sei quantas filosofias *extrínsecas* encontramos sobrepostas ao direito na segunda seção deste livro, em que se falou de Hobbes, Kant, Hegel, Auguste Comte, Marx, Ihering, Kelsen ou do decano Pound. Foi principalmente na primeira seção que pudemos nos instruir acerca da filosofia do *direito*.

Artigo II
Objeções e respostas

1º) Arcaísmo?

Uma grave deficiência. O inconveniente de nossa escolha é que ela contradiz a opinião universitária e nossa linguagem atual. Acaso no século XXI entendemos por *direito* "o que é justo", a proporção justa? Seríamos míopes a ponto de não ver que essa linguagem está ultrapassada?

Esse deve ser o sentimento da maioria dos juristas (suponho-os enfeudados no historicismo dominante; trazem também, sem o perceberem, a marca do nominalismo): a filosofia de Aristóteles era boa na época de Aristóteles – e, em seguida, não se sabe ao certo a razão, provavelmente porque as circunstâncias políticas eram análogas, ela reconquistou no século XIII uma certa vitalidade.

A história mudou. O arquétipo do direito à moda romana está em vias de desaparição. Os verdadeiros processos contraditórios tornam-se raros. A administração, a polícia tendem a ser substituídas pelos juízes, nossa própria justiça está se tornando uma espécie de administração. No lugar dos juízes, peritos. Em breve, os casos de acidentes de trânsito, de *fraude* fiscal e de pensão em caso de divórcio serão tratados por computador. E se colocará num programa de computador os interesses do desenvolvimento coletivo do grupo, e não a justiça, que não cabe nos mecanismos do computador. Agora entendemos por direito uma técnica de controle social ou a salvaguarda dos direitos do homem. Os fins que os juristas têm na cabeça são diferentes dos fins dos jurisconsultos romanos. O senhor Vedel não é Gaio.

Sobre esse primeiro ponto, três respostas:

125. Exigência atual da justiça. 1º) Não creio que a tarefa de distribuição dos bens e dos encargos seja hoje menos necessária do que era em Roma. As causas de que tratamos não são mais as mesmas. Em Roma havia disputas entre agricultores, operações comerciais entre particulares e testamentos a interpretar. O mundo atual assiste a conflitos entre divorciados pela divisão da guarda dos filhos, entre fisco e comerciantes, assalariados e donos de empresas, defensores dos grandes aglomerados urbanos e defensores da natureza, fabricantes de conservas insalubres e consumidores, Terceiro Mundo e países desenvolvidos, grandes companhias petroleiras e industriais etc. O aumento da frequência das trocas, a existência de um mercado mundial, a invenção das armas atômicas obrigam a constituição de um *direito* internacional. Outras circunstâncias, outras soluções, mas o tipo de questão posta permanece idêntica.

Considero viva, hoje, a necessidade de uma arte que "atribua a cada um o que é seu". Não podemos dizer que a Europa moderna tenha se destacado especialmente por sua preocupação com a justiça. A Europa moderna nominalista tanto sacrificou ao serviço do indivíduo – ou da nação, de sua potência, de seu enriquecimento – que negligenciou o equilíbrio das relações sociais. Certamente não faltam problemas de justiça. O direito no sentido clássico do termo tem sua razão de ser, permanente.

126. Prejuízos de uma linguagem. 2º) No que reside, pois, a novidade da arte jurídica contemporânea? Sobretudo na sua *linguagem*.

A linguagem, que articula o mundo, não é resultado de convenção. Há linguagens deficientes. Suponhamos que a palavra "justiça" – o que efetivamente aconteceu – se visse *confiscada* pelos clérigos ou por seus herdeiros, os idealistas, que dela se servissem para designar o estado de perfeição do reino dos céus ou de uma futura sociedade igualitária; ou que a palavra "direito" fosse cooptada pelos fanáticos do Estado e identificada com o conjunto das leis estatais. O sentido desses dois termos mudou. Mas a operação não se resolve sem uma perda: não se tem mais uma palavra para designar a arte de distribuir "a cada um sua parte".

Temo também que a própria *noção*, por não possuir um signo, também acabe desaparecendo; que percamos de vista esse fim; que as "Faculdades de direito" desapareçam. De fato, estas últimas estão sendo absorvidas pelas novas Universidades de Ciências Sociais e Políticas que são certamente mais conformes ao gênio do positivismo e ao serviço da tecnocracia. E hoje há um excesso de leis e pesquisas sociais, e uma grande carência de justiça.

Daí a urgência da restauração da justiça hoje enferma, restauração da autonomia de nossas Faculdades, retomada da consciência do fim do ofício do direito. E não poderemos alcançar esse objetivo sem a renovação da linguagem. Se é absolutamente preciso se submeter ao uso linguístico atual, para que serviria a filosofia?

127. Anacronismo. 3º) Admito, porém, que o réu é culpado: acaso não seria uma loucura propor a meus leitores uma fórmula condenada de antemão pelo simples fato de não ser a mais comum entre nós? Sem dúvida ela nunca o foi, nem mesmo durante a vida de Aristóteles, e muito menos durante a de São Tomás. As verdades filosóficas, apesar de sua simplicidade, pela próprio fato de serem adquiridas ao preço de um trabalho de filosofia, raramente estão ao alcance de todos; uma vez obtidas – como dizíamos no início deste livro –, revestem sempre um caráter de *precariedade*. Seu destino é cair no esquecimento. Não cessam de sofrer os ataques de outras teorias mais simplistas.

A ninguém deveria causar espanto que a má moeda se sobreponha à boa. Quando adveio a era dos *sistemas* em filosofia, o abuso das construções lógicas e da argumentação em detrimento da observação, triunfaram nas cadeiras da Universidade aquelas doutrinas unilaterais das quais a segunda seção deste livro deu uma pequena amostra. Tudo foi construído em função da virtude do indivíduo, de sua liberdade, de seus prazeres, ou do interesse da Nação, da classe, do Estado, do movimento da história. A operação foi bem-sucedida, pois não deixava de proporcionar benefícios a certo número de particulares.

Quando Hume ou Marx desnaturaram a noção de justiça *reduzindo*-a ao serviço dos indivíduos ou das classes, os sucessivos interessados não puderam deixar de aplaudir; é-lhes benéfico ver, sob a máscara das ideologias, sua causa defendida prioritariamente.

Quando o positivismo reduziu o direito aos códigos impostos pelo poder estabelecido, e o marxismo o reduziu às lutas de classe, os professores puderam brincar de bancar os cientistas; de impor ao direito os modelos das ciências dedutivas, depois os das ciências experimentais. Pode-se explicar facilmente o sucesso dessas doutrinas sistemáticas sucesso que ainda perdura. A noção de *fim* do direito clássico aristotélico tem, portanto, o defeito de não constituir nossa verdade oficial.

Mas já havíamos dito que não é vocação da filosofia ficar à reboque da opinião, e sim pôr em questão as ideias aceitas. E é seu destino arriscar-se a ser paradoxal, o que não lhe propicia os favores de todos.

2º) Esterilidade?

Segunda objeção. O sentimento profundo do leitor, supondo-o condicionado pelo ambiente tecnicista que o rodeia, é que as "causas finais" não servem para nada. *"Virgens estéreis"*. – Os melhores juristas abstêm-se de definir o fim do direito; tateiam, experimentam, entregam-se ao instinto que os levará ao melhor caminho.

Por que tantos desvios? Sabíamos, em nosso inconsciente, que o juiz pratica a justiça! Ao jurista é dado o seguinte conselho: não filosofar. Eis todo o nosso empreendimento reduzido a pó sob a acusação de *inutilidade*.

Respondo que, numa sociedade sofisticada como a nossa, bem forte seria aquele que seguisse sua inclinação natural. Precisaria ter resistido ao assédio das filosofias que pululam na literatura, no cinema, na televisão, nos cursos de direito, na própria *linguagem*. Não há meio de se livrar das más filosofias senão através de um trabalho de filosofia. Não há espíritos menos virgens de preconceitos de origem filosófica que os pragmatistas americanos.

E, em segundo lugar, não estamos mais na época de Salomão. Desde que os romanos inventaram de constituir uma ciência do direito (*jus redigere in artem*), a justiça utiliza-se de um aparato de regras e de procedimentos. Cícero observava oportunamente (*supra*, § 50) que o primeiro ato para constituir uma disciplina deve ser propor uma definição precisa do objeto dessa disciplina. Dize-me primeiro o que procuras e veremos em seguida *como* seria racional procurar tal objeto.

Toda a estrutura de uma ciência depende da ideia que fazemos de seu *fim*. Não há ciência sem princípio, quer dizer, segundo Cícero, que não pressuponha uma filosofia.

A cada grande tipo de definição dos fins e da essência do direito correspondem tantas outras teorias das *fontes* do direito, de seu método e dos sistemas *linguísticos* constitutivos da ciência do direito.

DEFINIÇÕES E FINS DO DIREITO

Conflito dos métodos

128. Que a escolha das fontes e de um método é função do fim que se busca. A maioria não tem consciência disso. São levados a seguir um método por imitação ou por obediência a seus mestres. Nem desconfiam que esse método seja uma herança do passado: que se constituiu dentro dos parâmetros de uma filosofia.

A pluralidade das doutrinas sobre a finalidade do direito engendrou uma pluralidade de métodos. Não faço mais que tocar ligeiramente no objeto que constituirá o próximo tomo.

a) Legalismo
Exegese das leis? Nosso direito continua *legalista*; ensina-se em toda parte que ele consiste no "conjunto das leis", e nossos magistrados são coagidos a vincular dedutivamente suas sentenças aos textos das leis.

Mas, se deste modo aconteceu de o direito ter-se enclausurado, para nós, num mundo de *normas* separado da realidade fatual, isso é consequência de uma *teologia*, teologia da *obediência* aos mandamentos de uma autoridade transcendente.

Acreditou-se que o objetivo da arte jurídica devesse ser *conduzir* para um *outro* mundo, a Terra prometida, o advento do reino de Deus – mais tarde, quando a Europa laicizou-se, para o *estado civil* artificial de Hobbes ou de Rousseau, para a República dos fins de Kant – para a "nova sociedade" ou o futuro mundo socialista – opostos ao *fato*, em contraste e conflito com a "natureza". Foi então preciso conceber o direito como uma criação pura do *Espírito*, contra a natureza; assim criou-se o reino de Lei.

b) Métodos científicos
Ciência dos fatos? – Os que trabalham na prática logo tiveram que sacudir o jugo do positivismo legalista; um

"conflito dos métodos" surgiu. *Methodenstreit*. Ele data, sobretudo, do início do século XX e ainda não se esgotou.

Ao império absoluto das leis opuseram-se a jurisprudência (as soluções que ela dá de fato, e muitas vezes contra a lei), o costume, os comportamentos, os regimes políticos de *fato*, o movimento da história. Essa maré de sociologismo pode levar à falência do direito, à redução do direito aos *fatos*, e esse processo levado a termo significaria o fim do direito.

A lei reveste uma figura nova. A palavra "lei" não evoca mais para nós a encarnação da Razão nem a vontade superior de um mestre transcendente ao qual deveríamos obedecer, mas, sobretudo, um instrumento de manipulação do mundo, um *"modelo"*, uma *técnica* de ação.

Como não ver, por trás do sucesso desses novos métodos, a solução original acerca do problema dos *fins* que consiste em ignorá-los, em praticar com relação a eles uma política de indiferença e de cegueira voluntária – própria ao cientificismo, porque a ciência exclui de seu domínio tudo o que não é *dado*? Tal é a herança de uma filosofia, que atingiu o apogeu em meados do século XIX, o positivismo científico.

c) Método do direito natural. Que fazer, então? Conduzir o barco de modo a evitar esses dois recifes, o normativismo e o sociologismo: o direito não poderia se adaptar nem a um método emprestado à ciência idealista nem àquele que se constituiu em vista das necessidades das ciências dos fatos. Não que seja necessário inventar alguma teoria nova: o trabalho já está feito. *Existe* uma filosofia (basta-nos reconhecê-la) que esclareceu não apenas o objeto do ofício jurídico, como a técnica que lhe corresponde.

Tudo deriva do fim: *a)* Porque o juiz não tem como ofício reger a conduta dos homens, aprendemos a distinguir as regras jurídicas da lei de conduta moral. A regra jurídica se esforça para *indicar* a parte que deve caber a cada pleiteante. Ela ajuda o juiz a cumprir sua tarefa específica: *suum cuique tribuere*.

b) Porque a divisão buscada é uma divisão *justa*, adaptada a cada situação, não é verdade que todo direito esteja representado nos textos legislativos; nem que a lei seja a única fonte, nem mesmo a fonte primeira do direito. Uma solução que não decorresse senão da arbitrariedade de um poder não teria nenhuma chance de ser aceita.

Devemos reconhecer ao direito outras fontes, fontes *objetivas*, acessíveis a todos. Considero que seria vantajoso restabelecer a antiga noção jurídica do *direito natural*, geralmente incompreendida, falsificada pelos moralistas. O imenso mérito do antigo *direito natural clássico* foi determinar o papel que cabe, na arte jurídica, à observação das realidades sociais naturais.

c) Finalmente, o *raciocínio* jurídico: devemos desconfiar dos procedimentos importados quer da moral (lógica deontológica – dedução a partir das regras de conduta), quer das ciências experimentais. Precisamos recuperar o sentido da antiga lógica jurídica da controvérsia, conhecida como método *dialético,* cuja perenidade foi mostrada atualmente pelo senhor Perelman e pela filosofia do direito da Escola de Bruxelas, e mostrar que ali se encontra a especificidade da lógica jurídica. O direito supõe que sejam escutadas e confrontadas dialeticamente uma e outra das partes do processo. E a solução nasce do choque dos discursos contraditórios, e não do raciocínio solitário de um cientista em seu gabinete.

Por quê? Porque o *objeto* buscado é *relação* entre vários homens; não poderia ser apreendido do ponto de vista unilateral que é o do indivíduo, ele nasce do *diálogo.* Os juristas romanos e os da Idade Média tinham a vantagem de dominar a arte da *dialética* e exercê-la como virtuoses.

Uma filosofia das fontes. A perda de uma definição da finalidade do direito não foi inócua. Se no século XXI responde-se tão inabilmente aos novos problemas da arte jurídica (divisão da guarda dos filhos em caso de divórcio, conflitos entre empregadores e assalariados etc.), se se demora tanto para instituir os órgãos e os procedimentos apropriados ao tratamento desses problemas de justiça, isso talvez se deva ao fato de os romanistas terem deixado de lado a *filosofia* do *corpus juris civilis*.

Conflito das linguagens

129. Que não se deve procurar em outra parte a chave da estrutura da linguagem do direito. *A linguagem do jus civile. a)* Foi primeiramente apoiando-se na análise do *fim* do *jus civile* que os jurisconsultos romanos elaboraram sua linguagem: pessoas – coisas – ações – direitos (*jura*), termo que designa *o que* nas coisas ou obrigações constitui a parte de cada um – modos de aquisição desses direitos, quer dizer, tipos de operações (ocupação – contrato – delito etc.), através das quais "nascem" esses diferentes direitos.

Essa linguagem era o reflexo do estado da sociedade romana vista por um jurista em função de seu ofício específico. Respeitando a diversidade das situações sociais reais, ele distinguia os múltiplos estatutos pessoais e as múltiplas espécies de coisas. Linguagem flexível, pronta a receber sucessivas extensões, ela foi assim adaptada sem dificuldades às condições da vida moderna, nada impedindo de substituir a lista romana das pessoas (escravos – libertos – cidadãos) pela lista correspondente de nossa sociedade atual (operários – patrões – pessoal administrativo médio – agricultores – pessoas jurídicas ...); as coisas jurídicas romanas pelas coisas do mundo contemporâneo (empresas – terrenos para construção – títulos da Bolsa).

Contágio pela moral. b) Mas nós a substituímos pela linguagem da *moral*, linguagem concebida para exprimir não mais as justas relações sociais, centrando-se, ao contrário, no indivíduo e nas virtudes ou condutas do indivíduo. Linguagem "deontológica", prescritiva, feita para ditar mandamentos, enquanto a justiça *diz* proporções. Como, por outro lado, ela tem como objetivo fazer com que os homens respeitem uma lei moral universal, é uniforme e sistemática, e ignora a variedade dos estatutos dos homens e das coisas.

Inseridos nessa nova estrutura, todos os termos mudaram de sentido. E não se entendeu mais por *obrigação*, como faziam os romanos, uma *coisa*, relação social na qual estão envolvidas pelo menos duas pessoas, mas a situação subjetiva do devedor isolado, convidado a manter uma certa conduta: conceito derivado da moral. Por *contrato*, não mais a transferência recíproca de *bens* de um patrimônio a outro, mas uma troca de *promessas*, lugar de aplicação da regra de moralidade que obriga a manter as promessas. O consentimento torna-se a essência da obrigação contratual. A *propriedade*, deixando de ser a parte das coisas que nos é atribuída especificamente, torna-se a permissão ou a "faculdade" para o indivíduo de efetuar os seguintes atos: usar, gozar, dispor da coisa conforme seu arbítrio. Direito *subjetivo*, germe dos abusos do liberalismo.

Contágio pelas ciências. c) Seguiu-se a invasão das *ciências* no discurso do direito. Em vez de tender a dizer o justo (que partes cabem a cada um segundo a justiça), a linguagem positivista se limita a relatar *fatos*: os penalistas tratam dos "desvios", ou de *"fenômenos* criminais", imitando a neutralidade dos estudiosos das ciências positivas; corariam se falassem em *crimes*, o que implicaria um juízo de valor, ou daquelas *faltas* que *mereceriam* uma pena.

Falamos uma linguagem de *forças*, de causas eficientes, de *"poderes"*: a regra jurídica é uma força, uma pressão do poder ora estabelecido; o próprio direito do indivíduo é um poder (*Macht*). A noção de poder nos obceca. Invade os tratados de direito constitucional, e até o direito de família: tende a ser representado como um sistema de domínios. Domínio do marido sobre a mulher, do pai ou da mãe sobre a criança, "dialética do senhor e do escravo". Como se não houvesse, entre marido e mulher, nada além de uma guerra para ver quem levaria a melhor e, entre pais e filhos, nada além do conflito de gerações. Creio, ao contrário, que a ordem familiar é feita de uma divisão de funções e serviços.

Não é de se espantar se atualmente toda ordem social é contestada – e que pululem os movimentos de "liberação" de todos os laços sociais ou familiares; reação bem compreensível contra a imagem insuportável de um direito opressivo, "repressivo", que se tornou um sistema de dominações.

Nunca é recomendável enganar-se quanto às circunstâncias, ensinavam-me quando eu aprendia órgão. Assim como é um erro tocar na igreja uma música de feira, não foi sem prejuízo que se falsificou o direito, nele inserindo-se a linguagem das ciências ou da moral.

Por um estudo filosófico da linguagem do direito. Espero que nos perdoem um esboço tão simplificado. Não apresentei senão uma panorâmica extremamente sumária. Já seria tempo de enfrentar a questão da linguagem do direito. Não deveríamos nos contentar apenas com estudos "científicos": não basta registrar o uso linguístico de hoje. Precisamos de um estudo *crítico* da linguagem, que quebre nossos hábitos científicos de neutralidade.

Este juízo de *valor*, que nossas ciências são incapazes de proporcionar, pressupõe um olhar de *conjunto* sobre a pluralidade das artes, a fim de que se reconheça a semântica própria a cada uma delas: um trabalho de *filosofia*, mesmo que a filosofia hoje não seja muito bem vista e os estudos especulativos tenham sido oficialmente abandonados. Libertar-nos do domínio de uma linguagem inadequada, da qual somos prisioneiros, é um dos ofícios da filosofia. Sem ela nosso discurso não cessará de mergulhar na confusão.

130. Por que estudar filosofia do direito. Neste momento, o jurista deve estar se sentindo consternado. Deve escolher entre esses métodos ou sistemas linguísticos. Eles não se equivalem, valem o que vale o fim em vista do qual cada um deles foi elaborado. Em função dos fins, são forjados os *meios* das ciências do direito. Eis algumas sementes. Os frutos estarão no segundo tomo.

TOMO 2
OS MEIOS DO DIREITO

PREFÁCIO

Este livro é a sequência do nosso *Filosofia do direito* – Tomo I: "Definições e fins do direito" (3ª edição, 1982) – do qual pressupomos que o leitor já tenha conhecimento. Não sendo este fato necessariamente verdade, farei aqui um brevíssimo resumo do conteúdo do primeiro tomo. Irei basear-me na resenha realizada por Aguillar y Morñeras na *Revista americana para las ciencias jurídicas* (1976, p. 37)[1].

I. "*Acaba de nos chegar de Paris um novo manual que não se assemelha aos modelos do gênero.*

A maioria desses manuais são compilações, cujo valor se mede pelo volume de seu índice onomástico, costume herdado da ciência alemã. A filosofia jurídica alemã, que não perdeu seu prestígio e nos serve de exemplo, além de propositalmente nebulosa é sobrecarregada de erudição. Alegro-me que da pátria de Molière e de La Fontaine venha uma coisa de menos pedante.

Não que eu duvide da extensão da cultura de Michel Villey. Seus artigos nos Archives françaises de philosophie

---

1. Gostaria de agradecer à senhorita Esperanza Carmen Bañez del Pilar, estudante no Centro de Filosofia do Direito da Universidade de Paris II, que me ajudou a revisar a tradução francesa desta resenha. Uma outra avaliação mais crítica será citada *infra*, § 250 e ss.

du droit, *a excelente* "Formação do pensamento jurídico moderno" – *e sobretudo suas melhores obras, as duas coletâneas de* "Ensaios" – *constituem prova mais do que suficiente de sua erudição. No Compêndio, esta bagagem é lançada fora. Kelsen, Hart, Alf Ross ou Hohfeld não são citados a cada página.* Villey escreve em sua "Crítica do pensamento jurídico moderno" *(p. 17) "que a vocação do filósofo é se libertar da opinião" dominante em sua época; e que, para isso, o melhor meio é apoiar-se nas opiniões mais antigas. Pois se a ciência e a técnica têm por natureza progredir, se os problemas da prática devem ser tratados em função das circunstâncias do presente, nada garante que a filosofia siga este mesmo percurso.*

Este compêndio se pretende "clássico". Michel Villey restitui-nos uma filosofia anônima, original na própria medida em que não visa à originalidade, anônima porque permanente. Este Compêndio intenta redescobrir e restaurar uma tradição.

Quem sabe? As modas intelectuais seguem um movimento de balanço. Após o triunfo dos "modernos", como dizem nossos amigos historiadores da literatura francesa, não será aberto um espaço para os partidários dos Antigos?

II. Resumo o conteúdo desse primeiro tomo. Nele são abordados os fins do direito. Não se poderia definir o direito, distinguindo-o das outras artes – a moral, a economia ou a política –, a não ser discernindo sua "finalidade". O conjunto dos meios e das noções específicas do direito, toda a ciência do direito dependerão do fim almejado.

Villey confronta "dialeticamente", acerca deste primeiro ponto, diferentes sistemas filosóficos. Nosso autor segue a ordem cronológica. Prefiro invertê-la.

1º) Uma das principais características das ciências, cujo prestígio nos esmaga, é tratar dos fins por preterição. A ciência desmonta os mecanismos da produção do direito, procura suas leis e descreve as "forças criadoras" de nossas instituições – escamoteia as causas finais. Assim, a maioria de nossos contemporâneos seria incapaz de definir o direito. Sua definição flutua ao sabor de um uso mal determinado.

Impossível, porém, não possuir um fim. Não há ninguém que não se sacrifique a tal ou qual concepção do sentido da história ou da vida...

2º) Em muitas doutrinas contemporâneas, o direito se vê posto a serviço dos interesses coletivos *da sociedade, da nação, ou do partido, da classe proletária, ou de um pretenso progresso coletivo da humanidade. É um tipo de ideologia muito difundida no século XX, associada ao sociologismo. Reduz o direito à política.*

3º) Não menos vivaz é a herança do individualismo *moderno, que provém do nominalismo. O direito tenderia a promover o bem-estar do indivíduo, sua segurança, seus gozos. "Serviço aos homens", o que poderia haver de mais simples? Os fins do ofício jurídico foram confundidos com os da economia liberal, e a* justiça *foi esquecida.*

O individualismo, porém, conseguiu construir sua própria ideia da justiça, que se torna a busca da igualdade entre todos os indivíduos, todos providos de uma mesma natureza, desejando os mesmos gozos, aspirando aos mesmos "direitos do homem".

4º) Nossa cultura ainda traz a marca da antiga preponderância da teologia cristã. A principal função do direito (particularmente o penal, mas também recentemente o direito civil) era, segundo essa tradição, conduzir o homem à virtude e a lutar contra os vícios. Também lhe é imposto um conjunto de "regras de conduta".

Com relação a esses modos de conceber as finalidades da arte jurídica, mostrando ao mesmo tempo que elas conheceram o mais vivo sucesso na Europa moderna e contemporânea, o autor é crítico; acusa-os de confundir o direito com a moral, a política ou a técnica da produção.

Segundo a tradição clássica, o jurista não é o ministro dos interesses particulares, da virtude ou do bem-estar de tal indivíduo, nem do "maior número de indivíduos", da potência ou do desenvolvimento coletivo do grupo. Nem simultaneamente de todos esses valores, o que seria associar os contrários, e perderia o sentido.

Entre *essas diferentes espécies de interesses rivais, o papel do jurista consiste em procurar a justa* proporção, *a mais adequada*: suum cuique tribuere. *Mais do que ser útil para alguém, o objetivo do direito é dividir utilidades, colocar cada uma delas no seu devido lugar, uma nuance que pode parecer negligenciável, a menos que toda a organização da ciência jurídica dependa desta avaliação.*

III. *Sobre esse ponto, arrisco um julgamento. A doutrina de Michel Villey, seríamos tentados a considerá-la, à primeira vista,* banal. – *Lembrar que o direito serve à justiça, que poderia haver de mais gasto? Após refletir, já não estou tão certo. A palavra "justiça" é equívoca. Seu sentido dominante não é aquele que evoca o sonho utópico de um futuro igualitário, de total liberdade do homem?*

Já surgiram, sobre a noção de justiça aristotélica, jamais completamente esquecida, muitas obras. Mas a maioria escamoteava essa definição do direito; o texto era lido, mesmo pelos juristas, do ponto de vista da moral. Há algo de muito novo, dentro dos limites de meu conhecimento, na análise que Michel Villey apresenta do to dikaion *de Aristóteles – esta relação justa que seria o* direito. *Não me recordo de haver encontrado em qualquer outro lugar nenhum comentário, assim centrado exatamente nesse termo aristotélico que foi traduzido por* jus *e* direito, *e que tivesse apontado que substanciais transformações de nossos hábitos implicaria o retorno a essa tradição.*

Não banal, esta análise da finalidade do direito será antes julgada paradoxal. Estamos acostumados a transformar o direito numa técnica utilitarista a serviço de interesses diversos, manipulada pelo Estado, a confundir direito e política. Ou, por reação, a ciência jurídica se limita a descrever fatos sociais. Quanto à nebulosa do "justo", o "to dikaion" de Aristóteles, ela se dissolveu longe de nossos horizontes.

Villey replica que a necessidade *da justiça no sentido de Aristóteles continua atual; que nos falta precisamente nos litígios de nosso tempo, entre o capital e os trabalhadores, a produção industrial e a proteção da natureza, as finanças públicas e a medicina etc., a antiga técnica da justa arbitragem. Seria precisamente uma lacuna de nossa cultura jurídica ter-se distanciado desta filosofia...*

Que terão pensado os leitores? Sem dúvida, não veem a necessidade de o direito possuir uma "causa final", nem que a definição desta seja indispensável. Não lhe sentia a falta até este momento. – Mas nosso eminente colega de Paris anuncia que, após ter-se aplicado no primeiro volume a determinar os fundamentos, "os frutos estarão no segundo tomo": uma metodologia do direito. Ficarei na expectativa dos frutos.

Joaquin AGUILAR Y MORÑERAS

Irei decepcionar meu eminente colega de Lima. Também aqui ele não encontrará nada de útil. Escrever uma *metodologia*? Seria uma presunção de minha parte. Modesto professor internado em seus livros e salas de aula, não me sinto competente para ensinar aos que trabalham na prática como exercer sua profissão. Cabe a eles instruírem-me.

Mas eles não conseguem explicar-se bem. Há uma arte de ler a prática cujo segredo a maioria dos que nela trabalham parece desconhecer. Intervêm os professores: os metodólogos do direito – epistemólogos – lógicos. É sua função teorizar e tornar claros os métodos dos juízes e de seus auxiliares, classificando-os em diversas categorias gerais encontradas já prontas na cultura comum de seu tempo.

Nosso propósito será operar a *crítica destas categorias*. Desculpo-me, assim de uma vez, por todas junto ao leitor:

1º) Não serão abordadas neste compêndio senão noções muito *elementares*. A filosofia deixa aos especialistas de cada ciência os detalhes específicos. Ela trata das fundações.

2º) É verdade que essas fundações são sempre *antigas*; que os conceitos mais generosos sobre os quais repousam as teorias jurídicas contemporâneas são uma herança: dos tempos modernos, da Idade Média ou da Antiguidade. O século XX pouco contribuiu para eles. Como não me agrada que as árvores me ocultem a floresta, insistirei menos na literatura recente.

Pois é também esta a condição da filosofia: às formas do pensamento presente, que tem por missão discutir, ela deve confrontar outras e tomar certa distância das opiniões de hoje. Ela é crítica de nosso tempo, ao qual a verdadeira intenção deste livro é opor uma *tradição*, já fora de moda; o que comporta certos riscos.

PREÂMBULO
Uma orientação através das literaturas

131. Objeto do livro. O primeiro tomo abordou o *fim* do ofício do direito. Parece-nos que o fim do direito permanece justamente definido pela célebre fórmula romana: *suum cuique tribuere*. O juiz tem por função atribuir a cada um dos pleiteantes a parte que lhes cabe. O direito trata da atribuição ou "distribuição" de bens, dívidas, honras, funções públicas, competências, esferas de atividade, disputados perante um tribunal (§ 123). Ele é o lugar no qual se exerce por excelência a "justiça distributiva", atividade da qual a "justiça comutativa" não constitui senão um anexo (§ 44).

Segundo tomo. – Trataremos agora dos *meios*, dos caminhos a serem seguidos para se encontrar a justa divisão, inventar a solução de direito: o que nas obras alemãs de metodologia é chamado de *"Rechtsfindung"* ou *"Rechtsgewinnung"*.

Certamente existe um método de invenção do direito, e sem dúvida muitos magistrados, guiados pelo legislador, praticam-no espontaneamente, de modo quase instintivo – ainda que lhes aconteça também julgar de modo equívoco, por rotina, e que não faltem leis malfeitas. Em todo caso, não me cabe ensinar-lhes o próprio ofício nem o modo de tornar a justiça mais expedita, como seria desejável. Cabe a mim unicamente compreender.

Não tenho certeza de que disponhamos *para esse propósito* de guias excelentes. Segue um panorama das principais espécies de obras que nos são oferecidas.

Artigo I
Catálogos de textos

132. As leis e suas consequências. Abro um manual de direito civil. Os tratados de direito civil incluem, na introdução, alguns elementos de metodologia.

Em geral, são poucos. O mais das vezes, sob a rubrica usurpada de "fontes" do direito, encontramos uma lista das *normas* que o jurista aplicará: os Códigos, as Leis subsequentes e seus complementos, entre os quais devem-se contar as decisões de jurisprudência. Uma página sobre o costume, eventualmente sobre a "doutrina", os "princípios gerais do direito", concebidos como "induzidos" dos textos "positivos".

Pois, segundo a opinião comum, o jurista é o homem das leis, encarregado de aplicá-las, segundo a Doutrina da Separação dos Poderes da Revolução de 1789, ainda vivaz, persistente. Uma de nossas colegas, professora de direito do trabalho, lamentava recentemente que o ensino se reduzisse a inculcar nos estudantes uma massa de textos legislativos e regulamentares, cuja quantidade vem se tornando esmagadora.

Daí as esperanças hoje postas na *informática*, que simplificaria o trabalho. Alimentaremos o computador com esta maré de leis e de decisões de jurisprudência... cientificamente classificadas, reescritas numa linguagem artificial. E talvez assim, se acrescentarmos em seguida os casos específicos que deveriam subsumir-se às "normas" positivas do direito, e inserirmos em seu programa certas leis lógicas, ele possa cuspir as soluções.

133. Hierarquia das normas. A desgraça é que este conjunto é formado por textos cada vez mais disparatados e contraditórios, à medida que se acentua a hipertrofia legislativa. Impossível descobrir, para cada caso, uma única solução a partir de textos contraditórios.

O remédio será instituir entre eles uma ordem hierárquica. Segundo a doutrina política do contrato social, a lei é soberana, e a legislação supostamente constitui um todo coerente. As leis novas anulam as antigas. A lei constitucional prevalece sobre as leis ordinárias, as próprias leis sobre os decretos e as portarias ministeriais.

Quanto às decisões de jurisprudência, estas se subordinam à lei. O mesmo acontece com o *"costume"*, "fonte supletiva".

Não creio estar caricaturando os ensinamentos normalmente encontrados no capítulo introdutório de nossos manuais. Eles expõem, *grosso modo*, esta imagem das "fontes do direito", especialmente da função da jurisprudência. O legislador teria dado ao juiz o mandado de completar, de prolongar a lei, delegando-lhe a competência de criar "normas" suplementares, o que foi chamado "poder normativo" do juiz, a título subsidiário e subordinado. Essa subordinação provém particularmente da famosa doutrina de Kelsen sobre a "formação do direito por graus", doutrina que responde às necessidades do positivismo legalista, necessidade de certeza e da ordem.

134. Exame crítico. Tal parece ser a ortodoxia das faculdades de direito, na qual, de fato, ninguém crê.

Basta considerar o exemplo da *jurisprudência*. Em que consiste hoje a jurisprudência? Ela não se apresenta sob a forma de regras gerais; não existem mais "decisões de regulamento". É por pura *ficção*, para salvar nossos preconceitos normativistas, que nos vêm às vezes falar do "poder normativo" do juiz (pretenso poder de promulgar normas gerais), e que as decisões de jurisprudência são consideradas leis de espécie inferior.

Igualmente fictício é o princípio da soberania das leis. Se atribuímos tal importância às "fontes jurisprudenciais", é porque se *chocam* com as leis. A responsabilidade civil é estudada quase que exclusivamente com base no costume judiciário, que rompe com as soluções do artigo 1382, tal como o entendia Portalis. As verdadeiras intenções do artigo 544 (sobre o direito dos proprietários) não são mais respeitadas em jurisprudência. A lei penal punia com pesadas penalidades as mulheres culpadas de aborto, mas os tribunais se abstinham de processá-las.

Que uma "jurisprudência" exista, independentemente dos textos das leis – ao menos, que ela seja um produto puramente arbitrário, indigno de servir de modelo –, demonstra a independência do direito relativamente aos textos legislativos. O juiz faz mais do que obedecê-los. E, para começar, ele deve *escolher* numa massa de textos que não compõem de modo algum uma "ordem unitária" e *interpretá*-los, ou seja, eventualmente corrigi-los.

Além de fornecer um catálogo de textos, uma "metodologia" do direito deveria explicar a maneira de usá--los. Conviria ensinar ao juiz em que medida seguir a lei, e em qual caso desconsiderá-la; qual sua função e seu grau de autoridade. Quanto a esse ponto, os manuais são mais ou menos mudos. O remédio nos é fornecido sem *bula*, o que pode torná-lo nocivo.

Na verdade, essas páginas introdutórias sobre as pretensas "fontes do direito", vestígio da antiga filosofia do positivismo legalista, não passam de um ornamento, de uma fachada, de um pórtico falso mascarando o edifício real. Que não lhes peçam para expor os verdadeiros métodos do direito, manifestamente menos simplistas.

135. Para além dos textos. O defeito desse primeiro grupo de obras é sua singular *miopia*. Pretendendo instruir-nos sobre as fontes do direito, restringem-se a abordar os textos. Os textos não são fontes. Os textos são *resultados*. Têm uma gênese, são o produto do trabalho de invenção do direito (*Rechtsfindung* ou *Rechtsgewinnung*), assim como a "jurisprudência".

Se não tivermos a vista assim tão curta, devemos lançar nosso olhar para além dos textos; até as *fontes dos textos* positivos, fontes primeiras, verdadeiras, das quais procedem ao mesmo tempo as leis e as decisões de jurisprudência; e questionar-se acerca de suas origens. Assim tomaremos ciência do sentido, da função dos textos, e talvez nos tornemos capazes de medir sua autoridade.

Artigo II
Teorias sobre as fontes do direito

136. Das teorias gerais do direito. A literatura é muito abundante, mas menos familiar para o público francês. A ciência francesa nos parece aqui à reboque do estrangeiro.
Sobretudo da *Alemanha*. Transportemo-nos ao século XIX e ao início do século XX, época em que a Universidade alemã era hegemônica. As Faculdades alemãs, no interior da Universidade, ainda se nutriam de filosofia, enquanto na França Napoleão só previra para os juristas escolas profissionalizantes.

Nessa época, os alemães produziram uma profusão de "teorias gerais do direito", de "Doutrinas do direito" e princípios gerais do direito; mergulharam voluptuosamente nos problemas de método (*Methodenlehren*). O primeiro foi o de Savigny em 1803. Foram explorados nos outros países da Europa e na América, onde foram ampliados.

O leitor poderá se informar a esse respeito consultando os livros de Larenz (*Methodenlehre der Rechtswissenschaft* 1960), de Wieacker (*Privatrechtsgeschichte der Neuzeit*, 2ª edição, 1967), ou os manuais recentes de história da filosofia do direito (por exemplo Fasso, t. III, traduzido em francês).

Agora, trataremos dos grandes sistemas metodológicos, bem mais completos que os magros dados de nossos manuais, porque indo além dos textos eles se esforçam para identificar suas fontes "suprapositivas".

A partir das *fontes*, pode-se logicamente discernir quais normas escritas devem figurar no catálogo; avaliar sua autoridade; entender sua função; esclarecer seu sentido; e constituir métodos de *interpretação*. Se a lei apresenta "lacunas", ou se só parece investida de uma autoridade condicional ou problemática, estará justificado o recurso a outros instrumentos na invenção da sentença. Assim foram construídos os sistemas de metodologia do direito.

137. Leque de doutrinas. O caráter mais visível desta literatura é sua total falta de unidade. Assim, os autores alemães têm o hábito de atribuir-lhe o nome de *"Methodenstreit"*: conflito dos métodos. Houve uma série de polêmicas universitárias, que não parecem ter gerado nenhuma *communis opinio*.

Encontramos nesse magma teorias contraditórias:

1º) O já comentado sistema, do *positivismo legalista*, mas desta vez fundado logicamente nas *fontes* das leis ou nas suas pretensas fontes: a saber, o *Contrato social*, que teria resultado do consentimento de indivíduos considerados naturalmente livres; dele decorrerá o monopólio das leis estatais, das quais a "jurisprudência" será apenas a aplicação e o complemento. Esta teoria é herança da filosofia política inglesa do século XVII (Hobbes e Locke) e francesa (Rousseau). A doutrina alemã incorporou-a, na esteira de Kant e de Fichte.

Uma versão diferente, que teve grande fortuna, foi a do inglês Austin, inspirado pelos autores alemães. Método rigoroso de *exegese* dos textos, cuja irrealidade acabamos de mostrar.

2º) Variante, também ela herdada da filosofia moderna, mas especialmente da chamada Escola do *"direito natural"*. A fonte do direito seria a *Razão*, uma Razão universal, considerada comum a todos os homens, da qual se inferiria o conteúdo das leis, sistema raramente defendido no século XIX; mas após um período de eclipse, seu retorno perturba o jogo do legalismo tradicional. É verdade que se acusa também esta fonte de ser estéril.

3º) Por reação (as doutrinas universitárias são fabricadas pela negação dos sistemas dos predecessores, segundo o processo que Hegel chama de *dialética*), surge o *positivismo científico*. Ele é o oposto do racionalismo, rejeita as teses da Escola do direito natural e o mito do Contrato Social; engendra uma nova espécie de "positivismo jurídico", que não deve ser confundido com o legalismo inicialmente designado por essa palavra (§ 113).

Os textos que formam o "direito positivo" são os impostos pelo costume (Savigny-Puchta) ou pela força do poder estabelecido; as leis "reconhecidas" em média pelo grupo social, consideradas como efetivas.

Por que então se ater às leis? De fato, as sentenças dos juízes muitas vezes contradizem a lei; se dobram às circunstâncias, são a resultante de uma *luta* de interesses (Ihering). Pautam-se pelas crenças que podem vigir no grupo ("revolta dos fatos contra os Códigos"). Apoiando-se, quando necessário, nas pesquisas de seus sociólogos, o legislador no final das contas se pauta pela opinião comum. Acima dos textos, é preciso colocar, de agora em diante, os *"fatos sociais"* constatados pela sociologia jurídica ("fundada" no início do século XX pelo jurista austríaco Ehrlich).

O juiz segue suas intuições, seus instintos, seus preconceitos de classe. A ciência obriga a reconhecer a autonomia da "jurisprudência" e a liberdade de que goza o juiz com relação às leis (Escola do direito livre). Método certamente novo, a menos que se trate antes de uma total ausência de método e da renúncia do direito a mudar alguma coisa no curso das coisas.

4º) Se o direito não passa de um anexo da sociologia, seria melhor, no final das contas, transformá-lo, mais do que numa ciência, numa *técnica*. (§ 120); um instrumento de "controle social", inventado visando ao bem-estar dos particulares ou do grupo, como haviam pressentido Bentham e o utilitarismo inglês. Na Alemanha, na época do *Methodenstreit*, este foi um dos temas de Philippe Heck ("Jurisprudência dos Interesses"). Desde então esta filosofia expandiu-se enormemente, ganhando dos Estados Unidos...

As leis vão ser instrumentos a serviço de uma política, deles se exigindo que sejam "funcionais". Outro método de interpretação "teleológico", outra lógica judiciária. Se as leis se revelam pouco eficazes para conduzir ao fim almejado (nova espécie de "lacunas", segundo a análise de Heck), são preteridas em favor do instrumento da jurisprudência ou em favor de outras medidas, administrativas, preventivas, pedagógicas, políticas (§ 119).

O jurista se torna "engenheiro" e poderia lançar mão de um "método experimental", imitado da grande indústria. Num aeroporto, por exemplo, tudo é testado, o sorriso e a voz das recepcionistas e a profundidade das poltronas, o fundo musical, para proporcionar aos passageiros conforto, descontração e lucro para as companhias. Com base nesse modelo conviria a partir de agora fabricar o direito.

O princípio do direito é um *objetivo*, em função do qual são propostos os meios mais eficazes. E infelizmente o objetivo pode ser definido de maneira equivocada: pois, se temos alguma ideia do objetivo projetado pelos construtores de um aeroporto, o ofício do juiz consiste em arbitrar entre os interesses dos pleiteantes, e não em ordenar meios e pô-los a serviço de um objetivo predeterminado; ele deve escolher *entre* objetivos. Não acreditamos que o direito seja uma indústria e, consequentemente, nas virtudes desse método.

Após havermos traçado uma breve síntese dos quatro principais produtos da metodologia alemã, não sentimos que tenhamos avançado muito. Eles compõem um leque de sistemas *contraditórios*, pluralismo que convém mal ao gênero metodológico. Um método é *um* caminho (*odos*), e deveria indicar *um* itinerário. A literatura alemã nos deixa, ao contrário, divididos entre direções opostas.

138. Ecletismos. Quis esboçar as quatro principais construções metodológicas, fabricadas logicamente, partindo do princípio ou da "fonte" da ciência do direito para daí deduzir o método.

Nenhum desses sistemas mostrando-se sustentável, não restava aos professores senão fazer uma mistura, um *coquetel* de voluntarismo, racionalismo, cientificismo, tecnicismo – corrigindo os excessos de um com uma pitada de seu contrário.

Ecletismo alemão – Já o *Pandectismo* – que durante muito tempo representou a ortodoxia universitária alemã, em torno do qual e contra o qual elevou-se o *Methodenstreit*, oferece esse caráter de amálgama. Nasceu com Savigny, autor de uma primeira metodologia, e de seu contemporâneo Puchta, desenvolvendo-se até Windscheid e desembocando no *Allgemeiner Theil* ou Introdução geral do Código Civil de 1900.

É difícil analisá-lo, porque reúne princípios contrários. Conserva muito do positivismo legalista (*Gesetzespositivismus*), exalta o culto da lei. Mas não mostra muito claramente de onde procede a lei: talvez de um Estado constituído com base no Contrato social, a menos que se trate de uma potência de fato; ou que as leis sejam induzidas dos costumes mutáveis do povo, tais como constatados pela história. A Escola histórica do direito e as obras do jovem Savigny, ainda romântico deixaram sua marca no sistema.

Consequência: o direito é também obra da *"ciência"* dos professores, que têm como ofício "construí-lo" e conferir-lhe a forma de uma "dogmática" homogênea. Admite-se que as regras de direito devam constituir um "sistema" plenamente coerente, o que Windscheid acredita explicar pressupondo que o legislador seria "racional". O Pandectismo conserva muito do racionalismo da Escola do direito natural, apesar de Savigny tê-la atacado. Filosoficamente, o Pandectismo é um produto bastante confuso.

F. Gény. A mesma observação pode ser feita sobre a obra de Gény, o mais célebre dos metodólogos franceses, mas que explorou sobretudo os autores alemães – alega também outras leituras, de filósofos, que lhe foram bastante inúteis. Leu tudo sobre a Doutrina alemã: Savigny e os Pandectistas, todas as polêmicas do *Methodenstreit* – os promotores de uma reação "antiformalista" –, Cathrein ou Stammler, partidários de um retorno ao Direito natural – Ihering ou Ehrlich, a Escola do direito livre etc.

Junta-os não sem alguma arte. Gény é o exemplo acabado do gênero *eclético*. Permanece aparentemente fiel ao dogma da soberania da lei. Mas, percebendo que esse dogma é inaplicável, toma o cuidado de juntar à lei outras "fontes" pretensamente "supletivas"; empresta de Savigny a ideia de que, para além dos mandamentos do legislador, os juristas têm uma tarefa própria de "construção" sistemática; de Ihering, Ehrlich, Philip Heck, a ideia que devem considerar o "dado científico" real; e da Escola do direito livre, a ideia da "liberdade" do juiz: a "pesquisa científica" é "livre". Ressuscita o direito natural, "o irredutível direito natural" – "dado ideal".

O conjunto constitui uma mistura aceitável para os juristas, que serviu como um útil antídoto para o legalismo da Escola da exegese. Mas de uma extrema incoerência: entre as fontes opostas que Gény justapõe, como o juiz deveria escolher? Acaso poderíamos nos ater à ficção que a lei seria sempre soberana, e as outras "fontes", apenas supletivas? Como *interpretar* a lei? Em quais casos lhe ser infiel? Quando deveremos usar a "livre pesquisa científica", o "dado científico real", as pesquisas sociológicas? Ou então o "dado racional", o "dado ideal", os princípios do "direito natural"?

Dizíamos das teorias ecléticas acerca do *fim* do direito (§ 108): o ecletismo não resolve nada. Quando contratamos um guia exigimos que nos indique o caminho a ser seguido, não várias estradas ante as quais ficamos no embaraço da escolha.

As superabundantes produções da metodologia alemã compiladas por François Gény não parecem ter gerado frutos substanciais.

139. Extrinseísmo. Todas essas "teorias gerais do direito" esforçam-se para formar *sistemas*, marca de uma cultura excessivamente acadêmica, como foi a cultura alemã do século XIX. Criticamos o fato de serem forjadas a partir de premissas inadequadas. Para muitos de nossos contemporâneos, fazer filosofia do direito consiste em impor ao direito as filosofias da moda (§ 17). Ora, desde o século XVII, os grandes sistemas de filosofia geral tiveram como autores, sem exceção, cientistas ou moralistas desprovidos de qualquer experiência de direito. Como Descartes, Locke, Rousseau, Kant, Hegel, Auguste Comte e os filósofos do século XX. Sua visão de mundo reflete essa carência; deixa na sombra, invisível, a originalidade do direito.

Por essa razão, o direito confundiu-se com a moral, a política entendida à maneira de Hobbes, a economia liberal, a sociologia ou a história. Surgiram noções falaciosas do objeto do direito no seio desses sistemas de filosofia que chamamos de *extrínsecos* (§ 122). Não é de se espantar que o erro relativo ao fim do direito repercuta sobre os *meios*; e que os autores das "teorias gerais do direito", cada qual seguindo seu modelo filosófico preferido, tenham atribuído como fonte do direito: no positivismo legalista, os mandamentos do poder – na Escola do Direito natural, os preceitos morais da Razão – no sociologismo, os fatos –, a menos que tomem seu modelo de técnica da indústria.

140. Libertar-se das teorias. É chegado o momento de sacudir a ascendência das filosofias extrínsecas; de repensar o método do direito extraindo-o da *experiência* particular dos juristas. Não afirmei que esse esforço não tenha sido feito.

Artigo III
Eclosão das lógicas do direito

141. Epistemologia do direito. Há cerca de trinta anos, a metodologia do direito desvencilhou-se dos sistemas do século XIX. Segundo a fórmula de Husserl, ou sob a nova hegemonia da cultura inglesa e americana, está se operando uma "volta às coisas". Inspirados por Capograssi, teóricos do direito italiano agruparam-se sob a bandeira da *"experiência jurídica"*, que se propuseram a analisar imediatamente. Nada mais corriqueiro do que a *epistemologia*. Também não nos faltam trabalhos acerca da epistemologia do direito. Os melhores (no que concerne ao direito na Europa continental) continuam sendo, a nosso ver, os livros alemães: de Viehweg, Engisch, Esser, Zippelius, Martin Kriele, *Theorie der Rechtsgewinnung* (2ª edição, 1976), dos quais lamentamos que não exista tradução francesa. Publicam-se muitos livros italianos. Uma equipe de juristas *belgas* explorou minuciosamente, sob a direção de Ch. Perelman, os comportamentos judiciários.

Como não há grandes diferenças entre a arte do direito europeu e a técnica da *Common law*, poderíamos também remeter a textos americanos (como os de Cardozo,

Llewellyn), escandinavos, ou à síntese do australiano Stone etc.

A tendência contemporânea já não é construir uma doutrina das fontes ou métodos do direito tais como "deveriam ser" em função de princípios preconcebidos, como fizeram Savigny, Ihering ou Kelsen – , mas de analisar os comportamentos normais dos juristas tais como realmente são.

142. Busca de uma lógica específica do direito. A maior parte desses estudos exibe o rótulo de *lógica* do direito. Por quê? Porque, sindicalizados ou não, os juristas não têm a honra de serem trabalhadores manuais. O ofício do direito é *intelectual*. O direito é forjado a força de discursos.

Segundo a análise dos filósofos gregos, começa-se a falar de direito quando as partes não estão de acordo – (ou, no caso do direito criminal, quando um particular não concorda com a cidade); neste momento surgem os processos. Antes da lei vem o processo. O direito nasce no momento em que os homens envolvidos num conflito, em vez de resolvê-lo pela força, recorrem à *palavra*; quando a palavra é estabelecida no círculo dos homens, torna-se "meio" da paz e da ordem (Aristóteles).

Encontramos em Ésquilo uma imagem da origem do direito: Orestes, tendo matado sua mãe, Clitemnestra, para vingar o pai, vagou durante muito tempo, perseguido, por sua vez, pelas Erínias. O caso se resolve nas Eumênides pela instituição do direito, que será o dom de *Atenas*. Ela decide constituir o tribunal do Aerópago, no qual vai ser discutido o caso, escutando-se os discursos de defesa das partes e de seus advogados; ao final desta controvérsia será obtida a decisão: Orestes absolvido pela maioria das vozes.

O berço do direito foi a Retórica (ciência da palavra). Durante muito tempo permaneceu viva a ligação entre essas duas artes. Na Roma clássica, Cícero achava natural escrever seus Tópicos para o uso dos jurisconsultos. A arte de disputar, de controverter e de extrair a decisão da controvérsia está no coração do método do direito. Também as leis, meio tardio e não necessário (há litígios que se resolvem sem o recurso à lei), são discursos e produtos de discursos.

Colocaremos no primeiro plano das exposições sobre metodologia jurídica alguns dos livros publicados com o título de lógica do direito, ou, de modo mais geral, aqueles que tratam do "pensamento jurídico" (Engisch, *Einführung in das juridische Denken*, 3ª edição, 1971); da "linguagem do direito", de sua sintaxe, do "discurso do direito".

143. Um plano de estudos.

1º) É por aqui que devemos começar, invertendo a ordem de nossos manuais, que começam pelo resultado (textos positivos pretensamente completos e dados, como se também eles não fossem o *produto* de uma série de discursos). As controvérsias entre advogados ou jurisconsultos são o objeto primeiro e central que teremos que observar.

2º) Somente a lógica não basta, senão o discurso giraria em falso, num mundo de palavras, irreal. É verdade que isso acontece no meio universitário. Em princípio, é melhor que as palavras ancorem-se em alguma *coisa*.

Mas a melhor via para reconhecer o discurso é observar o próprio discurso. Através dele alcançaremos as *fontes* naturais do direito.

3º) Em última instância, os efeitos: a constituição de sentenças ou de leis escritas. Teoria do *direito positivo*.

144. Contradições das lógicas do direito. Mas, assim como sobre as fontes do direito entrechocavam-se teorias múltiplas e contraditórias, também entre os lógicos do direito grassava a discórdia.

Citei há pouco algumas obras sobre o raciocínio jurídico: de Viehweg, Engisch, Perelman. Mas é um conteúdo radicalmente diferente que encontraremos nos tratados de Ziembinski (*Pratical Logik*), Klug (*Juristische Logik*), García Máynez, Weinberber, Tamello, George Kalinowski (*Introduction à la Logique juridique*, 2ª edição, 1978) etc.

A palavra *lógica* é equívoca. Ela designa, etimologicamente, o estudo dos discursos (*logoi*). Ch. Perelman, o mestre da Escola de Bruxelas, sob o nome de "Lógica do direito", considera as operações discursivas específicas do direito. Mas, na significação tornada hoje habitual, a lógica constitui uma ciência mais especializada: ela se limitaria ao estudo desses argumentos, que partindo de premissas dadas conduzem a conclusões necessárias. Ela seria, sobretudo, a ciência e a arte da *dedução*, ensinando as "leis lógicas" desta última. Como essas leis da dedução têm valor universal, como se trata de uma lógica comum, os juristas também a utilizam. Particularmente se pressupõe que as sentenças se deduzem das leis.

Deve-se ensinar aos juristas a arte da dedução, os traços originais que esta exibe no direito. Os textos de direito, em vez de descreverem fatos existentes, de serem simplesmente "constatativos" – como os das ciências naturais –, teriam como função prescrever condutas aos que estão submetidos à justiça; obrigar, permitir, proibir. Quando as premissas são normativas, vão intervir modelos particulares de dedução: "lógica ontológica". Disso é formada a matéria de grande parte dos tratados da chamada "lógica do direito", por exemplo o de G. Kalinowski.

Mas queremos lembrar que as obras citadas há pouco (como a de Ch. Perelman, apresentada sob o mesmo título) tinham um conteúdo diferente. Apresentavam técnicas de controvérsia, de refutação, de "argumentação".

Os especialistas contemporâneos da lógica do direito nos oferecem de fato o espetáculo do mais total desacordo. Também nesse ponto nossos guias divergem e nos deixam na incerteza. Como escolher e decidir se a solução deveria ser obtida dedutivamente a partir dos textos de leis, ou de um modo completamente diferente?

145. Para além das ciências. Não serão os lógicos que nos tirarão da ignorância. E talvez estivéssemos errados, no início do capítulo, ao dar crédito a essas produções da ciência contemporânea cujo orgulho consiste em apoiar diretamente na "experiência", pois não há experiência sem *a priori*; os cientistas só observam *através* dos pressupostos, dos conceitos, de uma linguagem dada de antemão.

Para que os lógicos entrem num acordo sobre o conteúdo da lógica do direito, precisariam em primeiro lugar se entender sobre o sentido da palavra *direito*. Esta designa um estado de coisas tal como deveria ser, em virtude de normas ideais? O direito seria "o conjunto das leis" e suas consequências? Ou designa um fato, o comportamento dos juízes e daqueles que se submetem à justiça? Eis um problema prévio à construção de um método ou da lógica do direito que a lógica não resolverá.

Como toda ciência particular, a lógica jurídica funda-se em princípios dos quais depende. Pressupõe alguma ideia dos *fins* específicos do ofício do direito. E mesmo não há nenhuma lógica que não dependa de uma ontologia, de uma certa concepção do ser, das relações das "palavras" com as "coisas", de uma teoria do conhecimento. A lógica não é autônoma.

Para superar as disputas entre os lógicos, precisamos olhar para além da lógica; precisamos nos elevar àquela disciplina "arquitetônica" que fornece às ciências suas definições, seus fins e técnicas; desfrutar da filosofia.

Artigo IV
Filosofias

146. Raízes esquecidas. E se todas essas contradições e impasses, e esse fracasso da teoria contemporânea proviessem dos preconceitos que, em matéria de *filosofia*, nossa educação nos impõe, e que temos preguiça de questionar?

O positivismo legalista é herdeiro da Doutrina *política* do Contrato social, sustentado pela Europa liberal. Por trás dos mais recentes projetos de transformar o direito numa espécie de sociologia está a ideia marxista de que a história caminha, que o sistema do capitalismo será substituído por uma nova ordem e que o bom jurista militará para que o direito se adapte ao movimento da história.

Esses empréstimos feitos à política estão entre aqueles que são eventualmente discutidos ou postos em evidência. Há princípios mais ocultos. Por que aqueles que sustentam o legalismo ou a lógica "ontológica" consideram um evidente pressuposto que o direito seja um sistema de regras "de conduta"? Por que Kelsen encerra o direito no mundo do *Sollen**, enquanto seus contraditores,

---

* *Sollen*: dever ser (N. T.)

sociólogos ou realistas, situam o direito no mundo dos fatos e fundam sua metodologia na observação do procedimento real dos juristas? Os conceitos de *"Sollen"* e de *"Sein"*, ser e dever ser, fato e direito, provêm da filosofia.

147. O jugo da linguagem. Mas os fundamentos de seus sistemas, os juristas não se preocupam em problematizá-los, abstêm-se de "tematizá-los". São prisioneiros de uma *linguagem* previamente aceita em seu grupo, que os força a fazer do "direito" um conjunto quer de regras, quer de fatos sociais, prisioneiros da separação entre as normas e os "fatos".

A linguagem de seu grupo é algo sobre o que só se discute excepcionalmente. Ela é norma comum, está acima do capricho dos particulares. Para persuadir, ser compreendido e se comunicar, somos obrigados a dar às palavras, de um modo geral, o mesmo sentido que recebem em nosso círculo. Assim acontece na vida prática. Por isso não se pode esperar dos que trabalham na prática, nem pedir a eles, que se libertem de seus princípios e nem mesmo que tomem claramente consciência deles.

A filosofia discute a linguagem. Faz mais do que discuti-la: abarcando o todo, esforçando-se para articular o todo do mundo e conferindo um sentido preciso aos termos que designam os elementos desse mundo, acaba por constituir diferentes *sistemas linguísticos,* no interior dos quais trabalham os construtores das ciências do direito. *Sistemas* redutíveis a alguns poucos.

Não precisarei penetrar (o que seria uma tarefa infinita) no pensamento de cada filósofo. Para as necessidades particulares da filosofia do direito bastará reconhecer os três ou quatro tipos principais de organização do mundo aos quais conduz o trabalho da filosofia, e que tiveram repercussão na teoria jurídica. É neste ponto de *intersecção* entre a filosofia e o direito que serão descobertas as raízes e a explicação de nossas principais metodologias.

148. Duas terapêuticas. Mas esta obra não se pretende apenas descritiva. Intenta descobrir a filosofia mais apta a compreender o método do direito.

Assim como Diógenes, com sua lanterna, procurava um homem, deveremos *procurar* uma filosofia, não adular a opinião dominante. A filosofia que se limita a remoer nossos hábitos não vale sequer uma hora de trabalho.

Que irei opor-lhes? Os sistemas hoje em voga, cujos autores são tão alheios à experiência jurídica quanto o foram os filósofos dos dois últimos séculos? Já disse não ter nenhuma simpatia por eles.

Duas vias são possíveis para sair das contradições. A primeira consiste em acumulá-las e empreender sua "síntese", como diz a lógica de Hegel; progredindo por sobre e para além da obra de seus predecessores, por uma espécie de fuga para adiante.

Iremos procurar uma resposta às aporias contemporâneas, não nos voltando para a frente, mas para trás, na *tradição* clássica da Europa. Não é o procedimento mais corrente.

> ...Oh, cruéis revezes da tecnocracia!
> Nada mais importa sob Giscard além da eficácia
> Nada se ouve na Faculdade
> Além de negócios, de "carreiras",
> Econômico-gestionárias
> De direito público, de direito privado,
> Jornalismo, e muito palavreado...
> A história é deixada de lado
> Reduzida à impotência e fadada ao desemprego[1].

Considerando que, ao contrário das técnicas e das ciências modernas, nada permite presumir que a filosofia progrida, recorreremos à história.

---

1. Cartaz afixado no mural da Universidade Paris II em 1978.

149. Fundação do direito. Ora, deveremos abordar a história romana: o que chamamos de direito é criação dos romanos. Em Roma, perto do final da República, época em que a elite se deixara seduzir pela cultura grega, foram construídos os primeiros tratados de *Jus civile* e lançadas as bases de uma ciência do direito pela primeira vez autônoma e consciente de seus princípios; Cícero, bom observador desse fato, relatou a invenção desta "arte" analisando seus princípios (§ 50).

Essa raiz continua sólida. A não ser que consideremos apenas alguns de seus fragmentos ou trechos isolados, as teorias do direito moderno derivam sempre, de algum modo, da tradição romana. Após as sucessivas ondas de "renascimento do direito romano" que marcaram a Idade Média, o século XVI, a Alemanha da época de Savigny, acaso devemos excluir que no futuro se produza um novo retorno a essa tradição clássica? Não às soluções do *Corpus juris civilis* – inadaptadas à nossa época, mas ao *método*, aos *princípios*?

Eles foram gerados por uma filosofia, filosofia apropriada às necessidades da arte jurídica, contrariamente às doutrinas de Descartes, Hobbes ou Kant, porque nutrida com a observação da vida comum; comportando uma definição precisa do *fim* do direito (*suum cui que tribuere*); ela delimita para o jurista o domínio que lhe é próprio, bem distinto da moral ou das disciplinas científicas (§ 123).

Os *meios* são função da finalidade. No sistema filosófico ao qual o direito civil romano deve seus princípios, encontram-se simultaneamente *modelos lógicos* aplicáveis a essa nova ciência, uma concepção da *natureza* que poderia finalmente tornar inteligível a expressão "direito natural" e responder ao problema das *fontes* originárias do direito – e, para terminar, uma análise da gênese do *direito positivo e* das relações das regras escritas com as sentenças. Três aspectos que iremos apresentar sucessivamente, não sem evidentemente confrontá-los com as doutrinas modernas e contemporâneas.

Como este livro tomará o partido da tradição, não escapará à pecha de inatual.

Que o leitor aceite apenas ler, antes de condenar. No final do tomo precedente, observamos que a Doutrina de Aristóteles e a do direito romano acerca do *objeto* da arte jurídica não são inatuais, o que talvez seja também verdade relativamente à *metodologia* clássica.

Atualmente oculta sob os aluviões dessas filosofias que chamamos de "extrínsecas", ela merece ser redescoberta. Nossa intenção é expurgar a linguagem do direito desses corpos estranhos. Trata-se de *restituir ao jurista os bens que lhe cabem...*

Mesmo que seja à sua revelia, sem a expectativa de convencê-lo. A maioria dos juristas é avessa aos exercícios de filosofia. Sua tendência natural os leva, em matéria de filosofia, a alinharem-se com as formas de pensamento comum.

Para se entender a linguagem do grupo, seus conceitos fundamentais – lógica, ciência, natureza, direito positivo –, não servirão nem os grandes sistemas dogmáticos nem as ciências em voga. Mas, para intentar discutir o sentido dos termos remetendo-os às realidades, o antigo modo de filosofar que se intitulava "dialética" poderá nos ser útil. Entraremos em contato com essa filosofia no próximo título.

TÍTULO PRIMEIRO
Os meios lógicos

Audiatur et altera pars

CAPÍTULO 1
Nota sobre a querela das lógicas do direito

Começaremos, pois, com uma análise acerca da natureza desses discursos. No sentido amplo, não é este o objeto da chamada lógica jurídica?

A lógica do direito é uma ciência provida de uma linguagem muito esotérica, especializada, que foge à minha competência. Não me escapa, porém, que ela constitui um campo de controvérsias. Os desacordos não se referem a pontos menores. Tocam no essencial, no programa dessa disciplina; são-nos servidas definições diametralmente contraditórias do *objeto* da lógica do direito. Recapitulemos, sem nenhuma pretensão de exaustão, as posições antagônicas.

Artigo I
Uma lógica da demonstração

150. Lógica da ciência. A maior parte das "lógicas do direito" não pretende tratar de raciocínios *próprios* aos juristas. Trata-se antes da lógica *comum* das ciências. É uma ambição contemporânea buscar a "unidade da ciência", estendendo às ciências humanas os métodos das ciências físicas. Os adeptos, ainda influentes, do que se chamou de "fisicalismo" tendiam para esse objetivo.

Nascida, segundo dizem, com Aristóteles, sabe-se que a lógica conheceu uma enorme expansão a partir do final do século XIX. Sua importância na atividade científica é realçada com a escola do "positivismo lógico". A ciência que se declara o único modo do verdadeiro conhecimento, analisa-se em dois elementos: *observações* empíricas, praticadas objetivamente, através de meios acessíveis a todos, "verificáveis" por todos, e, por outro lado, uma *linguagem* científica, que serve para alinhavar esses dados da observação, geradora de "teorias" no sentido moderno da palavra. Toda ciência é feita de "teorias"; sua linguagem deve ser submetida a regras comuns. Já com Descartes e Galileu, o melhor exemplo era a matemática, mas, por extensão, e com base no modelo da matemática, aplicável a todos os setores do conhecimento científico, forjou-se a lógica moderna.

Ela fornece as leis da *dedução*, como tem-se o direito de passar de uma proposição a outra, de *demonstrar* uma proposição. Tais foram outrora as leis do "silogismo" científico, substituídas pelas regras do "cálculo das proposições", o que supõe a análise da proposição, de seus termos, das relações entre os termos, da definição dos "conjuntos", uma "lógica das classes"...

A lógica do direito contém apenas algumas variantes: enquanto as proposições das ciências "naturais", "constatativas", teriam como função descrever o que é, as proposições jurídicas seriam "normativas", prescritivas de um comportamento. Elas utilizam outras "funções". Não: "Se A é, então B existe"; mas "é proibido, permitido ou obrigatório" efetuar os atos A ou B. As inferências feitas a partir desse tipo de proposições obedecerão a outras regras. Outros modelos, outros "sistemas" de lógica formal serão construídos. "Lógica prática" envolvendo ao mesmo tempo a moral e o direito, ou – mais estritamente circunscrita – "lógica ontológica" já ricamente elaborada graças a Von Wright, García Máynez ou Kalinowski.

151. Presunção de cientificidade. Conviria difundir seu ensino entre os juristas. Não há ninguém que não deva tender a raciocinar corretamente, os juristas tanto quanto os outros e mesmo muito mais do que o mais comum dos homens.

O direito seria uma *ciência*. Para Leibniz, ele se assemelha às matemáticas. A primeira qualidade que se exige de uma sentença é que seja aceitável, demostrada como tal por todos e, portanto, fundada num raciocínio rigoroso, a partir de premissas indiscutíveis; deduzida de um texto anterior, também este, por sua vez, logicamente fundado. "O direito" tem vocação de constituir, repetem sem cessar os normativistas, uma "ordem normativa", um *sistema* de normas.

Concebemos o direito como uma obra da razão humana, e o espírito humano apõe sua marca, sua paixão pela ordem lógica, em todos seus produtos. Que "o direito" forme uma ordem homogênea parece um postulado comum a todas as escolas, por mais múltiplas que sejam as ideias que nelas se professam sobre as *fontes* originárias.

1º) Inserido no *positivismo lógico*, fruto da Doutrina hobbesiana do Contrato social, que prega a absoluta soberania das leis do Estado sobre o direito. Hobbes já havia observado no "Diálogo entre um filósofo e um jurista da *Common Law*" que é preciso, ao menos, que a sentença seja *deduzida* do texto da lei, nenhum outro motivo sendo aceito.

Essa concepção tornou-se um lugar-comum do positivismo jurídico, retomado tanto pelos filósofos (Kant, em sua Doutrina do direito) como pelos juristas (Escola francesa da Exegese). No livro de Henri Motulski ("Princípios" da realização do direito positivo), encontraremos uma análise do *"silogismo judiciário"*. A sentença deriva de um silogismo, cuja premissa maior será fornecida por uma norma geral, cada caso particular sendo "subsumido" ao termo inscrito na lei. É verdade que, em Motulski, a regra do direito não é mais, em todos os casos, um texto de lei no sentido estrito: foi preciso diminuir o pretenso monopólio que o Código tinha de reger no direito.

2º) Na Escola moderna do *direito natural*, racionalista, o direito é deduzido de definições primeiras, como a definição da "natureza do homem", ou dos axiomas da Razão pura (grandes máximas gerais de conduta moral: cada um deve reparar o dano causado por sua culpa – manter suas promessas). A partir daí, as próprias leis se ordenam num sistema dedutivo. Os teóricos dessa escola (de Pufendorf a Wolff, passando pelo francês Domat, autor das "Leis civis ordenadas segundo sua ordem natural") foram os primeiros construtores de sistemas de direito dedutivos. Já a doutrina concorrente do Contrato social (o positivismo legalista) se pretendia, também ela, deduzida dos primeiros axiomas racionais (a liberdade e a razão do homem do "estado de natureza").

3º) Não menos sistemático se pretende o *positivismo científico*, pelo menos nas formas mitigadas que reveste no século XIX, e principalmente o pandectismo alemão – ortodoxia das faculdades do século XIX –, oriundo da combinação de princípios contraditórios (§ 138).

Para Savigny (*Vom Beruf*, "Da vocação de nosso tempo relativamente à legislação e à filosofia do direito", 1814), o direito é um produto do espírito da nação; descobriremos suas fontes através dos fatos históricos, no costume, nos usos espontâneos dos povos. Entretanto, Savigny não duvida que "o direito" seja, em cada lugar e tempo, ou nação, um "organismo" homogêneo. Assim, ao mesmo tempo que se opunha às Codificações da Escola do Direito natural, às criações artificiais do legislador, ele atribuía um papel capital à ciência do direito, *Wissenschaft*, obra dos juristas. Caberá a estes descobrir essa ordem lógica, como Newton transformou em um sistema o movimento dos astros sob a lei da gravitação universal.

É mais uma vez nossa Razão que forma o sistema, mas essa nova espécie de Razão constitutiva, segundo Kant, das ciências naturais; ela ordena sob suas formas lógicas os dados dos sentidos. O modelo das ciências naturais é calcado sobre a ciência do direito. O postulado que todo direito seria sistemático foi aparentemente conservado na escola histórica do direito.

Os pandectistas cumpriram essa parte do programa de Savigny: construíram um sistema científico, elaborando a "jurisprudência dos conceitos" (*Begriffsjurisprudenz* – Puchta) que, partindo das definições de alguns termos fundamentais (direito, direito real, propriedade), eles próprios deduzidos uns dos outros, organizados numa "pirâmide de conceitos", se esforça para dele deduzir as soluções de direito. Donde essa "dogmática" jurídica rígida que fez o orgulho dos professores, máquina cuja ordem realmente a torna própria ao ensino.

4º) Como reação ao mesmo tempo contra a Escola do direito natural e a Escola histórica alemã, o direito se torna, na escola utilitarista, o *instrumento* da política ou da economia; técnica de controle social instaurada a fim de obter a maximização dos prazeres ou o incremento da potência coletiva do grupo. Essa outra maneira de conceber a função do direito e sua origem fez com que lhe fosse conferida, exatamente como as suas predecessoras, a forma de um sistema, igualmente *racional*.

Não se trata mais da Razão de Kant ditando as regras da prática, mas de uma razão *calculadora* que se dedica à descoberta dos *meios* próprios a produzir tal ou tal efeito. Bentham construíra uma ciência da legislação, que deveria conferir aos textos jurídicos o máximo de eficácia e de utilidade, visando ao incremento do bem-estar. Ela se exprimirá sob a forma de proposições *funcionais*: para assegurar a felicidade dos proprietários, um procedimento eficaz consiste em proibir o roubo e inventar contra o roubo tal espécie de penalidade. E os meios irão se organizar em sistemas. Não dedutivos, mas lineares; a lógica, porém, contemporânea, dispõe para esse fim de modelos cibernéticos ou estruturais.

Foi definitivamente sobretudo sob essa forma "*teleológica*" que se operou na Europa a *racionalização do direito*. Max Weber bem o mostrou; e esse fenômeno ultrapassa o direito. A peculiaridade do Ocidente moderno teria sido, segundo esse autor, *racionalizar* todos os setores de nossa vida: a economia, a produção e o *marketing*, a circulação, os aeródromos; mesmo os nascimentos são planejados. O direito seria simplesmente um dos instrumentos dessa gigantesca empresa de planificação.

O progresso do direito significa atingir o máximo de coerência: seja para proporcionar a segurança, a exatidão das sentenças, seja para a eficácia do "controle social".

Os lógicos vão concorrer para sua criação e velar pelo seu funcionamento. Tanto a lógica moderna, que teve o mérito de ter se desvencilhado das formas do antigo silogismo e se exprime agora por *"funções"*, quanto a lógica "ontológica" serão adaptadas com esse objetivo.

Estão por vir os belos dias da aplicação, no direito, de modelos cibernéticos ou outros, com a condição de que o direito seja um sistema. Infelizmente, houve juristas que não aceitaram essa condição.

Artigo II
Outras formas de discurso

152. Lógica da invenção. Como eu já prevenira o leitor, não me será possível entrar nos arcanos dessa ciência, e passarei agora para uma outra lógica.
Não existem apenas discursos dedutivos. Wittgenstein, cujas primeiras obras ainda estão próximas do positivismo lógico, dedicou-se posteriormente a redescobrir um mundo luxuriante de palavras de modo algum científicas. E, nas suas pegadas, a escola inglesa da análise da linguagem interessou-se por uma multiplicidade de proposições usadas cotidianamente na "linguagem comum", proposições afetivas, exclamativas, imprecativas, "performáticas", interrogativas – que, por sua função, sua estrutura, se mostram muito pouco demonstrativas...
No próprio campo da ciência não encontraremos apenas argumentações necessárias, o discurso perfeito de uma ciência *acabada*. Essa perfeição não é o estado real da ciência. Ela pode revestir essa aparência em função do ensino, sempre difundido ao modo da "dogmática", afetando ditar uma doutrina exata.
Na verdade, o estatuto da ciência é ser uma *pesquisa*, nunca fechada. Os epistemólogos não gostam atualmente

de descrever as ciências como "induzidas" a partir dos fatos. A criação científica é mais misteriosa. A imaginação não deixa de contribuir para ela. A ciência parece elaborar-se graças a hipóteses ousadas posteriormente confrontadas com a experiência, todas elas passíveis de falsificação (Popper). Daí surgem as teorias rivais.

A *controvérsia* entre os cientistas constitui o principal meio desse processo de invenção. Sem dúvida, esse tipo de operação, que ocupa um amplo espaço na vida científica real, mereceria que a lógica o considerasse; a menos que insistamos em reservar a palavra "lógica" para as argumentações necessárias. Seria então preciso utilizar uma outra palavra, embora não saibamos exatamente qual.

153. O direito seria uma ciência? A Escola do direito natural deu-se demasiada pressa em assimilá-lo às ciências já estabelecidas, edificadas de cima para baixo, dedutivamente, com base nos axiomas racionais de moralidade (*Respeitarás tuas promessas – Respeitarás a pessoa humana*); e em transformá-lo numa ciência "normativa", num dos sentidos particulares dessa expressão, sistema deduzido de normas (cf. G. Kalinowski: *Querela da ciência normativa*, 1969). Foi apenas um sonho, irrealizável.

Não menos frustrada foi a tentativa de constituir a ciência do direito a partir do modelo da astronomia de Newton. O desejo mais ou menos consciente de imitar Newton fundamentou as construções da escola histórica alemã e da "ciência" pandectista. Mas, enquanto Newton tinha fortes razões para postular que o movimento das estrelas segue uma ordem fixa, para buscar-lhes as leis permanentes, nada permite imaginar que o mesmo percurso seja válido para o direito. Contrariamente aos objetos da astronomia e da Física, o direito muda. Sem que nem mesmo algumas leis pareçam presidir a essas mudanças. Propuseram que se complementasse a lógica estática das ciências naturais com uma lógica *dialéti-*

ca, entendendo-se esse termo no sentido de Hegel, que daria conta desses movimentos, submetendo-os a outras formas da Razão universal (Larenz-Capozzi). Contudo, a história não se prestou a esse arranjo, ao menos a história do direito, das leis e costumes judiciários, que são da alçada dos jurisconsultos. O próprio Hegel já o notara. Ela está repleta de contingências; e era perseguir uma miragem insistir na construção de uma ciência do direito assim entendida.

Quanto a racionalizar o direito – com base na modelo da Técnica – em função de um objetivo, que objetivo seria proposto? O "bem-comum" do grupo, o bem-estar de seus membros? Como mostramos no primeiro tomo (§ 90), a felicidade de todos e de cada um nos parece ser, antes, o objetivo de toda atividade humana. Alguns dirão, talvez, que o bem-estar, o "bem-viver", é a finalidade das *leis*; o ofício do *direito* é mais modesto.

O tecnicismo joga com noções confusas. As noções de *Welfare* ou de bem comum dissimulam de fato visadas menos universais: no século XVIII, o serviço à classe dominante dos proprietários, posteriormente o interesse do proletariado ou do aparato do partido que representasse a classe operária; os interesses superiores da economia; o desenvolvimento da produção; ou a manutenção dos privilégios de que se beneficiam as nações mais desenvolvidas. Intenções obscuras, inconscientes, astuciosamente veladas sob uma nebulosa ideológica. As filosofias tecnicistas têm um fundo de ideologia.

O fim do ofício jurídico não é ser útil para a felicidade de tal ou qual indivíduo, de uma classe ou de uma coletividade, mas buscar a divisão mais justa *entre* esses diversos interesses. Esse equilíbrio a ser descoberto não poderia constituir um *objetivo*, em função do qual se construiria um sistema utilitarista.

O prestígio das ciências, sua dominação sobre a cultura europeia foram tão grandes que os juristas quiseram impor esse modelo à sua disciplina. Os lógicos aproveitaram a oportunidade para introduzir-se em nossas faculdades. Essas imposições estão fadadas ao fracasso. Até agora ninguém conseguiu esboçar, a não ser de modo falacioso, uma "ciência do direito". Foi por essa razão que à investida da lógica formal no direito logo se opôs uma contraofensiva.

154. Novas "lógicas jurídicas". Irracionalismo. Não sei se devo continuar falando de lógica. As doutrinas que iremos comentar são, antes, *antilógicas*. Opõem-se ao postulado, do qual se nutriam os construtores dos sistemas jurídicos modernos, da racionalidade do direito.

A dúvida surge no círculo do positivismo científico, no seio dessa nova raça de cientistas que vão se recusar a pintar, à maneira idealista, o método do direito tal como deveria ser, tentando, ao contrário, descrevê-lo tal como realmente *é*. O que se constatará, na realidade?

A polêmica surge na Alemanha, primeiro contra as construções "científicas" da escola oficial – pandectista. Primeiro ato: Von Kirchmann denuncia a vanidade dessa pretensa ciência da jurisprudência: *"die Wertlossigkeit der Jurisprudenz als Wissenschaft,* 1847...". Bastam três palavras do legislador para que todas as bibliotecas pandectistas percam seu valor e se tornem borrões de tinta: *"Blosse Makulatur".* O programa de Savigny cai por terra e se revela incompatível com o princípio mesmo do legalismo.

O ataque se amplia quando Ihering, voltando-se contra a Escola histórica do direito, se põe a ridicularizar a "jurisprudência dos conceitos", o "céu dos conceitos", produtos universitários que haviam cortado todas as suas amarras com a prática real do direito:

Scherz und Ernst in der Jurisprudenz, 1884. O direito é vivo, não para de se transformar, devido à luta travada entre interesses contraditórios (*Der Kampf ums Recht,* 1872 – *Der Zweck im Recht,* 1877-1883).

O problema não é mais deduzir o direito de um sistema de textos, mas criá-lo sem cessar; como *inventá-lo*?

(Ph. Heck: *Das Problem der Rechtsgewinnung*, 1912). Por que meios? Sobrevém a reação "antiformalista", o sociologismo, que demonstra a irrealidade, a ineficácia das Leis, mas também das construções pandectistas.

A assim chamada "jurisprudência dos interesses", a Escola do direito livre. Atentemos para este título de Erlich: *Die juristische Logik* – 1914. Nele expõe-se a tese de que os lógicos só introduziram extravagâncias no direito. As sentenças são obra dos juízes que seguem seu instinto, sua intuição, e sofrem a pressão de seu meio ambiente. Tese que iria prevalecer nas escolas americana e escandinava dos *"realismos"*. Ela nos conduz do racionalismo herdado da Época das Luzes ao seu oposto, ao total *irracionalismo*, que, aliás, é tão falso quanto ele.

155. Doutrina da Escola de Bruxelas. A literatura recente – os livros de Viehweg: *Topik und Jurisprudenz*, Giuliani (*La Controversia*), Perelman, Engiscm, Esser, Kriele etc. – evita negações tão radicais. Mas rejeitarão que o direito possa ser um "sistema fechado" e forjar-se "axiomaticamente". Ao pensamento sistemático eles irão opor o pensamento por problemas (*Problemdenken*); à axiomática, a *"Tópica"*, termo que Viehweg empresta de Vico. G. Struck, que publicou recentemente uma Tópica do direito (*Topische Jurisprudenz*, 1971).

Todo processo nasce de uma controvérsia. Não que se esteja pensando em excluir qualquer exercício de dedução. Em todo discurso (mesmo "comum") intervém uma dedução, tão rigorosa quanto possível. Mas todos os autores de lógica do direito observaram a frequência, no direito, de raciocínios imperfeitos, aproximativos – raciocínios "por *analogia*", uso de *entimemas*; essa palavra designa, em retórica, silogismos reduzidos, aos quais falta algum fio da dedução. Os termos do direito são maleáveis, seu sentido é fluido, sempre discutível ("Relatividade dos conceitos do direito", já sublinhada por Müller-

-Erzbach). Nenhuma das condições requeridas para o funcionamento de uma ciência existe no ofício do direito. Segundo Perelman, o Processo é, sobretudo, uma *justa* de opiniões. Ninguém se preocupa muito em inferir conclusões das premissas dadas. Se o processo tem que ser concluído com uma sentença que revestirá a aparência de um "silogismo", a premissa maior não está dada. É preciso procurá-la, inventá-la, escolher entre a pluralidade de fórmulas possíveis pronunciadas pelos diferentes advogados no momento de suas explanações, durante as quais não só as leis serão invocadas – mas também os "princípios gerais do direito", precedentes de jurisprudência, a equidade, a oportunidade, que os juízes levam em conta. Nessas explanações serão utilizadas a "arte da argumentação", a arte de refutar, de demolir a argumentação do adversário, de demonstrar sua "irrelevância" no *caso* que está em litígio, desacreditá-la, fazer prevalecer sua própria tese...

E a vitória caberá, neste combate regrado, ao antagonista que tiver sabido invocar em apoio de sua tese os lugares-comuns mais enraizados no espírito do juiz, tiver argumentado do modo mais convincente, se mostrado *persuasivo*. Quais são realmente as soluções do direito positivo, senão aquelas que conseguiram *persuadir* os juízes – e, através dos juízes, a opinião pública?

Como em geral a prática, a arte do direito, está fora do campo da *ciência* e da busca da *verdade*, uma solução de direito não é *verdadeira*. Ela simplesmente se mostrou a mais oportuna, a mais aceitável. Não foi demonstrada racionalmente. Diremos que é *"razoável"* porque seduz, porque conquistou a adesão dos espectadores do pugilato – auditório, aliás, tão vasto quanto possível: o mais amplo *"consenso"*.

Logo, o instrumento intelectual de que necessitariam os juristas não é a demonstração científica, que se apoia na lógica formal; mas a *Nova retórica*. A obra do diretor do Centro de Estudos de Lógica de Bruxelas pode se resumir sob a etiqueta de restauração da retórica, disciplina muito honrada antigamente, mas deixada de lado pelos modernos.

156. Resultantes. Sobre esta querela contemporânea das lógicas do direito assim esboçada, duas observações:

1º) A primeira – já apresentada na Introdução – é que esta enxurrada de doutrinas nos deixa na *incerteza*. Não se poderia imaginar doutrinas mais contraditórias. Uns, fascinados pela expansão das ciências e por seu instrumental – uma técnica do raciocínio necessário –, juraram inserir no direito essa lógica científica comum. Outros, incitados pelo demônio "dialético" da contradição, duvidam que essa lógica científica possa ser utilizada, sem, entretanto, conseguirem substituí-la por uma outra lógica.

A desgraça é que para nós, profanos, nenhuma dessas doutrinas radicais parece aceitável. Impossível impor ao direito o modelo das ciências acabadas, os juristas não são os "êmulos de Euclides", de Newton, nem dos tecnocratas contemporâneos.

Mas teremos que renunciar a *fundar* uma solução jurídica? Considerado, não do exterior, da perspectiva dos sociólogos, mas "do interior", da perspectiva dos juristas, o direito não é simplesmente um fato. Pedimos ao direito que seja justo, que suas sentenças sejam *justificadas* e não apenas *aceitas* por efeito de persuasão. É, como sublinha T. D. Perry: *Moral Reasoning and Truth* (1976), uma exigência do senso comum. Podemos entregar o direito aos azares da "retórica"?

2º) Segunda observação: se há um lugar no qual parece se impor uma volta à antiga tradição "clássica", esse lugar é aqui. A lógica é uma criação de Aristóteles, uma fonte que ainda não secou. Em metodologia do direito, as obras mais recentes voltaram a ele. É o caso de Viehweg, em *Topik und Jurisprudenz*; de Giuliani, especialista em retórica grega; e também de Perelman, que nos adverte, no início de seu Tratado da argumentação, que sua principal fonte de inspiração foi a obra de Aristóteles.

Ora, a lógica de Aristóteles é ainda mais rica. Nela encontraremos um outro modelo de discurso que precisaremos conhecer. Pena que ele seja expresso por um termo ambíguo.

CAPÍTULO 2
Um quadro da dialética

157. História de uma palavra. Ousando inovar, usaremos essa palavra para designar o núcleo da lógica do direito. Mas ninguém ignora a que ponto ela é equívoca. Foi durante muito tempo o nome de uma arte que floresceu na Antiguidade e na Idade Média, caiu em desuso nos séculos XIV e XV, sendo em seguida desacreditada. O termo permaneceu pejorativo na linguagem de Kant. Ressurgiu com Hegel, em Marx, com um novo sentido, desde então passado ao domínio público. A dialética significará o movimento histórico da realidade, ao qual se submeterá nosso espírito, que também se moverá por teses, antíteses, sínteses.

Tentarei restituir-lhe sua significação primeira. Já na Antiguidade existiam maneiras diversas de definir a dialética. A partir de uma raiz comum, ela corre o permanente risco de ser desnaturada. O erro mais grave foi transformá-la numa lógica do *monólogo* (do encadeamento dos discursos de um único locutor), quando era originariamente, e segundo a etimologia, lógica do *diálogo*, implicando uma pluralidade de interlocutores.

O *diálogo*, a troca de palavras, como os recentes trabalhos dos pragmáticos, principalmente os de Francis Jacques, voltaram a mostrar, constitui a forma primeira do discurso humano, da qual todas as outras derivam. O diálogo tem suas leis, que os filósofos e os lógicos dos tempos modernos esqueceram completamente.

Artigo I
Duas lógicas em Aristóteles

Uma das contribuições da pesquisa histórica filosófica contemporânea (por exemplo, de Cl. Le Blond, P. Moreau e P. Aubenque) é a redescoberta desta *dialética*, que pode ser considerada uma das duas partes da lógica, ciência dos discursos (*logoï*).

158. Lógica da ciência. O que foi chamado de lógica aristotélica (Aristóteles não usava esse termo) comportava em primeiro lugar a análise dos discursos da *ciência* perfeita, que dispunha, no ponto de partida, de premissas incontestáveis. Considera-se que tenhamos como certo, sem que a coisa pareça discutível, que "os animais são mortais" e que "os homens são animais". Por um *silogismo* regular inferimos que necessariamente os homens são mortais. Essa espécie de raciocínio produziria um saber seguro, *demonstrativo*, como a geometria de Euclides, cujos postulados durante muito tempo não pareciam ser suscetíveis de serem postos em questão.

É esta parte do *Organon* que a Europa moderna cultivou (estando sempre pronta, no entanto, a substituir a teoria do silogismo por outras formas de dedução que apresentassem o mesmo caráter de necessidade absoluta). Ela respondia à expectativa do racionalismo moderno, pois os racionalistas julgavam-se dotados de premissas que lhes haviam sido dadas pela razão pura.

Pareceu também convir às necessidades dos juristas, enquanto estes sacrificaram às ilusões do legalismo. A *lei*, consagrada como única fonte do direito – quer a pretendessem derivada de definições ou dos chamados axiomas racionais da Razão, quer se tivesse reconhecido a soberania dos textos positivos do Estado em virtude da teoria do contrato social ou de outras filosofias das fontes (§ 151) –, podia aqui servir de premissa.

Suas insuficiências.

Aristóteles só lhe reconhecia uma magra utilidade prática. O que torna difícil constituir uma ciência é a necessidade de dispor de premissas certas como fundamento. Não as temos. O espírito humano intui os "primeiros princípios" (como o princípio de identidade), universais, altamente abstratos. Quando nos pomos a estudar um objeto mais concreto, por exemplo a moral ou o direito, teríamos que possuir princípios *próprios* a esses objetos. Não é o caso.

A menos que realizemos deduções a partir de postulados arbitrários, cujo valor é somente hipotético. Mas, nesse caso, trata-se simplesmente de um jogo, um mundo de discursos separados das coisas. E o magnífico instrumento do silogismo científico e da dedução rigorosa se põe em ação no vácuo; assim procedem nossos sistemas ideológicos.

159. Segunda parte da lógica. Diremos que Aristóteles dispõe de uma segunda lógica, que diz respeito a uma segunda espécie de discurso. O conjunto da obra de Aristóteles, seus livros de moral, política, metafísica etc., indica que ele praticava a dialética muito frequentemente. Esboça sua teoria nos *Tópicos*, nas *Refutações sofísticas*, em parte também na *Retórica*...

1º) Os raciocínios dialéticos se caracterizam pela incerteza de suas premissas: *opiniões* cujo valor é problemático. O primeiro ato do procedimento consiste em interrogar: uma *questão*. Ou então um *problema*, constituído de opiniões múltiplas e contraditórias. Na prática, no início, nada mais temos além dessa *pluralidade* de pontos de vista...

2º) A pesquisa possui o caráter de realizar-se coletivamente. Já que o homem é um ser social, é natural que o trabalho do conhecimento seja obra *comum*. Não é a façanha de um indivíduo solitário, mas de um concerto a várias vozes, de uma polifonia. Lógica do *Diálogo*.

3º) Decerto, no interior do diálogo, cada um dos interlocutores visa persuadir, monologicamente, provar sua tese pessoal através de raciocínios tão rigorosos e corretos quanto possível: os "silogismos dialéticos", como os designa Aristóteles. Mas como as premissas desses silogismos são contraditórias e frágeis, sua insuficiência reflete-se na conclusão desses raciocínios.

Onde se situa o âmago da operação? Não na "argumentação" pessoal de cada participante, mas na confrontação de suas teses. Não se trata de um raciocínio *vertical* – como na dedução que vai das premissas às consequências, das causas aos efeitos, ou reciprocamente – mas de um encontro *horizontal* entre as opiniões confrontadas.

4º) A dialética fica no meio, entre a ciência e a retórica. Não chegará ao saber, do qual se gabam os cientistas, apenas a conclusões sempre imperfeitas e provisórias, pois não é demonstrativa. É uma pesquisa (*zetética*), *busca* da verdade. O estatuto do intelecto humano é menos o repouso do saber que a procura da verdade.

E, entretanto, ela é busca de *verdade*; busca de uma compreensão mais completa e mais adequada da coisa que está sendo discutida. Um de seus objetivos, diz Aristóteles (*Top*. 101-a), é a descoberta das premissas que servirão de base à ciência. A dialética *tende* à ciência. Por sua intenção ela se opõe tanto quanto à ciência, à sofística, à heurística e à Retórica entendida no sentido estrito. Se a Retórica tem como único fim persuadir um auditório, ela só alcança esse objetivo "adulando-o" (Platão, no Górgias). Apoia-se, para melhor persuadir, nos preconceitos do auditório. Confirma-os; é um mergulho nos lugares-comuns do vulgo; degrada-nos. A Dialética é busca do *conhecimento verdadeiro*, ela parte das opiniões do grupo, mas a fim de superá-las; é uma ascensão.

Esse caminho nos levaria para longe da filosofia do direito? Ao contrário: para analisar o procedimento judiciário, necessitamos daquela parte da lógica antiga que foi sacrificada pelo individualismo moderno, mas que está ressurgindo. Entretanto, é num outro campo que será preciso, em primeiro lugar, considerá-la.

Artigo II
Dialética e filosofia

A dialética pode ser usada mais amplamente do que o discurso científico perfeito, porque é raro dispor de premissas incontestáveis, e vão pretender saber unicamente por seus próprios meios pessoais.

Os *horizontes* de cada um de nós são essencialmente limitados. Assim, conheço apenas uma ínfima parcela da obra dos grandes filósofos, e vocês, uma outra. Sendo esta nossa triste situação, iremos nos contentar em raciocinar cada um por si, separadamente?

Suponhamos que nosso objeto de estudo seja a situação atual do Egito. Acaso nos fiaremos no juízo de um único viajante, que teria "visitado" Luxor e Karnak, alguns hotéis cinco estrelas, e voltado fascinado? Ouviremos outros testemunhos sobre a miséria dos felás ou os engarrafamentos do Cairo. Confrontaremos esses pontos de vista.

Audiatur et altera pars. Não conheço nenhum outro critério (e este é habitualmente desconsiderado) da verdade de uma conclusão. Não existe operação mais constantemente indispensável do que a "dialética".

160. Os diálogos dos filósofos. Ela foi o meio da *filosofia*. Na Antiguidade e na Idade Média, eram os filósofos que eram chamados de "dialéticos". Filósofos de diversas escolas. Os diálogos dos filósofos revestiram formas diversas: há diálogos desiguais, em que o Mestre impõe a seus discípulos seus conhecimentos pessoais. Diálogos malogrados, diz Francis Jacques, e que tendem ao monólogo...

Precisamente, nos Tópicos, obra de juventude de Aristóteles, trata-se frequentemente de um diálogo caracterizado por um excepcional rigor de raciocínio. Acontece entre *dois* interlocutores. Em Platão, Sócrates interroga, e escolhe um de seus companheiros (um jovem escravo, no Menon) para *responder*. Esse gênero de exercício toma os ares de um duelo, ou de um dueto, submetido a regras particulares, entre o que interroga e o que responde.

Na Ética ou na Política, o diálogo é concebido num sentido bem mais amplo, e em geral os trabalhos dos filósofos gregos podem ser chamados de "dialéticos", e não de científicos. As grandes filosofias antigas não são a obra de escritores que compunham seus livros solitariamente: Descartes diante de sua lareira, Pascal, Kant, Hegel. Floresceram em comunidades, em escolas, conversando-se. Muito frequentemente, elas se apresentam sob a forma de diálogos entre interlocutores *múltiplos*.

É possível que o chefe da escola apresentasse uma síntese dessas discussões. Como Aristóteles e mais tarde São Tomás, que, na Suma, reunirá o conjunto das "questões discutidas" entre seus estudantes de teologia. Mas Aristóteles não deixa de lembrar as teses de seus predecessores, e São Tomás, as opiniões *a favor* e *contra*, e de confrontá-las. A forma lógica dessas obras permanece dialética, e não científica.

161. Realismo e dialética. Os filósofos realistas não trabalhavam em cima de palavras: não se contentavam em registrar, tal qual nominalistas, "fatos científicos" isolados, em estudar algum setor abstrato e especializado das coisas – como as ciências modernas – nem raciocinar ou construir a partir de ideias simples, à maneira dos idealistas. Eles visam, integralmente, à estrutura dos *Seres*. O que são a natureza, a virtude, a justiça, a ciência? Como definir a essência do homem?

Não temos uma resposta imediata; nossas visões das coisas são parciais, cada um percebe apenas um único "perfil", dirá Hussen. A única maneira de obter um conhecimento menos incompleto das coisas é olhá-las a partir de uma multiplicidade de *pontos de vista*. Assim buscamos a *intuição* mais completa da coisa. Uma filosofia realista tem na dialética seu instrumento, no sentido próprio aqui comentado.

162. Ambições modestas. Tal prática imporá limites a suas ambições. Essa filosofia não é ciência (os esforços dos pensadores modernos, de Descartes a Husserl, vão no sentido contrário, de converter a filosofia em *ciência rigorosa*). Como dirão os teólogos, o homem é impotente para compreender a criação, que é uma ideia de Deus; debilidade inerente à nossa natureza ou consequência do pecado. A filosofia de Aristóteles, ciência "procurada, mas inatingível" (P. Aubenque), já tinha esse sentimento.

E se ela não puder *demonstrar* que seus resultados são "necessários", ao menos eles terão a grande probabilidade de sê-lo: que o homem seja animal mortal, não é contestável, e pode servir de premissa a silogismos científicos. Contudo, a dialética não pode prová-lo. Existem outras definições ou princípios muito mais duvidosos, com os quais se compõem os resultados da melhor filosofia.

Isso explica seu descrédito no início do século XVII. Os modernos – Pascal, Descartes, Hobbes –, sábios ávidos de certeza –, apressaram-se em excluir um método tão incerto. Seu mérito é permanecer aberto, não cair no *dogmatismo*, esse vício do racionalismo moderno.

Artigo III
Algumas regras da arte

Um procedimento regulamentado

Diálogos – colóquios – conferências; não nos consideramos peritos nessas modalidades? Os filósofos confessam sua repugnância pelos sistemas, os congressos científicos pululam. Mesmo na cultura geral, o *diálogo* está de novo em voga. Foi um dos termos do vocabulário de maio de 68 e da Igreja pós-concílio.

Mas só praticamos hoje uma espécie de diálogo anárquico, de preferência "informal", sem regra; *sua arte perdeu-se*. O diálogo sofreu o primeiro golpe com a invenção da imprensa, a era da escrita, e duvidamos que possa renascer na era do audiovisual, da fascinação pela imagem ou da escuta passiva da televisão. Na tradição clássica, existiu uma técnica consciente do diálogo; na Grécia, em Roma. Contudo, foi na Idade Média, entre Abelardo e São Tomás, na *quaestio disputata* da escolástica, que alcançou o apogeu.

Existiu, mais ou menos rigorosa, uma *teoria* do diálogo filosófico. E é ela que nos interessa. Para apreendê-la, teremos que entrar numa região que desconhecemos.

163. 1º) Seleção dos jogadores. Primeiro ponto: nem todos podem entrar no jogo da dialética. Essa é uma de suas diferenças com relação à *ciência* contemporânea. Nossa ciência moderna é igualitária: teoricamente, os raciocínios dos cientistas modernos, fundados numa lógica comum, deveriam ser acessíveis a todos. *A fortiori*, a *Retórica*. Vivemos hoje sob o signo da "democracia" cultural.

Num certo sentido, ao contrário, na Antiguidade, a discussão filosófica é o privilégio de uma elite. Platão queria proibir "o acesso à casa" àqueles que "não fossem geômetras". Outros a reservam ao seleto grupo dos suficientemente endinheirados para só pensar em algo mais que suas necessidades materiais (não só em suas compras, coquetéis e carros de luxo). Na Escolástica medieval, para aceder à *quaestio*, requeria-se ao menos que se tivesse passado pelo estudo das "artes".

Grupo seleto: não é comum se prestar aos tipos de questões que colocam os filósofos gregos: o que é a natureza? O que é a virtude? A maioria dos homens, os economicamente ativos – os trabalhadores, os homens de negócios –, não se dispõe absolutamente a isso.

E contudo, sem essa condição, não há diálogo autêntico. Serão impróprias ao jogo as pessoas "engajadas" – quer dizer, surdas aos pontos de vista dos adversários – ou que gostariam de discutir a pedradas. Não devem ser admitidas no campo da filosofia senão as raras pessoas dispostas a jogar o jogo da especulação desinteressada.

Veremos que o primeiro ato da instituição da ciência do direito é um processo de demarcação, de fechamento do tribunal – o termo em voga seria *"espaço* judiciário" – ou constituição de um corpo especializado de jurisconsultos.

164. 2º) Escolha das opiniões. Mas atentemos para que a dialética não considere apenas os pontos de vista dos interlocutores presentes; a confrontação é mais ampla, invoca outros testemunhos. A regra era selecionar as opiniões (*endoxai*, dizia Aristóteles). Na escolástica, as *autoridades*. O grau de credibilidade dos autores deve ser *pesado*: e sua competência e sua sabedoria são, elas próprias, critério e "medida" da verdade.

Sabemos que essa parte do método da controvérsia foi codificada pela escolástica medieval, sendo posteriormente desacreditada; arrastada na lama, erroneamente considerada simplória.

É, ao contrário, em nossos tempos, que somos escravos dos *autores*, submissos aos textos. Na antiga cultura escolástica, os textos só serviam como meios. E mesmo, escreve São Tomás no início da Suma I.1.8 – a autoridade constitui o mais frágil dos argumentos (*infirmissimus*).

Não vejo nada de mais sensato e de extremamente necessário a ser reconhecido do que o fato de quase todas as informações nos advirem de outrem. Que sei eu – além daquilo que conheço por ouvir dizer? A vantagem dos escolásticos é que se preocupavam em discernir *em qual setor*, em que medida os autores mereciam crédito, em vez de ceder a qualquer um a respeito de qualquer tema; considerar Jacques Monod competente quando se trata do problema da existência de Deus...

O tema da *auctoritas* ocupará uma lugar capital na jurisprudência romana e no direito romano transmitido à Europa.

165. 3º) Posição da causa. Da discordância de opiniões ou de autoridades nasce o *problema*, surgido do choque entre as proposições afirmativa e negativa sobre o mesmo objeto.

O primeiro momento necessário em toda disputa organizada consiste em colocar o problema. Todas as obras de retórica (várias dessas regras serão comuns à dialética e à "retórica", no sentido amplo) sublinham a importância dessa tarefa: *ponere causam*. Exemplo: o discurso do direito é de tipo científico ou não?

Nossas conversas habituais não têm assunto nenhum, a menos que estejamos ocupados com algum objetivo prático – ou são disputas em torno de *palavras*. Nas disputas dos filósofos da escola realista, a causa que é preciso inicialmente colocar é uma "coisa", uma realidade. Uma verdadeira discussão dialética tem que se referir ao real (*to pragma*), e não a uma palavra (*to onoma*, Tóp. 108a). Os juristas se perguntam pelas causas, pelas coisas reais (*res de qua agitur*). Aconteceu em seguida aos dialéticos de se confinarem no discurso. Foi a ruína do método.

Objeto sem dúvida a ser estudado sob determinado ângulo (o que é definido em discussões prévias): pode-se estudar sua definição, essência, qualidades, estado, relações com as outras coisas. Cabe à Tópica classificar as espécies de causa: o moralista poderá perguntar se tal virtude parece ou não "preferível" à outra, o jurista, se tal situação é ou não conforme à lei – ou à justiça (duas espécies de *causas* diferentes) –, se entra ou não num tipo de caso já definido etc.

Que uma discussão bem conduzida exija um assunto definido deveria ser evidente. Se acontecer de os oradores apresentarem textos, argumentos ou proposições que fujam desse quadro, que sejam *irrelevantes* (não *pertinentes*), a regra seria rejeitá-los por inadequados

166. 4º) Da argumentação. Cabe a cada um jogar, representar seu papel, desenvolver seu próprio ponto de vista e defendê-lo, como num jogo pede-se a cada jogador que busque sua vitória pessoal.

Momento da *argumentação*. As obras de retórica e de dialética filosófica (Os Tópicos, de Aristóteles) contêm uma *técnica de argumentação* que os trabalhos de Ch. Perelman inseriram de novo na ordem do dia. Abrangem vastos desenvolvimentos sobre a *invenção*, a *descoberta* de argumentos relevantes para o assunto tratado, classificados em diferentes compartimentos, reunidos em "lojas", em "lugares" definidos de antemão. O dialético se transporta para esses lugares, ou *pontos de vista* diversos, a partir dos quais se revela tal ou tal aspecto da coisa (este poderia ser o sentido primeiro, etimológico da palavra). Assim ele encontrará as premissas próprias para demonstrar sua tese.

Sabemos que Cícero dedicou-se a transcrever os *Tópicos* de Aristóteles (tal era seu propósito confesso – de fato, sua obra tem pouca relação com o livro de Aristóteles que chegou até nós com esse título) para o uso dos jurisconsultos.

Evidentemente, cada uma das partes envolvidas no debate, argumentando, se servirá da lógica da dedução, tentará demonstrar sua tese.

Às premissas ou lugares-comuns sobre os quais existe um acordo deve ser vinculada com rigor, através de *"silogismos dialéticos"*, a resposta ao problema posto – a técnica da *refutação* deverá servir para denunciar, no raciocínio do adversários, os *paralogismos*...

167. 5º) Mescla de opiniões. Mas seria nada entender da dialética considerar apenas os discursos *separados* de cada um dos jogadores, como se limita a fazer a maioria dos comentadores, centrados na arte individual da *persuasão*. O objetivo é conciliar, superar as divergências, atingir uma verdade comum, através da *discussão*.

Um texto dos *Tópicos* (I. 13 e ss.) que encontramos transcrito em Cícero, para o uso dos jurisconsultos, enumerava os instrumentos (*organa*) adequados para a pesquisa científica. Uma vez descobertas as premissas (graças aos catálogos dos lugares), o dialético se porá a combater as ambiguidades da linguagem. Um mesmo termo pode ser entendido (como Aristóteles não se cansa de lembrar) em "múltiplos sentidos": conforme o locutor o use em tal ou tal perspectiva, com relação a tal ou qual coisa (*"secundum quid"*). É conveniente *dividir* os sentidos de um termo em suas "partes" ou em suas "espécies". A palavra "dialética" revestirá, neste momento, o sentido de arte da *distinção* semântica.

Tarefa do *semanticista* (Tóp., 105b e ss). Uma das funções da Tópica é nos proporcionar os meios para essa ciência (cujas obras de São Tomás constituem um maravilhoso exemplo) que os escolásticos, apoiando-se na lógica de Aristóteles, manejavam com virtuosismo.
De que se trata? De procurar a adequação das *palavras* às *coisas*; de buscar-lhes o acordo. O discurso dialético não é, como os sistemas idealistas, um mundo de palavras fechado em si mesmo. A partir de pontos de vista diversos, o dialético cerca a coisa. A *coisa* é o ponto de mira da operação; a coisa, da qual nos esforçamos para obter, através da diversidade das fórmulas contraditórias, a inteligência, a intuição menos incompleta e que servirá em definitivo como árbitro[1]. Para nos convencermos disso, basta ler qualquer página de Aristóteles.

168. 6º) "Conclusões". O diálogo chega a seu termo. Ele nos dotará, diz Aristóteles, de definições (*oroi*)[2] a respeito da coisa que estava sendo discutida. Definições dotadas de uma certa *generalidade*: uma fórmula fixada por escrito não é adequada a seu objeto (quer dizer, *verdadeira*) senão quando exprime o que há de estável ou, pelo menos, de mais habitual nas coisas.
Sem dúvida há muitos diálogos que não se concluem. E não seria precisamente o destino da dialética, ao partir de opiniões incertas, permanecer na incerteza? Muitas vezes Sócrates deixava de concluir, e às vezes também Platão; depois dele, será a marca da escola da Academia (Arcesilau ou Carnéades) fixar-se no ceticismo, e nele comprazer-se: luxo de uma elite desabusada...

---

1. Outra característica desconhecida por muitos intérpretes modernos, por não merecer destaque nos "Tópicos", que tratam, sobretudo, da arte da argumentação e do silogismo dialético.
2. Notemos que a definição (*oros*) pode, tanto quanto a conclusão da controvérsia dialética, estar em seu *princípio* (Tóp., 101b): sendo incertas, as conclusões dialéticas poderão ser repostas em questão numa controvérsia posterior.

Também a Aristóteles acontece deixar uma discussão desembocar numa "aporia"; o problema permanece irresoluto. E, entretanto, sua dialética, para não ser estéril, normalmente se esforça para *concluir*. Os discursos dos jurisconsultos sempre terão que chegar a uma solução. Como alcançá-la?

Um último momento necessário: todo diálogo entregue a si mesmo teria o defeito de não acabar. Poderiam ser introduzidos no debate novos argumentos, outros pontos de vista. O diálogo ameaçaria ficar interminável. Contudo, é preciso terminá-lo.

É na Idade Média que a dialética, atingindo o seu apogeu, responde mais perfeitamente a essa exigência. Nas questões disputadas da Escolástica, é papel do *mestre concluir* (*concludere*): não se trata da conclusão (necessária) de um silogismo, mas do encerramento de um debate. O que, entre os juristas, será ofício do legislador ou do juiz.

Não nos iludiremos quanto ao valor dos resultados. No decorrer desse processo, que leva à conclusão dialética, quantos fatores de incerteza! A escolha dos jogadores, das "autoridades", na qual interviriam apenas critérios *qualitativos*, não científicos nem rigorosamente mensuráveis. A própria escolha do mestre do jogo ao qual cabe encerrar a pesquisa por uma decisão que é *discricionária*, mas não gratuita. Ela é *preparada* pelo debate que, no quadro de um procedimento regulamentado, passou em revista os diversos aspectos da coisa disputada e proporcionou a mais alta e completa perspectiva (*supra*, § 39 – "o justo meio-termo") que foi possível obter no grupo provisoriamente.

A dialética reunia num corpo único estes dois momentos: o diálogo e a decisão. Morrerá caso venham a dissociar-se. Pois, então, o diálogo deixado a si mesmo, sem ordem e sem fim, parecerá estéril, incapaz de conduzir a algo que não seja a recusa de concluir dos sectários do *ceticismo*. Amputadas de seus motivos, as decisões serão o resultado da pura *arbitrariedade* das autoridades. Assim se explicará a eclosão, particularmente em Hobbes, no início do século XVII, do positivismo legalista.

169. Uma arte desaparecida. Não oferecemos senão um pequeno esboço desta antiga arte de filosofar. Ela caiu em desuso, a menos que possa reviver no século XXI.

Mas os modernos a abandonaram. Preferiram outros *"modelos"* de raciocínio: modelos das matemáticas ou das ciências experimentais. Nossa própria *linguagem* esquiva-se dela, não dispondo de mais nenhum termo para designá-la. A palavra "dialética" foi confiscada para um outro uso, e o termo "lógica" deixou, na linguagem contemporânea, de incluir o método do diálogo. A cultura de hoje despreza e nos desaprende uma técnica outrora considerada indispensável.

CAPÍTULO 3
Primeiros elementos de uma lógica do direito

Ao buscar recuperar essa lógica perdida, teríamos nos afastado do direito? De modo algum, se estivermos considerando a arte jurídica tradicional, nascida na época da *conjunção* da prática judiciária romana e da cultura teórica grega – quando as escolas de Retórica transmitiam a Roma os produtos dos filósofos gregos. Os inventores da nova arte denominada *"jurisprudência"* – o "direito civil" romano é obra dos "prudentes" – imitaram o método filosófico grego, acomodando-o às suas próprias necessidades.

Não encontraremos, sob sua pena, a palavra "dialética": não tinham como objetivo tratar de lógica. De fato, o uso reservou unicamente aos filósofos o rótulo de "dialéticos". Mas havia *conformidade* entre o método dos filósofos e a intenção dos jurisconsultos, entre a ordem global que preside à operação dialética e o *procedimento* judiciário.

Artigo I
Dialética e direito

Nada mais apropriado às necessidades dos jurisconsultos que o método do "diálogo" no sentido de Aristóteles. É bem possível, aliás, que esse método tenha surgido da experiência do direito, antes de ter sido utilizado pelos filósofos, e que os filósofos o tenham analisado. O "caráter jurídico da escolástica medieval" foi sublinhado por S. Toulmin e A. Giuliani.

O jurista determina uma divisão: qual parte de tal coisa ou de tal dívida cabe ao pleiteante, e qual outra, a seu adversário, o que pressupõe o trabalho conjunto de pelo menos três personagens: que cada uma das partes possa exprimir sua pretensão e que um terceiro (o juiz ou o legislador) consiga conciliá-los através de uma sentença ou texto de lei. Os solilóquios de um pensador centrado, como Descartes, em seu próprio eu, não poderiam conduzir à descoberta de uma tal *relação*. Apenas o diálogo pode levar a ela. Também o direito nasce do processo, diálogo regrado, cujo método é a dialética.

Entre o trabalho dos filósofos e o dos juristas, dois traços em comum. O mais manifesto é a impotência do direito em alcançar soluções cientificamente demonstradas.

Mas há também este outro, menos conhecido: a jurisprudência implica um esforço, análogo ao da filosofia, *em direção à verdade*. O discurso do direito possui um caráter *teórico*. Entendo aqui a palavra "teoria" em seu sentido etimológico: não como um discurso coerente exposto de modo axiomático, mas como um olhar dirigido às coisas.

1º) Que a jurisprudência é trabalho teórico

Afirmação paradoxal. A diferença é manifesta entre o ofício do filósofo e o ofício prático dos jurisconsultos, que servem de *mediadores* no processo. Sua função consistia em aconselhar tal ou tal parte no processo, guiar sua ação, *consultar* (ofício que ainda hoje muitos de nossos colegas gostam de exercer) e, ao mesmo tempo, aconselhar os magistrados, os *pretores* que organizam o debate, e também os juízes: suas opiniões serviam para solucionar cada caso, não para filosofar.

E, ao passo que a filosofia visa a objetos universais, insuscetíveis de mudança, o direito se interessa por situações contingentes, relativamente às quais nenhuma verdade estável pode ser alcançada. O direito parece provir do "intelecto prático", e não do "intelecto especulativo".

170. Do indicativo jurídico. Entretanto, como já havíamos notado (§ 65): ao contrário das fórmulas do direito arcaico que tinham um caráter prático, e desempenhavam uma função mágica, "performática", criadora (*Ita jus esto* – linguagem que era vida e ação e que, incorporando-se ao *m*ovimento geral do mundo, distinguia-se dificilmente dos objetos) –, o discurso dos *jurisconsultos reveste uma forma indicativa.*

Não é verdade que se exprima no imperativo, como um mandamento: "Não matarás". As proposições jurídicas não têm como função prescrever ou proibir uma conduta. Sem dúvida, elas permitirão posteriormente orientar os atos daqueles que estão submetidos à uma jurisdição. Mas antes de agir justamente, o que significa não tomar nem mais nem menos do que lhe cabe, cada um dos pleiteantes necessita que seja determinada a parte dos bens ou dos encargos que lhe cabe relativamente a seu adversário. Dizer essa proporção objetiva é a função da sentença do juiz.

O discurso do direito não pode, por outro lado, ser puramente "performático", decisão arbitrária de um mestre que a criaria inteiramente e a imporia pela força; essa decisão não poderia ser aceita. Não pode, tampouco, ser *persuasivo*, como a retórica no sentido estrito (arte dos advogados). A persuasão pertence também à esfera da prática: ela é *ação*, emprego de meios a serviço de fins: cada pleiteante tem seus próprios *objetivos* e esforça-se para que prevaleçam. Ao passo que a descoberta do direito é obra do conhecimento *(vis cognitiva)*, escreve São Tomás. E o Digesto (I.1.10.2): *rerum notitia justi atque injusti scientia*. O direito é coisa que se diz *(juris-dictio)*.

171. Condição de existência do direito. Estas fórmulas, a meu ver, abundam em sentido, e nelas se encontra o segredo da invenção romana do direito.

Pois, se o direito não passasse de uma rixa de advogados, se cada um considerasse unicamente a consecução de seus objetivos, a empresa seria desesperada. Isso pode ser observado nos assuntos internacionais, onde existe apenas um começo de direito.

Israel tem pretensões rigorosamente contraditórias às de seus vizinhos árabes. Ora, enquanto Israel, o Egito, a Síria continuarem a *se bater* cada um *por* sua própria política, tudo o que a diplomacia conseguirá estabelecer entre eles é algum *compromisso* provisório. Não há possibilidade de *solução*, a não ser pela força.

Impossível conciliar homens *"engajados"* – marxistas e sectários do capitalismo; é este o caso, no início do processo, dos pleiteantes antagonistas. Num acidente de trânsito, o motorista é inimigo do pedestre que ele atropelou.

O jeito foi operar uma mudança de registro: transformar o combate retórico em *justa dialética*, no sentido grego, busca comum da verdade (enquanto a dialética de Marx, força ativa, combate implacável – é a ruína, a perda do direito). Se os fins práticos nos separam, a busca da verdade é um fim comum, campo de encontro entre parceiros, dotados no início de posições diversas, mas dispostos a se conciliar uma vez obtida, sobre a coisa, uma visão mais ampla que reconcilia. Para superar o conflito, resolvê-lo, o jurista deve se transportar (provisoriamente) para o plano da pesquisa desinteressada.

Novação da controvérsia. Ela exige, da parte dos jurisconsultos, dos criadores do *jus civile*, uma *conversão*: suspensão da vida ativa (são colocados entre parênteses os objetivos em função dos quais a atividade se ordena). A jurisprudência em Roma caracterizou-se por ter se convertido, senão integralmente numa "ciência", ao menos numa obra de *conhecimento*.

Sem dúvida, *com vistas* à prática: nosso intelecto pode exercer suas capacidades de conhecer – ou exclusivamente no interesse da ciência, ou para o "uso prático", como na moral. E no direito. Moral e Direito são, antes de tudo, objeto de *conhecimento*. (Ética de Aristóteles – Livro VI, sobre as virtudes intelectuais).

172. Os jurisconsultos sucessores dos filósofos gregos. Para isso serviram os "jurisprudentes". A vantagem de Roma com relação à Grécia foi a existência, entre os romanos, de uma corporação de jurisprudentes. Estes não são, como os advogados, apenas os servidores das partes em causa; consideravam-se também "sacerdotes da justiça" (D.I.1.1.1.). Sua função não se limitava a resolver de determinada maneira determinado litígio. Deles exigia-se que encontrassem soluções justas: o que quer dizer aplicáveis a casos semelhantes e que valessem – senão universalmente, pois as coisas sociais são mutáveis – pelo menos na "maioria dos casos"; que fossem uma aproximação da verdade.

A busca dialética do "justo", de soluções justas, já havia sido empreendida pelos filósofos na Grécia. E foi mais especificamente nesse campo da pesquisa que Aristóteles recomendou o recurso à dialética, e antes dele Platão (*Antífron*). O direito romano teve seus órgãos especializados, mais eficazes, mas que receberam a herança filosófica grega.

Mas entre filosofia e direito há uma outra analogia, e manifesta.

2º) A jurisprudência não é científica

Se, com efeito, há um lugar em que se pode praticar o método da controvérsia seguindo o modelo grego, esse lugar é certamente a jurisprudência.

173. Dificuldades de uma ciência do direito. Como já observamos, o direito, ainda menos do que a filosofia, aceita ser tratado cientificamente. Os filósofos chegaram a sólidas definições, por exemplo acerca da natureza do "homem". Que o "homem" seja "mortal" é pouco discutível; a partir dessa constatação podiam se constituir silogismos científicos. Eles descobriram definições, ainda válidas, do que são "a justiça" ou o "direito".

Quando se trata do conteúdo das soluções de direito (o "*quid juris*", ofício do jurista), entramos em areias movediças. No momento mesmo em que os fundadores da ciência do *jus civile* terminam de traçar o quadro do direito das pessoas (cidadãos romanos), outros (estrangeiros, os peregrinos) afluem para a cidade romana. O estatuto do filho de família se liberaliza. E surgem novas espécies de contratos, de coisas ou de ações. Nenhuma definição se sustenta; cada processo particular poderá nos colocar frente a uma situação nova. Para resolver um problema de direito não há nenhum critério preestabelecido.

Outra dificuldade: os juristas devem determinar "o justo" (§§ 33 e ss.), a justa proporção na divisão dos interesses dos cidadãos; objeto que cada um só capta de um ponto de vista parcial, porque cada um de nós está imbuído unicamente de sua perspectiva pessoal. Qualquer processo é prova disso. Vi recentemente demonstrarem no CNRS, com amplo apoio de estatísticas, de pesquisas de opinião e de pesquisas sociológicas, que os operários e os patrões tinham ideias diferentes sobre os acidentes de trabalho. Como era de se esperar.

174. Uma quase-dialética do direito. Não há nem *ciência* do justo, mesmo no sentido de ciência dedutiva (pois não temos nenhuma premissa sobre a qual pudéssemos fundá-la) –, nem ciência positiva experimental. O que não significa excluir todo método: seríamos obrigados a renunciar a entender o funcionamento da Doutrina clássica do direito natural, e sua pretensão de descobrir soluções jurídicas justas, se esquecêssemos que os clássicos dispunham de uma "segunda lógica"... E os juristas, do procedimento judiciário; organização de um diálogo entre as partes, para o qual também se requer a presença de um "terceiro desinteressado", o juiz, encarregado de concluir – como na *quaestio escolástica* existia um mestre que determinava. Alexandre Kojève retomou, num livro recentemente publicado, este tema nas Éticas de Aristóteles.

O justo é uma *relação* que aparece, para cada parte interessada, de modo parcial, unilateral; sobre ele só existem, de início, opiniões divergentes e a intenção de reconciliá-las: precisamente as condições da dialética ou, pelo menos, de uma arte que se assemelha à dialética dos filósofos.

Artigo II
O exemplo romano

Ora, este é o caminho que decidimos seguir nesta obra: o melhor meio de apreender a essência do direito e de seu método é remontar às suas origens.

Sobre a Roma clássica, abordando os procedimentos de raciocínio dos jurisconsultos, poderíamos citar muitas obras de romanistas eruditas e recentes. Sinto que lhes falta uma dimensão filosófica. Mas ao menos elas não representam mais o direito romano como um sistema, segundo o modelo da dogmática pandectista.

O direito civil romano, em sua configuração, que data do fim da República, não saiu da boca de um Deus, modo como Minos teria introduzido sua legislação em Creta. E que Numa Pompílio ou os decênviros tivessem sido seus fundadores é uma explicação mítica.

Encontramos no Digesto esta passagem significativa de Pomponius (D.I.22.12): o direito Civil "propriamente dito" é obra dos prudentes, tendo sido o resultado de seu trabalho de "interpretação", inicialmente na ausência de qualquer texto escrito (*proprium jus civile quod sine scripto in sola prudentium interpretatione consistit*). O direito civil é uma obra em primeiro lugar *jurisprudencial*.

Os jurisprudentes tentaram, como os filósofos gregos, fundar "escolas" (Proculianos e Sabinianos). Dissemos acima que compunham uma elite de pessoas cultas, dispondo de boa situação material, casta relativamente fechada (§ 163), cujas opiniões gozavam de certa *"auctoritas"* (§ 164). Primeira condição necessária para que haja um direito: que a justiça não seja pronunciada nas vias públicas, por meio de manifestações, ou pelo poder político.

Comentemos as principais fases desta quase-dialética (que é abarcada em Roma, pela palavra "retórica" tomada em seu sentido amplo).

175. 1º) *Ponere causam.* O trabalho se efetua com base em *casos* (método "casuístico" ainda vigente nos países da *Common law*); quer sejam casos litigiosos reais, quer casos escolares (§ 165). O caso deve ser *definido*; a questão, *posta* em debate: no processo formular, o pretor definia o litígio (uma pretensão do pleiteante contestada pela outra parte, caso a ser tratado pelo juiz) na parte da fórmula denominada *inventio*, termo emprestado da Retórica.

A esse respeito, nada mais instrutivo que a tese de Yan Thomas sobre a *causa*. Esse termo ocupa um lugar central na linguagem jurídica romana: as causas são "coisas": realidades (Cícero as qualificava como *res*), concebidas em função do litígio, consideradas objeto de discussão, como questões a serem debatidas. Enunciam-se no indicativo. Pois a jurisprudência transforma os conflitos práticos em problemas especulativos (§ 171).

Uma primeira espécie de questão é a que Cícero denomina *quaestio juridicialis*, em que nos interrogamos sobre a qualidade do caso litigioso: se é *justo* (*an sit justum*). Questão dita de *"gênero"*: porque o "justo" é uma noção geral, comum a várias espécies. É por essa questão ainda vaga, indeterminada (*"infinita"*), que a ciência do direito deve começar.

Da causa geral, distinguiremos as causas "nomeadas", ou problemas de definições (*causae finitae*): acaso este fato que se está discutindo, em torno do qual está girando este processo, pode ser qualificado de roubo (*causa furti*)? Será que este negócio, este contrato, esta transação (Cícero reunia esse tipo de causas sob o nome de *causa negotialis*) constitui um empréstimo, uma venda, uma estipulação? Discute-se sobre a condição livre ou servil de uma pessoa? O caso pode ser incluído em tal ou qual espécie já definida?

Sob o termo "causa" vão se reunir (constituindo também assunto de controvérsia) todas as situações típicas em que se podem encontrar pessoas e coisas – denominadas hoje *conceitos jurídicos*: a invenção dos conceitos do direito é fruto da dialética.

176. 2º) Choque de opiniões. E o que é o processo, berço do direito? Uma controvérsia de *opiniões*. A primeira regra consiste em ouvir ambas as partes. *Audiatur et altera pars*. – É uma injustiça, da parte de um juiz, ocupar-se apenas do criminoso, excusando-o com a ajuda de psiquiatras, sem dar ouvidos às vítimas. Ou preocupar-se apenas com a ordem pública. O que caracteriza o jurista é o fato de observar *todos* os pontos de vista.

Um dos gêneros desta literatura é o das "questões", "problemas", "disputas" (*disputationes*). E, mesmo quando um jurisconsulto se apega a um texto (a lei das XII Tábuas, o Édito do pretor), nele descobre *questões* dialéticas.

A jurisprudência romana forjou-se à força de *discussões*, durante as quais se confrontam também *autoridades*: as opiniões de Celso, Juliano, Labeão, as teses da escola, desde os *Sabinianos* até as da escola dos *Proculianos* etc. São alegados o Édito do Pretor, os senatus-consultos, as leis propriamente ditas, as constituições imperiais. Recorre-se à equidade, à utilidade, às ideias gerais aceitas no mundo romano e entre outros povos, muitas vezes à "natureza das coisas". São referidos os "costumes" romanos, a realidade social.

A partir desses pontos de vista diversos, como o jurista poderia aceder à solução? Não seria suficiente considerar cada discurso separadamente, como o faz a retórica, nem tal ou tal texto lançado no debate, como se a sentença pudesse ser deduzida deles. Não, a sentença é o produto dessa operação coletiva que hoje chamamos de *processo*. O processo importa muito mais ao direito do que a reunião de textos preexistentes. Ele é o meio da invenção do direito.

Todos os "instrumentos dialéticos" serão utilizados no processo: crítica da linguagem, de suas ambiguidades, a arte das distinções semânticas. Nisso consiste a *interpretação*.

Cada uma das causas se articulará numa série ordenada de questões distintas – umas marginais ou "pré-jurídicas" (que ditam "prescrições" ou "exceções") –, sendo que a última tratará do objeto final do debate. Assim, em matéria de delito, após ter-se considerado previamente as questões relativas aos *fatos*: o acusado perpetrou de fato este dano injusto? – à qualidade desse fato: o acusado é culpado? –, chega-se, em última instância, ao problema específico do direito: que quantidade de penas atribuir...

Na verdade, os textos do *Digesto* não obedecem sempre a todas essas etapas. Considera-se útil deitar por escrito apenas o resultado, a *sentença* do juiz ou do jurisconsulto, opinião última e resultado da controvérsia.

177. 3º) Conclusões. Segundo os Tópicos de Aristóteles, a dialética devia conduzir a definições (*oroi*). Os juristas romanos produziram *definições*; *Quintus Mucius Scaevola*, um livro de *oroï*. Todas as "causas nomeadas" – *furtum, libertas*, pagamento indevido etc., cujo leque forma o arcabouço da linguagem jurídica romana – são tantos outros conceitos de sentido bem determinado, em torno dos quais pode-se exercer o gênero da "definição" (§ 175).

Quase sinônimo de definição é, em Roma, o termo "regra": *regulae juris*. A regra exprime a espécie de coisa que é abordada no processo – *Regula est, quae rem est brevitur enarrat* (D.50.17.1). Ela é *geral*. Não existe arte do direito sem a invenção de regras gerais, sobre as quais possam se apoiar as sentenças dos juízes.

As definições e regras não conduzirão a uma verdade *absoluta*. *Omnis definitio in jure periculosa est. Parum est enim ut non subverti posset.* (D.50.17.202): "toda definição jurídica é incerta, poucas não estão sujeitas a serem derrubadas" num debate ulterior. "A regra de direito é análoga à definição de uma causa; pode tornar-se "viciada" e mostrar-se inutilizável: *Regula quasi causae conjectio est, quae, simul cum in aliquo vitiata est, perdit officium suum* (D.50.17.1)". Por não terem sido demonstradas *cientificamente*, as "definições" e as "regras" gozam apenas de uma *autoridade*, contestável, que dependerá da *qualidade* de seu autor (§ 168). As consequências desse fato serão apresentadas no final deste livro.

Resultados frágeis e, contudo, substanciais: do trabalho conjunto dos jurisconsultos nasceram muitas máximas gerais de direito, cada uma das quais aplicável a diferentes casos, dotadas de um valor *teórico*. E, para situar no meio da diversidade das situações litigiosas, um vocabulário especializado: classificação das espécies de bens ou encargos atribuíveis a cada litigante (plena propriedade, usufruto, servidões, obrigações etc.); classificação também dos negócios, contratos ou delitos; dos momentos do processo etc. É essa linguagem que constitui o arcabouço da arte do direito civil. É da natureza da *linguagem*, para que sirva para comunicar, e para que o mesmo termo seja entendido no mesmo sentido por várias pessoas, proceder do *diálogo*.

Artigo III
Exílio e retorno da dialética

Que deve estar pensando o leitor? Desde o final de nosso Título Primeiro, ei-lo frustrado. Afinal, não fizemos mais do que abordar algumas curiosidades arqueológicas.

178. O divórcio. A aversão pelas controvérsias e pela incerteza da dialética surgiu já no século XVI num dos ramos da "jurisprudência humanista" – no interior da qual foram elaborados os primeiros sistemas didáticos organizados de direito, ao contrário do que constatamos nas obras da escolástica espanhola (cf. nosso artigo APD, 1976, p. 215).

Pouco depois, o mundo dos estudiosos rendia-se à fascinação do modelo *científico* de Euclides, o chamado modelo *geométrico* (*mos geometricus*). Já nos Prolegômenos de seu Tratado da guerra e da paz, Grócio anunciava que transplantaria para o campo do direito a ordem dos matemáticos (cf. E. de Angelis, *Il metodo geometrico nella filosofia del seicento*, 1967, Rod, *Geometrischer Geist und Naturrecht*, 1970).

A partir de então só houve olhos para Galileu, para o método da Física moderna, *"resolutiva – compositiva"*:

primeiro ela reduz a realidade, através da *análise*, a seres simples; em seguida, constrói *sínteses* que revestirão uma forma dedutiva. Os sistemas de Hobbes, de Pufendorf, de Domat, de Leibniz, de Wolff etc. inspiram-se nesse método. Prevaleceu então no direito a *"lógica da demonstração"*.

Como reação, assistimos a uma volta aos fatos. Nossas doutrinas mais recentes renunciaram a fundar o direito de modo racional. Pretendem que o direito seja resultado da persuasão *retórica*. Tanto num caso como no outro, recorre-se apenas a lógicas do *monólogo*: monólogos do legislador, do dogmático, do advogado...

Mas acaso não é evidente que o direito – determinação das relações *entre* indivíduos – não pode resultar do discurso isolado de um indivíduo? Que a antiga lógica dialética merece ser retirada do esquecimento?

179. Redescoberta. Cremos que sim, porque ela é a única a dar do discurso do direito uma ideia completa, e não fragmentada.

Ao longo da história, desde Roma, os juristas produziram tal abundância de regras que esses frutos acabaram por ocultar a árvore, a seiva nutridora. Os modernos tiveram sua visão toldada por esses *resultados*, as leis foram identificadas com o direito.

Decerto devemos reservar para as leis, fruto das controvérsias, o espaço que merecem. Mas nos limitarmos a elas, a elas reduzir o direito, significa cortá-lo de seu solo nutridor, condená-lo à esclerose...

A Dialética tinha o mérito de abarcar todo o processo da constituição do direito, que ela considera desde suas origens até seus efeitos, a invenção e o uso dos textos. A dialética tem para nós valor de síntese, de meio-termo entre os excessos do formalismo jurídico e o niilismo de seus adversários.

1º) O modelo lógico traçado nos Tópicos de Aristóteles e incorporado ao direito civil romano não implica a renúncia à lógica demonstrativa.

O raciocínio dedutivo, que liga *verticalmente* uma premissa à sua conclusão, é exercido na dialética já na argumentação, ao longo da qual cada advogado com base em opiniões ainda contestáveis forma "silogismos dialéticos". E sua função amplia-se quando a pesquisa chega a seu termo, a produção de regras gerais. Nesse momento podem ser constituídos, tomando-se estas regras como premissas, *fragmentos* de sistemas dedutivos, um início de *ciência* do direito; a jurisprudência romana acede, em certa medida, a esse nível da ciência, principalmente nas obras destinadas ao ensino, sendo costume da Antiguidade associar ciência e "didática": ciência é aquilo que pode ser *ensinado* com aquela tranquilidade que a ordem da dedução garante, que pode ser apresentado aos alunos como certo.

Há na jurisprudência uma certa *cientificidade*. A dialética, longe de excluí-la, tem como vocação conduzir a ela. A Dialética é a porta da ciência e da lógica científica, pois tem como finalidade não a persuasão puramente retórica, mas o conhecimento de verdades de caráter geral.

2º) Contraparte: essas deduções são feitas tendo como pano de fundo a controvérsia; subordinam-se ao exercício da controvérsia. Pois é primordialmente das controvérsias – justas *horizontais* de opiniões – do diálogo que nascem as regras. Donde se conclui que as regras assim constituídas não têm verdade certa, mas apenas uma *autoridade* bastante relativa e provisória. Nunca poderão gerar um sistema completo e definitivo. Seu destino é precário, ameaçadas que sempre estão de serem questionadas, rediscutidas dialeticamente.

3º) Este modelo lógico tinha o mérito de reunir e ordenar num único conceito a soma das operações intelectuais do jurista.

Porém, se começamos ccm um panorama da lógica jurídica tradicional, é porque desta decorre uma resposta a uma outra questão não menos disputada. Vimos que a dialética é obra do conhecimento. Conhecimento de quê? Um dialogo gira em torno de uma *coisa*. A antiga lógica do diálogo fornecerá a chave do problema das *fontes* do direito.

TÍTULO SEGUNDO
As fontes naturais

Bonum est in re

CAPÍTULO 1
A alternativa das teorias contemporâneas

180. As duas fontes do discurso do direito. Só a lógica não basta. Se os lógicos se contentam em trabalhar com os símbolos, e a retórica, com as palavras, não há discurso verdadeiro que não se refira a alguma coisa de real e que não pressuponha a inteligência de uma realidade. *Omnis ratiocinatio incipit ab intellectu (Et terminatur ad intellectum).* É chegado o momento de partir em busca das *fontes* reais do direito.

Talvez essa palavra não seja a mais apropriada: ela nos vem de Cícero, que, em suas obras de moral estoica, trata do direito à imagem de um rio do qual exploraríamos a fonte. Ela não convém a todos os sistemas. Mas, se fizermos questão de conservá-la, é melhor reservá-la para os princípios *transpositivos* dos quais origina-se o direito. Infelizmente, quanto a este capítulo, na Doutrina contemporânea (§ 137), só encontrei contradições insolúveis; consequências de uma filosofia.

A ontologia dos modernos é dicotômica. Descartes dividiu o mundo em duas categorias de "substâncias": a matéria inerte e o espírito. Outro corte derivou-se daí: a separação kantiana entre os fenômenos que as ciências teóricas estudam, e o *dever-ser*, o ideal que reside no espírito e que procede de nossa Razão. Kelsen afirma já no início de sua Doutrina do direito, como se fosse óbvia, a oposição entre ser e dever-ser (entre o *"Sein"* e o *"Sollen"*).

A educação filosófica que recebemos obriga-nos a situar as "fontes do direito" numa ou noutra dessas regiões. Ou o direito deriva da *Razão*, que nos prescreve um dever-ser, ou nós o induzimos dos *fatos* tais como são.

Não que uma composição seja impensável entre essas duas espécies de princípios. Mas, para que a doutrina não fique capenga, um ou outro prevalecerá.

Artigo I
Fontes ideais

Em primeiro lugar, a Doutrina mais ortodoxa. Um dogma, com o qual concorda a parcela mais significativa da opinião, afirma que o direito seria por essência uma "ciência *normativa*"; teria por matéria as normas, ou "regras de conduta", cuja função é reger os fatos em nome do ideal. É preciso atribuir-lhe uma fonte *espiritual*; o espírito do homem que tem como vocação comandar a natureza. Concepção imperativista: o direito vem do alto, da Razão, ou dos "projetos" que a imaginação dos homens pôde forjar de modo mais ou menos racional; em suma, de sua vontade. Tal é a origem dos textos dos quais se infere o direito.

Sem dúvida, a maioria dos teóricos evita explicitar essa filosofia das fontes. Mas ela está em seu subconsciente. Pertence a esse fundo de princípios gerais impostos a nós pela educação, mais incorporados passivamente que pensados: por nós mesmos pensamos muito pouco. Nossa filosofia inconsciente é uma herança.

Herança de quê? Não de Roma, creio eu; os juristas romanos não conheciam esse tipo de filosofia. Não poderíamos compreender as causas da Doutrina idealista, ainda reinante, das fontes do direito, se esquecêssemos que as escolas teológicas da Idade Média foram o berço da cultura da Europa moderna (*supra*, § 54).

181. A Palavra divina. Como resumir o espírito dos estudos e o gênero de visão de mundo que prevaleceu nessas escolas primeiramente monásticas e, depois, Faculdades de teologia? A fonte primeira de toda doutrina, a única verdadeira Luz, deve ser a *Palavra* de Deus, que criou o mundo e revelou uma pequena parcela de Seu pensamento sobre o mundo – pelos Profetas e pelas Escrituras. Não há mais lugar para o diálogo, apenas para o monólogo da Lei divina, à escuta da qual deve ser dedicada toda nossa vida, o que pode valer para o direito. Na Alta Idade Média, a tendência do mundo clerical, único detentor da cultura, foi reconhecer como fonte do direito a *Torá* bíblica e os Evangelhos: donde a interdição da usura e das guerras particulares – a força dos juramentos, no direito feudal, e do contrato consensual, à época da primeira expansão do comércio –, a sagração dos reis etc. O Imperador e os Reis, investidos por Deus de seu poder, teriam o encargo de executar o Direito bíblico, complementando-o (§ 57).

Exame crítico. Essa tentativa seria abortada. Ninguém melhor que São Tomás (1a IIae qu. 98 e ss) denunciou-lhe as fraquezas em suas questões sobre as *leis divinas*. É verdade que toda ordem – inclusive a ordem jurídica – procede do pensamento divino; da harmonia introduzida por Deus na sua criação – do Plano pelo qual seriam ordenadas nossas condutas através da história. Deus onipotente, infinitamente sábio. O que de melhor poderia ser proposto ao homem senão seguir a lei de Deus? Mas o problema é chegar a conhecê-lo, e se esse conhecimento nos será proporcionado exclusivamente pelo canal das Sagradas Escrituras reveladas.

A Bíblia seria uma fonte de direito? No que concerne ao Antigo Testamento, nele certamente poderemos encontrar textos jurídicos. A *"Lei antiga"* regulava a ordem social do povo judeu. Ao lado dos preceitos rituais (ou "cerimoniais"), de moral (o *Decálogo*), ela continha certos preceitos que São Tomás chama de *"judicialia"* –, carregados de conteúdo jurídico; Lei do Talião, lapidação das mulheres adúlteras, levirado, proibição do incesto, instituição da realeza. São Tomás, em seu comentário sobre a lei judaica, analisa, entre outras coisas, as características específicas das regras de direito (qu. 104, art. I) e para propor uma divisão das partes da ciência do direito (qu. 104, art. 4 e qu. 105). Mas esses preceitos "judiciais", destinados unicamente ao povo judeu em determinado momento de sua história, pecam por estarem ultrapassados. Deixaram de vigorar com o advento do Cristo e do Evangelho liberador (qu. 104, art. 3).

Quanto à "Lei Nova", ou evangélica (Novo Testamento), não duvidamos, ao contrário, que sua validade seja permanente: ela governa a vida dos cristãos. Porém, ela não tem como objeto a divisão dos bens temporais (Jesus recusa-se a dividir uma herança entre dois irmãos) e absolutamente não se refere mais ao direito. Não exibe nenhuma das características da regra jurídica: não é "escrita" (qu. 106, art. 1) e mal toca nas coisas "exteriores" (qu. 108, art. 2). Nela não se encontram mais proposições jurídicas, *judicialia*. O Cristo deixa ao homem o encargo de resolver os problemas de ordem jurídica temporal (*relinquuntur humano arbitrio, ibid.*); ou seja, o homem os resolverá não através da obediência à lei divina revelada, mas através dos meios que a natureza lhe oferece – *per sua naturalisa*. A coexistência entre cristãos e infiéis torna-se possível, o que é, definitivamente, um traço específico do *cristianismo*. Enquanto, muitas vezes, no mundo judaico ou entre os doutores do Islã, ensina-se a extrair o direito das Sagradas Escrituras reveladas, a Igreja cristã renunciará a essa empreitada, incompatível com o teor específico do Evangelho. O que não impede que a dominação da teologia sobre o direito tenha deixado, apesar de São Tomás, suas marcas na Doutrina jurídica da Europa moderna.

182. A vontade do homem. Passemos a uma filosofia que, como reconheceremos facilmente, não deixou de ser atual.

O positivismo jurídico – e a Doutrina correlativa do Contrato social – surgiram na Escolástica franciscana, especialmente com dois autores do início do século XIV, Duns Scot e Occam. Um e outro adversários da filosofia de São Tomás; mas ambos concordam com São Tomás que o Evangelho libera os homens do jugo das leis jurídicas do Antigo Testamento.

Portanto, a nova lei *divina* torna os homens *livres*: é o princípio dos *direitos* naturais do indivíduo, "direitos subjetivos" ou "direitos do homem"... A teologia do franciscanismo sublinhou a onipotência, a *Vontade* livre de Deus mais do que sua Razão, e delegou aos homens *poderes*.

Ora, entre esses direitos ou liberdades outorgadas por Deus aos indivíduos iremos encontrar também a fonte do direito "objetivo". Deus – dizem-nos Duns Scot e Occam – exceto para Israel – não regulou absolutamente a divisão das propriedades nem a ordem pública temporal. Da iniciativa dos homens e de suas liberdades nasceram os reinos, através de seu *consentimento* à instituição de um poder. E do poder assim fundado, a divisão das propriedades, do meu e do teu, o limite dos direitos positivos de cada um, o conjunto das regras jurídicas (cf. nossa "*Formation de la Pensée juridique moderne*", 2ª parte, p. 176 e ss. – acima §§ 71 e ss.).

As fontes do direito segundo Hobbes. – Essa foi a doutrina adotada por Hobbes, e a ele coube dar-lhe a forma de um sistema secularizado.

Ainda que a teologia não lhe fosse completamente desconhecida (grande parte do Leviatã trata de questões teológicas), Hobbes quis basear sua doutrina em fundamentos filosóficos: num conceito da essência do indivíduo, de inspiração nominalista e na hipótese teórica do "estado de natureza", no qual todos os homens eram livres (§§ 77 e ss.). Nova política: a preocupação de Hobbes é servir a uma causa política. Mas ele produz uma teoria admiravelmente ordenada das fontes e do método do direito – cujas consequências ele mesmo tira no *"Diálogo entre um filósofo e um jurista da Common Law"*.

A fonte primeira do direito é o concurso das *vontades* livres dos indivíduos associados no Contrato social. Fonte segunda e derivada é a vontade do soberano instituído pelo Contrato social, que substitui Deus no domínio temporal. Hobbes denominava-o Deus mortal. A partir de então, são unicamente as *leis* do soberano que devem ser levadas em consideração no direito.

Todos nós conhecemos o extraordinário sucesso da ideia do Contrato social através de Locke, Rousseau e Kant, que dele propuseram diferentes versões, e seu triunfo quase absoluto no final do século XVIII no círculo dos teóricos da Revolução Francesa e às vésperas da redação de nosso Código Civil. A crença no Contrato social forma a base, aliás frágil, do "positivismo jurídico".

É verdade que vontade não significa arbitrariedade. Assim como os teólogos podiam dizer, da Vontade de Deus, que era racional, também a dos homens será assim considerada. Segundo Hobbes, os indivíduos forjam o Contrato social unicamente em função de seu interesse racionalmente calculado; o príncipe, por seu lado, através das leis, procura incrementar seu poderio, e precisamente por isso acaba servindo a ordem e a riqueza do reino. Em Locke, para quem o soberano não é mais o monarca absoluto, mas a oligarquia dos proprietários, as leis vão ter como função garantir a segurança dos proprietários e o bom andamento do comércio. Existirá, pois, uma arte de forjar boas leis, úteis, e que considerará o *"possível"*, como diz Rousseau no início do Contrato social.

Isso não impede que a *fonte* das leis e o único fundamento de sua autoridade continuem sendo a *vontade* do legislador; tema caro a Kant, adversário do utilitarismo. A lei merece ser obedecida, quaisquer que sejam seu conteúdo, sua justiça "material", sua utilidade, unicamente em razão de sua *"forma"*: porque ela procede da autoridade competente, porque a vontade competente de homens *livres*, investida pelo Contrato social, deu a ordem. *Jus quia jussum*. À lei positiva de Deus sucedeu o mandamento dos homens.

Exame crítico. Embora essa ideologia do Contrato social continue embasando a Doutrina das fontes de nossos manuais, não há mais ninguém que acredite nela. O Contrato social é um mito; o livre consentimento de todos os cidadãos jamais esteve (supondo-se que isto tenha algum sentido) na origem de nossos Estados.

Rousseau e Kant tinham plena consciência disso. Rousseau contenta-se em imaginar, para um mundo futuro, um direito utópico. Kant, sabendo que o Contrato social não passa de uma ideia de nossa razão que jamais foi efetiva, por um obscuro lance de prestidigitação, chega à conclusão de que se deve obedecer ao Poder estabelecido de fato.

A ficção do Contrato social serviu antes de tudo para justificar as pretensões do Estado moderno de regentar o direito. Essa teoria vem conferir às ordens de quaisquer poderes (que se proclamam unanimemente "democráticos"), à oligarquia da "classe burguesa dominante", aos pretensos porta-vozes do proletariado, uma pseudolegitimidade. De um modo ou de outro, é sempre um partido que detém o poder político. Ora, a vocação do jurista seria a de ser um árbitro entre todos.

O *"positivismo jurídico"* não passou de uma ideologia enganadora e destrutiva do direito: quantos males não nos custaram os dogmas da soberania do povo e da soberania do Estado! Basta que se perca a maioria nas eleições legislativas para que sejam espoliadas as empresas e seus acionistas, sem que sua causa seja ouvida. Não há mais garantia, para os que recorrem à justiça, contra a monstruosa arbitrariedade do positivismo legalista.

Assim, não nos surpreende que ao longo dos séculos XVII e XVIII ele sempre tenha caminhado lado a lado com seu contrário: o racionalismo.

183. A Razão. A lei natural. Ele parece ser também a herança de uma teologia. Nunca fomos capazes de forjar, de Deus, mais que uma imagem incompleta. Paralelamente aos teólogos obcecados, sobretudo, pela Onipotência, pela Liberdade de Deus, outras correntes nele privilegiavam a Sabedoria, a Razão. Assim foi transferida, primeiramente à Igreja, depois ao homem, uma parte da Razão divina, sendo essa a origem do *racionalismo*. Vemos emergir o racionalismo em muitas seitas de teologia medieval.

A doutrina jurídica moderna surgiu, em grande parte, da *Segunda Escolástica* (século XVI e início do século XVII), sobretudo espanhola: Vitoria-De Soto-Suarez-Lessius-Molina, autores prolixos quanto ao direito. Nos seminários católicos, a obra deles foi considerada uma volta a São Tomás, do qual teriam respeitado o espírito. Contraverdade: São Tomás, em matéria de direito, restaurara a Doutrina romano-aristotélica. Os escolásticos espanhóis instauraram, no que toca ao essencial, uma nova doutrina, sobretudo o Tratado de Suarez: *De legibus ac Deo legislatore*. Acompanhando a tradição medieval, Suarez confunde leis e direito. Seria para restabelecer essa máxima que o povo cristão deveria novamente extrair seu direito das Sagradas Escrituras, especialmente da Torá judaica? Após a crítica de São Tomás – e porque as condições sociais e econômicas da Europa moderna não têm mais nada a ver com as do antigo povo de Israel –, tal solução não faz sentido.

Um dos traços característicos da obra de Suarez é sua insistência na *lei natural moral*, que Deus, diz São Paulo, "inscreveu" no coração dos homens, e de todos os homens, mesmo os pagãos; a lei natural moral seria para os pagãos o equivalente da Torá, revelada para os judeus. A lei natural é uma parte do Plano através do qual Deus ordena as condutas humanas, e que Ele teria inserido no espírito dos homens. Suarez fez da lei natural a principal fonte de seu sistema de direito.

A lei natural é *moral*, ela tem como objeto comandar a conduta do indivíduo. São Tomás havia distinguido cuidadosamente dos preceitos "morais", de valor permanente – os cristãos respeitam o *Decálogo*, e no sentido amplo há tantos preceitos morais quanto na Lei nova –, as proposições jurídicas (§ 181). Suarez volta a confundir – herança da alta Idade Média e do pensamento judaico (§ 58) – os mandamentos da moral e a instituição do direito.

O direito será *deduzido* dos preceitos morais da lei natural. Preceitos imutáveis, universais, cujo conhecimento e exata formulação caberá, além do mais, aos teólogos: pois se a lei natural é comum a todos, os Evangelhos a renovaram, e a graça cristã, as luzes de que dispõe a Igreja, dão ao clero competência para defini-la. Tentativa de restauração da supremacia dos teólogos. Caberá a eles esboçar pelo menos o arcabouço do direito natural.

Sem dúvida falta completar o corpo das leis principais assim constituídas aplicando-as às contingências, às flutuações da história, às condições particulares de cada processo. Após a implantação das "teses", será necessário fazer algumas adaptações para as "hipóteses", tarefa secundária, servil, relegada aos juristas profissionais.

184. A Escola do direito natural. Os famosos sistemas da *Escola do direito natural* – segundo análises recentes – derivam dessa teologia; são sua transposição para um mundo secularizado. A observação que os grandes filósofos da Europa moderna (sobretudo os idealistas alemães), sucessores dos teólogos, teriam conservado o procedimento apriorístico dessa teoria, tornou-se banal.

Mas não se trata mais de princípios *revelados*. Na Escola do direito natural, cujos autores são leigos, as Sagradas Escrituras são cada vez menos alegadas, apenas a título de confirmação. Com exceção de Domat, o amigo de Pascal: ele se põe como tarefa, em pleno século XVII, construir um sistema ordenado de leis, "*As leis civis ordenadas segundo sua ordem natural*", tendo como base o preceito evangélico: Amarás Deus e a teu próximo. Bossuet também pretendera construir uma "Política extraída das Sagradas Escrituras".

Mas os principais autores da Escola, os protestantes, *secularizaram* os princípios do "direito natural". Bastará cortar a lei natural de suas raízes teológicas, colocar o legislador divino mais ou menos entre parênteses. Os princípios do direito natural serão procurados, sem que ninguém se dê ao trabalho de aprofundar as buscas, naquele fundo da *Natureza humana* em que serão depositados os princípios inatos. Aqui começa-se a substituir a religião de Deus pela religião do Homem.

Grócio, nos Prolegômenos do *Tratado do direito da guerra e da paz*, anuncia o desígnio de fundar seu sistema em axiomas *racionais;* evidentemente, eles concordam também com a moral do Evangelho, mas qualquer homem pode descobri-los em sua "natureza". Constituem os "ditames da razão" (*Dictamen rectae rationis*). É possível extraí-los da literatura pagã, cara aos humanistas. Grócio baseia-se em Cícero, que em seus tratados de *moral estoica* lançara a expressão "fonte do direito" (*fons omnis juris*). Existiria uma lei moral – *vera lex, recta ratio* – da qual proviria toda a justiça. O homem, no qual reside uma parcela da Razão comum, é por isso mesmo destinado à vida social, tem o dever de tornar possível sua coexistência com seus semelhantes: "*esta preocupação em manter a sociedade... é a fonte do Direito propriamente dito e se reduz em geral a isto: que precisamos nos abster religiosamente do bem de outrem e restituir o lucro que dele se obteve; que temos a obrigação de manter nossa palavra; que devemos reparar o dano causado por nossa culpa...*". Desses preceitos serão deduzidos o direito de propriedade (art. 544 do Código

Civil), o sistema do contrato consensual (art. 1134) e o da responsabilidade (art. 1382).

Moralismo. Precisamente como em Suarez, e perpetuando a tradição medieval, é a princípios de *moral* que o direito está atado. Aos teólogos sucederam, nas cadeiras do "Direito natural", filósofos da moral: o homem nada mais poderia encontrar em sua consciência subjetiva (onde se encontra a "lei natural") além dos preceitos de moralidade. Pufendorf foi o autor de um tratado dos deveres (*De officiis*) e de uma teoria dos "seres morais" (*entia moralia*) que condicionam as ações voluntárias do homem.

Kant persiste em tratar o direito como um anexo da moral. Do imperativo categórico que a Razão pura impõe ao homem, passando pelo preceito do respeito à dignidade de toda pessoa humana, ele extrai um "imperativo" jurídico, fonte de seu "direito natural". Mas, como apenas esse imperativo não poderia bastar, o direito "peremptório", definitivo, será formado pelas decisões positivas do poder estabelecido. Kant viu-se obrigado a combinar as teses de Hobbes com as lições do racionalismo.

Vernunftsrecht. Ditadura da *razão* humana tornada *fonte* de conhecimento, enquanto para um São Tomás ela não passava de um *meio* de passar de uma proposição a outra. A chamada Escola do Direito Natural – principalmente a partir do século XVIII – deveria mais apropriadamente intitular-se de direito "racional", "*Vernunftsrecht*", pretendendo deduzir dos axiomas da Razão pura não apenas o poder do legislador (como no sistema de Hobbes), mas o *conteúdo* do direito. Parte-se ou de *máximas* gerais de moralidade, de "imperativos", de preceitos da consciência, ou de *definições* gerais da essência do homem, da virtude, do bem, dos objetivos da conduta moral. Os mais admiráveis esforços de construção de um direito racional foram aparentemente os de Leibniz, autor de inúmeros esboços de sistemas dedutivos de direito, os quais, aliás, ele teve bom senso suficiente para não levar a cabo, empresa que seu discípulo Wolff acreditou-se capaz de realizar (*Jus naturae methodo scientifica pertractum*, 1748).

Dos persistentes trabalhos da Escola do direito natural – em conjunção com a Doutrina do Contrato Social, que estabelecia a competência do legislador do Estado – resultaram nossos *Códigos*, com a orgulhosa pretensão, que estampavam no final do século XVIII, de estarem instituídos para sempre, de possuírem valor imutável e universal. Pois, diziam a uma só voz Pufendorf, Leibniz, Thomasius e J.-J. Rousseau, o direito não é o fato, é a *norma* ideal que se impõe ao fato.

Sua persistência. Nós próprios somos, em larga medida, produtos dessa filosofia. Esquecemos muito facilmente o lugar que ocupam as doutrinas da Escola do Direito Natural no pensamento contemporâneo. Partes inteiras desses sistemas continuam vivas: a obrigação de mantermos nossas promessas, o dever de repararmos os danos causados por nossa culpa, os princípios gerais do direito e os sacrossantos "direitos do homem".

Ministram-se na Faculdade cursos de "liberdades públicas". Neles finge-se comentar o texto da constituição em que estão inscritos os direitos do homem. Mas esse novo ramo do direito procede de uma definição da "natureza do homem" e de sua "dignidade".

Da Escola do direito natural provém ainda o preconceito, transmitido à dogmática pandectista, de que o direito é sistema, "ordem normativa homogênea". Pura ilusão: os grandes tratados da Escola do direito natural provavelmente devem sua existência e sua fortuna momentânea unicamente ao declínio, na mesma época, do ensino da lógica. A exceção de Leibniz confirma a regra, já que sua tentativa fracassou.

Estão repletos de paralogismos e não têm senão a aparência de sistemas dedutivos. Neles são retomadas uma série de soluções tradicionais, emprestadas na maioria das vezes do *Corpus juris civilis* (o direito romano sendo qualificado, por contrassenso[1], de "Razão escrita"); ou dos direitos costumeiros, ou da legislação recente. Sua ligação com os princípios é especiosa, sua demonstração, falha; a empresa era impossível.

Tendo deixado importantes e duradouras marcas no ensino, a Escola do direito natural nunca fez mais que um magro sucesso entre os que atuam na prática. No início do século XIX, caiu num descrédito que parecia ser definitivo.

185. O renascimento do direito natural. Mas ela ressurgiu. Por mais que se a condene, ela renasce das cinzas. É um "cadáver que não se cansa de ressuscitar" (H. Batiffol). Tínhamos razão de inclui-la, apesar de suas origens serem antigas, entre as doutrinas *contemporâneas*.

O termo "direito natural", que não deixou de mudar de sentido ao longo da história, presta-se a expressar as ideias mais disparatadas. Na maioria dos casos trata-se, hoje, de uma volta ao racionalismo da "Escola" do "Direito natural", a única das versões do "Direito natural" de que a opinião contemporânea tem normalmente conhecimento, racionalismo sem dúvida atenuado. Não é mais possível pretender que um sistema de direito tenha um valor permanente e universal; e negar a história.

As doutrinas do direito natural do século XX vão se esforçar para combinar o culto à Razão com a atenção aos fatos históricos. Ninguém ousará reintroduzir os "princípios" do direito natural senão a título de fontes secundárias, em concorrência com as regras do direito positivo. Do que resulta uma teoria *dualista* das fontes do direito: deixar-se-á o jurista ora seguir as regras do direito positivo, ora apelar para o direito natural, flutuação denunciada por Kelsen.

---

1. "Razão escrita", na Idade Média, significa *argumento* extraído do direito escrito.

Distingamos duas *ondas* sucessivas de "renascimento do direito natural":

1º) A primeira, no *início do século*: Stammler, uma parte da escola dos neokantianos, o jesuíta Cathrein, Gény, cuja principal obra tem como subtítulo: "O irredutível direito natural", Charmont: "O renascimento do direito natural", Rommen: "O eterno retorno do direito natural", e Del Vecchio na Itália.

A doutrina mais notável é a de Stammler. Formado na linha de Kant, mas realizando uma hábil mistura de sua filosofia prática com sua análise das "formas" da Razão teórica, Stammler só pede à Razão as *formas*, a linguagem, os conceitos da ciência jurídica – e "a *Ideia* do direito", o ideal que, insuflado no direito, irá torná-lo cada vez mais justo (*"richtiges Recht"*). Mas o "conteúdo" varia ao longo da história, acompanhando as condições mutáveis da economia; teoria de um "direito natural de conteúdo mutável".

Outros se referem a São Tomás: Cathrein, Rommen, às vezes Gény, seu discípulo Renard (defensor de um direito natural cujo "conteúdo" seria progressivo) etc. Não devemos nos enganar: a filosofia de São Tomás só foi transmitida deformada, contaminada pelo *Suarezismo*, pelo *Wolfismo*, que tiveram grande sucesso nos seminários, e pela filosofia kantiana.

Queremos ainda destacar um livro de Adolf Reinach, que remonta a 1913, mas cujo sucesso é mais recente. Reinach, aliás, não aceitava o rótulo de direito natural. Mas esse aluno de Husserl, pondo em ação o método fenomenológico, acreditou ter descoberto *a priori* um conjunto de proposições jurídicas de valor imutável. Ele deixa aos juristas o cuidado de completar esse núcleo de verdades estáveis em função das necessidades de cada época, para constituir o "direito positivo". Por ter trabalhado com conceitos (promovidos a "essências") emprestados à tradição kantiana pandectista, essas pretensas verdades jurídicas aprioristicas permaneceram na linha da Escola moderna do direito natural.

2º) A segunda onda data da crise da última guerra mundial. Os juristas alemães formados no positivismo legalista sentiram então vergonha por terem servido e aplicado demasiado passivamente as leis de Hitler (*Hitler's argument*). É chegado o tempo de se regenerar, de restaurar os grandes princípios de respeito à pessoa humana, os direitos do homem, as máximas do liberalismo do conquistador americano, novos afluxos de "renascimentos do direito natural".

Citemos o manual de H. Coing, publicado na Alemanha pouco depois da guerra, e uma série de obras vindas de diferentes esferas: católicos (Messner, Verdross), protestantes (Brunner, Erik Wolf), existencialistas (Fechner-Maihofer) e mesmo marxistas (E. Bloch)... Poderíamos citar facilmente uma centena de títulos, italianos, espanhóis, franceses (Maritain), belgas (Leclerq, Dabin) ou americanos (L. Fuller)...

Alguns outros conseguiram devolver aos termos "direito natural", "natureza das coisas", seu significado "clássico". Nós os comentaremos mais adiante (§ 195).

186. Exame crítico. A maioria das doutrinas "jusnaturalistas" se atém substancialmente às conclusões da Escola moderna do direito natural, da Época das Luzes, mesmo se a maneira de fundar filosoficamente estas conclusões é, aparentemente, renovada. Quanto a nós, continuaremos a nos recusar a dar-lhes crédito.

Impossível que das prescrições de uma *moral* racional deduzamos soluções de *direito*. O objetivo do direito não é ditar ao indivíduo regras de conduta, mas determinar uma divisão dos bens e dos encargos, no interior de um grupo, *entre* várias pessoas (*supra*, § 123). Nenhuma lei moral descoberta por uma consciência subjetiva poderia cumprir essa função.

Denunciamos mais acima a esterilidade, para o direito, da linguagem dos "direitos do homem", símbolos da dignidade infinita de cada ser humano no interior de uma filosofia moral que, embora muito bem fundamentada, tem o defeito de não contribuir em nada para a resolução dos processos (§ 88 e ss.).

A mesma filosofia moral reconhece aos homens – além dos direitos ou permissões – deveres ou obrigações, como a obrigação, cara a Kant, de respeitar a dignidade infinita da pessoa humana. Eis algo que não nos diz absolutamente nada acerca das relações que devem existir *entre* várias "pessoas humanas".

"Não roubarás": esse preceito moral está inscrito no *Decálogo*. Como poderia ele guiar o juiz em seu ofício – que é definir a consistência relativa das propriedades de cada um, mesmo que fosse ao menos para ajudá-lo a definir se existe um roubo?

"Respeitarás tuas promessas." Na Europa moderna deduz-se a "teoria geral" do direito contratual de uma fórmula do Édito do pretor: *Pacta servanda*. O pretor garantia os "pactos". Traduziram-na assim: "Toda convenção deve ser mantida" (é um contrassenso, pois *pactum* não significa "convenção"). Quando um operário conclui com seu patrão um contrato de trabalho leonino, acaso aceitaríamos que o juiz condenasse o operário a cumprir sua promessa?

"Devemos reparar os danos causados por nossa culpa." Sobre esse preceito racional de moralidade, os civilistas construíram uma doutrina insustentável da responsabilidade civil. Para operar uma boa divisão entre o autor e a vítima de um acidente de automóvel, o juiz deve também levar em conta o comportamento e a situação da vítima (cf. *Archives de philosophie du droit*, t. 22-1977).

Não foi possível extrair da "consciência", da lei natural "inscrita" na consciência de cada um, da "Razão pura" ou das essências fenomenológicas entendidas ao modo de Reinach, senão fórmulas vazias, grandiloquentes, enganadoras. A maioria dessas doutrinas modernas do direito natural, como dissemos a respeito de Stammler, são "garrafas vazias ornadas com um belo rótulo".

Como a ideologia do Contrato social, esses princípios de moralidade que quiseram transformar na "fonte" dos sistemas de direito destinam-se, sobretudo – quando não são pura verborragia –, a *encobrir* a exploração capitalista e atualmente outras injustiças. Teria sido mais proveitoso ater-se às distinções de São Tomás, que não se permitiu confundir os preceitos *morais* (*moralia*) com as *judicialia*.

Não creio no poder da chamada "lei" natural, nem da Razão prática do homem que a substituiu, de ditar soluções de direito. A Razão dos racionalistas só oferece aos sistemas jurídicos modernos falsas justificativas ideológicas.

Artigo II
Fontes factuais

187. O positivismo científico. Passemos agora ao outro ramo da alternativa: se há uma filosofia triunfante entre o grande público, incessantemente difundida pelos meios de comunicação de massa, é o positivismo científico.
Auguste Comte e os mitos do positivismo. Auguste Comte foi quem o batizou, por uma de suas geniais intuições, a famosa *Lei dos três estados*, em seu *Curso de filosofia positiva* (1839-1842). As técnicas de conhecimento da humanidade ao longo de sua história (assim como as de cada um, ao longo de sua vida, "a ontogênese reproduzindo a filogênese") passariam por três estágios sucessivos.
A idade teológica: O homem, ansioso para entender o mundo com o objetivo de nele orientar-se e controlá-lo, tenta primeiramente, de maneira inábil, explicar os fenômenos pela intervenção de potências sobrenaturais, de divindades. O desenrolar da guerra de Troia é explicado pelos caprichos de Zeus, de Poseidão e de Atenas. A Torá judaico-cristã foi a chave da história da salvação, e por algum tempo da ciência do direito.
Vem em seguida a idade *metafísica*. A essas ficções teológicas irão suceder, sempre a título de princípios de

explicação, ideias abstratas não menos irreais: Razão, Natureza, Justiça, Direito. Uma Física explicará as coisas a partir de definições de sua "essência", de sua natureza, de suas qualidades: "virtude dormitiva" do ópio. Pelo mesmo método forjou-se uma doutrina do direito deduzida da Razão, dos preceitos da Lei Natural, da Natureza do homem, dos "direitos naturais" dos indivíduos; sistema liberal individualista, que lançou a Europa na anarquia. O espírito metafísico fragmenta e, como recorta o universo numa multiplicidade de princípios dispersos, sem mútua ligação, destrói sua *ordem*. Desempenhou na história um papel *crítico* e negativo.

A humanidade chega, na época de Comte, ao estágio do *positivismo*. O espírito humano, saindo da infância e da adolescência, e chegando à idade "adulta" da maturidade, renuncia a apreender a pretensa "essência" das coisas; pois não existe essência das coisas. Ele observa fatos positivos, mas também apreende suas *ligações*, suas relações de concomitância ou de sucessão temporal, que exprimirá sob a forma de leis científicas. É o método das ciências modernas, que durante muito tempo só foi explorado na Física, nas ciências naturais. Ele conquistou novos domínios.

E advém o momento decisivo, quando o gênio de Auguste Comte discerne, em vias de se produzir, a eclosão da *sociologia*. Desde então, a ciência estende seu império ao mundo inteiro e à história; o que deverá produzir numa renovação total da vida, da *moral* (a última das ciências); restauração da ordem e progresso da sociedade.

Comte não foi o teórico de uma ciência fria e neutra, mas o fundador de uma *Religião*, coração de sua "Política positiva". Mas dessa filosofia da história iremos reter, por nosso lado, o tema da exaltação da *ciência*, tal como alguns de seus discípulos o entenderam, bastante deformado e empobrecido.

Daí extrairemos o monopólio do espírito científico e a ditadura dos cientistas sobre toda a vida intelectual, a rejeição de toda "metafísica". Estes serão, em pleno século XX, os *leitmotiv* do "círculo de Viena" e do "neopositivismo"; e, para empregar a expressão de Jacques Maritain, do "cientificismo" contemporâneo.

A maré cheia do positivismo científico devia se estender ao direito, produzir uma doutrina das fontes do direito: não se tratará mais de *deduzir* o direito de preceitos da Razão, de um conceito da "natureza do homem" – nem de *construí*-lo racionalmente. Na ciência positivista a lógica da demonstração perde o monopólio. Será preciso que o direito seja *induzido* dos fatos observados cientificamente. Seria mais uma "fonte"? O termo torna-se impróprio. Os fatos sociais constituem uma espécie de *mina*, da qual serão extraídas as regras do direito.

Progressivamente, os juristas foram sendo conquistados pelo positivismo científico, por contágio, porque ele se torna a filosofia dominante, reinante entre aqueles que nos governam – em conjunto com seu irmão gêmeo, o *tecnicismo*. Chegava na hora certa: na corrente do século XIX, quando os juristas foram obrigados a reconhecer a insuficiência de seus Códigos e dos sistemas racionalistas, uma reação se fez necessária. Tivemos que levar mais uma vez em consideração as mudanças históricas reais, afastando-nos dos grandes sistemas ilusórios do idealismo, e voltar a nos nutrir de fatos.

Assim se sucederam as modas, dialeticamente, lançando-se de um excesso ao excesso contrário; ascensão do cientificismo. Os teóricos da ciência jurídica, bem entendido, não têm consciência de terem sacrificado a essa moda.

188. Os pródromos. Como o legalismo é uma herança da teologia, o positivismo dos juristas criou raízes em disciplinas científicas *alheias* ao direito. Primeiro fenômeno a ser notado, sublinhado atualmente por Michel Foucault, o aparecimento das *ciências humanas*.

Os métodos científicos modernos, inicialmente restritos ao estudo da natureza inanimada, se disseminaram.

Embriagada com seus sucessos na Física, na astronomia e na anatomia, tentacular, a ciência estende-se a todos os setores do conhecimento; muda a filosofia.

Quase todos os filósofos da época moderna – Descartes, Bacon, Pascal, Leibniz, Hobbes, Locke e Spinoza – haviam cultivado as ciências. A partir do início do século XVII, há uma tendência dos autores a transplantar em seus estudos gerais de filosofia tal ou tal parte do método das ciências: o modelo das matemáticas, ou da mecânica. O sistema de Hobbes analisa os mecanismos através dos quais se formariam o Estado e o direito. A Política spinozista é um jogo de forças naturais. A atração sentida, pela maioria dos cientistas modernos, pela observação empírica pode também ser generalizada (Pascal ou Locke).

Em meados do século XVIII eclodem não apenas a psicologia e a biologia, mas as ciências da sociedade. A *história* torna-se uma ciência social com Vico, Voltaire, Gibbon, Rousseau, os enciclopedistas – sem falar de Hume e de Montesquieu. Surge a *economia política*: que não é mais a arte de governar o círculo familiar; torna-se desde então *política*. Os Fisiocratas estabelecerão o quadro da "ordem *global* das sociedades" – produção, trocas e consumo – quadro, aliás, muito pouco histórico: de Locke ou de Wolff, os fisiocratas absorveram o conceito dos direitos "naturais", o caráter natural da propriedade e do sistema consensualista. Adam Smith e a escola inglesa descobrirão, com base nesses dados, "a harmonia" global da economia. Mas eis que as ciências se tornam positivas, expulsando toda "metafísica"; primeira série de exemplos, datando do final do século XVIII, abordando as reviravoltas na noção de fontes do direito.

Ceticismo

1º) Hume: *Tratado sobre a natureza humana* – "*Ensaio para introduzir o método experimental nos assuntos morais*", 1739-1740 (obra de juventude). Um grande promotor do positivismo. Kant escreverá que, se fundou uma filosofia crítica, deve-o a Hume, porque Hume o fizera despertar de seu "primeiro sono dogmático".

Do homem e da sociedade ele pinta um quadro revolucionário. Para Hume, nossas ideias gerais não procedem da Razão, mas de "impressões" sensíveis originais e, depois, "associadas", combinadas, e essas combinações instalam-se na linguagem comum do grupo pela força do hábito e da educação: assim, a ideia de *causa* e a de *justiça*. O mesmo vale para nossas instituições: Hume desmontou a gênese da propriedade, do contrato, do Estado e de suas leis, do preconceito da obediência às leis positivas do Estado, a partir das impressões sensíveis de prazer ou de desprazer, da associação dessas ideias simples; o costume consagrou-as.

Não há mais contrato social nem lei natural inata. Não que Hume queira condenar, assim, as instituições existentes. Ele não é de modo algum revolucionário. Mostra, ao contrário, que elas respondem a nossos interesses, ou aos interesses dos privilegiados, justificando-os em certo sentido sem reconhecer-lhes, entretanto, um fundamento *racional*. Intelectual desiludido, Hume convida o homem a se contentar com o fato existente.

Relativismo

2º) Montesquieu: *Do Espírito das leis*, 1748. Tanto quanto Hume, conservador. E em sua doutrina muito incoerente serão conservados, por um lado, os temas em voga na época, a exaltação das liberdades naturais do indivíduo, assim como a estrita submissão do juiz à lei do Estado que, no conjunto da ordem social, devem produzir uma ordem comum e providencial: Montesquieu leu Malebranche.

Mas sua contribuição não reside nisso. Outros são seus famosos "princípios" (Prefácio do livro). Gabando-se em várias oportunidades, como muitos de seus contemporâneos, de cultivar as ciências físicas, sua principal iniciativa consiste em transplantar os métodos dessas ciências para o terreno do direito, em buscar as leis de seus fenômenos – um pouco ao modo de Newton, segundo o modelo científico de então. Ele descobre assim a "relação" das legislações e dos costumes das diferentes nações com as circunstâncias históricas e geográficas, com os diversos regimes políticos, com os modos de vida, com as religiões, a economia, o "espírito do povo", o "clima". O legislador pouco pode modificar daquilo que já estaria determinado: o fato, a "natureza das coisas".

Que resta do programa jusnaturalista de codificar de uma vez por todas, em nome da Razão inata, uma legislação ideal com uma configuração imutável e universal? A obra de Montesquieu foi tão corrosiva quanto a de Hume.

Utilitarismo

3º) Para terminar, Jérémy Bentham (*An Introduction to the Principles of Morals and Legislation*, 1889); sendo este, de fato, construtor de um método e de uma teoria geral do direito. Importante porque chefe de uma escola: teve como amigos e aliados os economistas, e foi o fundador do "radicalismo". Continua em voga nos países anglo-saxões – é um dos profetas de nossa sociedade tecnicista.

O utilitarismo de Bentham é uma outra maneira de romper com os sistemas do idealismo. Contudo, ele conservou uma parte da Doutrina de seus grandes predecessores ingleses. De Hobbes, conservou o preconceito de que cabe ao homem fabricar racionalmente todo seu direito, e que o direito se identifica com as leis do Estado. Mas parece-lhe um vestígio da arbitrariedade "metafísica" pretender que as leis sejam "justas"; elas não o são nem por seu conteúdo (tese da Escola racionalista) nem por sua fonte, a ficção do Contrato social, cientificamente inverificável. Seria vão justificá-las pelo hábito ou pelo costume.

A única justificativa do direito consiste em sua *utilidade*; ele não passa de uma técnica, de um instrumento de "maximização" dos prazeres (§ 86). A ciência constata que todo homem busca o próprio prazer. Não poderia haver outro objetivo. Esse é o princípio de toda moral. Dele resultam a arte e as fontes da legislação. Que o legislador elimine todas as ficções teológicas ou metafísicas! Deverá basear-se unicamente na ciência: nos prazeres dos indivíduos e nas causas desses prazeres. Conhecer as causas dos prazeres permite *calcular* os meios de maximizá-los e de diminuir a quantidade de pesares. Uma lei que puna o roubo, cientificamente calculada, preservará os prazeres dos proprietários sem aumentar, mais que o cálculo mostrar necessário, os pesares dos ladrões. Todo o direito deve ser repensado, refundido de acordo com esse método.

Vitória decisiva da ciência. Renúncia à busca de soluções justas, porque a justiça está fora do alcance da ciência. O legislador limita-se a servir, assim como os descreve a ciência, os desejos de cada um tais como são; é por isso que a ciência proporciona uma técnica. A técnica é a irmã gêmea da ciência moderna e de sua *finalidade* (§ 110).

É nisso que consiste a parte mais inovadora da obra de Bentham; numa arte da *legislação*. Dedicou-se também à técnica da *jurisprudência* (*The Limits of Jurisprudence Defined*, ed. 1945). Seguindo também quanto a esse ponto a linha de Hobbes, Bentham separa radicalmente o ofício de juiz ou de jurista do ofício do legislador. O jurista não tem que se preocupar com o valor dos textos, nem mesmo com sua utilidade, coisas de responsabilidade dos legisladores. O jurista deve aplicar os textos que o Estado lhe impõe efetivamente; tomar as leis tais como existem. Única atitude "científica": observar o direito tal como é (a *law as it is*), e não tal como deveria ser (*as it ought to be*). Essa máxima, que fez grande sucesso, não está isenta de obscuridade, porque não é tão fácil, como imaginava

Bentham, reconhecer em que consiste o direito "existente". Ela continuará sendo, ainda, o *leitmotiv* da obra de L. Austin (*The Province of Jurisprudence Determined*, 1832), o mais célebre filósofo do direito da Inglaterra no século XIX – discípulo e sucessor de Bentham.

189. A Escola histórica: primeiros avatares do positivismo jurídico. Voltemos à Alemanha, e lembremos que o século XIX foi a época da hegemonia das Universidades alemãs: do "pandectismo", oriundo da "Escola histórica".

A Escola histórica deve muito à filosofia de Kant; não tanto à sua moral ou à sua teoria do direito natural, mas principalmente à sua filosofia das ciências *teóricas*. E à divisão que o próprio Kant estabelecera, em seu "*Conflito das faculdades*", entre a tarefa dos filósofos e a dos juristas. Às faculdades de filosofia, dizia ele, cabe procurar o direito ideal, trazer à luz, a partir da Razão pura, a *ideia* de uma República perfeita, fruto de um contrato social verdadeiramente racional, ao passo que os juristas deveriam se contentar em estudar e aplicar as leis produzidas pelo Estado existente, pois não temos hoje nada que se aproxime mais do ideal.

O fato é que essa filosofia conquistou a audiência dos juristas. Estes estavam cansados dos sistemas da Escola do direito natural, decididamente impraticáveis; estavam, porém, habituados a lidar com os textos positivos, particularmente com o *Corpus juris civilis*. A história científica voltou-se para as fontes jurídicas romanas, cometendo, aliás, o erro de analisá-las através das lentes de autores inteiramente seduzidos pela filosofia moderna.

Hugo, fundador da Escola histórica (sua obra será alvo dos ataques de Hegel e de Marx), apanhou no ar esse convite a se confinar na ciência dos textos existentes. *Lehrbuch des Naturrechts als einen Philosophie des positiven Rechts* (1798). O termo "direito natural" só aparece neste título para ser logo rejeitado em favor do direito *positivo* e de uma ciência do direito positivo.

1º) *O programa de Savigny*. Savigny: *Vom Beruf unserer Zeit fur Gesetzgebung und Rechtswissenschaft* (1814), logo seguido pelo Manifesto da *Revista histórica do direito* (ZSS). Não kantiano. Esse opúsculo mostra principalmente a expansão da *história*, em voga no romantismo nascente.

Savigny se opõe ao projeto de uma codificação global do direito alemão. Os tempos ainda não estão maduros, principalmente na Alemanha. O próprio projeto surgira de uma falsa doutrina sobre as fontes do direito: é falso que o direito seja a obra do *Legislador*; trata-se de uma obra coletiva inconsciente do "espírito do povo" (*Volksgeist*), comparável a este outro produto do espírito coletivo, a *língua* de cada povo. E, como as línguas, os sistemas jurídicos diferem; o direito francês não é o direito do povo alemão. Devemos abandonar o sonho, alimentado pela Escola do direito natural, de construir um direito universal.

O historiador encontra em cada povo um fundo de direito já existente (*Bestehendes Recht*) – resultado de soluções tradicionais, de costumes, de ditados, máximas, nascido espontaneamente. Savigny designa-o às vezes pela expressão ambígua *Natürliches Recht*.

Então, por que obnubilar-se com as pretensas criações do legislador? A audácia de Savigny consiste em substituir a ação do legislador pela dos *professores*, dos cientistas, da ciência: *Wissenschaft*. A segunda peça fundamental da Doutrina de Savigny (a primeira era a existência de um direito popular espontâneo) é a ideia de uma ciência jurídica, já exposta em seu curso de 1801 sobre o método (*Methodenlehre*). Trata-se de uma ciência *histórica*: de Savigny datam os belos dias da história do direito, que hoje declinam.

Ciência principalmente dos *Pandectas* romanos, porque de fato, ao longo da história – outro tema maior de Savigny –, o povo alemão teria "incorporado" as compilações justinianas. O "uso moderno" dos Pandectas forma, pois, o núcleo central do "direito comum" em toda a Alemanha, levando-se também em conta o que pode ter sobrevivido do "direito germânico".

O ofício dos juristas eruditos, universitários, que ocupam o lugar de honra, será registrar esse dado histórico real, essa massa de textos tradicionais, e revelar o *sistema* neles contido, segundo o modelo das ciências naturais. Savigny empresta do romantismo o postulado de que, a exemplo dos *"organismos"*, dos corpos vivos que formam o objeto da biologia, todo direito popular constitui por si mesmo um todo "orgânico", conjectura difícil de ser defendida (§ 153).

2º) *Pandectismo*. Assim foi traçado o programa do pandectismo, programa observado por Puchta e pelo conjunto dos promotores da *Begriffsjurisprudenz*, cujo coroamento será o famoso manual de Windscheid. Windscheid apoia-se na ficção de um legislador ideal, que se empenharia em conferir ao direito uma forma "racional" (§ 151).

Nesse momento sai da usina universitária a *dogmática* jurídica, orgulho dos professores alemães, que serviu de modelo em muitos países estrangeiros (na França, graças a Aubry e Rau) e cuja forma serviu de base ao ensino das Faculdades de direito. Essa dogmática atingiria seu ápice em 1900, com a redação do Código Civil da Alemanha – BGB –, uma vez que os tempos, segundo a expressão de Savigny, estavam "maduros" para a "legislação", o Estado sancionando a obra dos professores.

Colocamos esse panorama do pandectismo sob a rubrica do *"positivismo jurídico"*. Quando o Pandectismo estava em seu apogeu, quase todo mundo fazia profissão de *"positivismo jurídico"*. Mas o termo mudou de sentido. Significava na origem a negação do direito natural e a legitimação do direito pelo contrato social, monopólio das leis do Estado. Ao contrário, os Pandectas romanos não são leis no sentido estrito, assim como os costumes germânicos. A Escola trabalha a partir de textos positivos, mas trata esses textos como *fatos*, expostos à observação científica, e *positivos* no novo sentido que esse termo reveste em Auguste Comte.

190. Sociologismo. O Pandectismo é um híbrido. A fim de salvar os valores da ordem, Savigny conservara da Escola do Direito natural o postulado da unidade lógica do sistema. O Pandectismo não passava, então, de um compromisso, de uma meia-medida, cujo flanco será objeto dos ataques de novas gerações de cientistas.

Fora das faculdades de direito, as ciências sociais não pararam de crescer, tal como o cadáver de Ionesco. O gênero histórico está em plena expansão, e os historiadores, por sua própria natureza, são obcecados pelo que *muda*. Darwin fez triunfar em zoologia o termo *evolução*, e tentou explicar o progresso das espécies através da luta pela sobrevivência, *struggle for life*. No século XIX, no campo das ciências sociais, Darwin, por ter se destacado em seu tempo, servirá de modelo, mais do que Newton. Segue-se um florescimento de "filosofias da história" ou de "sociologias dinâmicas": Comte, Marx ou Spencer.

Marx, Engels. – Uma das teorias da história que traz a marca do espírito científico do século XIX é, evidentemente, a de Marx, antigo aluno de Savigny na Faculdade de direito de Berlim, mas que logo rejeitara a pseudociência dos juristas: ele recusa tratar o direito como uma ciência *isolada* – visa a uma ciência global e histórica da sociedade e, primordialmente, uma ciência da "infraestrutura", da economia, do processo da produção, luta dos homens contra a natureza.

O direito seria apenas um anexo desse todo. A partir dos modos sucessivos da economia e da divisão do trabalho podem ser entendidas as "relações" sociais, relações políticas de *dominação*, e a gênese das diversas *ideologias*, religiosas, filosóficas, morais, *jurídicas*, que servem essa dominação.

Quanto às mudanças, elas são o resultado da luta de classes (modelo darwiniano), a qual produziu, sob a égide do capitalismo, o direito burguês em que predominam as leis do Estado; em breve, o fim do capitalismo e a vitória correlativa do proletariado provocarão o fim das formas jurídicas e a futura "decadência" do Estado e de seu direito.

O segundo Ihering. O formidável desenvolvimento das ciências históricas e sociológicas devia necessariamente ganhar as Faculdades de direito. Ele inspira, na época de Marx, a obra capital de Ihering – do segundo Ihering, pois Ihering, num primeiro momento, havia sido um pandectista bastante ortodoxo, sectário da Escola histórica e da *Begriffsjurisprudenz*. Posteriormente virou casaca e opôs-se com virulência à *Begriffsjurisprudenz*.

Percebe que o direito *vive*, e que não é um universo fechado: não poderíamos entender suas transformações senão reportando-o ao conjunto da vida social na qual cumpre uma *função*.

Também ele leitor de Darwin, Ihering passar a ver no direito a resultante de uma luta de forças: *Kampf ums Recht*. "A força cria o direito", segundo a fórmula bismarckiana. O direito é o produto de um combate entre *finalidades* antagônicas (*Zweck im Recht*).

Essa vinculação do direito com os *interesses*, que ele teria como função servir e ordenar, gozará de amplo prestígio. Servirá de fio condutor para a chamada Escola de jurisprudência dos interesses (*Interessenjurisprudenz*) (Ph. Heck, Müller-Erzbach), cujas teses são adotadas por inúmeros juristas alemães que atuam na prática. Ela triunfou, no final das contas, sobre a *Begriffs Jurisprudenz*. Ela agrada ao tecnicismo moderno.

E. Ehrlich. Na virada do século, assistimos à introdução entre os juristas da *sociologia jurídica*. O melhor exemplo é, sem dúvida, a obra de Eugen Ehrlich: *Grundlegung der Soziologie des Rechts* (1913), autor de resto muito contestado, presa dos ataques de Kelsen e da maioria de seus colegas; atualmente reabilitado.

A Áustria do anteguerra: enquanto o Império da Áustria-Hungria possuía desde 1811 um Código Civil teoricamente aplicável a todos, ensinado nas Faculdades, havia uma grande variedade nos *usos* dos diversos povos que formavam aquele Estado compósito: o regime dos contratos de trabalho, as relações dos pais com os filhos etc. O Código era, portanto, pouco eficaz, sua autoridade era puramente fictícia. A dogmática pandectista não o era menos. Ehrlich criou na Faculdade um seminário para o estudo do direito vivo (*Lebendiges Recht*). Depois construiu sua teoria sobre as fontes do direito. O fundamento do direito é constituído pelas "*normas sociais*", não escritas, inerentes aos grupos, e neles encontradas pelos sociólogos; diferem segundo os grupos, e estão sempre vivas e em mudança. As normas sociais regem a essência dos comportamentos (*Regeln des Handelns*).

No mundo judiciário somam-se a elas as chamadas normas "de decisão" (*Entscheidung-Normem*), cujos "emissários-destinatários" são os juízes, que elas guiam para determinadas soluções. Essas regras são escritas: normalmente de origem jurisprudencial, acedendo apenas num segundo momento à forma da lei. Exercem-se num campo menos vasto do que o das "normas sociais" – nos processos, nos litígios, quando a ordem se encontra tão perturbada que é preciso restabelecê-la. Também elas estão subordinadas às "normas sociais". O direito não provém da reflexão consciente do legislador: sua terra nutridora é o fato.

Ehrlich é apenas uma amostra do sociologismo jurídico. Poderíamos comentar também a obra de Durkheim (superioridade da "consciência coletiva do grupo" sobre as disposições escritas dos legisladores), que inspirou as audaciosas doutrinas de Duguit, o pluralismo de Gurvitch (cada grupo secreta seu próprio direito), nos Estados Unidos, o espantoso sucesso da chamada escola de jurisprudência sociológica, o realismo escandinavo, a escola sueca, que se distinguia pelo seu ódio à metafísica: *Praeterea censeo Metaphysicam esse delendam*, clamava Hägerstrom. E mil doutrinas contemporâneas.

191. Da norma à efetividade. O sistema das fontes do direito entra em crise.

O positivismo jurídico aceitou num primeiro momento o primado das leis estatais. No início do século XIX, a predominância dos *Códigos* é ainda um *fato* positivo, o que a experiência logo infirmará. A ciência positiva obriga a reconhecer a efetividade de uma *jurisprudência* que zomba da lei. "Revolta dos fatos contra os Códigos" (Morin, Cruet, Tarde). As doutrinas sociológicas vão destacar as *lacunas* e as insuficiências das leis; e farão da liberdade com relação aos Códigos um dever dos juízes.

Por que parar no meio do caminho? Devemos seguir adiante e buscar as *fontes* da jurisprudência. A própria jurisprudência tem *causas*: sociológicas, psicológicas, psicanalíticas, que constituirão o campo de estudo do *realismo americano*. O *"realismo escandinavo"* remonta às crenças inerentes ao grupo. Não, precisamente, às "normas". Ehrlich, ainda prisioneiro do normativismo, forjara a ficção das "normas sociais". Porém, tais normas não podem ser observadas. Apenas atitudes, expectativas, discursos, uma certa linguagem, comportamentos significativos. A primeira tarefa do jurista consiste em reconhecê-los. Daí emerge o direito: o direito que é fato (*Law as a fact*) – título da principal obra de Olivecrona.

Conclui-se, assim, a derrocada do "positivismo jurídico". Nas origens, ele implicava a tese da soberania das leis. Uma vez arrastado pela corrente do positivismo *científico*, acaba por desembocar na solução oposta (§ 224).

192. Exame crítico. É difícil medir as repercussões desta filosofia. Certa é a crescente maré das ciências sociais, que envolvem o direito e progressivamente o invadem. Como invadiram nossa Faculdade: cursos de "sociologia jurídica", "penal", "política", de "métodos das ciências sociais", "politicologia", "criminologia". Até a antiga história do direito tornou-se história dos "fatos sociais".

Mesmo onde foi conservada a etiqueta "direito", a corrente científica se infiltra: no direito constitucional, estudo dos regimes, dos partidos, de suas relações com as diferentes classes sociais, dos sistemas eleitorais – no direito privado, estudo das mudanças da família, do funcionamento dos seguros, dos usos comerciais etc. Os tribunais são invadidos pelos psicólogos, pelos criminologistas e por outros peritos...

Poderá objetar-se que a sociologia jurídica não tem a pretensão de, sozinha, constituir o direito, mas somente de exercer o papel de ciência *auxiliar*. É em proveito da Técnica que a parte que cabe às ciências está aumentando, que as letras estão desmoronando, que os pais preferem ver os filhos escolher uma escola de eletrônica do que uma licenciatura em filosofia. O Poder espera da informática, da sociologia política, da estatística ou das ciências criminológicas que incrementem seus meios de manipular a opinião pública e reforçar o "controle social". A essas disciplinas concede mais verbas.

Função auxiliar? Tomemos como exemplo o último livro de "sociologia jurídica" de J. Carbonnier. Quando está ensinando sociologia na praça do Panthéon, o senhor Carbonnier não representa o mesmo personagem que encarna no curso de direito civil na rua d'Assas. À sociologia do direito – admitindo que ela seja útil –, ele reconhece apenas uma função "documental", instrumental: indicar ao legislador o possível, as condições que deverá levar em consideração para que as leis sejam efetivas e deem conta da realidade. O direito continua a ser obra da vontade "normativa" do legislador. O legislador conserva sua liberdade (últimas palavras do livro, p. 413).

A sociologia não passaria, então, de uma criada? Uma criada senhora. Quando as ciências dos fatos adentram a praça do direito, é difícil impedir que imponham sua hegemonia. Se pedirmos ao sociólogo, que se dedicou a registrar a evolução efetiva dos costumes familiares e dirigir as pesquisas sobre a moral conjugal de nossos concidadãos, que redija uma nova lei sobre o divórcio, facilitaremos sua tarefa.

O progresso do direito que a Escola do Direito natural pedia outrora à Razão, nós o esperamos das ciências sociais, ansiosos para seguir a corrente, assimilar às transformações da jurisprudência, a jurisprudência aos costumes ou à opinião. Pedimos aos fatos que se tornem fontes de direito.

Falsa aparência. É evidente que eles são impróprios para cumprir essa função. Confundir o direito com o fato é privar o direito de sua função, retificar os fatos.

A filosofia jurídica do positivismo científico tem o defeito de ser insensata. Nada significa proclamar, como fizeram na Alemanha, que "a força cria o direito". Onde está a força? No Código penal italiano ou nas Brigadas vermelhas? Na Máfia? Comparada a certos juízes, a Máfia tem mais poder efetivo.

Pouco manejáveis também os critérios de "eficácia", de "reconhecimento social". Kelsen, após ter construído sua ordem jurídica unitária a partir de uma "norma fundamental", por ter que encontrar para ela uma fonte, nos convida a escolher a mais "eficaz", aquela que poderá gerar o sistema globalmente mais "efetivo". Como medir o grau de *eficácia* dos sistemas? As teorias contemporâneas de Hart, de Jori etc. nos ensinam a reter, do catálogo das regras do direito, somente aquelas "aceitas" pelo grupo e que respondam às "crenças" efetivas do grupo. Mas de fato as crenças divergem. A desordem reina nos "fatos sociais"; estes nada mais são que incoerência e contínua mobilidade. Não esperemos que deles se possa induzir uma ordem jurídica.

O positivismo só funciona violando seus próprios princípios. Os positivistas gabam-se de ter expulsado a "metafísica", de abster-se de qualquer julgamento de valor: os "valores" seriam irracionais, objeto de uma "opção" livre, de escolha subjetiva e, por definição, inacessíveis ao conhecimento científico. Dão-se ares de ter constituído, segundo o modelo da Física, uma teoria jurídica *neutra*, axiologicamente.

Mas, como o direito é um valor (assim como, aliás, o conjunto dos fenômenos que a sociologia estuda), nenhum desses sistemas é *neutro*. A Escola de Frankfurt demonstrou-o: mesmo que se limite ao estudo dos *"fatos"*, quer dizer, de um *passado* já consumado, e que os denomine *direito*, o sociólogo opta por sua conservação. Escolhe o conservantismo, quando não a "reação". Savigny, quando se atinha aos dados da tradição, Austin, às leis já existentes, à *law as it is*, optavam *contra* o movimento; essa pretensa ciência serviu para deter o progresso do direito, imobilizá-lo, impedi-lo de viver. Kelsen – quaisquer que fossem suas convicções democráticas –, subordinando o direito às normas do poder mais "efetivo", punha os juristas alemães a serviço da ordem hitleriana.

Outros privilegiam a "mudança", a inserção do direito no movimento revolucionário que, segundo as pretensas leis da evolução histórica, conduziria ao *progresso*. Progresso a qual título, em nome de que valor? Assim como Austin, Savigny e os Pandectistas serviram ao interesse dos proprietários e do Estado liberal moderno, o marxismo colocou a serviço de outros apetites uma tese no mínimo contestável: tudo na história seria produto do Homem, e, movimentando-se – legado de Hegel – por contradições dialéticas, progrediria. Auguste Comte tinha ao menos o mérito de explicitar essa ideia.

Apesar do sucesso dessa espantosa filosofia nas esferas acadêmicas, é impossível extrair o direito de uma ciência que zomba do Bem e do Mal. As doutrinas positivistas só aparentemente os ignoram: mascaram seus princípios. Tanto quanto as teorias do Contrato Social e da Escola do Direito natural, são *ideologias*.

193. Resultantes. Vemo-nos assim conduzidos a duas conclusões idênticas àquelas que encerraram o capítulo precedente (§ 156).

1º) O *fracasso* de todas essas tentativas de explicar as fontes do direito.

Não deixarão de nos objetar que a literatura atual é muito rica e nuançada, feita, sobretudo, de teses *ecléticas*. Os mestres da Escola do direito natural concordavam em que se devesse considerar o "possível", o realizável. O senhor Carbonnier, sociólogo, não continuou menos fiel à tese normativista de que o direito nasce da vontade do legislador.

A Prática se vê obrigada a beber sucessivamente de duas fontes opostas, ambas igualmente insuficientes. Mas é por vias empíricas que ela realiza essa mescla, é às cegas que escolheremos seja pelo fato, seja pelo ideal. Porque o aborto de fato inseriu-se entre nossos costumes, nós o declararemos legítimo; essa não poderia ser também uma razão para reprimi-lo?

Enquanto vivermos sob o domínio de uma *ontologia* que separa radicalmente o mundo dos fatos do mundo das ideias, toda doutrina das fontes estará fadada ao impasse. Não temos mais uma filosofia das fontes do direito.

2º) Mas o panorama assim traçado sobre as doutrinas contemporâneas está incompleto. Várias escapam à nossa crítica e não podem ser qualificadas de unilaterais: praticam o "recurso às coisas", à "experiência jurídica" (Capograssi); propõem o tema da "instituição" (Hariou, Santi Romano), ou, às vezes, o tema, vizinho, do estruturalismo, principalmente da *"natureza das coisas"*, ilustrada por exemplo na obra de Arthur Kaufmann, que se tornou nos últimos anos a coqueluche da teoria geral das fontes do direito; outros tantos termos equívocos. Como tomamos o partido de não dar à literatura recente mais importância do que merece, não as comentaremos.

A maioria desses autores repudia, aliás, o rótulo de "jusnaturalistas". Têm medo dessa palavra, comprometida pelo racionalismo moderno. Entretanto, a Doutrina da "Instituição", de Santi Romano, é estranhamente próxima do antigo direito natural clássico. E Fr. Hayek, autor atualmente em voga, tirou deste último sua melhor inspiração.

Um Erich Fechner, que empenhou-se para conjugar as fontes "ideais" e "factuais" do direito, um Arthur Kaufmann não mais se envergonham por invocar o direito natural. É também o caso dos historiadores. Contento-me em citar o nome de Graneris, notável comentador de Tomás de Aquino.

Uma terceira via permanece aberta: voltar à tradição da jurisprudência clássica, solidária de uma filosofia.

CAPÍTULO 2
Uma filosofia da natureza

194. Do problema do direito natural. Buscamos uma fonte do direito da qual provenham tanto as sentenças quantos os textos legislativos (as próprias leis possuindo uma fonte). Já é tempo de nomeá-la; o que antes era o "direito positivo" receberá o nome de *direito natural*.

Essa expressão tem a curiosa particularidade de ser utilizada pelas mais diversas escolas. Ela tinha sido, dos séculos XVI ao XVIII, confiscada pela Escola moderna do direito natural, que situava a fonte do direito, mais do que na Natureza, na Razão do homem (*Vernunftsrecht*), e a maioria de nossos movimentos de Renascimento do direito natural não passa, na verdade, senão de voltas ao racionalismo jurídico. Mas também se prestaria a designar as doutrinas mais opostas. É notável que os adeptos do positivismo científico a tenham muitas vezes retomado e assumido. Montesquieu apoia-se bastante na "natureza das coisas", e também Savigny, para quem o direito é um produto espontâneo, natural do povo; Ehrlich, que o transforma numa parte da sociologia, serve-se dessa palavra (*Natürliches Recht*) para qualificar sua própria doutrina. Não sabemos mais o que ela significa.

Erik Wolf tenta sair desta confusão (*Das Problem der Naturrechtslehre – Versuch einer Orienttierung* – 1959). Sem muito sucesso: encontra cerca de cinquenta sentidos de "direito natural"! Seu descrédito não é, portanto, de espantar.

O conceito de direito natural vem da Grécia. Os sofistas lançaram essa expressão. Encontramos em germe, em Platão (diálogos das *Leis*), e na sua forma completa, em Aristóteles (*Ética a Nicômaco*, livro V), uma filosofia do direito natural. São Tomás a retoma na *Suma* (IIa IIae, qu. 57 e ss.).

Não parece que, antes da crise de ceticismo dos tempos modernos (Montaigne, Hobbes e o surgimento do positivismo *legalista*), a opinião comum tenha duvidado da existência de um direito natural. Nem mesmo os sofistas aos quais Platão dá voz na República, negadores da justiça das leis, mas não do "direito da natureza". A existência de um direito natural é afirmada no *Digesto* já no início (livro I, título I, fragmento 1) e nas *Institutas*. Embora não se utilize frequentemente esse termo (poderemos explicar por quê), trata-se de uma noção indiscutível, aceita por muito tempo. Os juristas, enquanto formados pela tradição romana, não duvidavam de sua *existência*. Mas em que sentido a entendiam?

195. Sentido da palavra "natureza". Não teremos nenhuma chance de entender o sentido da palavra "natureza" sem recorrer à história da filosofia. Erik Wolf foi o primeiro a notar quão diversas são as acepções da palavra "natureza" (*Natur als Originalität – natur als Kausalität – Idealität – Kreatürlichkeit – Réalität* etc.).

O problema não poderia ser mais filosófico. Ei-nos constrangidos a entrar no coração da filosofia, na *ontologia*, ciência do ser, da estrutura dos seres, ao menos dos seres "naturais".

Iremos buscar a explicação da palavra "natureza", que revestirá ao longo da história tantos sentidos diferentes, em primeiro lugar em Aristóteles. Fontes não irão faltar. Era nos "seres naturais" do mundo "sublunar" que Aristóteles centrava sua ontologia. Poucos termos voltam tão constantemente ao longo de sua obra. No livro 4 (Delta) de sua *Metafísica*, dicionário dos principais termos da filosofia, ele busca uma definição da natureza, e evidentemente também em sua *Física* (*ta phusica*, ou estudo das coisas naturais), obra cujo objeto é de uma amplitude que não se poderia exigir dos Tratados de Física modernos. Dele existe um comentário precioso de Heidegger (*Da essência e do conceito de Phusis* – Aristóteles, Física B1).

Aí se descobrirá a chave do conceito clássico de *direito natural*; e uma resposta às objeções levantadas em nossos dias contra a existência do direito natural.

Esboço histórico. Uma das características do pensamento moderno é que, deixando de lado a ontologia, renuncia a fazer do ser uma ideia de conjunto. O mundo foi recortado em diferentes esferas, cada uma das quais tornou-se objeto de um gênero de estudo particular. O mundo "dos *fatos*" será o objeto da ciência no sentido estrito. Será separado do Dever-Ser, matéria da moral; fenômeno filosófico que se mostrará benéfico para a expansão das ciências modernas especializadas, mas fatal para o direito. Os modernos saberão considerar unicamente as ideias claras e distintas, cada uma das quais representa apenas um fragmento do ser. Para eles, o ser *desintegrou-se*.

Repercussões na palavra "natureza": não possuímos mais um conceito unitário de natureza. O termo *estilhaçou-se* em sentidos aparentemente heterogêneos, cada um dos quais evocando apenas um aspecto da realidade. Uma vista d'olhos no dicionário bastará para nos convencer disso.

É preciso devolver-lhe a unidade. Partiremos da dialética tal como a apresentava Aristóteles. Ela já nos dera o conceito de *coisa*: é coisa (*causa*) aquilo que transformamos no tema de uma interrogação comum, de "nosso discernimento comum" (J. L. Vullierme); coisa existente diante de nós; uma realidade exterior às nossas consciências subjetivas. Não possuímos sua ciência (só possuímos suas ideias). A realidade é objeto de pesquisa, por definição. Não se poderia definir o ser, ele se diz em "vários sentidos".

Ora, entre as coisas consideraremos as da *natureza*, as que provêm deste mundo que Aristóteles chamava de sublunar. Antes de mais nada, elas não são simples: nem matéria pura nem puro espírito, mas complexas. A *natureza* clássica é um campo bem vasto. Para nos reapropriarmos de seu conceito, precisamos restituir-lhe aquilo de que os modernos a despojaram: sua amplitude, sua riqueza e, também, seu mistério.

Artigo I
Sobre a extensão do conceito clássico de natureza

Das "ciências naturais". Por que a maioria de nossos contemporâneos se vê na obrigação de ironizar o direito natural? Tomemos o exemplo de Kelsen, um de seus mais ferrenhos adversários. Já no início de sua Doutrina pura, ele o descarta com um único gesto. Pura e simples razão: as ciências da natureza não teriam nada a dizer acerca da ordem social humana.

Com isso, Kelsen confessa sua dependência com relação à ontologia que chamamos de cartesiana. Para a comodidade da ciência, o cartesianismo separa do mundo do espírito o mundo dos corpos, ao qual aplica espontaneamente o epíteto de natural. Os modernos têm uma tendência a conferir à palavra "natureza" uma extensão muito limitada.

Quais são "as ciências da natureza"? A *Física*, a palavra "física" sendo apenas um duplo, tirado do grego, da palavra "natureza". E a Física moderna trata apenas de objetos materiais. É verdade que "ciências naturais" serão a botânica, a zoologia; Descartes queria que as plantas e os animais fossem tratados como máquinas. As ciências da natureza se atêm ao *infra-humano*, aos objetos inertes e submetidos às chamadas leis fixas "*naturais*", que o Criador lhes teria dado. Poder-se-ia postular um determinismo. A física está em seu terreno próprio, ao passo que um estatuto completamente diferente envolve os produtos do Espírito. Campo da liberdade. Um outro tipo de conhecimento lhe é apropriado. É na linha da ontologia cartesiana que a filosofia alemã do final do século XIX opõe às ciências da natureza (*Naturwissenschaft*), as ciências do espírito (*Geisteswissenschaften*), que devem usar outros métodos: buscar não a explicação (*Erklärung*), mas a íntima compreensão (*Verstehung*) dos pensamentos humanos a partir dos quais a história seria feita. Assim nascerão, muito diferentes das ciências físicas, as ciências da história ou da cultura (*Kulturwissenschaft*) ou, apoiando-se nas leis internas da Razão humana, as ciências "normativas": estética, moral ou lógica.

Kelsen, prisioneiro desse movimento filosófico, dele deduz a condenação do conceito de direito natural.

196. O homem na natureza. Para a filosofia clássica da qual provém a linguagem do direito, o conceito de natureza é mais amplo. Esse fato não escapa a nenhum leitor de Aristóteles. Aristóteles inclui a *phusis* em todas as suas obras: tanto naquelas que tratam do homem, de sua psicologia, de seus costumes, de suas instituições – o Tratado da alma, a Ética, a Retórica, a Política etc. – quanto no seu livro sobre a Física. E sua concepção da Física não envolve a separação, que se tornou tão familiar, entre ciências "naturais" e ciências do "homem".

Decerto, entre as coisas humanas, há aquelas que produzem nossa ação (*techne*); estas exibem a marca da vontade dos homens que as postularam (*thesei*). Mas uma grande parte daquilo que somos e vivemos é "segundo a natureza" (*phusei*). Nós mesmos estamos submetidos ao império de uma ordem natural.

Nossos corpos não diferem muito dos corpos dos outros animais, e também pertencem à biologia. E o corpo não está radicalmente separado do *espírito*. Dizer que estou envelhecendo não quer dizer simplesmente que estou perdendo os cabelos, mas também a memória, o estilo, efeito de uma ordem natural. Prova disso é que descobrimos, através da psicologia, tanta constância e regularidade nos caráteres e nos modos de viver. Com quinze anos, todos nós nos apaixonamos. Em todas as famílias assistimos a brigas entre um casal ou conflitos de geração; em toda parte encontramos a coragem e a covardia, a burrice *e* a inteligência, a temperança ou a embriaguez, fenômenos considerados *naturais*.

Com base nessas constâncias, que não são determinismos, mas semirregularidades, situações típicas, que se produzem a todo momento (*epi to polu*), pode-se edificar uma teoria das virtudes e dos vícios, uma *moral* natural.

197. Os homens na natureza. Mais um passo deve ser dado: enquanto a *moral* se limita a considerar condutas individuais, cabe ao direito exprimir as *relações entre* indivíduos, uma diferença que veremos os modernos escamotear.

Os autores da Escola do direito natural sempre se pautaram pela ideia de *natureza humana*, uma das múltiplas acepções que permaneceram da palavra "natureza", relativamente empobrecida com relação ao seu uso na Antiguidade. Estávamos na era do *essencialismo*, que em larga medida se deveu ao sucesso da filosofia de Duns Scot. Esses autores concebiam uma *essência* comum a todos os homens e definida de uma vez por todas, da qual pretendiam extrair o direito: "o homem é naturalmente sociável", Deus lhe deu uma *natureza* tal que ele é feito "para coexistir com seus semelhantes". Daí serão deduzidas aquelas regras que afirmam que ele não deve roubar, é obrigado a reparar os danos cometidos por sua culpa etc., preceitos que também podemos afirmar derivarem da *Razão*. Nos movimentos de "renascimento do direito natural", não desapareceu a crença de que o direito natural seria inferido da "natureza do homem".

Para a ciência moderna, constituída sob a égide do nominalismo, apenas as coisas ou fatos individuais são dados na natureza; as *relações* entre esses fatos, de que são formadas as leis científicas, seriam invenção do cientista, produto do pensamento humano; exaltação do poder do espírito humano, cujo apogeu é experimentado pela filosofia kantiana.

Mas, na verdade, segundo a natureza, os indivíduos se revelam *diversos*: machos e fêmeas, que não são idênticas aos machos, a menos que as sofisticações de Simone de Beauvoir lhes tenha tirado a feminilidade natural – velhos e jovens, sábios e imbecis. A ordem natural rege também essa *diversidade*.

Entre os seres existem relações. Não basta considerar cada um deles isoladamente; são partes de um todo.

São ordenados em *gêneros* e *espécies*, que também possuem realidade, como reconhecia Scot (não existem apenas os indivíduos, mas o "animal", o "homem" e o conjunto dos "universais"; Aristóteles denomina-os "substâncias segundas"), e estão ligados entre si por *relações* naturais.

Famílias naturais. Aristóteles observa a existência natural de *comunidades*: a família. Esta muda, decerto, ao longo do tempo, assim como muda todo ser natural, sendo por vezes ampla, por vezes reduzida a um grupo mínimo.

Segundo alguns, deveríamos ter a liberdade de fabricar formas inéditas de comunidades familiares, casais de homossexuais, grupos de jovens; por serem excluídos desses grupos os doentes e as pessoas idosas, neles a vida torna-se cômoda ... Para uma militante do Movimento de Libertação da Mulher, o "natural" é fazer amor a qualquer hora, com qualquer um, sem o risco de se encher de filhos. Mas não é apenas a liberdade que é natural ao homem, e a vida em família é dura. Há no *British Museum* um carta de um filho a seu pai num pergaminho egípcio datando de alguns milênios... muito semelhante à que se escreveria no século XX no seio de uma família americana.

Cidades naturais. Natural também a *cidade*. Seria o agrupamento político uma invenção dos homens primitivamente isolados no "estado de natureza"? Querem nos fazer crer hoje – vestígio das doutrinas do Contrato social – que seríamos os únicos autores das estruturas de nossas sociedades, senhores de escolher entre a sociedade socialista ou a "liberal-avançada", ou tal outro "modelo".

Entretanto, a ordem política constitui menos uma produção voluntária e livre do homem que o efeito de forças que nos sobrepujam. Ela possui certamente uma origem, é histórica, o que não a impede de ser natural. Encontramos naturalmente e quase em toda parte ricos e pobres, trabalhadores manuais e intelectuais, governantes e governados. E até o surgimento, nas sociedades, dos organismos judiciários, a formação dos costumes jurisprudenciais, é um fenômeno natural. Não há tantas diferenças entre as sociedades humanas (embora tenham mais diversidade) e as sociedades dos castores ou das abelhas. A ordem natural engloba também a vida política e o direito.

Sobre esse primeiro ponto, no século XX, é a filosofia clássica que leva a melhor, contra a arbitrária dicotomia que a filosofia moderna estabelece entre a natureza e a história.

O fato que há dois séculos vem renovando a vida científica é que o modelo das ciências "naturais" invadiu as ciências do homem; que foram descobertas muitas leis análogas às das ciências físicas em psicologia, antropologia, etnologia e política. As diferenças se esvanecem entre esses dois domínios.

O universo dos naturalistas, e mesmo o dos físicos, é desde então evolutivo, sua "natureza" é quase animada; a se crer em Raymond Ruyer na "*gnose de Princeton*", os maiores cientistas da América postulam a existência de uma alma. Inversamente, as ciências humanas desvelam no homem e nas sociedades humanas um determinismo natural. E, rompendo com o princípio que as sociedades humanas seriam construção voluntária dos indivíduos, descobrem a anterioridade do todo, da estrutura social com relação a seus elementos. *Fisiocracia* – que já trata com Mercier de la Rivière da ordem natural das *sociedades*; física social; sociologia e psicologia coletiva, antropologia estrutural – e, entre os filósofos, retomada da consciência desta verdade: não há existência humana fora das comunidades. Acusam-nos de *passadismo*. Mas quantos livros hoje em voga poderia eu citar para demonstrar a atualidade da antropologia de Aristóteles! A objeção de Kelsen caducou.

Acaso concluiremos que seja aceitável a concepção das fontes do direito do sociologismo? Já assinalei anteriormente sua debilidade. O "naturalismo" contemporâneo deve ser um retorno à plenitude da *compreensão* da ideia clássica de natureza.

Artigo II
Compreensão do conceito clássico de natureza

Voltemos a Kelsen, adversário do direito natural. Eis o mais conhecido de seus argumentos: a oposição, que supõe instituída por Kant, entre duas espécies de ciências. As ciências da "natureza" ocupam-se com a realidade tal como é, ao passo que as ciências "*normativas*" têm como objeto um *dever ser*.

O direito pertence ao domínio das ciências "normativas", diz respeito ao mundo dos *valores*. Todo valor, segundo Kelsen, supõe uma avaliação. Não existe valor sem uma *norma* que qualifique a conduta humana de boa ou má. E a norma segundo a qual julgamos que tal coisa deve ou não deve ser não provém da natureza, mas do espírito de um legislador.

Variante, tomada de Jean-Paul Sartre: as coisas "em si" não têm sentido algum. Apenas meu "projeto" atribui-lhes um *sentido*: a França decide produzir eletricidade com urânio. O urânio torna-se então útil, adquire um valor, o "valor" nasce de nossas decisões.

Fundar na *natureza* das coisas soluções de direito é uma grosseira falta de lógica: *naturalistic fallacy*, violação da lei de Hume, passagem indevida, dizia Poincaré, do indicativo para o imperativo. Do fato de os franceses fraudarem o imposto de renda não posso deduzir que, de direito, o imposto não deva ser pago.

É o erro da antiga doutrina do direito natural. A única *fonte* do direito é o homem, seu juízo, sua razão ou sua vontade; é tão vão sonhar com um direito extraído da natureza como procurar um sentimento de valor num monte de cascalho. Vocês confundem as ciências do "espírito" ou da cultura com as ciências "naturais".

Essa argumentação de Kelsen mostra mais uma vez seu desconhecimento da noção clássica de natureza.

198. A mudança na natureza. Em primeiro lugar: estamos habituados a associar à palavra "natureza" a ideia de *inércia*. As coisas físicas se distinguiriam pela inércia: os astros não girariam se Deus não lhes houvesse dado um *impulso* inicial e lhes comunicado um movimento desde então constante: as leis naturais são imutáveis. Quanto às "naturezas" do essencialismo (a "natureza do homem"), nada de mais estático e fixo definitivamente.

A Física de Aristóteles, ao contrário, estava centrada na mudança (*kinesis*). Tinha por objeto o movimento, tomado no sentido amplo do termo: não apenas movimento "local" (deslocamento no espaço), como em geral *mudança*, alteração qualitativa – gênese, desenvolvimento e "corrupção".

Existem também seres imutáveis: as entidades matemáticas (o círculo, o quadrado) que são seres de razão. Ou os *astros*, cuja trajetória circular era considerada invariável: era-lhes atribuída uma essência divina.

Entretanto, Aristóteles se caracteriza por concentrar-se no mundo terreno, "*sublunar*". A astronomia não faz parte da Física. As coisas naturais (*ta phusei onta*) do mundo sublunar têm como característica específica a mobilidade.

Movimento interno. Paradigma, a *planta*: uma planta nasce a partir de um germe, produz uma rosa, que morre.

OS MEIOS DO DIREITO 347

"Las! Voyez comme en peu d'espace
Mignonne, elle a dessus la place
Las, las ses beautez laissé cheoir*"

"Crescer" se diz, em grego, *phuein* – de onde provém *phusis*, que evoca o crescimento, o brotar, o princípio do crescimento. O ser natural não é um *fato* (científico) já acabado (*factum*), que apreendemos quando já está morto, mas um ser vivo e, portanto, corruptível.

Precisemos: a coisa natural se move, muda *por si mesma*. Se o crescimento da planta é condicionado pelo clima, pelas estações, pelo sol e pela chuva, é principalmente comandado por uma força *interna*. Nisso reside a oposição entre a gênese espontânea das coisas naturais e a produção daqueles objetos *artificiais* que fabricamos, cujo movimento é regido por uma causa externa.

A Física de Aristóteles propunha essa mesma análise para todas as coisas da Física: para o fogo que por si mesmo tendia a se deslocar para cima, e para os corpos pesados que tendiam para baixo, se nada lhes opusesse resistência ou enquanto não parassem em seu ponto final, o repouso. Análise com a qual os cientistas não concordam mais. Mas reconhecemos que tal dinamismo está presente no homem e nos agrupamentos humanos – família ou cidade – enquanto naturais.

Não estou tão certo que esses princípios da física aristotélica (com os quais Descartes e a ciência do século XVII romperam) estejam tão fora de moda. Na ciência natural, genética, assistimos ao renascimento do tema do *programa* que cada ser vivo e cada germe traria em si. Talvez esses princípios estejam mesmo em vias de conquistar a Física. Por ocasião de uma reunião de físicos nos Estados Unidos, a qual tivemos oportunidade de assistir,

---

* Ai! vê como em curto intervalo
Bela, ela floresce e logo
Ai, ai, suas belezas perde

ficamos surpresos ao ouvir que a ontologia de Aristóteles lhes parecia tão estimulante quanto a de Descartes, ultrapassada.

199. O *Telos* na natureza. O *ser* natural não é simples, pois se encontra em movimento, em tensão de um estado para outro, sendo composto de privação (*steresis*) ou de plenitude possível; de potência (*dunamis*) e "*ato*". Todos sabem que Aristóteles analisava-o *comparando-o* com um produto da arte humana, uma estátua feita de quatro "*causas*": causa *material* (a argila com a qual será fabricada a estátua), causa motora (o escultor), causa *formal* (a forma que o escultor confere à estátua), causa *final* (o objetivo para o qual tendia seu trabalho).

Notemos a preeminência da "causa *final*", que, aliás, parece confundir-se com a forma (*morphe – eidos*), sendo essa forma o fim buscado. Ela é o *por que* do movimento das coisas (*dioti*). Primeira, num certo sentido, anterior à gênese da coisa: o pai, que tem a "forma" do homem que alcançou a idade adulta, é anterior a seu filho. Ela preside a seu *nascimento* (palavra que evoca o termo "*natura*"). É "a norma original das mudanças das coisas" – traduz Heidegger; o "*programa*" inscrito antes do nascimento numa gota de DNA, diriam hoje os geneticistas.

A ciência moderna, a partir do século XVII, quis se liberar das causas finais. Bacon as descartara e qualificara de "virgens estéreis"(§ 110). Não são úteis para os técnicos, cujo propósito é produzir máquinas; basta-lhes estudar as causas eficientes.

Assim como a maioria dos biólogos contemporâneos, *o best-seller* de Jacques Monod exclui o *finalismo* do estudo dos seres vivos. Ele reconhece que esses organismos são maravilhosamente ordenados, que se assemelham a *artefatos*, têm uma aparência "teleonômica". Mas esses espantosos primores que são nossos aparelhos digestivo, sexual, cerebral etc. seriam obra do "acaso", como se uma máquina de escrever tivesse conseguido, por acaso, após inúmeras tentativas, escrever a Ilíada. A natureza, coisa "material", não pode ter finalidade; apenas o homem, ser racional, pode atribuir um *sentido* às coisas...

Diferente era a Física de Aristóteles. Para ele, o dinamismo, as coisas não são possíveis sem um fim: *telos*, e seu movimento inclui um *sentido*. Os teólogos o explicarão pelo governo de Deus, causa primeira, sobre a natureza. Aristóteles contenta-se em *observar* que existe na natureza uma tendência à ordem.

200. O bem na natureza. Corolário: no seio da natureza, encontramos o *bem*, o valor, escândalo para o espírito científico moderno: fomos habituados a conceber, isolado do mundo das coisas, um mundo dos "valores". E os "valores" resultariam de nossa avaliação, de nossa livre decisão, seriam obra do espírito humano.

De modo algum! As *coisas* naturais têm um fim para o qual tendem. Este fim é uma *forma, morfa*. O que é uma *forma*? Um ser complexo, tecido de *relações*; esta estrutura que é uma rosa, ou nosso aparelho neurocerebral.

A doutrina de Aristóteles escapa ao nominalismo – que reconhece existência natural apenas aos átomos simples e, portanto, privados de valor. Pois só há "valor" *relacional*. Se hipoteticamente considero uma mercadoria isoladamente, abstraindo do fato de ela ser intercambiável por outros bens, não lhe atribuirei valor. Seu valor depende de sua relação com outras mercadorias, especialmente com o dinheiro. Se isolarmos uma única nota do Don Juan de Mozart, não encontraremos nenhuma beleza; a harmonia reside na adequação e na proporção entre timbres e notas. O bem não consiste no fato de o vírus da gripe atingir seu desenvolvimento máximo, mas no fato de o conjunto do organismo alcançar um equilíbrio entre o vírus e os anticorpos; o mesmo acontece com o universo, que reúne uma pluralidade de organismos.

O *Telos* dos seres naturais é uma *ordem* que, por si mesma, é Bem (*agathon*). O que pode ser *observado*: um germe produz uma árvore, flores e frutos. O homem começa como um feto; esse feto se transforma ao longo da infância e da adolescência numa bela jovem: *melhor* que o feto.

É verdade que poucos seres atingem esse desenvolvimento completo e que, quando o atingem, tanto o homem quanto a planta irão mais uma vez afastar-se dele. Haverá envelhecimento e morte. Mas apreendemos o valor da beleza, na rosa plenamente desabrochada; porém, como poucas plantas atingem esta plenitude, consideremos que esse é o polo em direção ao qual elas tendem.

Ens et bonum convertuntur. Não devemos mais separar "o ser e o "dever-ser", mas identificar o bem com o ser.

Da Suma de São Tomás, destaquemos esta fórmula: *Ens et bonum convertuntur*. Ela significa que podemos usar indiferentemente os dois termos, devido à coincidência entre o bem e a plenitude da realização do *ser*, ao passo que o mal é uma carência de ser. Se sou míope, é porque meu olho não atingiu a plenitude de existência que estava inscrita em seu programa, a forma que em *potência* deveria realizar. Assim como um feto abortado ou uma planta que não vingou, faltou-lhe passar da "potência" ao "ato".

Bonum est in re. Outra máxima de São Tomás: ela fornece a chave da noção clássica de direito natural. *Bonum est in re*. O bem ou o belo são qualidades *inerentes* ao próprio real. Para existir, não precisam de nós.

Uma montanha não é menos bela por não ter encontrado até o momento ninguém para admirá-la. Há belezas em longínquos planetas que ainda não foram visitados. Esta garrafa de vinho não é boa porque estou me deleitando com ela, estou me deleitando com ela porque é boa. E se o Don Juan de Mozart é belo, isso não se deve (como parecem acreditar certos sociólogos) aos aplausos do público, mas é tocado em teatros lotados porque *é* belo *em si mesmo*.

O Bem é parte integrante do ser, como sua causa final ou formal. Mas, então, não seria a coisa mais normal do mundo procurar conhecer o bem pela observação da natureza? A doutrina do direito natural, tradicional entre os juristas, é *logicamente* irrepreensível.

Incorremos no furor dos positivistas, que insistem sem cessar na lei de Hume, que proíbe de inferir o *Sollen* do *Sein*. A debilidade de seu argumento está nas premissas: começaram *esvaziando* a natureza e o ser de seu teor axiológico. No ser e na natureza concretos há mais do que o *fato* científico.

Basta reintegrar a antiga visão realista da *natureza*, devolver à natureza a riqueza que os modernos arbitrariamente lhe *amputaram*, para que se revele a vanidade das críticas dos positivistas.

Artigo III
Da contingência das leis da natureza

Para finalizarmos a análise da ideia clássica de natureza, retomemos o título adotado por Émile Boutroux quando, há cem anos, em sua tese, combateu o preconceito do "determinismo". Acontece que temos razões para prestar homenagem a esse autor.

A derradeira crítica feita hoje à teoria do direito natural é que de nada serviria reconhecer sua existência *ontologicamente*, porque não teríamos nenhum meio de descobri-lo desse modo. Questão de *gnosiologia*.

Que a beleza seja inerente ao Mar de gelo, ou a justiça, inerente a Atenas em tal momento de sua história – de que isso me serve, se não disponho de nenhum método científico que me permita discerni-los?

A prova da inutilidade científica das causas finais (essas "virgens estéreis") é a universal *discordância* acerca dos juízos de valores. Gosto e cores não se discute. Conheço apreciadores de pintura abstrata e outros que lhe são avessos; questão de sensibilidade. Quando se trata de discernir "valores" se reintroduz necessariamente o fator *subjetivo*.

E, nesse campo, jamais conseguiu-se forjar uma *communis opinio* no que se refere à justiça: "Que justiça é esta que um rio é capaz de delimitar?" – "Verdade abaixo dos Pireneus, falsidade acima deles"; argumento do *relativismo*, desenvolvido por Montaigne e Pascal, retomando as teses céticas ou pirrônicas da Antiguidade, e que muito contribuiu para destruir a crença no direito natural.

201. A natureza rebelde à ciência. Já consideramos mais acima o que esse argumento comporta de verdadeiro (§§ 173 e 174): a impossibilidade de uma *ciência* do direito natural.

Uma ciência exata, como os modernos empreenderam construir, funda-se em ideias *simples* e perfeitamente definidas, com as quais se possa efetuar cálculos matemáticos ou inferências rigorosas, como os *átomos* dos nominalistas ou as ideias claras e distintas caras a Descartes, ou ainda as máximas da Razão pura, premissas das ciências normativas.

Uma proposição científica, por estar *fixada* por escrito, para ser adequada ao objeto que pretende descrever pressupõe um objeto *constante*. Como o curso dos astros, para os astrônomos da Antiguidade, o mundo dos Deuses, das matemáticas ou das ideias platônicas. Mas nada assim existe na *phusis*.

Natureza do "mundo sublunar", concreta, dominada pela mudança. Como vimos acima, tudo *oscila* entre matéria e forma, tudo se move da "potência" ao "ato" e inversamente. Tudo na natureza nasce, cresce ou morre sem cessar. Sem contar a interferência, além do dinamismo natural que dirige cada ser natural para sua forma mais perfeita, do "acaso", da "fortuna" – acidentes *contingentes* e imprevisíveis. Aristóteles consagrou-lhes longas análises na *Física*.

Há malogros na natureza, nela encontramos *monstros*, crianças surdas-mudas ou hidrocéfalas. As colheitas são em geral boas, se não houver secas nem inundações. Muitos grãos não germinam. Donde o caráter incerto da *Física* de Aristóteles.

Ora, os obstáculos que se opõem à constituição de uma *ciência* da natureza se multiplicam se abordamos o campo das coisas humanas. Nessa esfera, é preciso considerar um elemento perturbador: a interferência *livre* do homem na natureza. Uma liberdade que ele usa mal, tema do pecado original para a teologia cristã.

Quando os românticos nos exortam a nos refugiarmos no seio da *Natureza*, eles conservam, ao contrário dos cientistas modernos, o sentimento do valor e da beleza da natureza, mas apenas da natureza selvagem, das montanhas, florestas, animais, passarinhos; ao passo que esta parte da natureza que, em sua idade de ouro, incluía os homens, não passa de feiura e corrupção.

Se acontece a uma planta aceder à forma acabada de uma rosa, o homem, ao contrário, não se desenvolve direito. A desordem grassa nas coisas humanas. Aí pululam o orgulho, a injustiça e todas as formas de *desmedida* que constituem o objeto das tragédias gregas; em linguagem cristã, os pecados. Sem dúvida, também eles contribuem (*Etiam peccata*, diz Santo Agostinho) para a ordem divina providencial. Mas, em primeira instância, são desordens.

Tratando do direito, São Tomás não deixa de observar que a "natureza humana é mutável" (IIa IIae, qu. 57 e ss). Num dos raros textos teóricos de Aristóteles que subsistiram sobre o direito natural, esta é a primeira objeção que ele faz a si mesmo: enquanto existem "na esfera dos Deuses" coisas invariáveis – com as quais se poderia fazer uma "ciência" – e "o fogo queima do mesmo modo na Pérsia e na Grécia", não acontece o mesmo "na esfera dos homens". Os costumes, as relações sociais, a organização política são diferentes na Grécia e na Pérsia. "Os direitos" são mutáveis, tanto o direito natural, precisa Aristóteles, quanto o direito positivo (*Ampho kineta*) (Ética a Nicômaco, V 1134b). Essa questão é ponto pacífico, mas essa objeção não o detém.

202. A natureza aberta à dialética. A diferentes espécies de seres correspondem, segundo Aristóteles, diferentes modos de conhecimento. Num texto já citado, ele distingue três espécies de objetos. Existe, primeiramente, o universo dos seres *invariáveis* (o curso dos astros, as coisas divinas, ou os seres matemáticos), formas perfeitas e imutáveis, únicas inteiramente inteligíveis: uma *ciência* dessas coisas é possível.

Contrariamente, o caos da matéria bruta, das coisas contingentes e imprevisíveis, delas não existe teoria.

Mas, na esfera intermediária, na *natureza*, os objetos do mundo "sublunar", que *tendem* para seu fim, forma inteligível, sem jamais alcançá-la nem nela fixar-se definitivamente, sempre situados a meio caminho entre ato e potência; mundo terrestre imperfeito. Zona de lusco-fusco, habitada por formas fugidias, proteiformes, inacabadas. Nela só somos capazes de reconhecer o que acontece "mais *comumente*" (*epi to polu*). Exemplo dado por Aristóteles numa passagem da Ética já citada anteriormente: em geral os homens são destros, mas há homens que se servem da mão esquerda.

Só é possível discernir nessa esfera o que parece tender ao *telos*, a esse "justo meio-termo", do qual, de fato, sempre nos afastamos à esquerda ou à direita. Esse é o lugar da *dialética* (*supra*, § 159).

203. Aplicações. Renunciemos, pois, a obter do direito natural um saber perfeito, científico, mas sem cair no outro extremo. O que realmente importa na natureza, o bem, o belo, o justo, os modernos entregaram seja ao arbítrio da Razão pura, seja às opções irracionais, aos "projetos" livres e gratuitos dos indivíduos – que não exclui um certo grau de conhecimento *objetivo*. Montaigne e Pascal, visando produzir um efeito literário, exageram o estado de ignorância em que nos encontraríamos quanto a esses valores.

O primeiro exemplo disso são as *belas-artes* (que não se relacionam exatamente com nosso assunto). Pois não diríamos que o artista fabrica o belo, que a arte seja "criatividade". Ela é percepção de uma beleza que reside *in re*, nas coisas – "imitação" da natureza. O escultor primeiro observa os efebos ou virgens gregas, e deles faz um Apolo ou uma Afrodite. Leonardo da Vinci, para pintar a Gioconda, tinha um modelo natural. Um pintor abstrato afirmava reproduzir algo das formas e cores das nuvens vistas de um avião. Messiaen imita cantos de pássaros.

O artista capta beleza *nesses* modelos naturais; ou, mais exatamente, *transpõe* as harmonias da natureza para a linguagem que lhe é própria, a das cores, linhas, volumes, notas musicais.

Segundo exemplo: os Tratados de *Lógica* de Aristóteles, induzidos da *observação* do discurso, em várias áreas, retórica, ciência ou filosofia. A lógica de Aristóteles trabalha a partir do dado da experiência.

Esforça-se para discernir *nesses* modelos naturais as *formas acabadas* correspondentes a cada espécie de discurso: apodíctica na ciência, as mais persuasivas na retórica, ou conduzindo, na dialética, ao mais alto grau de verossimilhança.

E, finalmente, a *Ética*. A de Aristóteles não é um sistema normativo apriorístico de regras deduzidas da Razão (do "imperativo categórico") nem do Decálogo, e sim uma descrição dos costumes (*Ethika*). – Observando os costumes de seu tempo, pela via da confrontação dialética, Aristóteles identifica suas formas mais acabadas: o político Péricles, modelo de prudência, Sócrates, modelo de sabedoria, ou os bêbados, modelos de intemperança. Quadro dos vícios e das virtudes que o *espetáculo* da natureza oferece.

E como a natureza não é feita apenas de indivíduos isolados, mas de uma cidade, das *relações* existentes entre suas partes, o conhecimento do *direito natural* é acessível pelos mesmos meios.

CAPÍTULO 3
Do direito natural

Não conheço nenhum outro termo que se preste, tanto nos juristas como nos filósofos, a tão horríveis mal-entendidos. Explicamos há pouco a ideia que evoca em seu uso atual, herdada do racionalismo moderno: corpo de preceitos pretensamente extraídos da Razão.

Realmente diferente da noção clássica do direito natural. Na verdade, na Grécia e em Roma, essa palavra já era muito polissêmica, e nem sempre clara. Para muitos leitores do século XX, ela permanece um enigma.

Uma vez mais, é através da filosofia de Aristóteles que tentaremos decifrá-la: a questão das fontes do direito interessa mais aos filósofos do que aos juristas, absorvidos pela busca do *Quid juris* (§ 8), e para os quais a teoria geral do direito não passará nunca de uma arte na qual serão pouco hábeis.

Artigo I
O direito natural de Aristóteles

Com exceção de uma passagem da Ética (V.10), nenhum estudo sistemático da noção de direito natural chegou até nós. Encontramos apenas, dispersos através de sua obra, os elementos constitutivos dessa teoria, e muito mais: sua efetivação.

204. Definição. Comecemos pelo primeiro termo – Direito (*to dikaion*). No primeiro tomo deste compêndio, transcrevemos sua definição (§ 38 e ss.). O direito consiste numa *proporção* (*ison* ou *aequum*) das coisas divididas entre pessoas (§ 41).

Essa definição vale, em primeiro lugar e principalmente, para o direito natural, que, na passagem mencionada, é considerado a primeira forma do direito, de longe a mais importante: à outra espécie (direito positivo, em grego *nomikon*), a julgar pelos exemplos que nos dá Aristóteles, cabe apenas determinar pontos particulares secundários.

Antes de toda formulação (o *dikaion* não tem a forma de regras), *antes* de toda intervenção do artifício humano, nas comunidades humanas *existe* o direito natural. O direito natural tem sua sede fora da razão humana, preexiste à consciência que temos dele. Não "depende" dos juízos humanos (*ibid.* – 1134b). O direito positivo procederá do homem. O direito natural é *dado* ao homem de antemão.

Sob qual forma, já o dissemos ao tratar da noção de natureza: no interior das cidades que são naturais, que são *relações*. Assim, na cidade de Atenas. Naturalmente ela possui uma *constituição*, que não é um dom de Atena nem obra de Teseu, apesar da lenda; formou-se espontaneamente. Implica proporções "justas" entre as partes da cidade – magistrados e simples cidadãos, nobres, agricultores; artesãos, operários, escravos, proprietários e locatários, negociantes e consumidores. É esse o direito que preexiste no seio da "natureza"; sua consistência nada deve a nossas convenções positivas.

Uma proporção *justa* – *id quod justum est. Bonum est in re* –, uma justiça está integrada na cidade de Atenas, não, sem dúvida, tal como é de fato em cada momento de sua história, mas tal como tende a tornar-se. Assim como um biólogo sabe distinguir um ser normal ou uma flor perfeitamente desenvolvida de um monstro ou de uma planta enfesada, o jurista tenta distinguir a relação justa da injusta, tarefa cujas dificuldades não devem ser subestimadas.

205. Dificuldades no conhecimento do direito natural. Se já a Ética e a Lógica se mostram rebeldes à ciência (§ 201), que dirá do direito natural!

Esse *ser* que constitui o direito ("ser se diz de várias maneiras") exibe traços que confundem:

1º) Não se trata de uma *substância*, mas de uma *relação* (proporção).

Sabemos que Aristóteles distinguia substâncias (*ousiai*) "primeiras" (Sócrates) e "segundas" (o animal ou o homem). As ciências podem perfeitamente ser constituídas a partir da definição, de uma "substância segunda":

o homem é um animal dotado de palavra, portanto é sociável. Este é o caminho que a Escola moderna do direito natural tomará para construir uma ciência jurídica.

Ora, menos que das substâncias segundas (cujo estatuto foi tão discutido entre realistas e nominalistas), ninguém porá em dúvida a *realidade* de uma relação tal como o direito. Segundo a expressão de Francis Jacques: os gregos poderiam ter afirmado *o primado da relação*, pois representam o mundo como essencialmente ordenado. Mas uma relação parece pouco *definível*. Não parece suscetível de exercer a função de premissa científica.

2º) A peculiaridade do direito natural consiste em raramente chegar ao "ato". Impossível manter até o fim a comparação esboçada entre a planta e o direito natural. Um grande número de grãos torna-se trigo; o botânico pode observar-lhes a *forma* mais ou menos acabada. Esta tornou-se um fato constatável, o que não é o caso dos agrupamentos sociais.

Admitíramos a existência de uma constituição de Atenas. Ela não é escrita, não é obra de um legislador; existe naturalmente. Mas é constantemente violada, ficando a cidade entregue a plutocratas, demagogos e tiranos. Li em algum lugar que ficamos doentes em média quinze dias por ano. Nossas sociedades políticas estão *sempre* doentes! Onde poderíamos observar sua forma acabada?

3º) Os grupos sociais são *móveis*. Não concebemos uma ciência senão dos seres relativamente fixos. Pode-se dar do trigo, da vinha, das espécies animais, definições permanentes – pois essas coisas permaneceram idênticas ao longo da história. "O fogo queima tanto na Pérsia quanto em Atenas" (Ética a Nicômaco, 1134b).

Por serem diferentes as relações jurídicas "na Pérsia e em Atenas" (*ibid.*) e se transformarem ao longo da história, não havendo *ciência* dessas relações no sentido estrito do termo, acaso devemos concluir pela vanidade do direito natural?

206. Matéria para a dialética. Ao que havíamos respondido que o direito natural é matéria para o conhecimento *dialético*. Enquanto com ideias abstratas se constroem ciências rigorosas, no início só disporemos de *opiniões* acerca do justo, o que não é um obstáculo para a dialética, mas uma oportunidade para ela.

O exercício da arte dialética (*supra*, § 167) pressupõe a existência de uma *coisa*, sobre a qual nos interrogaremos; realidade que, num primeiro momento, nos é *desconhecida*. A modéstia das pretensões da filosofia clássica contrasta com o orgulho do racionalismo moderno. Os jusnaturalistas se gabam de possuir o Direito Natural sob a forma de máximas escritas; mas o escrito é o resultado positivo do trabalho dos homens. O direito natural não é resultado; é causa inicial a partir da qual se discute, da qual os juristas se esforçam para extrair o direito positivo. Situa-se *no começo* da elaboração da ciência do direito.

Não diremos que ele seja exatamente a fonte desta ciência, porque apenas uma autoridade – Deus, a Razão, a Vontade – seria comparável às nascentes de onde, tal como um rio, proviria o direito. É a *matéria-prima*. De um método já utilizado na *Política** de Aristóteles.

207. Aplicações na política de Aristóteles. Decerto, foi preciso o advento dos romanos para que o direito constituísse uma arte autônoma. Mas a *Política* de Aristóteles já contém em substância uma espécie de direito constitucional, um direito das pessoas, casamentos, sucessões, da propriedade, dos contratos. É quase uma obra de *direito natural*.

Nesta obra, as soluções não são deduzidas da liberdade ou da dignidade da "pessoa humana", de uma ideia da "natureza do homem". Nutre-se de observações, de pesquisas sobre os costumes das cidades, impérios ou tri-

---

* Trad. bras., São Paulo, Martins Fontes – selo Martins, 3ª ed., 2006.

bos selvagens. O Liceu estudara uma centena de "constituições", a de Atenas entre outras. Seu objetivo era apreender as *formas* "naturais" a cada cidade, através de uma pesquisa dialética, através da diversidade das opiniões e dos exemplos. O livro começa pelo exame e pela confrontação crítica das teses de Platão na *República* e de outros autores de doutrinas constitucionais que se contradizem.

Algumas amostras desse trabalho:

1º) *A escravidão*

Há povos que ignoram essa instituição, e, ao contrário, cidades em que os senhores exercem sobre os escravos uma dominação tirânica, em que os homens são feitos escravos pela força ou pelo pretenso direito de conquista. A ordem é um meio-termo entre esses extremos.

Divisão das classes. Admitamos que existam patrões e criados, como não deixou de haver, a nosso conhecimento, no século XX, mas sem que o senhor goze sobre seus criados de poderes semelhantes ao que exerce sobre seu gado e sem que os homens dotados de discernimento se sirvam dos tolos. Tal é o resultado nuançado da pesquisa de Aristóteles (cf.: *O direito e os direitos do homem*, PUF, 1983, p. 84 e ss., 90 e ss).

2º) *Os regimes constitucionais*

A observação oferece exemplos muito diversos de "constituições", quer dizer, de regimes políticos. Às vezes um só detém o poder; na maior parte das vezes, uma oligarquia ou o partido democrático que representa a massa dos pobres. O exame dialético conduz a um meio-termo, o regime misto, *politie*, a constituição digna por excelência desse nome – a que proporciona à cidade o máximo de consistência – e da qual, em certos momentos, Atenas parece ter se aproximado.

As conclusões da *Política* são em todo caso prudentes, não nos fazendo constatar que um mesmo regime seja natural a todos os povos. As estruturas constitucionais variarão conforme os climas, a economia, o modo de vida. "A Acrópole é oligárquica e a Planície é democrática." Um povo de soldados precisa de uma forte hierarquia, ao passo que um povo de agricultores adapta-se à "democracia". O direito pode mudar através da história. Se "os barcos andassem sozinhos", a cidade não teria necessidade de escravos, e assistiríamos a uma mudança da condição operária. Montesquieu e Marx não foram os primeiros a perceber que os regimes e as instituições jurídicas são relativas às circunstâncias.

3º) *A propriedade*

Através da observação, antes de Marx, Aristóteles percebeu que a constituição de uma cidade depende de sua estrutura *social*: a "Politie", ao contrário da plutocracia e do governo das massas, é, antes de tudo, a dominação política das *classes médias*.

Impossível, então, separar o direito público do direito privado. Ei-lo obrigado a tratar dos casamentos, das sucessões, das limitações relativas ao comércio, da *propriedade*.

Existem tribos primitivas em que não há divisão de propriedades. As preferências de Platão na "República", segundo Aristóteles (cuja leitura é contestável), tendiam para o comunismo. Em todas as outras sociedades domina o direito absoluto do proprietário, incluindo o poder de dispor ilimitadamente, e por testamento, de todos os seus bens.

Aristóteles busca mais uma vez o meio-termo entre esses dois excessos, a desproporção das fortunas, nas cidades "plutocráticas" (essa desproporção é causa de desunião interna, de fragilidade, um defeito do ser), e seu contrário: o comunismo, regime que não faz ninguém "feliz".

A ordem *natural* significaria a apropriação de certas coisas, mas não de todas; haveria também coisas "públicas" ou "comuns" (dirão os juristas romanos), e os poderes dos proprietários teriam limites.

Tal é, em suma, a posição, intermediária entre socialismo e capitalismo, da pretensa "doutrina social da Igreja Católica", que seria mais conveniente chamar de doutrina aristotélica.

Aristóteles não justificou esse regime de apropriação com base em fundamentos "racionais", como farão em vão os racionalistas modernos. Falso problema: não há necessidade dessa "fundação" racional (nem de se justificar o Estado com o mito do Contrato Social). Que *certas* coisas pertençam aos particulares é um *dado* que constatamos em nosso mundo tal como é, e Aristóteles acredita ter observado que isso é necessário ao bem viver, ao desenvolvimento perfeito da cidade. O mesmo método deve ser seguido quando se tratar de *medir* as propriedades de cada um (*suum cui que tribuere*).

Não desperdiçaremos nosso tempo relatando os pretensos títulos "originários" de propriedade: "a *ocupação*", com o mito do consentimento universal ao direito do primeiro ocupante (Grócio), ou o "trabalho" (Locke). O racionalismo moderno nunca conseguiu explicar a *divisão* das propriedades. Em seu próprio pensamento subjetivo, cada um encontra só *seu próprio direito subjetivo* de propriedade, direito subjetivo ilimitado, cuja existência Hobbes supunha em seu fictício "estado de natureza", e não os direitos dos outros.

Será preciso confiar ao Estado – gendarme da classe dominante – o cuidado de definir os direitos, ou seja, à força? A divisão deixaria de ser justificada, ou o seria somente por meio de ideologias enganosas. Seria frágil, e suscetível ao ciúme, à enxurrada de reivindicações revolucionárias...

Que eu saiba, nunca houve outro fundamento para a medida jurídica do teu e do meu além dessa fonte comum, externa, acessível a todos: essa divisão que não foi forjada pelo arbítrio nem pela Razão consciente do homem, mas espontaneamente pela natureza, em cada cidade, em cada época. Daí o direito tira sua origem: da repartição das riquezas, tal como se deu espontaneamente.

E se essa divisão for injusta? A doutrina do direito natural seria um mero *conservantismo*? Não necessariamente. O jurista trabalha a partir de um estado de coisas existente, mas não o confunde com o direito natural. Sua missão continua sendo verificar se a proporção efetiva entre os bens de uns e de outros se afasta do justo meio-termo, que é a ordem natural.

Na falta de axiomas tirados da Razão, o jurista dispõe do procedimento da discussão dialética, aberta a todos os argumentos. Por mais incertos que possam ser os resultados, estes valem mais do que as falsas construções dos racionalistas, liberais ou socialistas.

Artigo II
O exemplo romano

Por que esses desvios através dos livros de Aristóteles: de sua *Física*, que define o termo natureza? De sua *Política*, que utiliza o método do direito natural? Porque os juristas o imitaram. A ciência do direito é solidária em suas origens com a filosofia clássica do direito natural.

Voltemos à história romana. Não entenderemos o direito senão nos reportando a seu "programa" originário.

208. Fonte do direito em Roma. A maioria dos romanistas não apresentará a mesma imagem da teoria das fontes do direito dos juristas romanos, assunto bastante conjectural: o *Corpus juris civilis* é uma coletânea de textos que datam de diferentes épocas e trazem a marca de diversas influências filosóficas (§ 48). Apenas nos concernem as concepções dos fundadores do sistema do *Jus Civile*, que datam da época ciceroniana, época da qual só possuímos um número restrito de informações.

E poucas referências ao direito natural: *Jus naturale ou jus naturà*, tirado da natureza (tradução de *dikaion phusei*). Não nos devemos espantar: não é função do jurista filosofar acerca das fontes. Quanto às causas naturais, acontece-lhes invocar a "natureza das coisas" (*natura rerum – natura rei*); quanto à expressão *jus naturale*, ela recebeu na linguagem romana outros sentidos, cuja derivação explicaremos mais adiante (§ 236).

Deixemos para mais tarde os problemas de *terminologia*, pois mais vale observar o *fundo* da questão. O mais notável na Doutrina jurídica romana é que nela se busca a fonte do direito na *realidade das coisas*.

O "direito civil propriamente dito", segundo Pompônio, deve ter-se constituído inicialmente sem textos escritos: *sine scripto*. É obra dos jurisprudentes, que o teriam tirado dos hábitos e costumes romanos, de um direito não escrito (D.I.2.2.5 e 12).

Segundo a definição de Ulpiano, a jurisprudência é inicialmente o estudo de realidades (*rerum notitia* D.I.1.10). O romanista alemão Affolter notava que o que caracteriza a linguagem jurídica romana é o fato de gravitar constantemente em torno do termo *res*.

O próprio direito é qualificado de *res*: não é um ser "de razão", criação do homem, mas *realidade*, um dado da natureza. Citamos o texto de Sabinus, um dos fundadores do *jus civile*: o direito não é extraído de regras (*jus non a regula sumatur*), e sim a regra que é produzida a partir do direito existente (*sed a jure quod est regula fiat*); a função da regra é descrever uma realidade (*Regula est quae rem quae est breviter enarrat* D. 50.17.1). O *jus* é um ser (*id quod est*) dotado de um valor, assim como a *phusis*. *Id quod... aequum est... quod utile est* (D.1.1.12).

No mesmo título primeiro do *Digesto* são apresentados tipos de *jura*: à "união do macho e da fêmea", que entre os homens chama-se "casamento" – à "educação das crianças pelo pai e pela mãe, que se encontra também entre os animais..." Ulpiano reserva o rótulo de "direitos naturais". Depois, sob a rubrica de *jus gentium*, coloca as seguintes coisas: a escravidão, a libertação (D.1.1.3), a divisão dos Estados, dos reinos, das propriedades, o comércio, a venda, o aluguel etc. (D.1.1.4). Finalmente, as coisas do direito civil, específicas do povo romano (*jura populi romani*); coisas que serão discernidas nos costumes do povo romano, como Aristóteles extraíra do espetáculo de Atenas a constituição ateniense. Se é verdade que o direito civil nos é apresentado às vezes como "positivo", seu núcleo é tirado da natureza.

Substancialmente encontramos nos jurisconsultos romanos a mesma forma de conceber os fundamentos do direito que encontráramos em Aristóteles. Mas, dado que essa não é a opinião de todos os romanistas, explorarei duas obras de direito romano publicadas recentemente.

209. O direito nas causas. A primeira é a tese de Yan Thomas, já citada a respeito do método quase dialético dos jurisconsultos (§ 175), sobre a noção romana de *causa* que, como mostrou Yan Thomas, ocupava um lugar cardeal na ciência jurídica romana.

Os jurisconsultos romanos trabalhavam com *casos* específicos; método *casuístico* (ainda que lhes aconteça também de comentar textos gerais).

O termo utilizado em Roma é *causa*, emprestado da Retórica. O ofício do jurista exige a consideração de cada *causa* em particular, que ele tem sempre o cuidado de confrontar com outras causas semelhantes. A *Causa* é a *coisa* a *res*, matéria de um processo. O retor grego Hermágoras a definia assim: *"rem quae habeat in se controversiam"* (De Inv. 68, cf. § 165).

Por que esse olhar sobre a causa? Encontramos no *Digesto* uma sentença célebre, pronunciada a respeito de um processo de acidente de trânsito: a solução está contida na própria causa (*jus in causa positum est*) (D.9.2.52.2). Devemos acrescentar que o jurisconsulto se esforça para encontrar uma *forma* comum em cada causa, que busca atribuir um *nome* aos diferentes tipos de causas.

Na Idade Média, os glossadores, que permaneceram fiéis a esse método casuístico, dele tiram este adágio imcompreensível para os adeptos modernos do normativismo: *"Jus ex facto oritur"*. É da observação do real que provém o direito.

Antes de examinar os textos, deixando provisoriamente de lado a bagagem das regras existentes, os melhores juristas começarão por se concentrar no caso. Este será o momento de exercer os *"organa"* da dialética (§ 167): determinar o *gênero* a que pertence o caso litigioso, em que ele *difere* dos outros, o que o torna um caso *específico*. Pois nessas coisas já existe uma ordem em potência.

Redescoberto na Idade Média pelos glossadores, vivo sob o Antigo Regime, e obstinadamente conservado pelos juristas da *Common Law*, o *método dos casos* começa a ser novamente respeitado. Ele implica o pressuposto de que as fontes primeiras não são os textos, nem os princípios da Razão pura, nem as crenças comuns do grupo – mas que o direito é, em primeiro lugar, extraído da "natureza das coisas", ou, como dizia São Tomás acompanhando Aristóteles, de uma consideração da coisa: *consideratio rei*.

210. O direito na cidade. Outras sugestões foram encontradas num artigo de Michel Bastit: *Da diversidade em Gaio* (APD, 1978).

Todos sabem que o manual de Gaio é a única obra que restou da jurisprudência clássica. O texto foi reproduzido (com ligeiras modificações) nas Institutas de Justiniano, o que mostra seu sucesso.

Por sua estrutura, e a julgar pelo seu plano, ele diferia profundamente de um tratado jurídico moderno. Não era o comentário de um Código (não existia nenhum Código na Roma clássica) nem um conjunto de regras de direito. Concedendo um parte secundária ao direito positivo, o propósito de Gaio consiste principalmente em oferecer uma descrição global, de cunho quase sociológico, da Cidade romana tal como ela é, das relações jurídicas que dela *fazem parte*. Três elementos: as pessoas, as coisas, as ações. Tal é a estrutura da obra, cujo sentido os intérpretes a partir do século XVII deixaram de compreender, sentido incompatível com sua visão geral de mundo.

O idealismo reduz o mundo a um pequeno número de ideias simples; ele uniformiza, iguala, suprimindo as *diversidades* – nacionais, provinciais, sociais ou biológicas. Já a natureza dos clássicos consistia no infinito pulular de espécies desiguais e diversas. É precisamente em sua *diferença* real que reside o direito, tema familiar a Aristóteles ou a São Tomás, e que servia de base ao sistema das Institutas.

1º) O livro I trata das *pessoas*; a Doutrina jurídica moderna falsificou o direito das pessoas forjando, a partir da ideia geral da "natureza do homem", o conceito de "personalidade" jurídica, que seria em princípio o atributo comum de todos os homens, noção estéril para o direito. Se o direito consiste em relações *entre* vários homens, ele não tem o que fazer com "a pessoa" humana. Como Julien Freund já nos fizera notar, certo dia, o racionalismo moderno fala no singular; os clássicos romanos, no plural. Tratam da pluralidade, da diversidade *das* pessoas. A palavra "pessoa" originariamente evocava as máscaras, os *papéis* que os atores desempenhavam. Uma comédia supõe *diversos* papéis: o conde Almaviva, a condessa Suzana, Figaro.

Assim também é no palco do direito. Ainda que exista uma natureza humana comum, e homens iguais sob certos aspectos, Gaio observa na cidade e diante dos juízes que o cidadão não é igual ao estrangeiro, o senhor, ao escravo, nem o pai de família, ao filho; que esses papéis são complementares; que entre eles são discernidas *proporções*, como atualmente entre operários, empregados, patrões, funcionários públicos, desempregados, trabalhadores imigrantes, deficientes, pessoas idosas etc., outros tantos estatutos jurídicos, quer dizer, *direitos*, mas que o Código Napoleônico quis ignorar.

2º) Livros 2 e 3 – direito das *coisas*. Essas coisas não são apenas blocos de pura matéria, sobre os quais poderia ser exercido um direito subjetivo uniforme de "propriedade" qualquer que fosse sua espécie, quer se tratasse de um campo, de uma fábrica, de um terreno sobre o qual se pudesse ou não construir, de uma mina de urânio, de uma mesada!

O manual de Gaio descreve *espécies de coisas*, e cada uma delas possui seu próprio estatuto. Para vender um escravo recorre-se a formalidades de transferência que o uso não exige para a venda do trigo ou do vinho, ou para o empréstimo de uma soma de dinheiro. Não se possui sobre um imóvel situado em Roma o mesmo senhorio que sobre um fundo de terra na província.

Um fundo de terra (*fundus*) é um conjunto disposto a serviço da economia, provido de servidões ativas ou passivas, envolvendo relações, de proporções, com os fundos de terra vizinhos. Os juristas devem considerá-lo, dizem os textos, "*cum jure suo*", "*cum causa sua*", segundo seu estatuto jurídico próprio. Uma fazenda difere de um campo de esqui. Há coisas "incorpóreas" (um usufruto, uma servidão, uma obrigação) que não poderiam ser possuídas, transmitidas como uma coisa corporal etc. Em meio ao espetáculo destas coisas naturais Gaio encontra o *direito*.

3º) Depois, eis que o espetáculo se transfere para o tribunal do pretor. Os negócios dos cidadãos (*res civium*) tornam-se litigiosos: são disputados, a justiça se põe em movimento. Gaio observa uma pluralidade de processos.

Ora se reivindica uma coisa (ação *in rem*), ora há um litígio entre pessoas (fórmulas de ação *in personam*). *Last but not least*, as fórmulas de "condenações" são de vários tipos; elas deixam, segundo o gênero do caso, mais ou menos latitude ao juiz para medir o montante da condenação. Mostra-se aqui, como os juízes resolviam os litígios em Roma; qual parte recebe cada pleiteante.

Nada mais útil aos estudantes que esse quadro estabelecido, a partir da realidade viva, sobre as diferentes formas das instâncias judiciárias. Em vez de ouvir comentar o Código de Processo Civil, eu preferiria que, ao modo dos manuais romanos, nos descrevessem o funcionamento normal de um processo.

E Michel Bastit nota que o método de Gaio o levou a resultados extremamente duráveis: pois a natureza é uma mescla de movimento e de permanência, sendo que ele se esforça para extrair dela, tanto quanto possível, "o universal" e, portanto, seus elementos mais estáveis. O fato é que as *Institutas* constituíram a educação dos juristas, em Roma, até o século VI, e, na Europa, até o início do século XX.

Artigo III
Eclipse e retorno

Mas não será em torno das teses de Michel Bastit ou de Yan Thomas que surgirão controvérsias. O leitor zomba do direito romano. A seu ver, uma vez mais, nós o empanturramos com detalhes arqueológicos, que não dizem respeito ao único assunto suscetível a interessá-lo: as ideias hoje reinantes.

211. *Naturrechtsfobia.* O leitor tem razão. Este método do direito natural foi excluído de nossos costumes. Não que realmente deixe de ser *praticado*: ainda se pronunciam sentenças, preparam-se textos de leis a partir da observação. Ele deixou de ser *ensinado*. As causas desse desaparecimento residem na história da filosofia.

Na moderna visão de mundo, na nova linguagem hoje aceita, o conceito de *natureza* desintegrou-se, esfacelou-se numa multiplicidade de significados abstratos. Não há mais uma natureza concreta, provida de sentido, mescla de existência e de valor, e não passível de um saber exato. Conhecemos apenas pedaços isolados desse conjunto; ora a "Razão", ora o mundo "material", privado de valor.

O esfacelamento da ideia de natureza repercute na Doutrina das fontes primeiras do direito. Já que é preciso atribuir ao direito um fundamento suprapositivo, somos obrigados a buscá-lo em uma dessas duas esferas. Uns fazem do direito um produto do pensamento, e o direito será então dever ser, conjunto de *normas*. Outros consideram o direito um *fato*, mas qual seria a utilidade da arte jurídica, se se limitasse a constatar e a sancionar a desordem existente? Todas essas visões são fragmentárias (cap. I).

Decerto não faltam esforços na Doutrina contemporânea para colar esses pedaços desconjuntados, o espírito, a matéria – o ser e o dever ser. Assistiremos principalmente à multiplicação das misturas empíricas entre o "dado racional" e o "dado real" (Gény), doutrinas ecléticas e incoerentes. Os maiores pensadores desdobram-se em tentativas de *sínteses* – como as de Hegel e Marx –, embora condenados a sempre recair num ou noutro destes extremos, o racionalismo ou o positivismo.

212. Renascimento do direito natural. Entretanto, para que buscar "sínteses" originais, se bastaria recorrer à tradição para encontrarmos uma resposta para nossos problemas?

À sua filosofia das fontes o direito romano deve as qualidades que permitiram a essa arte atravessar os séculos:

1º) sua *riqueza*, as realidades, ao contrário da Razão pura, constituem um dado inesgotável;

2º) sua *leveza*, porque a natureza é sempre um dado móvel: sua permanente capacidade de *adaptação* às circunstâncias; mais tarde, a arte jurídica romana será transplantada sem dificuldade para a Europa medieval, embora surjam outras "pessoas, objetos ou ações";

3º) sua *autoridade*: se o direito romano foi aceito ao longo do Império e, mais tarde, incorporado pela Europa, é porque não provém da decisão subjetiva de um legislador. Repousa na observação *objetiva* do mundo; fundamento *comum*, campo de pesquisa, aberto a todos, o mesmo para todos;

4º) sua *justiça*: a ordem "natural" não é qualquer relação de fato ou de força brutal, uma conduta "efetiva" qualquer dos indivíduos; não é simplesmente os costumes, mas os "bons costumes". Discernimento, *no interior das* coisas, do *justo* e do injusto, assim o *Digesto* definia a jurisprudência.

Não há corrente mais fecunda no século XX que o movimento de *renascimento do direito natural*, contanto que se trate de um autêntico renascimento, acompanhado de um trabalho de filosofia; que tenha, em primeiro lugar, recuperado a noção de *natureza* integral.

É verdade que uma vez restituído ao termo "direito natural" seu significado primeiro, não devemos esperar muito mais dele. Ele não tem a forma de regras escritas, imediatamente utilizáveis. Não é, para os jurisconsultos, mais do que a *matéria* de sua *pesquisa*. Mas as origens têm sua importância. Como dissemos no início deste livro: vãs serão as teorias que não se propuserem a cavar até a raiz do mal e a retornar ao elementar. Quando nos recusamos a perceber que um direito é um dado latente nas coisas, estamos fadados a nada entender sobre a construção ulterior do direito positivo e impossibilitados de proceder à medida de sua autoridade.

TÍTULO TERCEIRO
Das leis positivas

Lex injusta non est lex

CAPÍTULO 1
Os prós e os contras da lei positiva

213. Do direito positivo. Já percorremos mais de dois terços de nosso compêndio, e que decepção! Nem uma só palavra sobre os *textos*! Os capítulos introdutórios dos manuais de direito oferecem uma lista das espécies de regras positivas, acrescentando-lhes alguma informação sobre seu grau de autoridade e seu modo de interpretação (§ 182). Para aqueles que atuam na prática, não é o essencial?

Ao passo que aparentemente eu me perdi nos prolegômenos. A que se reduz o "direito natural" tal como acaba de ser apresentado? A nada mais do que uma hipótese de filosofia: convite a postular a preexistência nas "coisas" de misteriosas relações de direito, vaga indicação de um método, que abriria um acesso para a descoberta dessas relações. Apenas um começo.

Falta pôr esse método em ação. A contribuição dos romanos foi essa efetivação. Chegaram a produzir regras jurídicas escritas. E, desde então, nas sociedades evoluídas, dispomos do instrumental do direito *positivo*. Como utilizá-lo? *That is the question*!

A esse respeito os manuais se dividem: classifiquei-os em duas escolas: para alguns, o jurista se contentaria em obedecer ao texto da lei. Outros sacrificam ao positivismo científico, tendendo para o excesso contrário.

Artigo I
Religião da lei

214. Raízes do legalismo. Toda metodologia do direito é uma consequência da filosofia das fontes do direito. Houve uma época paradisíaca: aquela em que o ofício jurídico era a aplicação das leis: o termo "direito" tornara-se sinônimo de leis. O jurista estava dispensado de se instruir de sociologia, moral, política. Bastava conhecer os textos e extrair-lhes as consequências, concepção largamente difundida entre o grande público, e com a qual a faculdade se contenta.

Origens. – Conhecemos suas origens (§§ 181 e ss.). Foi construída sobre as ruínas do direito natural, pois sob os golpes dos bárbaros a antiga filosofia clássica da natureza desaparecera, não restando na Europa, na Alta Idade Média, outra fonte de conhecimento nem outro meio de regular a conduta humana além da *Palavra* divina, revelada nas Sagradas Escrituras. Nossa vida humana será submetida aos mandamentos de Deus, vindos do alto, fonte transcendente; à lei divina que rege nossas atividades, rumo à Terra prometida, nos conduzindo a Deus.

É uma lei *moral*, que as leis "humanas", às quais se poderá reservar o rótulo de "jurídicas", teriam como função completar ou adaptar às circunstâncias da história temporal. Lei *imperativa*: ela ordena, proíbe, permite. Nossa função é obedecê-la.

Essa concepção teológica da lei – análoga às tradições religiosas e a certos regimes políticos da Antiguidade – perpetuou-se na cultura da Europa moderna; os mandamentos de Deus foram substituídos pelos dos homens, quando os cristãos perceberam que Deus deixa aos homens a liberdade de organizar o mundo temporal.

Na grande construção de Hobbes, os homens, dotados dessa liberdade e desse poder criador, forjam o *Leviatã*, o "Deus mortal". Sua vontade legislará; são às ordens do Estado soberano (representante dos cidadãos, porque os cidadãos o produziram) que devemos agora obedecer. A lei continua a ser o "mandamento" de um senhor que escolhemos. Assim é para Locke, Rousseau e Kant.

Para outros autores, da Escola do Direito natural, e para Kant, na sua moral, a *Razão* transcendente do homem, fonte de "imperativos", substituta de Deus, desempenha o papel de legislador.

Persistência. – Quando esvaeceu-se a crença no Contrato social (no próprio Kant, ele não era mais do que uma ideia pouco realizável), perdida a ilusão de que a lei seria a "vontade geral", ou o "imperativo da Razão", suas consequências ainda persistiram.

Kelsen funda a validade das leis, no sentido estrito, nas prescrições da norma constitucional, e de uma "norma fundamental" que tornaria válida a constituição. Não nos informa suficientemente de onde essa norma fundamental (*"hipotética"*, necessária para que uma ciência do direito seja possível) tira, por sua vez, sua autoridade.

Se não houver por trás das leis mais do que a força bruta do Poder, fingiremos nos contentar com isso. Embora os textos das leis tenham perdido os fundamentos religiosos ou metafísicos, como um náufrago que se agarra aos últimos destroços de um navio, os juristas não cessaram de se agarrar a eles. Pois – desaparecida a concepção clássica do direito natural – de que meio disporíamos para aceder à justiça? Montaigne tinha-nos aconselhado a não buscar a origem das leis. "É perigoso remetermo--nos a seu lugar de nascimento: elas crescem e se enobrecem em seu curso, como nossos rios. Se as seguirdes até sua nascente, só encontrareis um pequeno olho d'água quase irreconhecível"... Além disso, devemos obedecer à lei, "porque é a lei". "Não podendo fortalecer a justiça, fortalecemos a força" (Pascal).

Deve, sem dúvida, haver razões menos desencorajadoras para a persistência do culto à lei. O público aceita uma espécie de moral utilitarista. Na Época das Luzes triunfa uma filosofia da finalidade do direito, voltada para o "serviço dos homens", em princípio de todos, na prática de uma minoria (§§ 83 e ss). O direito tem por finalidade assegurar os direitos subjetivos (que não eram assegurados no estado de natureza). Sendo esse seu objetivo, a submissão rigorosa à lei escrita parece ser seu instrumento necessário.

A lei, por seu caráter "geral", tem a aparência de prometer a todos um tratamento igual; por ser escrita, permanente, torna as sentenças previsíveis, é um fator de "certeza", facilita o jogo do comércio e confere segurança. Devido a essas vantagens práticas, o jurista deve permanecer um estrito servidor da lei.

Não tendo cessado de aderir, em seu inconsciente, a essa mesma filosofia, a essa mesma moral individualista (hoje tingida de igualitarismo), entende-se por que grande parte de nossos contemporâneos se agarra ao positivismo legal, como é o caso deste grupo de autores habituados a criticar o direito natural: Hart, na Inglaterra; na Itália, os partidários de Bobbio; ou recentemente Kelsen.

215. Esquema do positivismo legalista. Se o direito é a lei ou o que dela decorre, o trabalho do jurista deveria se reduzir a duas operações:

1º) a *coleta* dos preceitos do "direito positivo". O que é inicialmente o direito positivo? O conjunto dos textos *postos* pela autoridade política; as leis no sentido estrito ("regras escritas gerais, de âmbito permanente, elaboradas pelo Parlamento"); e seus anexos e complementos, decretos, portarias, circulares. A jurisprudência é anexada à lei, interpretando-a e completando-a. Para os publicistas, a Constituição. Tudo isso reunido, disposto em ordem.

2º) *a aplicação* dos textos. A segunda tarefa do jurista seria um trabalho de *"subsunção"* dos fatos de cada causa às leis. A sentença deveria revestir uma forma silogística, a premissa maior sendo constituída por um texto legislativo que ditaria a solução de direito para tal hipótese (*Tatbestand*), a premissa menor constatando que o caso é da esfera da hipótese já posta. Segue-se a sentença.

Tal é a *trama* do positivismo legalista, sobre a qual tentou-se construir a metodologia do direito. Mas, durante a obra, os construtores encontraram uma série de obstáculos imprevistos.

216. Seleção das fontes positivas. É menos simples do que parecia estabelecer a lista dos textos. Não sabemos mais com certeza a que mandamento obedecer.

Tudo ia bem no início do século XIX, quando Napoleão produziu seus Códigos, acreditando neles ter incluído todo o direito. Eles deviam bastar à educação dos juristas. Existiam na Escola de direito cursos de "Código" Civil, de Código Criminal, Código de Comércio etc. Novos Códigos vieram somar-se a eles.

Porém, outros textos fazem-lhes concorrência. Como já dissemos, os antigos preceitos "racionais" da Escola do Direito Natural estão longe de estarem completamente mortos. Os tribunais não hesitam referir-se a eles, qualificando-os de "princípios gerais do direito"; às vezes de "direitos do homem". É verdade que os direitos do homem foram integrados ao corpo das leis constitucionais, mas sua força não repousa apenas nestas "Declarações".

Além disso, assistimos à "revolta dos fatos contra do Código" que teve o seguinte efeito: intromissão nos "textos positivos" do direito, em quantidade cada vez maior, dos textos *jurisprudenciais*. Imitamos o exemplo anglo-saxão da *Commom law*. Se bem que a Inglaterra tenha inventado, com Hobbes, a filosofia do Contrato social, os juristas da *Common law* se baseiam, mais do que na lei, nos *precedentes judiciários*. Os Precedentes, que sempre desempenharam um papel capital, ocupam agora, em nossos cursos, um lugar pelo menos igual ao dos Códigos. Explicam-nos que os juízes teriam recebido do legislador poder não apenas para aplicar a lei e interpretá-la, como também para completá-la, para estabelecer novas regras jurídicas; e que, apesar da Doutrina da separação dos poderes, os juízes também disporiam do "poder" de criar normas gerais.

Dificuldades. Há uma certa razão em se pôr em dúvida o valor desta análise. Pois isso significa, antes de tudo, que um novo senhor está nos impondo sua ditadura, na medida em que o "positivismo" tende a tornar-se "científico" (§ 197): o poder do *fato*. Ansiosos para aderirem ao modelo das ciências, para não mais se perderem nas nuvens do direito tal como deveria ser, mas para tratar do direito existente, *law as it is* – dizia Austin –, os juristas optam pelos textos *efetivamente* respeitados. Uma escola "psicologista" do final do século XIX observava que as leis dos Estados só desfrutam de verdadeira autoridade se se beneficiarem do *consenso*, do "reconhecimento" dos juízes ou dos que se submetem à justiça (*Anerkennungstheorien*).

Quais serão os textos jurídicos? Na literatura recente, nos ensinamentos de Hart ou dos escandinavos, uma solução é considerar "regras do direito" todas as que constatarmos serem "aceitas" num grupo com o objetivo de reger os comportamentos. Talvez, no final das contas, aceitas pelo público em seu conjunto, correspondam a "crenças" comuns numa sociedade. A menos que a regra resulte da escolha política de cada intérprete (Scarpelli) – Variante: ater-se unicamente às regras aceitas pela corporação dos juristas profissionais, portanto, principalmente à "jurisprudência".

O positivismo *legalista* não se sustenta, a menos que atribuamos à palavra "lei" uma extensão cada vez mais ampla. O uso atual substitui essa palavra por um termo mais dócil, "normas". Mas, diante dessa abundância de bens, será imperativo *escolher*, em particular no interior da multiplicidade das decisões de jurisprudência. Não; a primeira tarefa do jurista, o estabelecimento do catálogo dos textos positivos, não constitui um trabalho fácil.

Para além das normas "primárias" que seriam regras de conduta, Hart ensina que os juízes deveriam dispor de um segundo lote de normas, as *rules of recognition*, que lhes dirá como escolher em meio à profusão dos textos.

Onde o jurista encontrará essas "normas de reconhecimento"? Deverá considerá-las positivas, no sentido de existentes, constatáveis cientificamente? Dobrar-se ao uso efetivamente seguido pelos juízes? Esse uso é flutuante, a escolha das fontes sempre se mostra problemática. A informática jurídica tem a ambição de nos proporcionar uma compilação ordenada e completa dos textos aplicáveis; desejamos-lhes boa sorte.

217. Contradições entre os textos. Outro problema: para que os textos possam ser utilizados, seu acordo não deveria ser cacofônico. Ora, o jurista perceberá que, emanando de fontes muito diversas, muitas vezes eles se contradizem e formigam de *"antinomias"*.

A existência dessas contradições permaneceu relativamente desapercebida no início do século XIX, quando os teóricos do direito ainda viviam com base na herança da escola racionalista. Nosso Código Civil tem ao menos um duplo fundamento filosófico: funda sua autoridade no mito rousseauniano do *Contrato social*, mas baseia-se também na Doutrina da *Escola do Direito natural*, associada com o positivismo (bastava supor o príncipe esclarecido conquistado pelas Luzes). Se o direito se constitui de doutrinas produzidas de cima para baixo, a partir de um princípio racional de moralidade, ele deveria formar um todo homogêneo.

Como vimos, a ciência pandectista não conseguiu libertar-se dessa miragem. Entretanto, Savigny, em seu *Vom Beruf*, havia não apenas combatido os códigos (que considerava prematuros), como acreditara ter rompido com a Doutrina racionalista da Escola do Direito Natural. Procurava o direito numa multiplicidade diversa de textos, a maioria deles não legislativos: no *Corpus Juris civilis* (renovado no "uso moderno" dos Pandectas) ou nos costumes germânicos (*supra*, § 191), o que não impede que tenha permanecido fiel ao postulado da *coerência* do direito positivo: o "espírito do povo", que tomou o lugar da razão consciente do príncipe e tornou-se fonte do direito, produziria um direito "*orgânico*".

Quando progressivamente o Pandectismo retorna ao culto da lei, recorre, como Windscheid, à ficção de um "legislador racional", incapaz de se contradizer. Assim foi salva a harmonia da dogmática alemã, que não procede realmente do legislador, mas da Doutrina, da "*Wissenschaft*"; dos juristas, dos professores (§ 151, 30). Foi a "*Begriffsjurisprudenz*", que conheceu sua hora de triunfo universitário, mas que, sob os golpes de Ihering e do novo positivismo, perdeu a partida.

Hierarquização. Como assegurar a unidade do direito positivo, sem a qual as soluções de direito não poderiam ser previsíveis nem garantidas a segurança e a liberdade, segundo o ideal das democracias liberais?

Como nem todos podem ser obedecidos, os textos serão classificados *hierarquicamente*. Uma decisão da Corte de cassação tem mais peso, como jurisprudência, que a decisão de um simples tribunal. Uma lei mais recente – supõe-se que ela tenha mais chance de corresponder à vontade do legislador de hoje – anula uma lei mais antiga. Um texto legislativo é mais significativo que uma solução de jurisprudência. Fazendo concessões, renunciando a garantir às *leis* (no sentido estrito) um monopólio, ao menos iremos conservar sua *"prerrogativa"* (Martin Kriele).

Kelsen, mais do que qualquer outro, procura salvar "a unidade da ordem normativa", a fim de preservar a "pureza da ciência do direito", sua capacidade de resistência às opções ideológicas subjetivas dos indivíduos – e o positivismo jurídico. Segundo sua famosa *Stufentheorie* (criação do direito por graus), o direito é uma hierarquia de normas, presidida pela chamada norma "fundamental" e pelas normas constitucionais. Da constituição nasce o poder dos órgãos legislativos, e a validade das leis. Das leis, nascem os órgãos do governo e da administração pública, e os juízes recebem competência para proceder à produção de "normas" no interior do quadro traçado pelas leis, com a condição de não contradizê-las. E assim por diante para outros textos, emanando de instâncias inferiores.

Não precisamos mais advertir o quanto essa doutrina é irrealista (§ 134). Impossível eliminar do "direito positivo" as antinomias, que paralisarão o jurista: este nada encontra no sistema que o ajude a sair desta dificuldade.

218. Lacunas dos textos. Eis agora um problema que suscitou uma abundante literatura entre os metodologistas alemães. Formados no positivismo jurídico, partindo do princípio de que a sentença devia ser extraída da lei, foram obrigados a se perguntar se a enorme massa de nossas leis bastaria para isso. O direito positivo não comportaria "lacunas" (*Lücken*)?

Teoricamente não. O *corpus* das leis existentes deveria permitir ao juiz resolver qualquer problema jurídico, se aceitarmos os postulados do individualismo moderno. O direito, complemento da moral, teria como função regular nossas condutas, distinguir os atos proibidos dos atos permitidos que teríamos o "direito" de realizar (direito subjetivo) e que seriam a regra: em princípio, todo homem disporia (este teria sido, segundo Hobbes, o regime do estado de natureza) da *liberdade* de se conduzir segundo sua própria fantasia.

O papel das leis, no estado social, seria restringir essas *liberdades* originárias. Se a lei é muda, basta retornar ao princípio da liberdade.

Aliás, o trabalho "construtivo" da ciência alemã – e anteriormente da Escola do Direito Natural, da qual provieram nossos Códigos – teria completado o quadro do "organismo" do direito positivo. A "jurisprudência dos conceitos" acreditou ter transformado os Pandectas num sistema *completo*. Napoleão não estava longe de nutrir as mesmas ilusões acerca da amplitude do Código Civil.

Sua multiplicação. Teorias construídas no ar: nelas não se considera a *função* do juiz. Se o juiz, na ausência de um texto, deduzisse que os homens têm o direito de fazer qualquer coisa, isso significaria sua demissão. Quando as livres atividades de uns e outros se chocam, engendrando uma situação litigiosa, pedimos ao juiz que resolva o conflito.

Contamos com os juízes para resolver as lutas de *interesses* que surgem entre cidadãos ou que oporiam indivíduos e comunidade. A missão da justiça consiste em pôr fim ao regime da vingança privada. Assim pensava Ihering e, seguindo suas pegadas, a chamada Escola da jurisprudência dos "interesses".

Como o legislador de 1804 ou de 1900 poderiam ter previsto as lutas de hoje? Acaso conseguiríamos "subsumir" todas as situações litigiosas da vida presente a textos mais ou menos vetustos? Evidentemente podemos usar de *analogia*; aplicar por analogia, aos acidentes de automóvel, as regras definidas pelos romanos para as colisões de carros de boi. Mas esse expediente encontrará limites. *Existem "lacunas".*

Além disso, a sentença judiciária deve ser *aceitável*. Para que seja eficaz, terá que gozar do apoio da opinião pública. Para que tenham chance de serem aceitas, as sentenças devem ser *justas*, tanto quanto possível.

Que chance teria a solução, extraída mecanicamente do Código, de satisfazer a essa exigência? Os metodologistas alemães do final do século XIX vão descobrir uma nova série de lacunas, lacunas no sentido amplo e impróprio (*unechten Lücken*), que são as *deficiências* dos textos, a impotência dos textos em fornecer ao juiz soluções justas.

O número de "lacunas" multiplicou-se, a ponto de as "lacunas" terem se tornado a regra. Não devemos mais falar de "lacunas". Não existe um "sistema" de "direito positivo" cheio de buracos, como um queijo, mas, ao contrário, um direito incerto, não formulado e imprevisível em seu conjunto, cujas soluções ainda estão por ser descobertas, e, nesse grande vazio, uma nuvem disseminada de leis. As leis, e só as leis, não bastam mais para fornecer a solução. É a falência do legalismo.

219. A interpretação dos textos. Última prova para os sectários do positivismo legalista: antes de aplicar um texto de lei, uma das condições é *entendê-lo*. Problema de *interpretação*, que não se põe para os estudiosos das ciências exatas que, assumindo axiomaticamente uma linguagem estrita, têm a pretensão de raciocinar com base em premissas claras.

Desgraçadamente, os textos jurídicos não oferecem as mesmas qualidades. Já assinalamos que os esforços despendidos já há quatro séculos para dar ao direito forma de ciência fracassaram invariavelmente (§ 153). A linguagem do direito não é científica: seus termos nunca estão isentos de uma margem de incerteza. Teriam sido claros na ciência com a qual sonharam os pandectistas: cada termo assumiria um sentido definido ao menos por seu lugar na construção da *Begriffsjurisprudenz*. Mas o projeto malogrou, assim como alguns outros; o de Kelsen, que pensou que, como no âmbito da matemática, a significação dos termos do vocabulário jurídico poderia ser inteiramente definida por convenção, ou mais recentemente o de Hohfeld, que previa o uso dos computadores...

Surgiu, sobre os problemas da interpretação jurídica, um rio cada vez mais caudaloso de literatura. A esse respeito, o leitor poderá consultar os tomos XVII e XVIII dos *Archives de philosophie du droit*, e esperamos importantes contribuições das pesquisas de M. H. Jaeger.

O mais curioso é constatar, através desta literatura, as mutações do próprio conceito de interpretação: partindo de um sentido compatível com os princípios do positivismo legalista, somos obrigados a abandoná-lo no meio do caminho.

Interpretar deveria ser explicitar o conteúdo de um texto, transcrevendo-o numa linguagem mais acessível para seus atuais utilizadores, como se exige do tradutor, do "intérprete" de uma conferência internacional. O texto permanece envolto num respeito quase religioso.

A exegese das Sagradas Escrituras serviu de modelo. Em seguida, a filologia e a nascente história científica do final do século XVIII ofereciam uma técnica de leitura que os juristas exploraram.

A doutrina de Savigny. Em seu livro sobre o Método, Savigny propõe *quatro meios* de interpretação, sobre os quais explicou-se de modo sucinto, não isento de confusões: haveria a chamada interpretação *gramatical* (estudo da língua, do latim, se estivermos lidando com um texto do *Corpus juris civilis*). Em seguida, a interpretação *lógica, sistemática* (estudo do contexto). E, finalmente, a interpretação *histórica*: esclarece-se, através das circunstâncias históricas, o efeito originário da lei, que novidade trazia com relação ao direito anterior. Foi assim que os juristas franceses da chamada Escola da *Exegese* criaram o hábito de se referir, para interpretar o Código Civil, aos "Trabalhos Preparatórios" deste último (um procedimento que os juristas da *Common law* rejeitam).

Mas os metodologistas alemães logo perceberam que a interpretação dos textos é uma tarefa bem mais árdua. O problema envolvia também as ciências históricas, e todas as que receberam na Alemanha o nome de ciências do espírito: *Geisteswissenschaften*, em oposição às "Ciências naturais". Se se trata de apreender o sentido de um discurso humano, não há lugar para a "explicação" científica. Essas ciências exigem do intérprete um trabalho de compreensão (*Verstehung* – Dilthey). Pois um texto de lei procede de um autor; não apenas da Razão, ou do "espírito coletivo" do povo. Precisaremos fazer o esforço de penetrar no espírito do inventor.

De resto, para a filosofia legalista moderna, a lei não é o "mandamento" de uma autoridade? Um criado competente deve ter o cuidado de *entender* as intenções, o objetivo buscado pelo senhor que lhe dá uma ordem, e adequar-se a elas, obedecendo mais ao espírito do que à letra. Interpretação *subjetiva*.

Teleologismo. – Para ser breve, passarei diretamente da Doutrina de Savigny para a da Escola da *Interessenjurisprudenz*, que triunfou na Alemanha do início do século XX. Seu sucesso marcou a morte da *Begriffsjurisprudenz*. Ela indica um método de interpretação "*teleológico*": entendamos que é o *objetivo* do legislador que está sendo visado.

Seu principal representante foi Philip Heck (*Gesetzesauslegung und Interessen Jurisprudenz*, 1914). Marcado pela obra de Ihering, ele sustenta que o sentido da lei seria instituir uma hierarquia entre várias espécies de interesses. Outra versão: toda lei inclui um juízo de valor; ela explicita que certos interesses deverão ser *preferidos* a outros, sendo como que dotados de um valor mais elevado (*Wertungsjurisprudenz*). Por exemplo: é preferível preservar a pureza do mar Tirreniano do que aumentar os rendimentos das fábricas italianas.

Pede-se ao intérprete que espose o desígnio do legislador. Tal como um intérprete de um trecho de música, que não se contentaria em reproduzir as notas, ele deve se impregnar do espírito do compositor.

Neste momento, já podemos ver que a interpretação jurídica não é apenas a exegese literal; nem, como para o historiador, uma questão de conhecimento científico. O verdadeiro papel do legislador seria emitir *diretivas*, a partir das quais se exerceria uma lógica pouquíssimo rigorosa (*cf.* Gottlieb: *The Logic of Choice* – 1968).

O jurista não é apenas o executante das ordens do legislador; prolonga sua obra, sendo artesão, colaborador da mesma *política*. A interpretação é *ativa*.

220. A interpretação criadora. Até aqui nos guiamos pelo dogma tradicional que sustenta que o jurista teria que obedecer ao legislador, dever de "lealdade" muitas vezes proclamado.

O que acontece de fato? É forçoso reconhecer que não apenas os intérpretes "preenchem" as lacunas da lei, estatuem para além da lei (*praeter legem*), como um número considerável de soluções de jurisprudência vão *contra* a lei (*contra legem*). Longe de se ater fielmente às prescrições do Código Civil, aos seus artigos 544, 1382 etc., a jurisprudência tornou-os vãos. Ela *contradiz* as intenções históricas do legislador. Napoleão não deixava de ter razão quando temia que os intérpretes se tornassem os assassinos de seu Código.

Nossa doutrina tem a arte de *ocultar* tanto quanto possível essas divergências, como se a arte do direito consistisse em contornar as leis, sob a aparência de respeitá-las, ou em explicar-se por subterfúgios.

Eis um dos mais difundidos: o intérprete teria que se guiar, mais do que pelas diretivas do Código de 1804, pelas do "legislador de hoje". Supõe-se que esse personagem hipotético queira se adaptar às transformações ocorridas na economia e na sociedade, e mesmo às mudanças de ideologia. Dele se exige que interprete as antigas leis em função das circunstâncias e das ideias de hoje (*ex nunc*).

Já os pandectistas, para purgar o direito positivo de suas contradições internas, haviam recorrido ao mito do "legislador racional" (*supra*, § 24). Desse modo, espera-se justificar a jurisprudência por haver traído as intenções do legislador real, histórico.

Hermeneutismo. O século XX parece retomar uma concepção muito pouco científica da missão do intérprete. Esse fenômeno não afeta apenas os juristas, mas os exegetas das Sagradas Escrituras, a história literária e filosófica e, de modo mais geral, tudo o que hoje é abordado sob o título de *hermenêutica*.

Referindo-se ao exemplo dos jurisconsultos romanos, Gadamer quer que todo intérprete, em vez de restituir ao texto sua significação primeira (tarefa impossível), faça-o reviver, renovando sem cessar seu sentido. Nossos "horizontes" são novos, nossos problemas, diferentes. Para um cristão, a Torá judaica não tem o mesmo sentido que revestiria para os judeus. Da *Ilíada* ou da *Odisseia*, dos diálogos de Platão, das peças de Shakespeare, cada século terá sua "leitura" particular.

Voltemos ao direito. Além da astuciosa referência à vontade presumida do "legislador atual", podemos observar o ressurgimento da "interpretação objetiva", explorada com novos fins. Não precisamos mais nos ater às intenções pessoais do legislador, mas devemos deixar o texto viver sua própria vida. O Código Civil se presta, atualmente, a uma *leitura* diferente da realizada no início do século XIX.

Última teoria, que traz a marca da "dialética" hegeliana (ex.: Larenz): o direito se forma *dialeticamente*. E supondo-se que o Código Civil tenha sido o primeiro momento dialético, num segundo tempo vem o trabalho *negativo* da jurisprudência. No terceiro momento (o da *síntese*, ao menos provisória) procede-se à nova fusão das leis.

Dificuldade: de qual modo e a partir de que princípios (a menos que seja gratuitamente) os juízes corrigirão os textos? Silêncio quanto a esse ponto. Em todo caso, se tivéssemos que nos ater a esta teoria, não deveríamos definir a interpretação como a busca escrupulosa do sentido originário da lei, mas, ao contrário, como sua "negação".

Em boa lógica, torna-se absolutamente falso que o direito seja deduzido das leis.

221. Autodestruição. Constatamos o *fracasso* do positivismo. Este foi construído com base em princípios que assimilavam o direito à lei, na coerência da "ordem normativa", na completude das leis, cujo sentido autêntico o "intérprete" deveria respeitar.

Impossível ater-se a esses princípios. Nossos metodologistas neles insistiram inutilmente. No meio do caminho, tivemos que abandonar o dogma do monopólio das leis, únicas a poder constituir a ordem jurídica, e mesmo sua "prerrogativa". A teoria positivista não vingou. Dela só restou uma *fachada*, aliás ciosamente conservada; uma série de princípios e de categorias gerais aos quais nos agarramos, embora eles devam ser desmentidos na sequência, enquanto não tivermos nada melhor para lhes opor.

Mas começamos a nos cansar desse excesso de incoerências. O sistema está minado por dentro. Está prestes a explodir.

Artigo II
Assassinato da lei

222. Novos filósofos. A ortodoxia legalista tem seus oponentes. Não devemos superestimar sua audiência. O ensino do direito francês continua explicitamente fundado no domínio das leis. É mesmo uma coisa admirável a docilidade dos juristas perante o legislador e como há mais decretos e circulares ministeriais do que leis no sentido estrito, perante o governo. Quanto aos professores, eles não gostam de ver agitadores inoportunos perturbar a ordem de seus sistemas, e por várias razões: os juristas são adoradores de normas; sua arte parece consistir em abrigar suas próprias decisões sob os textos legislativos.

Mas uma mudança adveio, em filosofia. Nos círculos dos filósofos, inúmeros dos quais sucumbiram ao fascínio das Ciências, operou-se uma reviravolta. O positivismo científico procedeu por *negações* (§§ 187 e ss.): negação da "metafísica" e de qualquer modo de conhecimento *apriorístico*; das bases da lei; de seus fundamentos religiosos ou racionais (as definições ideais da natureza do homem, os princípios de moralidade da Escola do direito natural, ou o mito do Contrato social).

As *ciências humanas* foram o berço do positivismo científico. Como se esforçam para imitar o método das ciências naturais, pretendem ser ciências unicamente dos *fatos*. As causas das leis serão procuradas no âmbito dos fatos, sem, por princípio, nada procurar saber a respeito de suas fontes transcendentes. Nem de Deus, nem da Razão pura. Deus e Razão não constituem *fatos*.

A história demonstra que a *Torá* – que nos fizeram acreditar ter sido ditada por Deus a Moisés no monte Sinai – encontra uma explicação mais convincente nos costumes cananeus. Freud e seus discípulos desvendarão a origem das leis no desejo sexual que os homens se viram obrigados a reprimir. Eclodem diferentes espécies de "genealogias da moral".

Não creio em nenhuma dessas teorias. Mas não é disso que se trata. O triunfo da ciência positiva é a morte da lei moral. Nunca deixamos de sofrer-lhe as repercussões.

Um mesmo destino vai atingir a lei dos juristas, que na tradição moderna não era mais do que uma consequência da lei moral.

223. Desvalorização da lei. Foi do *exterior*, não das faculdades de direito, a partir das ciências humanas, que foram assestados os primeiros golpes. Já citamos alguns exemplos (§§ 188 e ss.):

Hume explicava o nascimento das leis jurídicas pelo interesse que os ricos sentem em ver garantidos seus gozos, os comerciantes, que as promessas sejam mantidas, o Príncipe, que seu poder seja fortalecido; e, assim, nascem o hábito e a educação. Por que, então, envolvê-los com uma *aura* religiosa?

Segundo as análises de Marx, o culto das leis no sentido estrito originou-se num *modo de produção* que as estruturas sociais servem: ruptura entre a classe dominante dos capitalistas e os trabalhadores. A fim de gerir a economia explorando os trabalhadores, os capitalistas forjaram as *leis*, confiando sua aplicação a seus fiéis "criados" da média burguesia. Assim, elas serão bem *interpretadas*.

Mas eis que o sindicato marxista da magistratura testemunha seu engajamento para com a política oposta. Está surgindo, na infraestrutura, um novo modo de produção, outras estruturas sociais. Então, e passado o *intermezzo* da ditadura do proletariado, sobrevirá o definhamento do *Estado* e do *direito* burguês. O positivismo legalista, produto histórico *transitório*, será condenado.

Outros sociólogos se interessam, mais do que pelas suas transformações, pelo estudo das estruturas *presentes* da sociedade. As *leis* nunca são as causas nem a autêntica sede do direito. Para descobrir o direito efetivo, a ciência deve, para além dos textos, escrutar o pensamento coletivo do grupo, suas fórmulas legislativas não passando de um eco deformado desse pensamento (Durkheim). Para além do direito político, buscar o *"direito social"* (Gurvitch) que os grupos secretam, e que é efetivamente exercido.

As escolas de sociologia contam-se às centenas. Possuem enorme prestígio. É mais aos sociólogos do que aos cientistas que a televisão recorre para doutrinar o grande público. Nos setores mais destacados da cultura contemporânea ignoram-se as Faculdades de direito, com seus métodos dogmáticos – vestígio da era metafísica.

Os juristas agem da mesma forma. A maioria não nutre nenhuma paixão pela cultura geral. Leem seus tratados de direito. Sem dúvida não puderam evitar que a maré das ciências humanas viesse corroer seu sistema. O inimigo já se havia *infiltrado*. Assistimos à modificação da lista dos textos, vimos a "revolta dos fatos contra o Código", a "livre pesquisa científica" consagrada como fonte do direito por Gény ou Heck, a título *supletivo*. Mas os princípios continuam salvos.

Mas certos juristas exercem-se também em outras artes, e se pretendem filósofos. Acontece-lhes de serem seduzidos por uma escola sem encontrar tempo para cultivar as outras. Assim Duguit, colega de Durkheim em Bordeaux, Hauriou, os institucionalistas de diversos países, Ehrlich na Áustria, converteram-se às virtudes do sociologismo.

224. Do direito livre. Se a supremacia das leis é uma ilusão, o que nos resta? Deixar o direito se produzir espontaneamente, admitir a liberdade do juiz com relação às leis, e talvez a liberdade dos sentenciados com relação às sentenças dos juízes.

O primeiro desses passos foi dado, no momento em que as polêmicas do *Methodenstreit* chegavam a seu paroxismo, por um pequeno grupo de extremistas: "*a Escola do direito livre*". Esta tinha sido preparada pelo movimento de reação "*antiformalista*". A palavra "formalismo" (é um modo alemão de falar) designa aqui a interdição feita aos juristas de apreciar o *conteúdo* das leis (*Inhalt*): sua justiça, sua utilidade. Ao juiz só caberia avaliar se o texto procede regularmente da autoridade competente, e o rigor dos raciocínios efetuados a partir dos textos. O "formalismo" atinge seu ápice com os pandectistas. Mas assistimos à sua morte, sob os golpes de Ihering, Philippe Heck, Gény; e, em geral, de todos esses autores que, mais ou menos contaminados pela onda sociologista, reconheceram o papel autônomo, "criador", da jurisprudência.

A Escola do direito livre vai levar o antiformalismo ao extremo. Ehrlich, que vimos proceder à "fundação" da sociologia do direito (§ 190), lançou a expressão "direito livre", "invenção espontânea do direito (*Freie Rechtsfindung und freie Rechtswissenschaft*, 1903). Ainda não ousa tirar todas as suas consequências práticas, convidar o juiz a desobedecer; mas observa que historicamente os juízes foram os primeiros autores das chamadas normas de *decisões* (*Entscheidungsnormen*) que servem para solucionar os processos. As criações espontâneas da jurisprudência *precedem* à redação das leis, e não o inverso. Seus sucessores destruíram a lei, em nome da ciência – Kantorowicz: *Der Kampf um die Rechtswissenschaft* (1906).

Uma onda de *irracionalismo* toma a "ciência do direito". Apoia-se na corrente *anti-intelectualista* que então assolava a filosofia, de Nietzsche a Bergson. Mais do que na Razão raciocinante, todos se fiarão na *intuição* espontânea do juiz. Se é verdade que os juízes dos Estados modernos, na redação de suas sentenças, afetam extraí-las das leis preexistentes, não devemos nos deixar iludir com essa aparência, mas aproveitar as lições da psicologia judiciária. O juiz decide inicialmente de modo instintivo, movido por seu senso do equitável e do oportuno; em seguida, acomoda seu texto à norma legislativa, apenas no que respeita à forma (Isay: *Rechtsnorm und Entscheidung*, 1929).

Na mesma corrente irracionalista será exaltado o primado da imaginação sobre a inteligência, a "criatividade" humana, às vezes apresentadas sob a égide do "existencialismo" jurídico. É o que chamarei de MLJ (Movimento de Liberação dos Juristas).

Os "Realismos". As ideias da Escola do direito livre ecoam na América. Lá, mais do que em qualquer outra parte, o positivismo científico desenvolve sua influência e a sociologia floresce. Entre os filósofos do direito dos Estados Unidos, o mais conhecido, o decano Pound, batizara sua doutrina de *Sociological Jurisprudence*. E é verdade que na América não se combaterá o mesmo "formalismo" que se combate na Europa continental; não eram, na *Common law*, as leis do Estado (ou *Estatutárias*) que pretendiam constituir o direito, mas os precedentes judiciários.

Sem esquecer a influência da Escola alemã do direito livre, por exemplo a obra de Jérome Frank: *Law and the Modern Mind* (1930). Esse autor, ansioso para adaptar a filosofia jurídica ao "espírito moderno", se põe a combater o mito da soberania dos textos e contesta as vantagens tradicionalmente reconhecidas ao positivismo legalista: certeza do direito – pretensa previsibilidade das sentenças. Frank denunciava o culto das leis em nome da psicanálise; via nele uma forma de infantilismo, apego ao "pai", e necessidade patológica de autoridade.

Com Jérome Frank, todo o movimento do *realismo americano* adota a fórmula de Holmes (§ 117) de que o direito "não é nada mais que a previsão do que de fato, no futuro, os juízes decidirão" em função de todos os fatores implicados na decisão: condição social, relevância de tal ou qual partido político, compleição fisiológica, a educação que os terá tornado mais ou menos respeitosos das leis, personalidade de cada juiz.

Mesma observação a propósito do *"realismo escandinavo"*, que desde os seus primórdios, com Hägerström, destruidor da "metafísica", tenta nos livrar da superstição legalista. Também ele conheceu, pelo menos no círculo dos filósofos do direito, um sucesso bastante surpreendente.

225. O direito instrumento. Digo surpreendente, porque as posições extremas do direito livre só poderiam levar, na prática, a consequências desastrosas: a justiça entregue ao acaso, a desordem da jurisprudência, uma política do cachorro morto... Como em geral o sociologismo.

É absurdo confundir o ofício do direito, que é ativo, com uma *ciência* neutra, apenas descritiva. O positivismo científico não conseguiu, no final das contas, converter o direito em *técnica*. A técnica é a irmã gêmea da ciência positiva moderna, cujos resultados ela explora.

É a tendência dominante nos Estados Unidos – derivada do utilitarismo inglês, na linha de Locke, Hume, Bentham (*supra*, § 86). Na América instalou-se uma filosofia *pragmática*, universalmente exportada.

Somos cada vez mais educados para pensar o direito como um instrumento de maximização do bem-estar do "desenvolvimento" ou de qualquer outro *objetivo*. O direito é *social engeenering* (§ 118). Alguns americanos, subjugados pelos sucessos de Ford ou da Nasa, redigiram manifestos pedindo a aplicação, no direito, de "métodos experimentais". Estes permitiriam empregar os resultados da sociologia, da psicologia e, se necessário, das ciências históricas (que para a técnica só desempenham um papel auxiliar) como o fabricante de um carro usa as lições da Física e da química dos metais.

Metamorfose e Desaparecimento da lei. O que acontece, nessa perspectiva, com a religião da lei?

O tecnicismo não parece, à primeira vista, ser o inimigo das leis, pois serve-se delas. Elas constituem, nos Estados modernos, um instrumento comprovado de "controle social". Enquanto o mundo se racionaliza, não constatamos o menor sinal de "enfraquecimento" da atividade legisladora. Ela cresce em volume, os textos proliferam. O que não impede que, em longo prazo, o tecnicismo seja fatal às leis.

1º) Ele mina sua *autoridade*. Rebaixada ao papel de instrumento, a lei perde sua *autoridade* e não consegue mais apoiar-se nas fontes que outrora fundavam sua dominação: a Razão, ou a Vontade geral do povo. Suas verdadeiras fontes são os gabinetes dos ministérios, comissões de peritos, frágeis e mutáveis. Se a quantidade de textos aumentou, é porque hoje trocamos de leis como a cada três ou quatro anos trocamos de carro. Assim como todos os produtos das ciências positivas, ela sofre de precariedade.

2º) Sob o nome de *lei*, termo que foi conservado, figuram agora textos que não oferecem mais as seguintes características específicas: generalidade, abstração, rigor do enunciado, permanência. São diretivas: "leis-quadros", "leis de orientação", que devem ser complementadas por uma profusão de decretos e portarias de aplicação, circulares ministeriais. Abrem a porta ao arbitrário da administração. O direito se curva às circunstâncias particulares de cada momento. Ou então teremos um *Plano*, uma diretiva para a gestão da economia.

Ainda se ensinam os princípios da soberania da lei; mas a lei mudou de natureza.

3º) Seria preciso acrescentar: que o instrumentalismo, particularmente as regras de direito, faz com que as leis percam o prestígio. As regras do direito, esta herança da cultura jurídica romana – as leis ou códigos dos tempos modernos –, não são de modo algum o melhor meio de "*controle social*".

Aplicação em direito penal. A título de exemplo, apresentaremos as mudanças do *direito penal*.

Neste domínio reinava o princípio de "legalidade". Essa foi a condição de uma justiça igual para todos. Nenhum crime devia ser imputado, nenhuma pena, ditada pelo juiz, que não obedecesse aos termos da lei.

Nossa justiça comprometeu-se com a violação deste princípio, a estrita observância dos textos parecendo inadequada para o resultado desejado, a *"Defesa social"*. Os *peritos psiquiatras* são encarregados de determinar se há culpa. Quanto a tratar do criminoso, existem métodos mais apropriados que a atribuição automática de um certo número de anos de prisão. Para reinserir o delinquente na vida normal, será melhor recolocá-lo o mais rapidamente possível em liberdade. Ou entregá-lo aos cuidados de "educadores" diplomados em pedagogia. Ou tratá-lo medicamente: volta à cena do psiquiatra (cf. *Laranja mecânica*). Como é arcaico o método da "repressão"! E, melhor que tratar, será *prevenir* através de meios profiláticos.

Uma *"política criminal"* deve tomar o lugar do direito penal: mais do que com o senhor Peyrefitte, ministro da justiça, ela deve contar com a senhora Veil, ministra da Saúde, graças às suas campanhas contra o álcool; com uma política que vise ao bem-estar geral, política do trabalho, da informação, dos espetáculos, da televisão, do lazer, da educação.

O ministro da Educação teria, afinal, razão: o mais cômodo seria, sem dúvida, restaurar a crença nos valores morais. Aqui o cientificismo confessa seu fracasso, tendo começado por destruir o *Decálogo* e a lei natural moral para, no final de suas análises, redescobrir-lhes a utilidade...

Não é nosso objeto estudar como o controle da *administração* tende a substituir as leis em inúmeros outros setores da ciência jurídica: direito da propriedade fundiária urbana ou rural, da construção, das sociedades, monetária, regime do comércio, contrato de todos os gêneros. A não ser que mudemos totalmente sua definição, e aquilo que chamamos *lei* está em vias de ceder seu lugar a novas técnicas...

O espírito tecnicista reinante tem os mesmos efeitos do sociologismo, um e outro sendo filhos da mesma filosofia. O positivismo científico dessacralizou a lei, só a deixando sobreviver amputada de seu direito à obediência, moribunda.

226. Resultados. Depois disso, não me surpreende que a filosofia seja malquista entre os juristas.

As filosofias moderna e contemporânea só foram capazes de engendrar a submissão incondicional às leis positivas, fruto da metafísica moderna – que se mostra impraticável –, ou a insurreição contra as leis, produto do positivismo científico, que também não resolve o problema: a justiça não se contenta com isso. Apesar das divagações da Escola do direito livre, a vida judiciária não pode dispensar as leis escritas.

Quanto a flutuar *ecleticamente* de um a outro desses contrários, como fazem os que atuam na prática, considero essa doutrina um *nada* metodológico.

Que deveria, de fato, conter uma metodologia do direito? É preciso *medir* o poder das leis. As doutrinas extremas nos são inúteis: os sistemas do *Tudo* ou *Nada*, o dogma da soberania das leis ou as negações da Escola do direito livre. Um método digno desse nome ensinaria a discernir *quando* os textos são aplicáveis, sem deixar essa escolha ao acaso ou ao empirismo. Único remédio possível: *refletir* sobre *o que é* a lei, suas origens, suas razões de ser.

CAPÍTULO 2
A noção da lei

Artigo I
A gênese das leis escritas

227. A ordem natural antes da fórmula. Pré-requisito: libertemo-nos da noção de lei da qual se origina o positivismo legalista, na qual a *fórmula* legislativa *cria a ordem* jurídica, precede-a; e a *ordem* coincide perfeitamente com a fórmula da lei. Acreditei dever atribuir-lhe uma origem teológica: *In principio erat Verbum*. "No princípio era o Verbo... e por ele tudo se fez." Deus criou o mundo através de sua *"palavra"*, nomeando todas as coisas e dando sua *lei* a todas as coisas, aos astros, à terra, ao mar e também aos homens. Ver, a este respeito, o artigo de J.-L. Vullierme (*Archives de Philosophie du Droit*, 1980): um galo foi condenado à morte no século XVI por ter, pondo um ovo, desobedecido aos *mandamentos* do criador da Natureza.

A lei nos seria ditada de cima – como o Corão, "caído dos céus". Nas civilizações pagãs da Antiguidade, também não faltavam oráculos (em grego, *temistes*) que saíam da boca dos deuses ou dos profetas. Um fragmento em grego do *Digesto* define a lei como um *doron theou, donum Dei,* presente dos deuses (D.1.3.2).

A mesma concepção da lei persiste na idade "metafísica": o Deus legislador foi então substituído pelo princípe temporal, pelo povo soberano, pela Razão, ou (segundo os positivistas) pela força bruta dos governantes.

Passemos à filosofia clássica do *direito natural* (*supra*, título II, cap. 2). A "fonte" do direito é a *natureza*, já que a natureza *inclui* uma ordem passível de ser descoberta. Aqui, *a ordem precede a fórmula* através da qual, num segundo tempo, de modo sempre imperfeito e mais ou menos inadequado, os homens buscarão exprimi-la[1].

228. Lei na natureza. A palavra *Nomos* (que é traduzida por lei) é uma das mais cultivadas pelos autores gregos. Antes de designar uma fórmula escrita, parece ter significado a "divisão" (*nemein*), que pressentimos existir no interior do *Cosmos* e das comunidades humanas.

Assim, Píndaro, Heráclito e muitos outros autores gregos exaltam o *nomos*. A ideia de *nomos* universal será retomada e praticada pelos estoicos. O estoico Crísipo, por exemplo, incorpora a fórmula:

O *Nomos pantôn basileus*. Texto reproduzido no *Digesto*: *Lex est omnium regina* (D.1.3.2).

Mas não nos enganemos: essas máximas afirmam o contrário do "legalismo": a referida lei, "rainha de todas as coisas" (inclusive, sem dúvida, do direito), é, de fato, *não formulada*, uma lei não escrita (*nomos agraphos*). Impossível dela deduzir alguma coisa (por exemplo, uma solução de direito).

Não poderíamos qualificá-la como lei *positiva*, *posta* por um legislador; a menos que, por analogia, comparando a ordem do real com os preceitos de um legislador, a definamos como um "dom de Deus". Mas esse Deus – o Deus dos filósofos – não poderia passar, nesse caso, de uma maneira de designar o princípio da ordem natural.

---

1. O grego *cosmos* evocava a beleza do mundo, a beleza das coisas, de seus movimentos igualmente ordenados; obra de um supremo organizador. Mas *nós* (excetuando-se Deus) ignoramos os princípios dessa ordenação (*taxis*).

Entre os cristãos, ninguém duvida que a ordem do mundo emane de um Deus criador. Abramos, na Suma de São Tomás, o *Tratado das leis* (Ia Iae, qu. 90 et): a primeira espécie de lei, sentido primeiro do termo, é para São Tomás a *"Lex aeterna"* (qu. 91, art. 1) – noção tomada de Santo Agostinho: o pensamento de Deus criador imprimindo sua ordem ao Universo, a *Lei natural* sendo, acrescenta ele, o reflexo dessa ordem no mundo criado. Deus "dispôs todas as coisas segundo uma ordem" – "medida, peso e número"...

Mas essa lei eterna também não é explícita. Os homens ignoram as fórmulas dessa ordenação. O arquiteto divino não lhes comunicou seu Plano.

Seria ela, pois, inútil? De modo algum: essa lei não escrita é a *fonte* das leis escritas.

229. Leis escritas. Eis, com efeito, um segundo sentido do termo grego *nomos*, em latim, *lex*: se os atenienses se gabavam de viver sob o governo das leis, em *nomocracia*, é porque dispunham de leis *escritas* e orgulhavam-se de respeitá-las (ainda que também se tratasse do costume não escrito de Atenas). Em Roma principalmente, a palavra *"lex"* evoca um texto escrito, frequentemente lido nos Comícios por um magistrado. Os linguistas derivam a palavra latina *lex* de *legere* (e do grego *legein*), que significava "ler" (mas também "escolher"...).

Que espécie de relação mantinha a lei, no sentido de texto escrito, com essa Lei que significa a ordem implícita da natureza?

Os *Sofistas*, contestadores da Antiguidade, não viam entre estes dois conceitos mais do que uma oposição radical. O *nomos*, lei convencional, parecia-lhes constituir o contrário da *phusis*, ordem natural. Assim, puseram-se a ensinar o desprezo às leis.

Às leis escritas "positivas", que não possuem nenhum título real que nos obrigue à obediência, deveria ser preferida a lei da natureza, que afirmaria o contrário das leis positivas. Segundo a ordem da natureza, os peixes maiores comem os menores, os lobos, os cordeiros. Portanto, Alcibíades é convidado a impor a tirania, zombando das leis de Atenas; os atenienses, a impor sua dominação aos mélios, porque os mélios são mais fracos (relato de Tucídides).

Mas a Doutrina dos sofistas é *paradoxal*. Sócrates refuta-a. Ensina (através de seus discursos e de sua morte) o respeito às leis atenienses. E nem Platão nem Aristóteles consentiram em *opor* a lei escrita à natureza.

É verdade que a lei escrita pode divergir da lei natural, mas não é seu contrário: digamos que *deriva* dela. Constitui a parte dos homens (assim como a *arte* dos homens é imitação da natureza), uma tentativa de exprimi-la.

230. Um produto da dialética. Através de que método a lei escrita pode *"derivar da lei natural"* (São Tomás, Ia IIae, qu. 95, art. 2)?

Sem dúvida há muitos modos de "derivação". Aristóteles escreveu em sua Retórica que acontece ao homem de aceder a uma espécie de "adivinhação" (*manteuein*), de intuição direta de uma parte da lei natural. Assim, Antígona relativamente à sua lei "não escrita"; é nela mesma que ela a descobre. São Tomás trata da "sindérese", a presença em nós dos "primeiros princípios" da lei natural moral: "deve-se fazer o bem, evitar o mal". Mas desses princípios muito abstratos não se infere nenhuma solução de direito.

Não é pela via dedutiva que os textos do direito positivo "derivam" da lei natural cósmica. Já que a lei da natureza – o *nomos* no sentido original do termo – é não formulada, ela não constitui uma proposição, e não poderia servir de premissa para um raciocínio dedutivo. Ela é a ordem cósmica oculta nas coisas.

Eis o momento de lembrar que a filosofia clássica dispõe de um método desconhecido em nossa cultura moderna. Nós o chamamos de *dialética*. E não foi sem razão que nos consagramos, desde o início deste livro, a redescobri-la. Ela parece nos fornecer a *chave* não apenas do conceito clássico do *direito natural*, que esse método pressupõe, mas da origem das leis positivas.

A dialética parte do concreto, da *observação das coisas* das quais se esforça para descobrir a ordem inteligível. Confrontando opiniões, refletindo sobre pontos de vista diversos, ela chega a conclusões, que Aristóteles chamava de *oroi*, definições explícitas acerca do que é a coisa disputada. Essas conclusões serão falíveis, não demonstrativas, imitações sempre falhas da lei da natureza viva, que jamais nossas fórmulas escritas conseguiram fixar.

Assim nasceram as regras de direito. É isso que funda sua autoridade e que permite também medir-lhes a insuficiência. Explicitaremos esse ponto um pouco mais adiante (§ 240). Mas, neste momento, consideraremos esta outra consequência:

231. Diversificação das leis. Abram o dicionário: vocês constatarão a atual incoerência nas acepções da palavra. Encontrarão as *leis-mandamentos* de uma autoridade soberana: lei moral, que, segundo Kant (cuja filosofia moral é geralmente aceita), eu imponho a mim mesmo; ou lei imposta pelo Estado, a chamada lei jurídica. Mas também as *"leis naturais"* das ciências positivas, fórmulas por meio das quais exprimimos relações constantes entre fatos. Leis da estética ou da lógica etc.

O termo "lei", assim como o termo "natureza" (§ 195), encontra-se atualmente *desintegrado*; esfacelou-se numa multiplicidade de significações díspares. Efeito do nominalismo, destruidor da analogia – e do choque, em nossa linguagem, de vários sistemas de pensamento: a ideia grega da ordem cósmica (da qual o uso científico do termo ainda conserva alguns vestígios) e a corrente voluntarista nascida de uma contestável interpretação da Torá bíblica (§ 181). Se nos reportarmos, ao contrário, às análises de Aristóteles, obteremos um quadro ordenado da diversidade dos empregos do termo. Partimos da ideia de que no interior de nosso mundo existe uma harmonia. Dela nascerá um leque de sentidos derivados, na medida em que os homens tentam apreender e traduzir em fórmulas tal ou tal parte dessa ordem, via dialética: a dialética caracteriza-se por *especializar* a pesquisa. Não somos capazes de examinar, em cada debate, senão um aspecto do ser, uma *causa* bem determinada (§ 165).

O *físico* considerará os *movimentos* naturais dos seres. A *Política* trata das constituições das cidades; a *Ética*, dos costumes, do caráter, das virtudes e vícios dos indivíduos; e a *Lógica*, de seus discursos, sejam os demonstrativos dos cientistas, os dialéticos dos filósofos ou os persuasivos dos oradores; a *jurisprudência*, da divisão dos bens e dos encargos entre concidadãos. Os gregos nos fizeram o favor de distinguir essas múltiplas artes, que irão produzir, de acordo com seu objeto – objetos inertes, relações sociais ou conduta humana –, resultados de natureza extremamente diversa.

As proposições da Física não cumprem a mesma função dos textos dos moralistas nem se apresentam sob a mesma forma gramatical. Surgem, então, as diferentes *espécies* de leis escritas. A lei, comum na origem, *se diversifica ao ser escrita*.

Mas já fui longe demais. Confesso ignorar – não é meu campo de pesquisa – em quais desses textos, pertencentes a quais disciplinas, foram aplicados, no uso linguístico antigo, os termos *nomos* ou *lex*.

Todos os ramos que o postulado do *nomos* cósmico, da ordem imanente à toda natureza, podia em potência produzir, não brotaram no mesmo momento. Será talvez preciso esperar que, no início do século XVII, se implante a crença no "determinismo" do mundo das coisas inanimadas, para assistirmos à emergência das "leis naturais" da Física.

Ainda uma questão. Sei que é insólita. Mas como nosso propósito é determinar em que consiste precisamente o direito positivo, torna-se impossível eludi-la: será que em sentido estrito os textos *jurídicos* merecem ser chamados de *leis*?

Artigo II
Limites da lei escrita

232. Um problema de semântica. É um costume atual, como já assinalamos, identificar o direito e as leis. Uma confusão tanto mais grave quanto este último termo, sob a pressão das doutrinas do Contrato social, evoca hoje o mandamento da autoridade estatal.

Ainda quanto a esse ponto nos será vantajoso considerar os modelos "clássicos". Eles possuíam uma linguagem mais rica, na qual a lei sobrepuja o direito e mesmo, no sentido estrito, lhe é estranha.

As leis só são direito num sentido impróprio. O que não estou certo de poder demonstrar. Definir os sentidos respectivos que revestiam na Grécia ou em Roma as palavras *jus* e *lex*, ou *to Dikaion* e *Nomos*, não é tarefa fácil mesmo para os especialistas. O termo *nomos* é terrivelmente equívoco!

Se – o que pode ter sido seu primeiro significado – entendermos por lei a ordem universal ("a lei reina sobre todos") ou se se tratar da lei que São Tomás chamava de "lei eterna", o desígnio de Deus acerca do mundo – todas as coisas dela dependem, inclusive o direito, concluiremos, pois, não evidentemente que os dois termos sejam sinônimos (o que de qualquer modo é inaceitável), mas que essa lei é a "razão" ou a causa primeira do direito. Mas como não conhecemos os desígnios da Providência, semelhantes considerações não interessam absolutamente aos juristas. Deixemos esse uso da palavra "lei" aos teólogos ou aos filósofos.

As outras acepções da palavra "lei" suscitarão problemas; relativamente às *leis escritas*, ou ao menos formuladas, significado frequente na Antiguidade (§ 229). Será preciso dizer que as leis *escritas* são constitutivas do direito?

Entraremos numa análise semântica árdua, mas da qual seria um equívoco nos esquivar: a filosofia trata da linguagem, mostrando-se dependente da prática desta última, dado que dela se utiliza. Identificar o direito e as leis significaria sacrificar ao positivismo legalista. Assim sendo, mesmo correndo riscos, inicio um capítulo essencial.

233. A função política das leis. O que nos deixa confusos é que os filósofos, principalmente os atenienses e, após estes, os romanos da época clássica, professavam um culto, semelhante à idolatria, às *leis* de suas cidades; toda a vida social de Atenas está como que suspensa a essas leis. *Nomocracia*, assim poderia ser definido o regime político do qual se gabavam os atenienses. Orgulhavam-se, enquanto os persas aceitavam obedecer a um homem, de não obedecer senão às suas *leis* (*nomoi*); como Sócrates em seu processo.

Este traço específico da cultura grega chamou particularmente a atenção dos historiadores da filosofia *política*, gênero mais cultivado do que a filosofia do direito. Remetamos, aqui, ao livro de Jacqueline de Romilly sobre a *Lei no pensamento grego*, livro que testemunha sua admiração pelo pensamento grego por essa magnífica ideia ateniense da *soberania da lei*, que foi o princípio da democracia.

Perguntamo-nos, entretanto, se essa autora não teria tendência a transpor indevidamente à Grécia clássica a ideia moderna de "soberania" do Estado ou do povo, o tema hobbesiano ou rousseauniano do Contrato social, a ideia moderna voluntarista ou racionalista da Lei. Em larga medida, os *nomoi* de Atenas eram costumeiros, inscritos no real da cidade de Atenas antes de serem deitados por escrito; e a legislação era considerada proveniente dos *sábios*, que leem as leis na natureza.

Além disso, a fundação das leis foi durante largo tempo atribuída de modo mítico aos deuses ou semideuses; muitas leis são escritas pela autoridade política comum, sendo essa a razão de sua estabilidade. E é verdade que essas leis são a alma da cidade, com vocação para reger integralmente a política.

Acaso a política não inclui o *direito*? Das leis procedem o que hoje chamaríamos de direito constitucional, de divisão das classes sociais, repartição dos poderes entre as assembleias, conselhos, magistraturas. Elas ordenam em particular as magistraturas judiciárias e os ritos do processo, sem os quais não poderia existir nenhum direito civil, do qual constituem o fundamento. *As leis são fundadoras do direito*. Assim Tito Lívio e Cícero poderão dizer em Roma que as leis das XII Tábuas é o fundamento de todo direito romano: *"fons omnis juris publici e privati"*.

Passemos, pois, à Roma, em que a *lex* é uma ordenação proposta pelo magistrado perante os comícios, sancionada pelo voto dessas assembleias – ainda que existam outros usos da palavra, relativamente às leis religiosas ou às leis privadas (*leges privatae*, como as cláusulas de um contrato, não existindo, aliás, qualquer razão para não inclui-las entre as fontes do direito). Segundo um estudo recente de André Magdelain ("A Lei em Roma – História de um conceito") –, a marca específica de toda *lex* seria a utilização da forma gramatical do imperativo. Diríamos antes (hesitando em qualificar de imperativas frases redigidas na terceira pessoa, como é aqui o caso) que a lei é *performática*, criadora de uma ordem; o que nos remete às análises hobbesianas da lei – mandamento.

O que funda precisamente uma *lex*, tal como as das XII Tábuas, não é precisamente o direito? *Ita jus esto*, fórmula frequente nas XII Tábuas. As fórmulas *de ações*, primeiro meio do *jus civile*, procedem supostamente da *lex*.

Mas o livro de André Magdelain nos afasta de nosso tema, que concerne à linguagem e à técnica de produção do direito da Roma clássica, e não às instituições da época arcaica. Que a ordem do direito tenha se constituído em suas origens pelas leis (ou pelos costumes), pouco nos importa. A linguagem clássica constitui-se apenas depois que a ciência romana do direito foi beneficiada com as contribuições da filosofia, depois da grande invenção da *ars* do direito civil: precisamente quando a arte do direito especializou-se e subtraiu-se, ao menos em larga medida, da autoridade *política* comum...

234. As leis instrumento da moral. Retornemos, pois, a fontes mais filosóficas: àqueles tratados de legislação que, na Grécia, não se considerava estranho terem filósofos como autores: o Tratado das Leis de Platão, o *De Legibus* de Cícero, que imita a obra platônica tingindo-a de estoicismo e redigindo os textos de suas leis na forma gramatical "imperativa" das leis romanas. Se examinarmos seu conteúdo, notaremos que esses tratados tratam principalmente dos costumes, da religião, dos ritos funerários, dos casamentos, das condutas sexuais etc. e amplamente da educação. Seu objeto central parece ser a moral.

Estaríamos equivocados se neles víssemos a marca pessoal do pensamento de Platão ou de Cícero (aliás, a parte de seu Tratado relativa à educação perdeu-se). As leis morais constituem o fundamento da ordem da cidade. Sua importância é cardeal, incomparavelmente superior à do *direito* propriamente dito. Nenhuma comunidade onde se mata, rouba, mente é viável. E cada cidade e cada regime possui uma moral própria, o que os pensadores gregos compreenderam antes de Montesquieu. O que constitui a especificidade de cada cidade, da *cidadania* definida pelas *leis*, é um modo de conduta *moral*.

E foi com ainda mais razão que pensadores, principalmente estoicos, conceberam leis com esse teor para a *cosmópolis*, após as conquistas de Alexandre, nos impérios helenísticos. Não era possível regular a ordem dos grandes impérios – ou de toda a humanidade – senão através de leis morais. Na República de Cícero (III.22) encontra-se uma famosa definição da lei natural: "lei verdadeira, razão justa, conforme à natureza, disseminada por toda parte... e em toda a parte a mesma, que nos impele imperiosamente a cumprir nossos deveres, proíbe a fraude e nos dissuade desse delito. O homem de bem não é jamais surdo a seus mandamentos e às suas interdições etc.". Já na Grécia reconhecia-se uma "lei natural comum", ou, ao menos, comum para os gregos, regulando seus costumes nas diversas cidades. Sem falar da lei intangível e universal que Antígona invoca.

Para voltar às leis escritas e "particulares", existe uma lei que no interior dos impérios helenísticos e mesmo perante seus tribunais é reivindicada pelos judeus: a *Torá*. Ela é o *nomos* próprio da nação judaica. E, sem dúvida, apesar de existirem mais coisas na *Torá* judaica, sua ossatura é o *Decálogo*: "Não farás imagens – Não roubarás", e seus anexos: "Guiarás o cego em seu caminho"... Nos Evangelhos ela será condensada nestes dois preceitos: "Amarás Deus de todo coração e teu próximo como a ti mesmo". Chamada a ser, na Europa cristã, o modelo, o arquétipo da *Lei*, princípio da Moral cristã e moderna. Nossa moral lhe confere sua forma imperativa (que a Ética de Aristóteles não apresentava).

Pois foi sobre essa base que se constituiu uma teologia da *lei*: desde Orígenes, Santo Agostinho até São Tomás e Suárez. Nela encontraremos, associada à lei mosaica "antiga" ou "nova" do Evangelho, a *lei natural*, "inscrita no coração de cada um", segundo a fórmula de São Paulo. Depois, tratadas como "derivações" da lei natural, as chamadas leis *"humanas"* temporais, cuja função é moldar os preceitos da "lei natural", adaptá-los às circunstâncias, e conjugá-los com sanções. Que elas sejam sancionadas não lhe retira o caráter de regras de conduta morais. A despeito de Kant, o destino das regras da moral é serem às vezes impostas... E, contudo, isso não as torna *direito*.

Isso significaria que as questões do direito lhe sejam totalmente estranhas? A resposta varia conforme as épocas: a *Torá* judaica comportava, segundo a análise de São Tomás, "*judicialia*": preceitos "*judiciais*, incluindo de maneira indistinta, mesclado com regras de conduta, um certo conteúdo jurídico. Antes da criação em Roma de uma arte jurídica autônoma, o único procedimento de regulação da convivência social é uma legislação moral, às vezes provida de sanções. O povo judeu não conheceu outra. Mas, diz o mesmo Tomás de Aquino, as *judicialia* da antiga lei mosaica foram "evacuadas" para os cristãos após o advento do Cristo, e pelo Evangelho, e sem dúvida também em virtude das distinções que as Éticas de Aristóteles e a jurisprudência romana comportam.

A invenção romana clássica não apenas liberou o direito da autoridade política comum, mas de sua sujeição à lei *moral*.

235. As regras do direito. O *Digesto* tem o cuidado de não assimilar o direito às "leis". No início de seu livro I, dedica-lhes dois títulos distintos. A crer no romanista Schultz, autor de um livro respeitado sobre "os princípios do direito romano", a primeira qualidade da cultura jurídica romana é isolar o direito da moral (*Isolierung*).

Bom conhecedor dessa literatura jurídica, São Tomás cuidou ainda de separar seu Tratado das *leis* (*regula actuum* – que governam a conduta humana) do Tratado do *direito* (*De jure*) e da justiça particular. É chegado o momento de *dissociar* rigorosamente os textos de *direito* das leis no sentido estrito.

Autores. 1º) O direito civil tem seus próprios *autores*, que não são legisladores nem moralistas estoicos.

Segundo o testemunho de Pompônio, o *jus civile* no sentido estrito (a invenção romana) foi obra dos *jurisprudentes*, originalmente na ausência de qualquer texto escrito (D.I.2.2.12). Roma inova pelo fato de dispor de uma corporação autônoma de jurisconsultos, que ainda não existia entre os gregos, mas cuja constituição já tinha sido proposta por Aristóteles, num texto da Retórica.

Fontes. 2º) Por quê? Porque, depois de Aristóteles, uma ciência do direito autônoma tornou-se possível. A *matéria prima* do jurisconsulto (aquela parcela da ordem cósmica na qual se centra a atenção dos jurisconsultos) difere da do moralista. O moralista se atém às condutas dos *indivíduos*, a seus caracteres, virtudes e vícios; escruta as "inclinações naturais", procura definir a "natureza do homem"; dela extrai uma moral. Cabe ao jurisconsulto observar as *relações* sociais. O jurisconsulto se interessa, tal como Gaio em suas *Institutas*, pelas relações *entre* pessoas, coisas ou espécies de processos; mas tem como objeto primeiro o estudo das causas, os *casos* litigiosos, em que várias pessoas rivalizam em torno de um objeto.

Interferência das leis morais. Evidentemente, o direito civil considera as leis morais, tanto as próprias à cidade romana quanto as universalmente aceitas. Ninguém põe em dúvida que as leis morais *interfiram* nas questões de direito.

Seja um caso de direito penal, em que o juiz distribui as penas. Uma mulher praticou um aborto: na França, alguns anos atrás, o juiz levava em conta a lei moral que proíbe o aborto; não se seguia necessariamente um veredito de condenação. – Ou um *roubo*: a moral está implicada nesse caso. Mas, desse preceito que me proíbe roubar a coisa de meu próximo, por qual passe de mágica será deduzida a solução de direito? Acaso esse preceito permitirá determinar, em primeiro lugar, se a coisa em litígio é ou não de meu próximo? Além disso, antes de me infligirem oito dias de prisão, haverá muitos outros fatores a considerar além da moralidade de minha conduta: o interesse dos terceiros, da sociedade... As regras morais de conduta constituem apenas, em todos os casos, um dos *fatores* do problema de direito.

Forma. 3º) Os textos jurídicos vão diferir das conclusões da moral até quanto à *forma*.

As proposições da moral, que sem dúvida são fundadas no estudo e na descrição dos costumes, visam, entretanto, *interferir* no agir humano. Faz parte de sua vocação normal passar ao mundo *preceptivo*, *proibitivo* ou *permissivo*. Pretendem reger as condutas dos cidadãos.

Ao contrário, observemos no *Digesto* este último título (L. 17), no qual Triboniano quis reunir as últimas conquistas do trabalho da jurisprudência: constataremos que ele se exprime no *indicativo*; assim como a maior parte dos textos de nosso Código Civil, nota Jean Ray, são redigidos no modo indicativo. O que com efeito se requer da ciência do direito, e da sentença do juiz, é a consistência de uma divisão, qual bem, encargo ou obrigação *pertencem* a cada pleiteante. Isso *se diz*, não se manda. A outros era deixado o encargo da execução da sentença (§ 42).

Disso resultará, consequência notável, que os textos do direito sofrerão uma interpretação *livre*. Ao *imperativo* ("Saia daqui") não se pode senão obedecer ou desobedecer. Um *indicativo* ("É saudável sair para tomar ar") se presta naturalmente, ao contrário, a ser *discutido*. (*infra*, § 243).

Terminologia. 4º) É preciso dizer que ela é instável; que, embora nos seja vantajoso reservar o termo "lei" para as normas políticas ou morais, acontece-nos empregá-lo num sentido mais amplo para designar todo direito escrito, todo direito positivo (*nomikon*).

Mas o melhor uso linguístico da jurisprudência romana prefere chamar os textos de direito de *definições* (palavra que traduz o grego *oros*), de *sententiae* – *"responsa"* – "opiniões" dos jurisconsultos – ou de "regras de direito": *regulae juris: quae rem breviter enarrant* (D.50.17, § 208).

Os fundadores da ciência romana do *jus civile* (entre eles Quintus Mucius Scaevola, Servius Sulpicius) se consagraram a inventar *regras*; os romanistas batizaram essa primeira escola de *Regularjurisprudenz*. Mas a atividade produtora de *regulae juris* não terminou com o império (Peter Stein). E o *Digesto* reúne essas regras; agrupa-as em seu último título (L. 17: *De diversis regulis juris*). Obtiveram sucesso principalmente entre os juristas da Idade Média.

Se o Código Civil extrai sua substância do direito romano, não o faz a partir das *leges* romanas (a lei das XII Tábuas, as leis posteriores), mas das *regras de direito* do *Corpus juris civilis*.

236. E seus auxiliares. Isso não significa, evidentemente, que todo o direito escrito se reduza às *"regulae juris"*. Na realidade social não existe nenhuma arte verdadeiramente autárquica que possa subsistir sem recursos mais ou menos externos. Os juristas não vivem num sistema isolado. Daremos ao menos alguns exemplos de textos que completam o direito positivo – este continua a basear-se no modelo romano (bastaria assimilarmos seus termos para transpô-lo à nossa situação presente).

a) Do concurso dos poderes públicos.

Eles têm sua participação no direito. As sentenças seriam letra morta, se não fosse o gendarme ou o oficial de justiça. Não existe justiça sem gládio. Não que a "sanção" seja o critério específico do direito: também a moral usa de coerção; cabe aos magistrados da cidade romana (no caso, o censor) *impor* o respeito à moral, tanto quanto possível. Mas, onde se trata de pôr fim a querelas judiciárias, o concurso da força é indispensável.

As autoridades políticas interferirão na gênese dos textos do direito positivo. Especialmente nos casos em que as soluções do direito tiverem que contrariar o costume e reformá-lo, ou no caso de comportarem uma grande dose de arbitrário. Entra em jogo aquela espécie de direito que Aristóteles chamava de *nomikon*: legislativo, baseado na lei (§ 204). Como esperado, os diferentes órgãos que, na Roma republicana, regem as funções públicas, se imiscuem no direito. Particularmente:

1º) As *magistraturas*: Em Roma, principalmente na Roma do pretor, este magistrado é responsável pela regulação dos processos, encarregado de definir as *causas* sobre as quais se estabelecerá o debate judiciário, através das "fórmulas" listadas em seu Édito. Nesta esfera é-lhe atribuído um mandamento (*imperium*), mas também a *jurisdictio*. Era reconhecido como criador de uma parte do direito positivo (*jus honorarium*), oposto ao *jus civile* no sentido estrito);

2º) As assembleias e os conselhos, o Senado, produtor do *Senatus-consultos*, muitos dos quais referentes ao direito. E mesmos os *comícios* populares, dos quais originam-se as *leges publicae*; os jurisconsultos, como todo cidadão, devem obedecê-los. O jurisconsulto respeita a constituição. É evidente que a lei lhe é superior em autoridade.

Mas, na Roma republicana (com exceção das leis fundadoras da organização judiciária e do processo), as leis jurídicas continuam raras. A *lex* intervém na livre formação do *jus civile* apenas em matérias excepcionais, nas quais entra em jogo o interesse público: por exemplo, para reagir (através de uma ordenança sobre as dívidas, sucessões ou alforria) contra a desordem social originada por uma excessiva desproporção de fortunas; contra a decadência dos costumes; ou para promover, como Augusto e alguns de seus sucessores, uma política demográfica. O *equilíbrio* é, pois, mantido entre os textos de direito positivo: o que significa a preponderância das *regras* jurisprudenciais, núcleo, como dizia Pompônio, do *jus civile* em seu sentido próprio.

b) Para além do direito civil.

Continuando nossa reflexão sobre o exemplo romano, devemos também considerar este evento histórico: a conquista por Roma de um imenso império, que ultrapassa os quadros da cidade, como acontecera nos tempos de Alexandre. O império romano substitui os impérios helenísticos. E eis o Senado, mais tarde o imperador, encarregados de assegurar a ordem neste império: as relações entre cidades diversas, no interior deste império, ou entre cidadãos das múltiplas cidades. Essa comunidade suprapolítica (posteriormente chamada de internacional) não pode mais ser regida por leis *morais* comuns.

Ora, as palavras *dikaion* e *jus* são marcadas por um equívoco, que tem como origem a polissemia do termo "justiça" (§ 31). A justiça pode ser entendida como esta virtude particular, cujo objeto consiste em distribuir a cada um sua parte: donde procede a ideia de direito no sentido estrito. Mas existe uma outra acepção dessa palavra: justiça "geral", soma de todas as virtudes, na medida em que todas podem concorrer à ordem do grupo: justiça *legal*, porque se serve da lei moral. O equívoco da palavra "justiça" (*dikaiosunê-justitia*) repercutiu sobre a palavra "direito" (*to dikaion-jus*), principalmente nos textos literários. Quando Cícero no *De Legibus* (que é uma obra de inspiração primordialmente estoica) afirma que a "filosofia" e a reta razão seriam a "fonte" do *jus*, é evidente que ele entende a palavra "*jus*" no sentido amplo de moralidade.

A formação do império romano devia ter como consequência a superposição de outras camadas de direito ao *jus civile*: o *jus gentium*, que supostamente tinha validade em todo império romano, ou quase universalmente. Poderia ser composto de leis morais comuns a todos. Acaso essas leis teriam formado uma nova espécie de textos jurídicos?

Não creio que os juristas romanos tenham consentido com essa corrupção de sua linguagem. Sua política consistiu antes em estender, aos habitantes das cidades conquistadas, o benefício do *jus civile*: foram usadas *ficções*; pedia-se aos juízes que tratassem as causas dos estrangeiros "como se fossem cidadãos" (*si civis romanus esset* – Gaio, IV.37), ou esses estrangeiros recebiam a cidadania romana.

Resta o *jus naturale*, termo extremamente raro nos textos jurídicos romanos, porque não cabia aos juristas filosofar sobre o *Dikaion phusikon*. Menciono esse termo apenas em razão do sucesso que mais tarde adquirirá entre os juristas modernos, assim como o *jus gentium*.

Em Roma, a expressão *jus naturale* permanece obscura: sua definição oficial, inscrita no *Digesto* (I.I.3), é de Ulpiano, que a transforma num conjunto de relações comuns "a todos os seres animados, inclusive os animais". Nas obras literárias, tal expressão talvez tenha designado as leis da moral. Mas, ainda uma vez, seu uso é excepcional na linguagem dos juristas.

Aristóteles ensinara que, tomado no sentido estrito, o *Dikaion* é *politikon*. Surge no interior da cidade, onde existem instituições judiciárias e uma forma de processo. O verdadeiro direito romano é o direito civil. Foi transmitido à Europa através do *Corpus juris civilis*.

Dentre as fontes escritas, as mais *jurídicas* continuam sendo as *sentenças* ou *regras*, obras dos especialistas, dos juízes e jurisconsultos; que respondem de modo direto à função própria do direito: dizer as proporções de bens ou encargos entre pleiteantes. A linguagem jurídica romana as opõe às leis e lhes atribui um nome específico.

237. O destino das regras do direito. Deveria ter escrito "o *declínio*", pelo qual foram responsáveis os juristas dos tempos modernos. Não sabemos mais reconhecer o instrumento específico do direito, designá-lo por um termo distinto. Última questão: por que essa falha? Esta *recaída* no regime arcaico da confusão entre direito e leis?

Percebo para esse fenômeno duas causas, sem dúvida solidárias:

OS MEIOS DO DIREITO

a) A hipertrofia da potência pública

Esta doença (que subsiste em todos os tempos) já grassava na história romana, nova consequência das grandes conquistas. Estas tiveram como efeito o enfraquecimento das instituições da República, a concentração dos poderes na pessoa do comandante em chefe do Império.

Primeiro indício: o surgimento das *"constituições"* imperiais. Na verdade, a maioria delas ainda é constituída, sob o nome de *"rescritos"*, das sentenças dos jurisconsultos que o imperador simplesmente dotou, convidando-os a participar de sua corte, de uma autoridade superior. O imperador ratifica suas decisões.

Mas seu número foi num *crescendo*. Os últimos volumes do Corpus juris civilis não contêm mais simplesmente constituições. A fim de assegurar ao império mais unidade quanto à jurisprudência, ao preço de alguma subordinação de seus autores ao poder central, surge a tendência de revestir as regras do direito de um selo oficial.

Isso significaria uma total metamorfose nas regras do direito? Devemos dizer que elas se transformam em leis, que vêm se incorporar ao *Corpus* da legislação pública? Ainda não: essas constituições não são leis. Ulpiano, no *Digesto*, num texto célebre (I.3.I), concordava em "igualar" sua autoridade, seu "vigor" ao das leis. Foi apenas no Baixo Império, quando Roma orientalizou-se, depois cristianizou-se, que elas foram identificadas às leis. Nos prefácios do *Corpus juris civilis*, Justiniano apresentará o conjunto dos textos do direito, sob a invocação da Santíssima Trindade, como emanando da autoridade imperial. Ora, é verdade que durante a Idade Média – no momento em que estava para se instaurar um regime político novo e o Império tendia a ser restaurado com base no modelo da realeza judaica – certo número de juristas e mais ainda de teólogos assim recebeu o *Corpus juris civilis*: este seria constituído de *leis* imperiais. E os modernos, inventores do positivismo legalista, apoiaram-se nessa tradição da Roma decadente.

Mas trata-se de coisas diferentes. Diferentes são o Império e o *Estado* moderno; o imperador (chefe das forças armadas) e o soberano do Estado moderno, investido pelo contrato social da onipotência legislativa; diferentes são o *nomos* grego ou a *lex* romana (sem falar das regras do direito) e a *lei* moderna, definida por Hobbes como "mandamento".

As regras do direito, que eram o produto dos debates dos jurisconsultos, foram substituídas, na Europa, pelas *leis* do Estado. Com isso ganharam segurança as posses e o comércio, e a chamada previsibilidade das soluções judiciárias; atualmente a lei, revestindo as formas de Plano ou de circulares administrativas, serve ao poderio dos tecnocratas. Nosso direito se racionaliza.

Mas esses benefícios só foram obtidos em detrimento da justiça: constitui um raro absurdo confiar a repartição dos direitos entre os homens ao chamado Poder Legislativo, quer dizer, a nossos deputados, que não têm a menor competência para isso. É um desastre havermos entregado o direito aos políticos.

Ainda que hoje o estatismo e mesmo o totalitarismo estejam funcionando muito bem, e que os textos das leis continuem a proliferar, uma reação em favor da *jurisprudência* começa a esboçar-se, muitas vezes desajeitada; não creio que ninguém consiga fundar a autonomia da arte jurídica nas filosofias do direito modernas e contemporâneas.

b) Moralismo

Antes mesmo que fosse implantada a soberania das leis de Estado sobre o direito, este último foi sujeitado à ditadura dos moralistas. Primeiros responsáveis, os teólogos, que, desconhendo a tradição jurídica romana, formados no culto da *Torá*, pensavam o direito a partir da lei divina bíblica, ou de seu *Ersatz*, a "lei natural" *moral* da Epístola aos Romanos; as leis humanas temporais são seu prolongamento, aplicação ou sanção. Assim, o direito se torna um conjunto de "regras de conduta". Com a

Segunda Escolástica, e o *De legibus* de Suarez, assistimos a uma tentativa dos teólogos da Igreja de dominar a ciência do direito.

Para resultados análogos concorreu também a redescoberta, pelos humanistas, dos autores *literários* latinos: Cícero, Sêneca. Também aqui o direito é entendido num sentido muito amplo e confuso. Os termos *"jus gentium"*, *"jus naturale"* ganharam destaque. A obra mais famosa de Grócio, tido como o fundador da Escola do Direito Natural, é um tratado do *jus gentium*. Esse autor procede à construção de um novo direito "universal", feito para trazer, em nome da justiça, a ordem e a paz à toda Cristandade, e mesmo à toda a humanidade; futuro "direito internacional". Descarta-se a tradição do *jus civile*, o que respondia às necessidades da paz internacional, e dos vastos Estados modernos, cujo esforço consiste em superar a diversidade dos costumes locais através de uma legislação comum. E também dos grupos sociais tais como tendem a se constituir na era do liberalismo.

O exemplo extremo são os Estados Unidos. Mistura diversificada de imigrantes, os americanos tinham como única regra comum a moral puritana. Do mesmo modo, a burguesia liberal francesa, que não hesitava em apoiar-se nos sermões dos curas da Igreja Católica (tal era a filosofia social da condessa De Ségur), acreditou ser possível organizar-se unicamente com base nos seguintes preceitos: não roubar, respeitar os contratos e reparar honestamente os danos causados por sua culpa. Na atualidade imediata, é com base nessas regras de moralidade que funciona o mercado negro.

Com base nas leis morais foram construídos os Tratados da Escola moderna de direito natural. As regras da moral "cristã" foram substituídas pelas da "Razão"; o controle dos teólogos sobre o direito, pelo dos professores de *philosophia moralis*. Foram estes que deram ao direito a forma de um sistema dedutivo, construído sobre os imperativos da Razão prática. O jurista tornou-se o criado de uma doutrina moral (pouco importa que esta moral tenha-se tornado utilitarista), como se tivesse se tornado o criador do Leviatã, o "Deus mortal".

Muitos se beneficiaram com essa metamorfose do direito, inclusive o Estado. O mito do Contrato social não lhe era mais suficiente. Os mitos moralistas da Escola moderna do direito natural ajudaram-no a impor seus códigos. Mas essas duas fundações eram ilusórias, ideológicas.

Pois, repito ainda mais uma vez, inferir da lei natural moral (que não trata absolutamente desse objeto), ou do preceito do respeito *à* pessoa humana, as proporções *entre* os bens ou os encargos dos homens, que o direito tem a obrigação de definir, é uma aberração lógica (§ 196).

Quanto a fixar o direito em códigos pretensamente racionais, que funesta empresa! A filosofia jurídica moderna quis que o direito *existisse*; que para resolver os problemas de direito dispuséssemos de "critérios" dados, ditados de antemão aos juristas pela política ou pela moral. Na realidade, o direito não cessa de se refazer e de se buscar, através do trabalho dos próprios juristas. As codificações modernas, como notou Savigny, significavam esclerose para o direito; ameaçavam nos infectar com essa mesma doença que os juristas do Islã chamam de "fechamento" do direito muçulmano, e que foi sua sentença de morte.

Mas na Europa logo surgiram reações. A Europa rapidamente revoltou-se contra a idolatria aos códigos e o legalismo. Reações do sociologismo, já descritas, que pecaram por nos fazer passar de Caríbdis a Cila.

Supondo-se que os juristas ainda pretendam consagrar-se ao serviço da justiça no direito, resta-lhes a seguinte via: apoiar-se na tradição clássica e restaurar a autonomia da arte jurídica – recuperar a seiva criadora do diálogo jurisprudencial: a preponderância, sobre as leis, no tribunal, das *regras do direito*.

238. Resultados. Deste capítulo reteremos:

1º) que as regras de direito ganhariam se fossem distinguidas das "regras de conduta", mesmo que estas últimas sejam *sancionadas* pela força dos poderes públicos. O Estado, a Polícia, a administração, os agrupamentos profissionais e outros órgãos do "controle social" submetem nossa conduta a uma armadura de códigos e regras deontológicas, cujo peso nos esmaga. Constituem, evidentemente, um dos fatores que o juiz considera. Mas não devemos chamá-las de *direito*.

Com os juristas da *Common law*, reconheçamos que os Estatutos (leis da cidade) não são constitutivos do direito.

2º) o Direito não deriva de um princípio. Nasce da terra e floresce numa multiplicidade de textos heteróclitos. Não forma um "sistema unitário de normas". Roma não tinha Códigos – nem a Idade Média – senão no sentido de reunião, num mesmo volume, de opiniões de diversas proveniências, às vezes contraditórias. Nessas coletâneas encontramos várias *"antinomias"*. Mas não é ainda hoje, na experiência contemporânea, a essa mesma constatação que chega a Escola de Bruxelas?

Da independência do direito com relação à lei moral, e do pluralismo de seus textos, decorrerá para os juristas uma maior dose de liberdade relativamente ao direito positivo.

CAPÍTULO 3
Primeiros elementos de uma arte jurídica

Ao passo que hipostasiamos sob a etiqueta de "direito positivo" *leis* fixas, estabilizadas, o ser natural é móvel, oscilando entre a "potência" e o "ato", assim como o direito.

A própria linguagem deve refletir seu caráter *dinâmico*. Eis uma ilustração: a análise que oferece São Tomás, no *De Jure* (Ia IIae, qu. 57, art. 1, de acordo com D.I.1,11), a respeito das derivações sucessivas dos sentidos da palavra *"jus"*, da qual farei um comentário livre.

Existe um sentido originário: o *jus* é, originalmente, a justa proporção dos bens divididos entre as pessoas; é esta *coisa*, "o objeto da justiça". Constitui o *fim* buscado, e o essencial, já que tudo depende da causa final.

Porém, como "o justo" é desconhecido, estando mesclado com a *natureza* das coisas, é preciso procurá-lo: tal é a função da *arte* jurídica. E a palavra *"jus"* pode ser tomada para designar o ofício do jurisconsulto – *"ars qua cognoscitur justum"*.

Disso se segue – nova derivação – que a obra do jurista deve resultar em sentenças ou regras *escritas*. O termo passa a significar este resultado, as sentenças ditadas pelo juiz, ou pelo direito positivo. Mesmo imperfeito (*licet...iniquum*), as fórmulas do direito positivo não poderão ser ainda perfeitamente adequadas à justiça plena, *aequitas*. Sofrem mais uma revisão.

São Tomás alerta-nos repetidas vezes contra a ilusão, à qual sucumbiu o mundo moderno, de que o direito seria coisa existente e definitivamente estabelecida – quer se trate dos textos positivos ou dos fatos sociais. Não! Ele não cessa de se refazer.

Através da história semântica assim esboçada do termo *"jus"*, exprime-se o *movimento* de todo direito. Não que no interior desse quadro flutuante seja ignorado o direito escrito, "instituído": *jus constitutum*, como o designavam os romanos; os textos positivos. Mas, conservando a consciência de sua origem, reconheçamos seus *limites*. E que, para além da constituição dos textos do direito positivo, a busca do justo *persista*.

Artigo I
O poder dos textos

Aqui se coloca, pois, uma primeira questão: que autoridade reconhecer aos textos? Problema ao qual não podem escapar aqueles que trabalham na prática. Nossos manuais abordam-na de maneira apenas superficial. As filosofias gerais modernas e contemporâneas só nos permitiam escolher entre duas opções extremas: a *obediência* ao soberano (pouco importando se este fosse o Estado ou a Razão dos moralistas) ou a *desobediência*, quando o ídolo é desmistificado.

Nenhuma destas duas teorias absolutas são praticáveis. Nenhum intérprete se contentará com elas. E, a esse respeito, as compilações *ecléticas* só apresentaram aparências de sínteses.

Ao contrário, a filosofia tradicional dos juristas oferecia uma orientação. Ela esforçava-se para discernir as *causas* que, variáveis segundo o caso, justificavam o direito positivo e, também, as causas de sua insuficiência.

239. Necessidade dos textos. As regras de direito não serão aceitas por obediência. Não há necessidade de fundá-las na Razão pura. Nós nos contentaremos em *obser-*

var a existência das leis escritas em todos os grupos sociais evoluídos, nos quais o ofício jurídico especializou-se, e em perceber-lhes as causas *naturais*.

Comentarei aqui alguns linhas de São Tomás, inspiradas num texto da Retórica de Aristóteles (Ia IIae, qu. 95, art. 1 ad. 2). A questão é se *foi* útil elaborar fórmulas de leis (*utrum fuerit utile aliquas leges poni ab hominubus*). Constatamos que este fenômeno pode ser explicado por três razões (além da necessidade geral, melhor explicada no corpo do artigo, que têm os homens, inclinados ao vício, de uma disciplina imposta às vezes pela força pública; mas esse ponto diz respeito à *moral*):

1º) Porque, no interior das cidades humanas, a inteligência é desigualmente repartida. Não será "fácil" encontrar grande número de sábios (*sapientes*). Façam uma pesquisa sobre a cultura e o quociente intelectual da média de nossos magistrados, e vocês concordarão que é necessário guiá-los.

2º) Não basta conhecer *um único* caso. Não existe boa justiça sem a *experiência* de uma multiplicidade de casos, dispostos através do tempo. Esta experiência não pode ser esperada de um juiz qualquer, ao passo que a Roma republicana tivera o gênio de incorporá-los à elite de seus jurisconsultos.

3º) Nenhum juiz, no calor do momento, poderá evitar sentimentos de simpatia, "de amor e de ódio", com relação a uma ou outra das partes. E seu julgamento ficará "falseado" – *et depravatur judicium*.

Toda sentença justa pressupõe certo grau de *abstração*. É necessário que a justiça seja pronunciada "no universal"; sem confinar-se no presente, mas tendendo para o futuro *"de universalibus et futuris"*. Tal é precisamente o objetivo de toda pesquisa dialética (§ 168).

Seria, portanto errôneo, assimilar a Doutrina do direito natural às teses da escola do direito livre, dos "intuicionistas", denegridores dos textos, favoráveis a entregar o direito à fantasia de cada juiz. O verdadeiro direito natural não é *de modo algum o inimigo do direito positivo*.

O destino normal do direito é tornar-se direito positivo – sentido último, como vimos acima, que, na extremidade de seu campo semântico, a palavra *"jus"* reveste na linguagem técnica dos juristas romanos. Este movimento constitui um progresso – progresso da potência ao ato, quer dizer, do estado informe, indistinto do direito natural à *forma* da regra escrita.

A filosofia do direito natural engendrou na história o direito positivo. Pelo fato de essa filosofia ter sido aceita pela elite romana nos últimos séculos da República, surgiu uma multiplicidade de regras e definições: regras *gerais*, que visaram tão bem ao "futuro" que ainda as usamos, e éditos dos magistrados e um pequeno número de *leis* jurídicas.

Na Idade Média, a mesma história irá se repetir. Uma obra de Sten Gagner (*Studien zur Ideologie der Gesetzgebung*, 1960) constata que no século XIII, quando a escola de São Tomás redescobriu a filosofia do direito de Aristóteles, seguiu-se uma nova onda de produção de *regulae juris* – na corte do papa, invadida pelos discípulos de São Tomás, o pululamento das *Decretais*, que ousam afirmar-se como constitutivas de um "direito novo" (*jus novum*) – e de *ordenanças* reais. Daí adveio na Europa a primeira expansão da legislação (cf. nosso artigo "*São Tomás e o imobilismo*" nos *Dezesseis ensaios*, p. 94 e ss).

240. Da autoridade dos textos. Como justificar o poder das leis positivas? Impossível recorrermos aos *mitos* do direito divino dos príncipes, do contrato social, aos fantasmas ideológicos da soberania popular, da "vontade geral", da representação do povo pelos deputados – já que hoje pretende-se que as leis provenham de nossos deputados...

Esclareceremos a autoridade das regras de direito segundo sua origem, a qual é primordialmente *jurisprudencial*. Reporto-me mais uma vez à Suma de São Tomás: este condensa em duas ou três frases as conclusões da filosofia de Aristóteles e da experiência jurídica romana a esse respeito. IIa IIae, qu. 60: *De judicio* art. 5 – *Utrum sit semper secundum leges scriptas judicandum*: se as sentenças devem ser pronunciadas "sempre" – ou mais precisamente em quais hipóteses – de acordo com as leis escritas. Trata-se aqui de textos jurídicos, sendo que esta discussão é feita no âmbito do tratado consagrado ao direito.

Certamente o juiz tem suas razões para se agarrar aos textos, sendo, contudo, necessário que considere a pluralidade dos momentos da pesquisa dialética, e a distinção que São Tomás daí infere entre duas espécies de textos jurídicos:

1º) "*Conclusões*". *Legis scriptura jus naturale continet*. Pois a lei não é um *mandamento* ditado pelo senhor, pelo príncipe, pelo *Führer*, pelo poder das assembleias legislativas, pela burocracia. Os modernos – Suárez em particular – derivavam a palavra "*jus*" de *jussum, jubeo*, que traduziam erroneamente por "eu ordeno" (não era esse o sentido romano do verbo *jubere*). Os clássicos preferiam uma outra etimologia: *jus quia justum*, o direito positivo recebe sua força de sua função primeira, que consiste em fornecer, na medida do possível, uma expressão fragmentária do direito natural. *Non habet robur ex lege, sed ex natura* (*ibid*).

Afirmação oca e gratuita? Essa é a opinião dos positivistas! Mas estes são míopes. Procuramos a gênese da maior parte dos textos da jurisprudência romana, reproduzidos no Código Civil, e constatamos que provêm da "consideração das *coisas*" (§ 208).

Devemos, sem dúvida, acrescentar que possuíam também algo de arbitrário, de *decisão* discricionária, mas não puramente arbitrária. O peculiar dessas "conclusões" é o fato de terem sido *preparadas* ao longo de um debate, durante o qual foram ouvidas ambas as partes – tendo sido o todo explicado a partir de diferentes *lugares* – metodicamente, através do exigente procedimento dialético.

Quando eu era aluno na escola primária, ensinavam-me que as ordenanças do Antigo Regime procediam do arbítrio do rei. Acaso elas não o afirmavam explicitamente? "Pois tal é nosso desejo (prazer)." Sabemos que essa fórmula é tirada do vocabulário das constituições imperiais, da máxima famosa de Ulpiano (*Digesto* 1.4.1): *quod principi placuit legis habet vigorem*.

Mas há um erro de tradução. *Quod placuit* deve ser traduzido: o que *pareceu* ao princípe constituir a melhor decisão, depois de o príncipe ter-se aconselhado e colhido de parte e outra os argumentos de seus conselheiros, no momento de resolver a controvérsia. A palavra *placuit* tem como vocação significar as conclusões de uma controvérsia dialética; também servia, em Roma, para designar os pareceres dos jurisconsultos. Esse era o sentido da fórmula romana e francesa.

As regras do direito valem, para nós, como conhecimento, conhecimento do direito natural. Irão nos objetar que seus autores serviam a "interesses de classe" ou que Luís XIV curvava-se aos caprichos de Madame Pompadour? Eu não afirmaria isso, quando se trata de um caso de direito civil. Acaso deveríamos explicar todas as coisas, na história do direito, pela pressão dos interesses particulares ou pela luta de classes? Uma pseudociência conseguiu persuadir a todos que sim.

Parece-me mais realista observar que naturalmente cada um sente prazer no próprio ofício (o jurista em procurar a solução justa) e que os autores das regras de direito não foram, no interior da comunidade pública, necessariamente os mais mal escolhidos. A atitude mais razoável do cidadão consiste em confiar neles, como confiamos em nosso médico. Não que as regras dos jurisconsultos fossem perfeitas e definitivas! Apenas "fazem as vezes de verdade". "*Pro veritate habentur.*" Representam *o que é possível alcançar*, a cada momento, num grupo, por uma pesquisa coletiva, e com os meios acessíveis, em termos de conhecimento do direito natural.

2º) "*Determinações.*" Entretanto, o direito comporta também disposições *criadas* pelo legislador: por exemplo, que tal delito será punido com uma multa, cujo valor foi precisado em seu texto. Ou a idade da maioridade: Sabinus ainda preferia que se avaliassem as capacidades naturais de cada jovem. Os proculeianos fixavam essa idade em 14 anos – Ganhos 1.190 – A solução proculiana parece mais prática.

"*Direito positivo*", no sentido mais estrito desse termo. O direito positivo, segundo Aristóteles (Ética a Nicômaco, LV), é a parte do direito que "*difere*" conforme a vontade do autor. Caso, por excelência, deste gênero de regras: na Inglaterra os motoristas dirigem do lado esquerdo, na França, do lado direito. Não se pode explicar a razão dessas diferenças.

Pascal indignava-se com uma "justiça limitada por um rio", enquanto São Tomás considera que, embora convencionais, essas leis não deixam de ser "derivadas do direito natural" (Ia IIae, qu. 95, art. 12). Distingue dois "modos de derivação". Certas regras são as *conclusões* de uma pesquisa dialética do direito natural, outras são *determinações* desse mesmo direito natural – *quaedam per modum determinationis*. Assim como para responder às necessidades de uma família humana é preciso que o arquiteto imagine os planos de uma casa, tire as medidas precisas e as adapte às circunstâncias – do mesmo modo, para servir à justiça, é preciso que, a título instrumental, certos pontos sejam *determinados*, tarefa que caberá – devido à sua *natureza* – ao órgão público que tem o encargo (*curam*) de um setor da vida comum. Em Roma, o pretor determina as particularidades do processo, e em certos casos – raros – a Assembleia do povo intervém. Nossa polícia é competente em matéria de trânsito...

"A escrita" da lei "contém" ao mesmo tempo duas espécies de regras. Ambas têm autoridade, em virtude do direito natural de que derivam tanto uma quanto a outra.

Há apenas uma única palavra (*Dikaion-Justum*) para designar o direito percebido no interior da natureza e o direito "instituído" pela lei. A lei, enquanto se mantém em seu lugar de auxiliar do direito, possui o poder de criar o justo, de modo que as determinações do direito positivo alimentam a moral: elas influenciarão, diz São Tomás, no "tribunal da consciência" (Ia IIae, qu. 96, art. 4). Quem duvidaria ser pecado circular à esquerda na França? Ou, para o dono do bar, vender cigarros acima de seu "justo preço" – quer dizer, da tarifa oficial?

É comum existir, no partido dos clérigos progressistas, um grande desprezo pelos preceitos do direito canônico (assistir a missa aos domingos – jejuar na Quaresma). Esse "juridicismo", com o qual a abominável influência de Home teria infectado a Igreja, teria corrompido a moral do Evangelho. Novo índice da ignorância acerca da Doutrina tomista do direito natural, na qual os seminários católicos mantêm seus estudantes.

Para o cientificismo contemporâneo, as leis têm como único fundamento a *força* dos governantes. Fundamento precário, ilusório: não se pode, atrás de cada lei, a cada momento, colocar um gendarme, e a força é caprichosa, emigrando sem cessar de um partido a outro. Quanto às construções ideológicas do racionalismo moderno, às metafísicas do Contrato social, do poder da Razão pura, do Estado hegeliano, já as vimos desmoronar.

Não há, repito, senão uma *fonte*, objetiva, que pode se impor a todos e que constitui, para os partidos em controvérsia, o único campo de conciliação possível: a natureza, ou pelo menos a busca do direito natural. Quando num grupo, coletivamente, forjamos de nós próprios uma imagem, a menos má possível, é sábio contentar-se com ela.

241. Das insuficiências dos textos. As respostas de São Tomás só foram consideradas por mim de modo incompleto. Não se resumem a um sim ou um não, como poderia fazer crer a leitura dos comentários neotomistas. Elas são *dialéticas* e, portanto, balanceadas.

De todas as razões nas quais fundou a autoridade das regras do direito, São Tomás indica a debilidade.

1º) *Da insuficiência das regras gerais.*

Acabamos de justificar a eclosão do direito positivo pela necessidade que tem a justiça, para se prevenir contra o risco de parcialidade, de apoiar-se em textos gerais (§ 239), um argumento que fará considerável fortuna entre os teóricos modernos, a ponto de a *generalidade*, para Montesquieu, Rousseau e Kant, ter-se tornado critério da lei, parte integrante de sua definição, passando a ser considerada uma condição necessária para sua validade. Pois a obsessão da Doutrina jurídica moderna é a *igualdade*, que se confunde com a justiça. Tratando da "regra de justiça", Ch. Perelman afirma ainda que o que constitui a justiça de uma solução de direito é o fato de ela ser *igualmente* aplicável a outros casos semelhantes. Com isso podemos explicar o respeito dos juízes pelos precedentes.

Ora, antes de Kant e Perelman, Platão, Aristóteles e São Tomás já percebiam essa necessidade. Se a dialética pareceu-nos um método apropriado às necessidades da jurisprudência, é porque resolve-se em regras ou definições *gerais*.

É verdade, mas o texto de São Tomás, depois de ter esclarecido que a justiça precisa de fórmulas gerais, acrescentava: "tanto quanto possível" (*in quibuscum que est possibile*). E, de fato, isso não é verdadeiramente possível. A desgraça é que a dialética não funciona sem o auxílio da força.

Devido à sua matéria-prima, ela se instalou numa zona intermediária entre a ciência e a retórica: a das coisas que acontecem com certa regularidade, a maior parte das vezes, *in plerisque*, e não de modo constante (§ 202).

As justas divisões dos bens ou dos encargos pertencem a essa categoria. Sofrem mudanças, como todas as coisas de que a liberdade humana vem perturbar o curso. *Natura hominis est mutabilis*, não cansa de repetir São

Tomás em suas questões sobre a justiça. Não existe regra jurídica que seja ao mesmo tempo verdadeira, constante e universal.

Não deixaremos de *pô-las*, através da *decisão*, cujo caráter *discricionário* põe fim à busca; mas devemos ter consciência de sua imperfeição, tema da insuficiência de toda lei escrita, presente em Platão, que demonstra na *Política* a oportunidade da lei escrita, mas que nenhum escrito constitui a autêntica justiça que apenas a "justiça animada" do príncipe poderia representar.

No texto acima comentado, São Tomás fazia referência a essa tese platônica, lugar-comum corrente ao longo de toda a literatura clássica. Para efetivar a verdadeira justiça – quer dizer, a *equidade* – escreve Aristóteles –, seria necessário uma regra maleável, "regra lesbiana" (utilizada em Lesbos), regra de chumbo que adquire os contornos da coisa medida.

Os depósitos devem ser restituídos? Mas se teu amigo confiou-te uma arma e, nesse ínterim, enlouqueceu, a arma não lhe deve ser restituída. O comissário de polícia determinou que os carros deviam ser estacionados do lado direito da rua Assas? Mas, se houver um conserto da via pública do lado direito, os carros devem ser estacionados à esquerda. *"Flexível direito"* (J. Carbonnier).

Que o direito positivo seja constituído de regras universais é uma das razões de sua debilidade.

2º) *Deficiências das autoridades*

Segunda razão. Lembramos há pouco que havia uma parte de *arbitrário* nas "conclusões" dos jurisconsultos, principalmente quando a lei "determina", a título auxiliar, o processo, as quantidades das penas ou o "justo preço", para pôr a justiça em marcha.

Sem dúvida, a Suma teológica proíbe usar esse argumento como pretexto para contestar o valor das leis positivas. Toda obra humana é coletiva, inclusive a obra de conhecimento. Nada mais comum e cotidiano que submeter nosso juízo particular ao juízo de outros membros do grupo, encarregados de resolver tal ou qual caso. O juiz sabe mais sobre tal processo que instruiu pessoalmente do que os jornalistas...

Mas continuo a leitura do texto. A menos que tomemos São Tomás por um imbecil, é de se esperar que a medalha mostre também seu reverso.

A demonstração é uma faca de dois gumes. Na prática, não existe um regime bom, em que a divisão natural das funções represente um verdadeiro regime misto, uma *politeia*. Que os juristas busquem o "bem comum", prezem o trabalho bem feito, possuam uma competência superior à comum em sua disciplina, é uma presunção, e não uma estatística.

São Tomás escrevia simplesmente que é "mais fácil" encontrar um pequeno número de sábios ou de juristas experientes numa cidade que grande número deles; não nutria nenhuma ilusão sobre a qualidade das "elites", sobre a competência efetiva dos legisladores, a integridade dos magistrados.

242. Inacabamento. Portanto, é normal confiar nos autores dos textos, aceitar o direito positivo, porque indispensável e porque não temos nada melhor; mas não de modo incondicional. Os mesmos argumentos que serviram para justificar o direito positivo, vimo-los mudar de lado, servir também para denunciar sua insuficiência. Muito falta, ainda, para alcançarmos o direito.

Talvez vocês julguem esta conclusão pobre. Que às vezes devamos seguir a lei, às vezes desobedecê-la, não é acaso evidente? Quem não tem consciência disso atuando na prática? A dialética de São Tomás conduziu-nos simplesmente a truísmos?

Não creio: sua pesquisa não é supérflua. Permitiu distinguir (o que não possibilitavam os sistemas do idealismo moderno) entre os diferentes *motivos* que fundam a autoridade das leis escritas ou sua possível insuficiência. Todos eles são *instrumentos* que serão úteis ao juiz no cumprimento de sua tarefa.

Artigo II
Por uma arte da interpretação

Assim como negligencia explorar a gênese das leis, o positivismo legalista escamoteia o ofício do juiz. – Com a origem das leis, os juristas não deveriam se preocupar: estas já lhes seriam entregues perfeitamente acabadas pelo "poder legislativo". Depois, bastaria *aplicá-las*: trabalho de dedução, "subsunção" de cada caso específico às hipóteses gerais previstas pelo texto. Ofício servil; uma máquina bastaria para cumpri-lo, conforme os princípios, se, contudo, estes fossem sustentáveis...
O juiz foi rebaixado a simples executante, de funcionário da lei. O processo tornou-se, em nossos programas, um parente pobre, o criado do "direito material".
Mas eis que uma multiplicidade de autores está em vias de preencher essa lacuna. Dois títulos, escolhidos ao acaso: Engisch: *Die Idee der Konkretisierung in Recht und Rechtswissenschaft unserer Zeit* – H. Motulsky: *Principes de la réalisation du droit positif*. A lei é abstrata, irreal, falta "concretizá-la". Assim multiplicam-se, hoje, os estudos sobre a passagem da lei às sentenças, sobre os comportamentos, a lógica e a psicologia dos juízes, a argumentação (§ 141).

Não os resumirei. Não pretendo fornecer receitas metodológicas; apenas os "princípios" nos interessam. Sobre essa última instância da vida do direito, a fase do *processo*, contento-me em pesquisar uma última vez na história romana.

Onde irei informar-me? Certos romanistas tendem a se comprazer demasiado no *Digesto*, uma coletânea de regras jurisprudenciais (que acreditaram análogas às nossas leis), ou, lidando com a epigrafia, a se consagrar à descoberta das "leis" das antigas colônias romanas, embora essas leis não tenham alcance jurídico. Mas era em outra parte que se elaboravam as sentenças: *in judicio*, perante o juiz, com o concurso dos advogados.

A operação era da alçada da *Retórica*. Existiam, na Grécia e em Roma, além dos discursos de acusação e defesa, uma abundante literatura teórica sobre a arte oratória. A começar pela Retórica de Aristóteles; pela de Hermágoras, que recentemente A. Giuliani mostrou ser tão instrutiva para a história do direito. A Retórica *ad Herennium*, os múltiplos tratados de Cícero (100 páginas no *De Inventione* sobre o gênero judiciário) etc. De Quintiliano, as *Institutas*, e as *Controvérsias*, que constituem uma mina de informação sobre a história da justiça romana. Um dos três principais "gêneros" da retórica é o *gênero judiciário*. Sem dúvida não é o único; além disso, ele trata mais das causas criminais do que do processo de direito civil.

Associada à educação dos glossadores da Idade Média, encontramos a Retórica. Ela continuará valorizada sob o Antigo Regime, e, depois, apenas seu nome será conservado, quando a *ciência* se tornar o único modo respeitável de conhecimento.

Que espécie de Retórica? No gênero *judiciário*, não são de modo algum abordados os *monólogos* (como nos gêneros apodítico, demonstrativo, no discurso de aparato), mas os *diálogos*, debates ordenados. Se o papel de cada advogado é fazer sua causa progredir, o *fim* último e *cole-*

tivo da operação é o *justo* – dizem todos os retores, seguindo Aristóteles. Vemo-nos mais uma vez frente à *"dialética"*, cujo objeto total é a busca coletiva do verdadeiro. A retórica *em geral* – ou a teoria da palavra –, como já observara Aristóteles, e é este o caso por excelência da retórica romana –, inclui também a dialética.

Eu disse, a respeito da dialética, que foi uma arte refinada (§§ 163 e ss), digna de constituir o essencial da educação da elite romana. Os dialéticos dominavam a arte da distinção: conseguiram distinguir, a partir das *coisas* disputadas (que são os casos litigiosos), as espécies de *causas*, e para cada causa diferentes, espécies de *questões*. Assim nasceu uma técnica de controvérsia particular a cada *tipo* de causa ou questão.

Essa douta técnica se condensa num arsenal de *lugares-comuns* (no sentido derivado de fórmulas feitas e prontas para serem utilizadas em qualquer causa). Primeira leitura recomendada: os *Tópicos*, e para começar, os de Aristóteles. Mas a Retórica foi enriquecida com um núcleo de lugares *específicos* do gênero judiciário. Alguns deles serão inscritos no *Digesto* (D.I.3, que se refere ao tratamento das leis – L.16 e L.17, que se referem às definições e regras). Mas haverá muitos mais deles nos Tratados de Retórica. É neles que se deverá buscar os princípios de uma arte judiciária.

Chamaremos esta última fase da vida do direito de fase da *interpretação*. Devolvamos a essa palavra seu antigo sentido. Ela possuía, mesmo na linguagem jurídica romana, uma acepção bem mais ampla. *Intermediário* entre o caso litigioso e sua solução, o *interpres* é em geral o *jurisconsulto*: os jurisconsultos presidiam a todos os momentos da obra do direito. Inventores de regras gerais, continuam sua tarefa no estádio do processo, aconselhando o juiz.

O que é, neste momento, a "interpretação"? Seu ofício não se reduz a reconstituir cientificamente o significado das leis. O intérprete, apoiando-se nas leis, vai *mais longe do que as leis*, continua o trabalho do legislador.

243. Exegese dos textos. Por certo, uma das tarefas do intérprete é esclarecer o sentido das leis, do édito do pretor, das máximas jurisprudenciais, dos testamentos, dos contratos... Muitos romanistas – prisioneiros do positivismo legalista – se atêm a esse único aspecto. Stroux, por exemplo, torna a realçar, na interpretação da lei, a oposição entre *verba* e *voluntas*. B. Vonglis: *"La lettre et l'esprit dans la jurisprudence romaine et la Rhétorique* (1968)".

De fato, esse é um dos temas da retórica caros a Cícero. Entre as questões do gênero judiciário se encontra a *quaestio legalis – la quaestio definitionis*: discute-se a conformidade de um caso específico à fórmula de uma lei, ou de uma definição jurisprudencial. Assim, no meio de outros preceitos úteis, se encontraria o lugar comum dos *verba* e da *voluntas*: devemos, no que respeita a lei, preferir a letra ou buscar o espírito, partir em busca da intenção do legislador?

Mas por que haver conservado apenas esse lugar-comum, essa única questão – quando a Retórica oferece uma profusão de outras? Tão necessárias quanto ao assunto! Pois não pode haver uma solução global, aplicável a qualquer lei. É vão optar no abstrato (como se todas as regras de direito devessem receber o mesmo tratamento), seja pela "letra", seja pelo "espírito" – em favor da interpretação seja "objetiva", seja "subjetiva".

O que se exige do intérprete? Que discirna *em quais casos* deverá prevalecer a interpretação literal, e *em quais outros* deveremos buscar a intenção do legislador. A antiga Dialética respondia a essa questão, porque possui a arte de *distinguir*, segundo sua função, diferentes espécies de textos jurídicos.

Citarei um único exemplo: o benefício que advém da distinção acima mencionada entre as *"conclusões"* teóricas do direito natural e as criações arbitrárias do legislador.

1º) *"Conclusões"*

A maioria dos produtos da jurisprudência romana apareceu-nos como o resultado de uma pesquisa acerca do direito natural, efetuada a partir dos "casos". A vocação da dialética é conduzir a *oroi, definições, regulae*. São dotadas de um valor de *probabilidade* e têm como fiador o processo coletivo do qual são o fruto; apenas de probabilidade. *Omnis definitio in jure civili periculosa est* (D.50.17.202). Assim, o tratamento apropriado a esse gênero de textos é a interpretação *aberta* e que os questiona constantemente.

Consideremos o caso da definição romana do *furtum*, primeiro descrito como subtração (*contrectatio*), o fato de se apropriar da coisa de outrem. Os jurisconsultos romanos não hesitaram em corrigi-la: estenderam-na para os casos de roubo de uma coisa emprestada (aquele que toma emprestado *não* tem necessidade, para roubá-la, de subtrai-la a seu proprietário). No século XX, seria mais uma vez conveniente retocar a fórmula, para que ela possa englobar o roubo de eletricidade etc.

Aqui o intérprete se distancia da letra, e mesmo da intenção consciente do legislador. Existem casos em que seguir a lei, *cumpri-la*, significa superá-la. Um bom discípulo não tem medo de superar o mestre apoiando-se, corporativamente, nos trabalhos deste.

2º) *"Determinações"*

Diversa é a natureza desses textos, que devem ser anexados às "conclusões" doutrinais para que estas sejam "efetivadas"; eles instituem as quantidades das penas (como Aristóteles já observava quando definia o direito positivo) ou precisam os prazos e as formas do processo. *"Determinações". Justo* instituído arbitrariamente.

Este segundo componente do direito, "positivo", é o que merece a mais rigorosa atenção. Não que o juiz esteja dispensado de seu ofício de fiscal. Ele não tem que obedecer a textos que extrapolem seu papel de auxiliares. E deve verificar, também, se procedem da autoridade encarregada de tal setor da administração. Mas a esses textos será aplicada a interpretação *literal*. Demonstração em todos os Tratados de retórica (argumentos em favor do "escrito").

Tudo isso significa, seja dito entre parênteses, que no século XX conviria tratar de modo muito diferente as definições teóricas da propriedade (art. 544), do contrato (art. 1101 e 1134), da responsabilidade civil (art. 1382) e as estritas *determinações* relativas às formas do processo, ao modo de transferência dos poderes de um governo etc.

244. Solução das antinomias. Mas o juiz não se contenta em explicitar o sentido de *um* texto. Uma das razões da insuficiência do direito positivo, como vimos, nasce da pluralidade das leis, de sua possível *contrariedade*. Em qualquer caso polêmico existem textos pró e contra. Seja um caso de extradição: a regra proíbe a extradição por crime político, contradita, porém, por uma convenção estabelecida na Europa contra o terrorismo. E sair dessas *"antinomias"* é coisa parcamente ensinada nos capítulos introdutórios de nossos manuais de direito civil e amplamente, porém, nos tratados de retórica antiga. Estes apresentam o juiz na presença de textos diversos; *leges* no sentido estrito, éditos do pretor, regras ou sentenças dos jurisconsultos, *leges privatae* (por exemplo, cláusulas de um contrato, que constituem também fontes do direito). Acontece-lhes muitas vezes de se contradizerem. Nascido de baixo para cima, saído da experiência, o direito positivo dos romanos nunca pretendeu formar uma "ordem normativa unitária", assim como não visa à "completude".

Temos, pois, uma nova *"questão"*, familiar a todos os retores: *De contrarus legibus*... Como reagir à *contrariedade* dos textos? Se a lógica científica é inadequada a esse gênero de problemas, a dialética encontra-se aqui em seu terreno próprio. Não faz parte de sua essência exercer-se sobre *opiniões* diversas e deslindar o novelo? A dialética prove o intérprete romano de um arsenal de procedimentos para a solução das antinomias.

A medida das autoridades. A primeira operação da dialética é a medida e comparação das *autoridades* (§ 164). É uma técnica que os jurisconsultos praticavam.

Eles não se contentaram, como fazem os modernos, de impor às regras de direito uma *hierarquia* extrínseca, emprestada da *política*: porque politicamente a Assembleia nacional prevalece sobre os ministros e os juízes; superioridade da Lei sobre os decretos ministeriais ou as sentenças de jurisprudência. Um *legalismo* absoluto que os fatos desmentem. A justiça repudia também a solução do positivismo científico, desenvolvida particularmente por Hart (§ 216): "reconhecer" um texto como válido quando de fato os juízes aceitam-no e seguem-no, de preferência a outros.

A "autoridade" dialética não é o *poder*, nem de fato nem tal que o funda um regime constitucional. É, em função do fim que se busca, a *competência* especializada exigida do autor do texto: uma competência que deve ser estimada *qualitativamente*.

Como todos sabem, a *auctoritas* é uma das noções cardeais da jurisprudência romana. O nome de cada jurisconsulto (Labeão – Sabinus, Juliano) está envolvido por uma aura cujo brilho varia: concede-se mais ou menos audiência às suas *responsa*. Possuem *auctoritas* o Senado e o príncipe, que se vangloria pelo fato de ser-lhe atribuída uma supereminência. Os jurisconsultos de seu conselho dela participam; daí provém a força dos *rescritos* (quer dizer, da maioria das constituições imperiais). E a *auctoritas* não é o *imperium* (ordem absoluta, indiscutível).

Um dos testemunhos mais sugestivos que conhecemos de discussão jurídica entre autoridades data da Idade Média. Refere-se a um ramo do direito marginal, o direito canônico. Já no século XII, contemporâneo do Renascimento do direito romano e da lógica aristotélica, profundo conhecedor das artes da retórica e da dialética, Graciano compõe seu *Decreto*, dividido em "causas" e "questões" – disputadas a partir de *casos* – ou "Distinções". Começa a obra classificando e confrontando, nas vinte primeiras Distinções, as espécies de fontes positivas relativas ao direito da Igreja: a Bíblia, as exegeses das

Sagradas Escrituras dos Santos Doutores, os concílios, antigos e recentes, as Constituições dos imperadores, as Decretais dos papas. Procura uma ordem de preferência entre todas essas fontes: deveríamos preferir os textos *antigos*, apostólicos? Um costume mais recente poderia torná-los caducos? Em certos casos as Decretais ou as prescrições dos concílios, mesmo recentes, deverão prevalecer sobre a Doutrina mais antiga. E cabe ao Decreto distinguir, no direito canônico, uma parte que não depende "apenas da ciência, mas também do poder" (*potestatem praesidentium*). Se os livros dos teólogos prevalecem sobre as ordens positivas dos papas "no que concerne à ciência", o inverso pode valer "*in causis definiendis*", para os textos que São Tomás chamará "determinações". As soluções irão variar conforme o tipo de problemas (I. Dist. XX. *Dictum Gratiani*).

A obra de Graciano tem ainda por finalidade menos nos fazer sair das contradições dos textos em função de suas "fontes formais" do que conciliar seu teor, harmonizá-los, o que constitui o objeto próprio da dialética: através da controvérsia sobre o *fundo*, superar sua diversidade.

245. Dos textos ao direito. Pois, assim que tomar consciência da imperfeição da lei, de seu *inacabamento*, o intérprete não se sentirá mais ligado ao texto de modo servil. Abramos o tratado de Aristóteles (I.15.2), o *De Inventione* de Cícero (II.42 etc.). O jurista não se limita a discutir se o caso específico se "subsume" ou não a uma lei ou à definição escrita de tal categoria de negócio (*quaestio negotialis*), mas, em geral, se a causa de tal pleiteante é ou não *justa*: *qu'aestio* chamada *juridicialis* (*supra*, § 175). E, em primeiro lugar, se convém ou não se ater ao escrito (*scriptum*) – Suma Teológica: *Ultrum sit semper secundum leges judicadum* (*supra*, § 240). Conhecemos a resposta: não, quando este for inadequado ou contrário à justiça – *In his quae contra rationem juris constitua sunt non possumus se qui regulam juris* (D.I.3.15).

Proclamemos: as leis injustas não são leis – *Lex esse non videtur quae justa non fuerit* – máxima cara a São Tomás (Ia IIae, qu. 96, art. 4), emprestada, por intermédio de Santo Agostinho, dos clássicos latinos.

Fórmula escandalosa aos olhos dos modernos, própria, a seus olhos, a destruir toda a ordem jurídica, porque eles fizeram da "justiça" um sonho da Razão. Abandonemos essas perspectivas idealistas. Admitamos que exprimir o justo – tanto quanto possível – seja o destino habitual da lei, pois que ela tem essa finalidade. Porém, as coisas não *são* quando lhes falta a causa final. Se a lei deixa de cumprir sua finalidade, de cumprir sua função, é evidente que ela *"não é"* uma lei, como uma faca que não corta não é uma faca.

A *interpretação* seria interrompida nesse caso? O ofício do intérprete vai além do exame dos textos. Existe interpretação, segundo Pompônio, já citado (D.1.2.2.12), mesmo *sine scripto*, na ausência de todo escrito: e de tal interpretação proviria originalmente o *jus civile* no sentido próprio. *Interpretatio juris*. Não se *interpreta* apenas escritos, mas as entranhas dos animais, os voos dos pássaros, e para os juristas, os hábitos, os "bons costumes" do povo, o direito natural. Vejamos, por exemplo, a obra de M. Palasse sobre as "Fontes do direito" na retórica ciceroniana. Não apenas os textos constituem fontes. Atribuem-se ao direito outros fundamentos: o *judicatum* (o litígio já resolvido) – o *par* (dois litígios análogos devem ser resolvidos da mesma *maneira*) – ou a *natura*, a natureza das coisas. Assinalei que as referências ao direito natural eram bastante raras no *Corpus juris civilis*. As obras de retórica deixam adivinhar que, perante o juiz, no último momento da busca dialética do direito, todos tornam a saciar a sede na fonte do *Dikaion phusikon*, no direito natural da filosofia clássica.

Ch. Perelman redescobre o mesmo fenômeno analisando a experiência judiciária contemporânea; hoje, como ontem, a essência do processo é a justiça da sentença.

A *Epieikeia*. Não! A função do intérprete não é "aplicar" as ordens do Estado, mas, apoiando-se nos textos, encontrar a solução justa. Quanto às ocasiões que tornam legítima e aplicável a pesquisa da equidade – *aequum et bonum* –, todos os tratados de Retórica são de uma riqueza inesgotável; e também os famosos capítulos da Ética de Aristóteles e da Suma Teológica (IIa IIae, qu. 120), que tratam da *Epieikeia*.

Os modernos a desfiguraram. Adeptos do positivismo legalista, mas constatando que a estrita observância da lei conduzia frequentemente a sentenças inaceitáveis, utilizaram a equidade para *negar* a lei e dela se subtrair. Por outro lado, tendo perdido a arte da dialética, identificaram a equidade ao sentimento, à intuição instrutiva do juiz, ao irracional e ao arbitrário.

Devolvamos à *Epieikeia* seu objeto próprio – e seu método. Sem dúvida, ela é correção da lei positiva; sua função será adaptar a regra escrita aos contornos de cada caso específico, como o faz a regra lesbiana (§ 241). Ela preenche as lacunas da lei e, tendo consciência de que, em matéria de direito, toda fórmula pode confundir (*Omnis definitio in jure periculosa est*) (D.50.17.202), equilibra sua excessiva *generalidade*. Ela se elevará até mesmo, algumas vezes, acima da justiça; injetará no direito a "utilidade", a oportunidade, a "misericórdia" – *honestas, fides, pietas, humanitas, benignitas*: *Non omne quod licet honestum est*" (D.50.17.144) – *Semper in dubiis benigniora praeferenda sunt* (D.50.17.56, cf. D.1.3.25 etc.) – *Dubia sunt in meliore parte interpretanda* (Suma Teológica, IIa IIae, qu. 60, art. 4) etc. Encontraremos no *Digesto* uma abundância de *lugares*-comuns emprestados à Retórica; o direito romano deve-lhes muitos de seus avanços.

O direito canônico vai ainda mais longe: contém textos esplêndidos do Decreto de Graciano em suas questões sobre a equidade: "Equidade cristã"... O que não impede que o fim da *equitas* – como prova a palavra – continue sendo o igual, o *ison* de Aristóteles, a proporção excelente na divisão dos bens e dos cargos (§ 41): a *aequabilitas* de Cícero, finalidade de toda a arte do direito (§ 50) – "*Super-justitia – epiekeia*". A equidade não é a antítese do "direito positivo", mas sua perfeição, o último ato dessa empresa coletiva.

E conduzida com os mesmo *meios*. Ela terá, por certo, algo de discricionário; último momento da operação de descoberta do direito, ela é *decisão*, coisa que não pode ser explicada cientificamente, sendo, porém, como a regra geral, esclarecida por prévia deliberação (assim como a banca delibera acerca da nota de um exame), confrontação dos pontos de vista. Não se trata de se subordinar ao sentimento subjetivo de um indivíduo. Não se trata do "direito livre", de uma "hermenêutica" desenfreada...

Não demos desse método senão um magro panorama: considerando-se o descrédito e o declínio dos estudos de história, nossa exposição não podia ser mais do que programática. Faltaria reler, nos Tópicos, o catálogo detalhado dos *lugares*.

Mas esta pesquisa sumária basta para mostrar a existência, no regime da filosofia clássica do direito natural, de uma *arte judiciária*. Ao passo que o falso dogma moderno da soberania da lei selou sua perda: destruiu, no mínimo, sua teoria.

246. Um começo de conclusão. A metodologia clássica não possui o rigor científico que torna a Doutrina de Kelsen tão agradável aos professores. Sob qual forma ela se exprime? Como uma rede de "*distinções*", de *definições* e de *adágios*, que antigamente eram citados em latim. Nosso ministro da justiça acaba de assestar-lhes o golpe de misericórdia (através de circular proibindo o uso do latim), para que os tribunais se desembolorem e se democratizem.

Esses adágios, que antigamente compunham a sabedoria dos juízes, além de pecar pelo esoterismo, pecavam também pela incerteza. *Audiatur et altera pars*, o que não vale quando o acusado está ausente. Não passavam de "*lugares-comuns*", aos quais sempre se podiam opor lugares-comuns contrários, sendo, portanto, aproximativos, precários. Não havia nenhuma lógica demonstrativa, nem *critérios*, para fundar as soluções de direito.

Pois bem, esta é nossa conclusão. Há três séculos, diz Max Weber, a história do Ocidente é um processo desenfreado de *racionalização*, de extensão generalizada dos procedimentos da ciência moderna a todos os setores da vida. O efeito não é benéfico, o que podemos constatar na arquitetura, em que nosso concreto armado não acede de modo algum à beleza das catedrais.

Se não quiser sacrificar a *justiça*, a arte judiciária deve conservar seu caráter artesanal, o que não quer dizer ausência de método. Mas os métodos axiomáticos próprios à ciência lhe convêm mal, assim como as técnicas da "*persuasão*" retórica.

É *falso*, fictício, mítico, que a lei seja soberana; que a jurisprudência seja sua fiel camareira; que o direito positivo seja "sistema"; que a sentença seja inferida da regra. É ilusório que as sentenças dos juízes sejam rigorosamente "previsíveis". Mas são igualmente falsas as negações da escola do direito livre. A metodologia clássica oferece a vantagem do *realismo*.

E da *atualidade*: renasce nas obras contemporâneas de epistemologia jurídica; na séria das publicações da Escola de Bruxelas, que Ch. Perelman dirige, e nos outros trabalhos sobre os temas da argumentação e da "Tópica jurídica" (G. Struck em particular), todos inspirados em alguma parte da antiga *dialética*, com exceção dos kelsianos, prisioneiros de seu labirinto de construções idealistas, e do ensino oficial, que se acomoda em sua rotina.

Refletindo a esse respeito, descobrimos, acima de tudo, matéria para *espanto*, um problema de história que não entra no propósito deste livro: que, fascinados por modelos lógicos extrínsecos – ou sacrificando a medíocres ideologias políticas –, os juristas, na maioria de suas "teorias gerais", tenham podido durante tanto tempo abdicar de sua própria tradição.

POST-SCRIPTUM
Discussões

Reli meu livro, e fiquei aterrado. A última obra do autor dos *Dezesseis Ensaios* é constrangedora. É fácil entender por quê: oriundo do antigo "departamento *histórico*" das Faculdades de direito, hoje defunto, Michel Villey crê que ainda vivemos no tempo de Tomás de Aquino. Empanturrou-nos de direito romano, de Aristóteles e de São Tomás, matérias que têm o defeito de não constar mais dos programas.

Discutiu amplamente as causas do *desaparecimento* da filosofia clássica do direito natural e das "regras do direito" e da "Dialética". Dialética ? Dialoguemos, pois!

247. Pro. De minha parte, utilizarei os "métodos de análise" marxistas, aos quais a ciência deve tantos progressos.

Seria necessário derrubar o postulado tão contestável, aceito no início do livro (§ 18), do *primado da filosofia*. As filosofias – ou melhor, ideologias – seguem, ao contrário, as mutações da história, tais como as descreve a ciência histórica. Elas *dependem* da conjuntura e, sobretudo, "em última instância", do modo de produção. A ocupação primeira do homem é produzir alimentos e outras riquezas, "lutar contra a natureza". *Primum vivere.*

Que aconteceu? A eclosão de uma economia comercial – ampliação do mercado, que exigiu a constituição dos Estados modernos. Para apoiar o poder dos Estados modernos, fez-se necessária a fabricação de ideologias, o Contrato Social ou os princípios da Razão pura. Assim nasceu uma nova forma de ordem jurídica – que, para servir à produção, devia ser rigorosa, previsível, essencialmente *legislativa*. Expansão da legislação. O incerto método dialético dos romanos ou dos bartolistas era condenado.

Dois séculos mais tarde, o crescimento acelerado da produção, a concentração das grandes empresas, o esforço cada vez mais vigoroso de racionalização do trabalho induziram a invenção de técnicas mais sofisticadas. Declínio da lei, recurso aos dados da sociologia, criminologia, pesquisas de opinião, psicanálise, informática, flexibilidade da jurisprudência, desenvolvimento da administração. Mas qual a utilidade, hoje, de um retorno aos arcaicos procedimentos do "direito natural"?

O fato presente é que os *objetivos* da arte jurídica não são mais a determinação do "justo", esse fantasma metafísico... O jurista do século XX está *às ordens*: do Estado, dos negócios, dos sindicatos, dos direitos do homem. Ou, por assim dizer, ao serviço de todos eles. Técnico dos textos, auxiliar da economia, de uma *política* geralmente conservadora e que pode se tornar revolucionária. O ofício jurídico não é mais autônomo: é normal que ele se submeta, de uma forma ou outra, às leis, aos programas, vindos do exterior. Homens de nosso tempo, optamos pelo *positivismo jurídico* sem ignorar os progressos devidos ao *Cristianismo*. Ele nos deu o sentimento da infinitude, do valor infinito do homem.

Do cristianismo nos veio a ideia dos *direitos do homem*. Ela conforta nosso positivismo: não há mais agrupamento político "natural". As sociedades contemporâneas são *artefatos*, produtos voluntários, racionalmente elaborados sobre bases ideológicas: hoje o princípio individualista, amanhã o princípio socialista. E ainda é possível construir projetos de "novas sociedades". Mas, uma vez que entramos na era do *artificialismo*, acaso não significaria perder todo senso histórico nos propormos a sair dela e voltar à "natureza"?

Encontraremos, sem dúvida, em pleno século XX, Jacques Maritain, que teve a audácia ou a leviandade de se proclamar "antimoderno"; arrependeu-se logo depois e militou pelos "direitos do homem", que nosso autor tem a inconveniência de questionar... E de modo recorrente (*Droit et les droits de l'homme*, PUF, 1983).

248. *Sed contra*. Pois bem! O direito atual é diferente da *ars juris civilis* romana. Mas pergunto ainda uma vez: para que serviria a filosofia, se não fizesse mais do que confirmar nossas rotinas atuais?

Existem decerto, no século XX, espécies de processos ignorados pelos juristas romanos: conflitos de interesses opondo novas espécies de *pessoas* (empresas multinacionais – sindicatos, fisco etc.) a respeito de novas espécies de *bens* (empresas – fontes de energia – divisão do oceano – direito ao trabalho e ao lazer etc.). Mas, acima das mudanças históricas, subsistem essências permanentes – matéria da filosofia.

Entre esses novos interesses permanece a mesma necessidade de determinar a melhor divisão e que órgãos especializados sejam prepostos para essa função. Em nosso mundo devorado pela produção proliferam os engenheiros, o que não justifica que mesmo jurista se torne um "engenheiro"!

O advento do cristianismo e do subjetivismo moderno, a descoberta do valor infinito da pessoa humana não mudaram em nada essa necessidade, senão pelo fato de oferecerem uma razão *suplementar* para que não se confunda o direito com a moral ou a política, o serviço ao bem-estar dos homens ou com o que se chama muito impropriamente hoje de "direitos do homem" (§§ 88 e ss). E as distinções propostas pela teologia de São Tomás, se os intérpretes modernos não as tivessem sacrificado, bastariam para nos livrar dessas confusões (§§ 61 e ss.). A *finalidade* do ofício jurídico continuou a mesma.

Com os fins vêm os meios. E ninguém jamais encontrou melhor meio para alcançar a justiça do que a controvérsia *dialética*. Esta postulava a existência de um *"direito natural"*, matéria-prima dos trabalhos dos jurisconsultos? Assim como hoje, também na Antiguidade a ordem social não procedia, em última instância, das vontades conscientes dos homens nem de seus sistemas ideológicos. Apenas o conceito de direito natural permanece capaz de explicar a origem das *leis positivas*, sua autoridade sempre relativa e a maneira de usá-la.

Essa mesma filosofia contém o segredo da constituição de uma *linguagem*, específica do direito[1].

249. Veredito. Não! Para concluir, recusaremos o modo como o autor entende a filosofia e essa permanente propensão a nos fazer voltar a cada vez ao *"Elementar"*!... Vivemos na era da *ciência*. Quando nos damos ao trabalho de comprar um livro de filosofia do direito, que exigimos dele? Informações sobre os fatos.

Não o criticaria por traçar um panorama das doutrinas antigas, numa parte preliminar. Preferiria, apenas, que sua apresentação fosse coerente, e não dispersa, respeitosa da objetividade da ciência histórica, que não se contenta em explorar alguns elementos fragmentários para ilustrar uma tese pessoal.

---

1. Havíamos anunciado (§ 129) que uma segunda parte deste tomo abordaria a *linguagem*. Devo renunciar a esse projeto. Entretanto, uma das funções maiores da filosofia do direito consistiria em restituir às palavras, sofisticadas sob a influência das filosofias dominantes das épocas moderna e contemporânea, seu sentido puramente jurídico. O trabalho seria imenso. Iniciamos este trabalho em alguns artigos e prefácios dos *Archives de philosophie du droit* (relativos a direito subjetivo – interpretação – coisa – propriedade – obrigação ou contrato...).

Contudo, como um compêndio de direito tem por finalidade colocar-nos a par dos últimos progressos da ciência, ele deveria abordar precipuamente as doutrinas recentes. O autor compôs alguns capítulos sobre os sistemas dos séculos XIX e início do XX (seu "período contemporâneo").

Mas um reduzido número de nossas atuais sumidades universidades terá o prazer de ali encontrar seu nome mencionado: sobre o movimento de ideias destes últimos decênios, que teria justificado o surgimento de um novo manual, ficamos a ver navios. Foi com grande esforço que encontrei as palavras "fenomenologia", "sistemismo", "formalização"... Umas poucas páginas sobre o próprio Kelsen e a onda de literatura que surgiu em torno de sua obra! Quase nada sobre as escolas da análise da linguagem, o realismo escandinavo, o estruturalismo, o althusserianismo, a escola de Frankfurt... Nada sobre o futuro, nada sobre o ano 2000! Nós, cuja missão consiste em contribuir para o avanço da ciência, que temos nós a ver com essa pretensa "dialética", aliás defunta, e pouquíssimo adequada ao regime atual dos estudos?

Pois temos de nos adaptar à cultura contemporânea. Na sociedades pós-industriais, as pesquisas frutuosas não podem ser senão coletivas e organizadas, incompatíveis com a espécie de *"filosofia"* que, surdo aos conselhos de seus amigos, Michel Villey tenta recolocar na ordem do dia. Uma das condições necessárias para o cumprimento dos programas previstos pelo CNRS é que os princípios sejam observados por todos, disciplinadamente, e que sejam postos fora de discussão, como *tabus*. Estabeleceu-se um *consenso* acerca das fundações: corte entre o ser e o dever ser, ciência dos fatos e ciências normativas, natureza e cultura.

Questionar o sentido das palavras "natureza – justiça – lógica – direito", ou questionar o valor sagrado dos "direitos do homem", tais divagações não poderiam fazer mais do que semear a desordem no ensino, perigo contra o qual, felizmente, estamos garantidos.

250. Da utilidade deste compêndio. Última crítica: esta obra não cumpre suas promessas. O tomo I (§ 130) anunciava *"frutos"*: "os frutos estarão no segundo tomo" (p. 209). Quais são eles? Resignar-se ao "claro-obscuro" da "dialética", renunciar ao progresso, à "ciência", a nossos princípios democráticos – e retificar nossa "linguagem"? Parar a história e mudar a linguagem do grupo é uma empresa que supera as forças do indivíduo, com o que o próprio autor concordava (§ 146). Este livro não passa de um golpe de espada desferido na água.

Realmente... Quando nos abstemos de cultivar a filosofia e a história antiga, estas têm todas as chances de se tornarem ineficazes. Mas e se as Faculdades concordassem em conceder-lhes um lugar, em vez de excluí-las e dedicar-se de corpo e alma à pesquisa "científica"?

Caro colega, e se você começasse por incluir, no catálogo dos "direitos do homem", o direito do estudante à reflexão?

Índice remissivo

(Os números remetem aos números dos parágrafos)

A

Aborto, 59
Academia, 168
Ações, 210
Advogados, 117
Aequitas, 50, 51
Agathon, 200
Agostinho (Santo), 57, 67, 245
Amizade e direito, 45, 55
Argumentação, 166
Aristóteles, 9, 26 ss, 49, 109, 122 ss, 158 ss, 195 ss, 227 ss
Arquivos de filosofia do direito, 131
Ars juris, 50
Átomo, 74, 94
Atualidade, 17, 124 ss
Aubenque (P.), 162
Austin, 188, 216
Autoridades, 16, 17, 164

B

Bacon (F.), 110, 199
Bastit (M.), 210
Batiffol (H.), 185
Bem-estar dos franceses, 87
Bens exteriores, 36
Bentham (J.), 86 ss, 90, 188, 225
Bíblia, 54 ss
Bobbio, 214
Bonald, 95
Boutroux (E.), 96, 200
Boutroux (P.), 73
Burke, 88

C

Capograssi, 141, 193
Carbonnier, (J.), 192, 241
Cardozo, 141
Caridade, 57, 64, 66
Causa, 165, 175, 209
Causa formal, 200
Causas finais, 199
Cícero, 50, 127, 166, 180, 243
Ciência, 152, 187 ss
Ciência do direito, 151, 153, 173
Ciências e filosofia, 7, 9, 10, 11
Ciências modernas, 9, 72, 110 ss
Classe dominante, 99
Clericalismo, 60
Coing (H.), 185
Coisas, 210

Comte (Aug.), 101 ss, 113, 187
Conceitos jurídicos, 175
Conclusões, 168, 177, 240, 246
Congresso de Madri, 121
Conotação, 71
Constituições, 207
Contrato social, 79, 137
Contratos, 44, 129
Controle social, 225
Cotta (H.), 121
Crísipo, 228

D

Darwin, 112, 114
Dassault (M.), 90
Decálogo, 32
Declaração dos direitos, 84
Defesa social, 225
Del Vecchio, 1
Descartes, 70, 180
Determinações, 240, 244
Dialética, 24, 97, 128, 157 ss, 202, 231, 243 ss
Diálogos, 160, 162 ss
Dikaion, 37 ss
Dikaion politikon, 47
Dikaios, 38
Dikaiosunê, 30
Dikastés, 33
Dilthey, 219
Direito, 3, 59, 204, 236
Direito abstrato, 97
Direito à saúde, 85
Direito civil, 48
Direito de família, 46
Direito internacional, 47
Direito livre, 224
Direito natural, 59, 81, 194 ss, 204 ss
Direito natural clássico, 128
Direito penal, 55, 87, 119
Direito positivo, 212

Direito romano, 43 ss, 129
Direito subjetivo, 80 ss, 92, 97
Direitos do homem, 67, 84 ss, 88 ss, 92, 184
Direitos formais, 89
Direitos sociais e econômicos, 88
Diritto, 59
Distinções, 167
Divisão, 33 ss, 45
Duguit, 102
Durkheim, 102, 190, 223

E

Ecletismos, 138, 226
Economia política, 90
Econômica, 46
Ehrlich, 190, 224
Elites, 239
Ellul, 120
Engisch, 141, 242
Enriquecimento ilícito, 44
Ensino da filosofia do direito, 1, 2
Epicurismo, 69
Epistemologias, 141
Equidade, 241
Escandinávia, 116
Escola do direito natural, 54, 60, 137
Escolástica, 164
Escravidão, 207
Estado, 97
Estado de natureza, 78
Estado policial, 83
Estoicismo, 9, 54, 69
Estrutura, 4, 14, 73
Ética, 203
Ética de Aristóteles, 27, 64
Exegese, 219
Existencialistas, 93
Extrinseísmo, 139

F

Faculdades de direito, 3, 126
Falsas crenças, 88
Família, 46, 97
Fascismo, 98
Fechner (Er.), 185, 193
Fenomenologia, 249
Fichte, 95
Filosofia
  domínio, 9 ss, 13, 18, 123
Filosofia do direito, 13, 14
  Estado atual, 21
Fim do direito, 3, 24
Fisiocratas, 91
Fontes do direito, 5, 128 ss
Formalismo, 224
Frank (Jer.), 224
Frankfurt (E. de), 192, 249
Freud, 222
Freund (J.), 121, 210

G

Gadamer, 220
Gagner, 239
Gaio, 52, 124, 210
Galileu, 73
Gény (F.), 138
Giscard D'Estaing, 87
Giuliani (Al.), 155
Gottlieb, 219
Graciano, 58, 65, 245
Graneris, 193
Grócio, 60, 184, 237
Guerra, 58, 64
Gurvitch, 223

H

Hägerström, 224
Hart (H.), 192, 214, 215, 216, 244
Hauriou (M.), 102
Hayek, 193

Heck (Ph.), 114, 219, 224
Hedonistas, 87
Hegel, 11, 46, 92, 96 ss, 104, 112, 157
Heidegger, 19, 22, 195
Heráclito, 32, 228
Hermágoras, 242
História positivista, 48
História universal, 97
Historicismo, 18
Hobbes, 77 ss, 89, 95, 112, 137, 182, 218
Hohfeld, 219
Holmes, 117, 224
Honeste vivere, 53
Hugo (Victor), 189
Humanidade, 100
Humanismo, 69 ss
Hume, 92, 188, 197, 200, 223
Huxley (A.), 107

I

Idealismo, 25, 57, 108
Igualdade, 41, 44, 91, 92, 123
Ihering, 114, 154, 190, 217 ss, 224
Império, 236, 237
Indicativo jurídico, 65, 170, 236
Individualismo, 66 ss, 76
Informática, 132
Interessen jurisprudenz, 190
Interpretação, 219 ss, 242
Intersubjetivo, 68, 111
Isay, 224
Isidoro de Sevilha, 65
Ison, 41

J

Jaeger (H.), 219
Jó, 56
Judicialia, 62, 181, 234
Julgamento, 65

Jurisprudência, 1, 51, 134, 170 ss
Jus, 25, 51 ss, 58, 80, 83, 129
Jus civile, 48, 53, 149
Jus gentium, 64, 236
Jus naturale, 236
Justiça, 25 ss, 57, 75, 91 ss, 105 ss, 126
Justiça bíblica, 56 ss
Justiça comutativa, 44
Justiça distributiva, 44
Justiça geral, 31 ss, 236
Justiça particular, 33 ss, 42
Justitia, 51

K

Kalinowski (G.), 150, 153
Kant, 8, 60, 82, 92, 95, 116, 231, 241
Kantorowicz, 224
Kaufmann (A.), 193
Kelsen, 35, 116, 146, 180, 197, 214, 217, 219
Kierkegaard, 93
Kinesis, 198
Kirchmann (von), 154
Kojève, 35, 174
Koyré, 69
Kriele (M.), 141, 217

L

La Fontaine, 26
Lacunas dos textos, 218
Laranja mecânica, 225
Larenz, 136, 220
Legalismo, 128
Legislação, 86
Legislador, 35
Legislador racional, 220
Lei antiga, 55
Lei natural, 60 ss, 78
Lei nova, 56
Leibniz, 184

Leis, 32, 79, 87, 128
Leis morais, 232 ss
Lex, 229 ss
Lex aeterna, 228
Liberação, 93
Liberdade, 80, 82
Linguagem do direito, 4, 14, 129
Linguagem e filosofia, 14, 27, 126, 129
Locke, 83 ss, 89, 92, 207
Lógica, 142, 150 ss, 169, 203
Lógica deontológica, 6, 128
Lombard, 57
Lugares, 167

M

Magdelain, 233
Magistratura, 99
Maistre (J. de), 95
Marcel (Gabriel), 20, 36
Marcuse, 119
Maritain (J.), 247
Marx, 26, 88, 89, 99 ss, 104, 112, 157, 190, 223
Maximização do prazer, 86, 90
Máynez, 150
Medium in re, 39
Meio-termo, 39
Melhor dos mundos, 107, 119
Methodenstreit, 6, 128, 136
Método do direito, 128 ss
Método resolutivo compositivo, 78
Místicos, 68
Mitterrand, 103
Molière, 26
Monod (Jacques), 11, 116
Montaigne, 69, 70, 200, 214
Moral, 30 ss, 47, 53, 54 ss, 59 ss, 78, 97, 129
Moral e direito, 234, 236 ss
Mutuum, 44

N

Nacional-socialismo, 98
Natureza, 195 ss
Natureza do homem, 196
Natureza humana, 72, 85, 94
Naturrechtsfobia, 211
Nietzsche, 93
Noé, 56
Nominalismo, 71 ss, 75, 77 ss, 92 ss
Nomos, 228 ss

O

Obrigação, 129
Occam (G. de), 70 ss, 80, 182
Oligarquias, 92, 105
Olivecrona, 191
Oportunistas do partido, 92
Organicismo, 95
Organismo, 94

P

Pandectismo, 138, 189
Pascal (B.), 39
Pascal (juiz), 123, 206
Péguy, 60
Penas, 86, 87
Perelman (Ch.), 2, 128, 141, 155, 156, 241, 245, 246
Perry (Th.), 156
Pesquisa científica, 249
Pessoas, 210
Peyrefitte (A.), 225
Philia, 45
Pílula, 59
Píndaro, 228
Platão, 18, 26, 32, 69, 229 ss
Pluralidade das filosofias, 22, 53
Pluralismo dos fins, 108
Pobres, 57, 66
Poder, 81, 129

Poincaré, 197
Política, 77
Pompônio, 236, 245
Popper, 152
Positivismo científico, 113, 187
Positivismo jurídico, 79, 113, 128
Pound, 118, 224
Prazeres, 86 ss
Precariedade da filosofia, 19, 127
Professores, 75
Progressismo cristão, 66
Progresso em filosofia, 19
Proporção, 41, 42, 92, 123
Propriedade, 62, 83, 100, 107, 129, 207
Pufendorf, 54

Q

Quid jus – Quid juris, 8
Quintiliano, 242

R

Raciocínio jurídico, 128
Radbruch, 108, 115, 121
Realismo americano, 117
Recht, 59
Regras de conduta, 32, 55, 65, 76
Regulae juris, 236
Reinach (Ad.), 44, 185
Relações, 75, 92, 106, 111, 122
Religião do homem, 88
Res, 208
Res mancipi, 48
Respeito pela pessoa humana, 92
Restituição, 44
Retórica, 142, 243
Ricœur, 19, 20

Romanistas, 48
Romilly (J.), 233
Roubier, 108
Rousseau (J.-J.), 57, 241
Ruis Gimenez, 121
Ruyer (R.), 197

S

Sabedoria, 10
Santi Romano, 102, 193
São Paulo, 60
São Simão, 102
Sartre (J.-P.), 17, 93
Savigny, 137, 189, 217 ss, 237
Scarpelli, 216
Scot (D.), 72, 182, 197
Seleção, 163
Sistematismo, 73, 96, 127
Smith (Adam), 90
Social engeenering, 118
Socialismo, 103, 107
Sociologia, 94, 107 ss, 122
Sócrates, 229
Sofistas, 229
Stammler, 185
Struck, 246
Suarez, 60, 183
Suum cuique tribuere, 24, 35, 51, 123

T

Técnica, 74, 108, 120, 153, 225
Telos, 199
Teoria geral do direito, 13
Teorias, 73, 169

Thomas (Y.P.), 209
Tocqueville, 91
Tomás de Aquino, 61 ss, 67, 169, 181, 200, 234, 235, 239 ss
Tönnies, 44
Torá, 55 ss, 181, 220
Tsedaka, 56

U

Ulpiano, 52
Universais, 71
Utilitarismo, 86

V

Valores (filosofias neokantianas e positivistas dos), 9, 108, 111
Verdade, 75, 111, 119
Vernunftsrecht, 184
Viehweg (Th.), 141, 156
Villey (M.), 130
Vinci (L.), 203
Vitoria, 60
Vullierme (J.-L.), 227

W

Weber (M.), 115, 151, 246
Weil (E.), 98
Welfare, 87
Windscheid, 217, 220
Wittgenstein, 10, 152
Wolff (Chr.), 85, 184

3ª edição dezembro de 2019 | **Fonte** Palatino
Papel Offset 75 g/m² | **Impressão e acabamento** Imprensa da Fé